PASTELERÍA
PASO A PASO

PASTELERÍA PASO A PASO

CAROLINE BRETHERTON

CONTENIDOS

INTRODUCCIÓN

Mi primer contacto con la pastelería tuvo lugar el día de mi primer cumpleaños, cuando me lancé de cabeza sobre una torta llena de crema, instante que mi madre grabó para siempre con su Polaroid. Hoy mi reacción ante los productos de pastelería es casi tan apasionada, aunque se ha atemperado con una vida de experiencia.

PARA QUE SALGA BIEN: TENGA PACIENCIA, SEA PRECISO

La mayoría de la gente se acerca a la pastelería con prevención. Hablan de bizcochos fallidos, masas que se desmoronan y fondos apelmazados. Es que la pastelería es ante todo una ciencia. Con una receta ensayada y comprobada (como todas las de este libro) y una cuidadosa aplicación de cantidades, temperatura y tiempo se puede hacer casi todo en casa. Paciencia y precisión son las claves para el éxito. Lea la receta con cuidado, sígala sin vacilar y todo saldrá bien.

UTENSILIOS QUE NO PUEDEN FALTAR

Ciertos utensilios le serán de gran ayuda. Las balanzas digitales son indispensables pues en pastelería hay que pesar cuidadosamente los ingredientes. A diferencia de la cocina diaria, donde confiamos en nuestros gustos y preferencias, para que una torta crezca se requiere un balance correcto de grasa, harina y huevos.

Además de las balanzas, los utensilios de pastelería deben incluir: rodillos, un juego de moldes antiadherentes de calidad para tortas y flanes, bandejas de hornear, un bol, un juego de cucharas de medir, una espátula, una batidora eléctrica, un batidor manual y unas cucharas de madera. Muchas de las recetas de este libro se pueden hacer con estos utensilios y algunos más, pero si desea intentar recetas más complejas, le recomiendo una batidora de pie con gancho amasador.

Así, al hacer pan, por ejemplo, obtendrá una masa bien homogénea y por ende un mejor pan.

Por último, le sugiero comprar un termómetro de horno sencillo que pueda colgar de la parrilla para medir con precisión la temperatura del horno, pues en algunos esta difiere mucho de la que marca la pantalla de temperatura.

MIS CONSEJOS ESENCIALES

Una vez tenga su equipo, lo mejor es practicar. Intente un par de veces seguir al pie de la letra una nueva receta y verá que su confianza comienza a crecer. Entenderá cómo responden los ingredientes y cómo trabajan juntos, de manera que con el tiempo podrá crear sus propias versiones alternativas.

Los bizcochos en su mayoría deben ser ligeros y esponjosos. Salvo en los de frutas, más pesados, la consistencia de casi todos los bizcochos se basa en el aire producido al batir la mezcla y conservado al incorporar la harina con suavidad, antes de la cocción. La mantequilla da un mejor sabor final a los bizcochos, si bien el resultado con la margarina de horno es también agradable y ligero.

Los merengues requieren un recipiente muy limpio y claras de huevo sin trazas de yema, de lo contrario no suben al batirlos. La cocción lenta es siempre buena. Como mi horno se calienta demasiado para producir un merengue bien blanco, abro la puerta un poco con el mango de una cuchara de madera, para bajar la temperatura. Además, los merengues que se enfrían dentro del horno se agrietan menos.

Amasar no es difícil. Las «manos para amasar» son manos frescas que evitan que la grasa se ablande demasiado al preparar y estirar la masa. Así la masa no queda grasosa. Si usted es de sangre algo caliente, minimice el contacto usando un procesador de alimentos para producir migas de masa e incluso para ligarla; intente también trabajar en una cocina fresca y con equipo frío. Pero el verdadero secreto de la buena masa es usar mantequilla de buena calidad y yemas de huevo (y un poco de agua si es necesario) para ligarla. Por otro lado, la masa debe reposar en un lugar fresco antes de estirarla para que los glútenes de la harina se relajen; de lo contrario se vuelven elásticos y hacen que la masa pierda tamaño y se agriete al hornearla. No enharine demasiado las superficies pues la masa absorberá harina de más. Manipule la masa lo menos posible para que no se endurezca. ¡Sencillo!

Hacer pan en casa aterroriza a más de un pastelero doméstico. Si bien lo común es contar con una máquina de hacer pan, solo si usa sus manos para conocer su masa podrá hacer pan de calidad. La levadura es un organismo vivo y descubrir cómo responde al tiempo y a la temperatura es una verdadera revelación. Con una práctica reflexiva, usted puede producir panes artesanales de calidad y ahorrarse una fortuna. Si algo sale mal, averigüe por qué: ¿amasó mucho o muy poco la masa? ¿Tuvo esta suficiente tiempo para crecer la primera vez? ¿Creció muy rápido? ¿Estaba muy caliente? ¿El pan leudó bien antes de hornearlo? ¿El horno estaba lo suficientemente caliente? Estas preguntas pueden revelar dónde estuvo la falla.

Por extraño que parezca, mi error más común es fácil de corregir. Siempre quiero cortar mis panes demasiado pronto. Cuando el pan acaba de salir del horno, el vapor que se ha formado dentro de él continúa la cocción desde el interior. Al cortarlo antes de tiempo, se escapa todo el vapor y el pan se comprime por la acción del corte. El interior se siente húmedo al comerlo por primera vez, pero luego estará seco y duro. Después de toda su paciencia para elaborar el pan, sin duda vale la pena esperar un poco más para obtener una corteza y un interior perfectos.

ACERCA DE LAS RECETAS

He dividido las recetas en clásicas, con paso a paso, y variaciones. Las clásicas son las que «hay que tener», las amadas por pasteleros de todas partes. Los paso a paso de doble página permitirán que hasta el pastelero principiante obtenga los mejores resultados. Las variaciones son exactamente eso: variaciones sobre el tema de las recetas paso a paso, para que una vez usted domine la receta principal, pueda intentar versiones alternativas con un toque propio y desarrollar así nuevas variaciones para llevar su oficio al siguiente nivel.

Cada receta comienza con información sobre el número de porciones, el tiempo de preparación de la receta (que incluye refrigeración, crecimiento y tiempo para leudar), el tiempo de cocción, si es posible almacenar o congelar (sea el producto terminado o en una etapa de la preparación), y enumero también los pasos que puede seguir para preparar la receta con anticipación cuando está presionado por el tiempo o planea una fiesta. De igual forma, he incluido algunas cápsulas con recomendaciones basadas en mi experiencia en pastelería, que presento como «Consejos del pastelero».

Caroline

PARA CADA OCASIÓN

EL TRADICIONAL TÉ DE LA TARDE

MANTECADAS DE FRESA   p. 143
Preparación 15-20 min
Horneado 12-25 min

PASTEL LIGERO DE FRUTAS   p. 87
Preparación 25 min
Horneado 1¾ h

FANTASÍAS DE FONDANT   pp. 120-121
Preparación 20-25 min
Horneado 25 min

PASTEL DE CAFÉ Y NUECES p. 30
Preparación 20 min
Horneado 20-25 min

PASTEL DE CHOCOLATE Y ALMENDRAS p. 56
Preparación 30 min
Horneado 25 min

PASTEL DE BIZCOCHO pp. 28-29
Preparación 30 min
Horneado 20-25 min

SCONES pp. 140-141
Preparación 15-20 min
Horneado 12-15 min

SCONES CON PASAS p. 142
Preparación 15-20 min
Horneado 12-15 min

ÉCLAIRS DE CHOCOLATE p. 165
Preparación 30 min
Horneado 25-30 min

PAN BLANCO p. 402
Preparación 20 min, más crecimiento y leudado
Horneado 40-45 min

PASTEL DE ZANAHORIA pp. 42-43
Preparación 20-30 min
Horneado 45 min

MANTECADA pp. 220-221
Preparación 15 min, más enfriamiento
Horneado 35-40 min

BRUNCH DE FIN DE SEMANA

CROISSANTS CON ALMENDRAS p. 153
Preparación 1 h, más enfriamiento y crecimiento
Horneado 15-25 min

DANESAS pp. 154-155
Preparación 30 min, más enfriamiento
y crecimiento
Horneado 15-20 min

PILA DE PANCAKES CON BANANO, YOGUR Y MIEL p. 513
Preparación 10 min
Horneado 15-20 min

WAFFLES pp. 532-533
Preparación 10 min
Horneado 20-25 min

BAGELS p. 432
Preparación 40 min, más crecimiento y leudado
Horneado 20-25 min

CINNAMON ROLLS pp. 158-159
Preparación 40 min, más crecimiento y leudado
Horneado 25-30 min

TORTAS DE AVENA DE STAFFORDSHIRE p. 522
Preparación 10 min, más crecimiento
Horneado 15 min

ZWEIBELKUCHEN pp. 368-369
Preparación 30 min
Horneado 60-65 min

BUTTERMILK BISCUITS pp. 514-515
Preparación 10 min
Horneado 15 min

MUFFINS DE MANZANA p. 136
Preparación 10 min
Horneado 20-25 min

PANE AL LATTE pp. 448-449
Preparación 30 min, más crecimiento y leudado
Horneado 20 min

PAN DE CENTENO CON AVELLANAS Y UVAS PASAS p. 464
Preparación 25 min, más fermentación, crecimiento y leudado
Horneado 40-50 min

CANASTA DE PÍCNIC

PISSALADIÈRE pp. 478-479
Preparación 20 min, más crecimiento
Horneado 1 h 25 min

SCHIACCIATA DI UVA p. 468
Preparación 25 min, más crecimiento y leudado
Horneado 20-25 min

PASTEL GRUESO DE POLLO Y JAMÓN pp. 378-379
Preparación 50-60 min
Horneado 1½ h

PAN DE NUEZ Y ROMERO p. 403
Preparación 20 min, más leudado
Horneado 30-40 min

QUICHE LORRAINE p. 363
Preparación 35 min, más enfriamiento
Horneado 47-52 min

PASTEL DE FILO CON QUESO FETA
pp. 386-389
Preparación 30 min
Horneado 35-40 min

EMPANADAS DE CORNUALLES pp. 392-393
Preparación 20 min
Horneado 40-45 min

FOUGASSE p. 423
Preparación 30-35 min, más crecimiento y leudado
Horneado 15 min

TARTA DE MANZANA pp. 298-299
Preparación 20 min, más enfriamiento
Horneado 50-55 min

ROLLOS DE SALCHICHA p. 385
Preparación 30 min, más enfriamiento
Horneado 10-12 min

TARTA DE FRESAS pp. 292-295
Preparación 40 min, más enfriamiento
Horneado 25 min

PASTEL DE ZANAHORIA CON ESPECIAS
pp. 46-47
Preparación 20 min
Horneado 30 min

BOCADOS SALADOS PARA FIESTAS

CIABATTA CROSTINI p. 426
Preparación 15 min
Horneado 10 min

PITAS CRUJIENTES p. 483
Preparación 10 min
Horneado 7-8 min

CANAPÉS ENVUELTOS EN JAMÓN p. 431
Preparación 10 min, más crecimiento
Horneado 15-18 min

PIZZA BLANCA p. 476
Preparación 25 min, más crecimiento
Horneado 20 min

BLINIS pp. 524-525
Preparación 20 min, más reposo
Horneado 15 min

PILAS DE TORTILLAS CON LANGOSTINOS p. 492
Preparación 15 min
Horneado 10-15 min

BOCADOS DULCES PARA FIESTAS

BRANDY SNAPS p. 218
Preparación 15 min
Horneado 6-8 min

TARTALETAS DE FRUTAS p. 297
Preparación 40-45 min, más enfriamiento
Horneado 11-13 min

MINCE PIES pp. 336-337
Preparación 45-50 min, más enfriamiento
Horneado 45-50 min

WHOOPIE PIES pp. 126-129
Preparación 40 min
Horneado 12 min

PALMERITAS DE CANELA pp. 178-179
Preparación 45 min, más enfriamiento
Horneado 25-30 min

MERENGUES CON CREMA DE FRAMBUESA p. 242
Preparación 10 min
Horneado 1 h

DELICIAS DE CHOCOLATE

CUPCAKES DE CHOCOLATE p. 118
Preparación 20 min
Horneado 20-25 min

MILHOJA CON CHOCOLATE p. 170
Preparación 2 h, más enfriamiento
Horneado 25-30 min

TARTA DE FRAMBUESA CON CREMA DE CHOCOLATE p. 296
Preparación 40 min, más enfriamiento
Horneado 20-25 min

**BOLAS DE BIZCOCHO CON FUDGE
DE CHOCOLATE** p. 122
Preparación 35 min, más enfriamiento
Horneado 25 min

PALMERITAS DE CHOCOLATE p. 180
Preparación 45 min, más enfriamiento
Horneado 25-30 min

PASTEL SELVA NEGRA pp. 108-109
Preparación 55 min
Horneado 40 min

PROFITEROLES pp. 162-163
Preparación 30 min
Horneado 22 min

PASTEL DEL DIABLO pp. 58-59
Preparación 30 min
Horneado 30-35 min

TARTA DE CHOCOLATE CON TRUFAS Y NUECES pp. 326-327
Preparación 45-50 min, más enfriamiento
Horneado 35-40 min

FIESTAS INFANTILES

FANTASÍAS DE FONDANT p. 120
Preparación 20-25 min
Horneado 25 min

PALITOS DE QUESO p. 236
Preparación 10 min, más enfriamiento
Horneado 15 min

BRAZO DE REINA (O DE GITANO) pp. 36-37
Preparación 20 min
Horneado 12-15 min

PRETZELS CON SALCHICHA pp. 440-441
Preparación 30 min, más crecimiento y leudado
Horneado 15 min

PASTEL DE FUDGE DE CHOCOLATE pp. 60-61
Preparación 40 min
Horneado 30 min

CUPCAKES DE CREMA DE VAINILLA pp. 114-117
Preparación 20 min
Horneado 15 min

PARA PEQUEÑOS PASTELEROS

PIZZA CUATRO ESTACIONES pp. 472-475
Preparación 40 min, más crecimiento
Horneado 40 min

ROCK CAKES pp. 146-147
Preparación 15 min
Horneado 15-20 min

ESTRELLAS DE CANELA p. 199
Preparación 20 min, más enfriamiento
Horneado 12-15 min

GALLETAS DE MANTEQUILLA pp. 192-193
Preparación 15 min
Horneado 10-15 min

COBBLER DE ARÁNDANOS pp. 348-349
Preparación 15 min
Horneado 30 min

HOMBRECITOS DE JENGIBRE pp. 196-197
Preparación 20 min
Horneado 10-12 min

PARA PREPARAR POR ANTICIPADO

PANETTONES RELLENOS p. 92
Preparación 1 h, más crecimiento, leudado
y enfriamiento
Horneado 30-35 min

BUDINES CON CARAMELO pp. 52-53
Preparación 20 min
Horneado 20-25 min

PASTEL ALEMÁN DE QUESO CREMA p. 110
Preparación 40 min, más enfriamiento
Horneado 30 min

PAVLOVA DE FRESAS pp. 252-253
Preparación 15 min
Horneado 1¼ h

SALMÓN EN HOJALDRE p. 384
Preparación 25 min
Horneado 30 min

**TARTA DE CANGREJO Y LANGOSTINOS
CON AZAFRÁN** p. 365
Preparación 20 min, más enfriamiento
Horneado 50-65 min

COBBLER DE CARNE Y CERVEZA
pp. 374-375
Preparación 40 min
Horneado 2½-3¼ h

PASTELES DE POLLO CON CORTEZA DE HIERBAS p. 376
Preparación 25-35 min
Horneado 22-25 min

MONTS BLANCS p. 244
Preparación 20 min
Horneado 45-60 min

DELICIAS PARA DESPUÉS DE CENAR

VANILLEKIPFERL pp. 206-207
Preparación 35 min
Horneado 15-17 min

SOUFFLÉS DE FRAMBUESA p. 266
Preparación 20-25 min
Horneado 10-12 min

PASTEL BÁVARO DE FRAMBUESA p. 111
Preparación 55-60 min, más enfriamiento
Horneado 20-25 min

MAGDALENAS pp. 138-139
Preparación 15-20 min
Horneado 10 min

MERENGUES GIGANTES DE PISTACHO p. 245
Preparación 15 min
Horneado 1½ h

PASTEL DE CIRUELA BAVIERA pp. 72-73
Preparación 35-40 min, más crecimiento
y leudado
Horneado 50-55 min

PASTEL DE CHOCOLATE Y PERA p. 57
Preparación 15 min
Horneado 30 min

GALETTES DE MANZANA Y ALMENDRAS
pp. 172-173
Preparación 25-30 min
Horneado 20-30 min

ALASKA AL HORNO pp. 258-259
Preparación 45-50 min
Horneado 30-40 min

TUILES DE ALMENDRA p. 219
Preparación 15 min
Horneado 5-7 min

BIENENSTICH pp. 96-97
Preparación 20 min, más crecimiento y leudado
Horneado 20-25 min

STRUDEL DE FRUTAS SECAS p. 345
Preparación 45-50 min
Horneado 30-40 min

RÁPIDOS Y FABULOSOS

SOUFFLÉS DE NARANJA pp. 264-265
Preparación 20 min
Horneado 12-15 min

MACAROONS pp. 202-203
Preparación 10 min
Horneado 12-15 min

GENOVESA CON CREMA Y FRAMBUESAS pp. 34-35
Preparación 30 min
Horneado 25-30 min

ROLLO DE MERENGUE CON LIMÓN
pp. 260-261
Preparación 30 min
Horneado 15 min

ÉCLAIRS DE CHOCOLATE p. 165
Preparación 30 min
Horneado 25-30 min

GALLETAS DE QUESO PARMESANO Y ROMERO p. 237
Preparación 10 min, más enfriamiento
Horneado 15 min

GALLETAS SPRITZGEBÄCK p. 195
Preparación 45 min
Horneado 15 min

PASTEL SUECO DE PANCAKES p. 521
Preparación 15 min

PIE DE LIMÓN pp. 320-321
Preparación 20-30 min
Horneado 15-20 min

CANESTRELLI pp. 200-201
Preparación 20 min, más enfriamiento
Horneado 15-20 min

FLORENTINAS pp. 208-209
Preparación 20 min
Horneado 15-20 min

ROLLO DE CHOCOLATE CON AMARETTI
p. 106
Preparación 25-30 min
Horneado 20 min

PASTELES PARA TODOS LOS DÍAS

PASTEL DE BIZCOCHO VICTORIA

El bizcocho Victoria, quizás el más emblemático de Gran Bretaña,
debe ser húmedo, ligero y con volumen.

Porciones 6-8
Preparación 30 min
Horneado 20-25 min
Por anticipado los bizcochos sin
rellenar se conservarán hasta 3 días
Almacenar el pastel relleno se
conservará 2 días en un recipiente
hermético y en un lugar fresco

UTENSILIOS ESPECIALES

2 moldes para pastel, redondos,
   de 18 cm

INGREDIENTES

175 g de mantequilla sin sal,
   suavizada, y algo extra
   para engrasar

175 g de azúcar pulverizada

3 huevos

1 cdta. de extracto de vainilla

175 g de harina leudante

1 cdta. de polvo para hornear

Para el relleno

50 g de mantequilla
   suavizada, sin sal

100 g de azúcar glas,
   y algo extra para servir

1 cdta. de extracto de vainilla

115 g de mermelada de
   frambuesa sin semillas

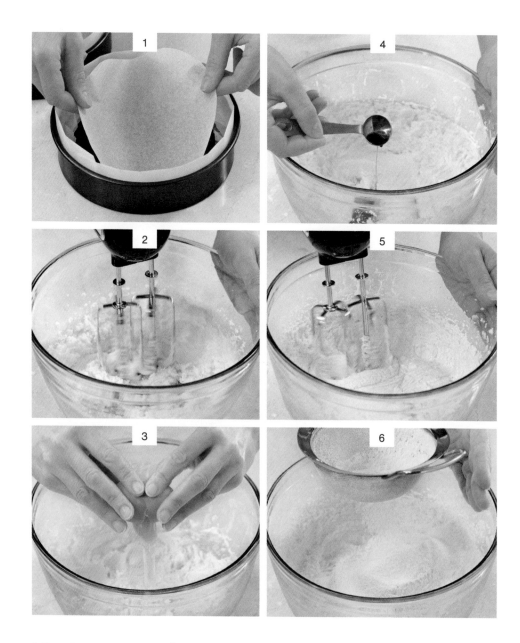

1 Precaliente el horno a 350 °F (180 °C).
Engrase los moldes y póngales papel de horno.

2 Bata la mantequilla con el azúcar por 2 min,
o hasta que esté pálida, ligera y esponjosa.

3 Agregue uno a uno los huevos, sin dejar de
mezclar, para que no se cuajen.

4 Agregue el extracto de vainilla y bata un
poco hasta que la masa esté bien mezclada.

5 Bata la mezcla por otros 2 min, hasta que
aparezcan burbujas en la superficie.

6 Retire la batidora y tamice la harina
y el polvo de hornear sobre el bol.

7 Con una cuchara metálica, incorpore la harina hasta lograr una mezcla ligera.

8 Reparta la mezcla entre los dos moldes y alise la superficie con una espátula.

9 Hornee de 20 a 25 min o hasta que el bizcocho esté dorado y flexible al tacto.

10 Inserte un pincho en el centro de cada bizcocho. Si sale limpio, ya están cocinados.

11 Déjelos unos minutos en los moldes. Para enfriar, desmóldelos invertidos en una rejilla.

12 Para el relleno, bata la mantequilla con el azúcar y el extracto hasta que esté cremosa.

13 Sobre el lado plano de un bizcocho, unte con una espátula la mezcla de mantequilla.

14 Con un cuchillo, unte suavemente la mermelada sobre la mezcla de mantequilla.

15 Únalo con el segundo bizcocho, por los lados planos. Espolvoree azúcar glas y sirva.

VARIACIONES DEL PASTEL DE BIZCOCHO VICTORIA

PASTEL DE CAFÉ Y NUECES

El complemento perfecto para el café de la mañana se hace en moldes más pequeños que los que se usan en el Victoria clásico, para que se vea más alto e impactante.

Porciones 8
Preparación 20 min
Horneado 20-25 min
Por anticipado el pastel sin rellenar puede congelarse hasta 8 semanas
Almacenar se conservará por 3 días en un recipiente hermético y en un lugar fresco.

UTENSILIOS ESPECIALES
2 moldes redondos, de 18 cm

INGREDIENTES
175 g de mantequilla suavizada, sin sal, y algo extra para engrasar
175 g de azúcar mascabada ligera
3 huevos
1 cdta. de extracto de vainilla
175 g de harina leudante
1 cdta. de polvo de hornear
1 cda. de café fuerte en polvo, mezclada con 2 cdas. de agua hervida ya fría

Para la cubierta
100 g de mantequilla suavizada, sin sal
200 g de azúcar glas
9 mitades de nueces

1 Precaliente el horno a 350 °F (180 °C). Engrase los moldes y cubra las bases con papel de horno. Con una batidora eléctrica, mezcle la mantequilla y el azúcar en un bol, hasta lograr una crema ligera y esponjosa.

2 Añada los huevos uno a uno, batiendo bien entre adiciones. Agregue la vainilla. Bata por 2 min hasta que aparezcan burbujas en la superficie. Tamice la harina y el polvo de hornear.

3 Incorpore suavemente la harina, seguida de la mitad de la mezcla de café. Reparta entre los dos moldes la masa obtenida y alise las superficies con una espátula.

4 Hornee entre 20 y 25 min o hasta que los bizcochos estén dorados y flexibles al tacto. Cláveles un pincho; si sale limpio, están listos. Déjelos en los moldes unos minutos y luego póngalos a enfriar sobre una rejilla.

5 Para el relleno, bata la mantequilla con el azúcar glas hasta que esté cremosa e incorpore la mezcla de café restante. Unte la mitad de la crema de mantequilla sobre el lado plano de un bizcocho y cúbralo con el otro, unidos por los lados planos. Esparza por encima el resto de la crema de mantequilla. Decore con nueces.

PASTEL MADEIRA

Los sabores de limón y mantequilla se realzan en este sencillo pastel.

Porciones 8-10
Preparación 20 min
Horneado 50-60 min
Almacenar se conservará por 3 días en un recipiente hermético

UTENSILIOS ESPECIALES

molde desmontable para pastel, redondo, de 18 cm

INGREDIENTES

175 g de mantequilla suavizada, sin sal, y algo extra para engrasar
175 g de azúcar pulverizada
3 huevos
225 g de harina leudante
cáscara de 1 limón finamente rallada

1 Precaliente el horno a 350 °F (180 °C). Engrase el molde y recubra la base y los lados con papel de horno.

2 Con una batidora eléctrica, mezcle por unos 2 min la mantequilla y el azúcar, hasta obtener una pasta ligera y esponjosa. Agregue los huevos uno a uno, batiendo bien entre las adiciones.

3 Bata durante 2 min hasta que aparezcan burbujas en la superficie. Agregue la harina, tamizándola, y la ralladura de limón. Incorpore suavemente la harina y la ralladura hasta lograr una mezcla ligera.

4 Pase la mezcla al molde con una cuchara. Hornee de 50 min a 1 hora o hasta que al introducir un pincho, este salga limpio. Deje el pastel en el molde por unos minutos y luego desmóldelo sobre una rejilla para que enfríe.

CONSEJO DEL PASTELERO

El secreto para conseguir un pastel Victoria bueno y ligero es asegurarse de perder muy poco aire al incorporar la harina. Para un acabado aún más ligero, use margarina para hornear, pues su mayor contenido de agua parece inyectar aire al pastel. No obstante, la mantequilla le da un sabor más rico.

PASTEL MARMOLEADO DE MOLDE

Para variar la mezcla clásica, divida la masa en dos y agregue cocoa a una de las mitades antes de mezclarlas. Así logrará un bello efecto marmoleado.

Porciones 8-10
Preparación 25 min
Horneado 45-50 min
Almacenar se conservará por 3 días en un recipiente hermético

UTENSILIOS ESPECIALES

1 molde de 900 g para barra de pan

INGREDIENTES

175 g de mantequilla suavizada, sin sal, y algo extra para engrasar
175 g de azúcar pulverizada
3 huevos
1 cdta. de extracto de vainilla
150 g de harina leudante
1 cdta. de polvo de hornear
25 g de cocoa en polvo

1 Precaliente el horno a 350 °F (180 °C). Engrase el molde y recubra la base con papel de horno.

2 Usando una batidora eléctrica a velocidad media, mezcle la mantequilla con el azúcar durante unos 2 min, hasta que esté suave y esponjosa. Añada los huevos uno a uno, sin dejar de batir.

Agregue el extracto de vainilla, y bata unos 2 min hasta que aparezcan burbujas en la superficie. Agregue la harina y el polvo para hornear, tamizándolos. Mezcle.

3 Reparta la masa en dos boles, en partes iguales. Tamice la cocoa en polvo en uno de los boles e incorpórela suavemente. Pase la masa del pastel de vainilla al molde, luego cúbrala con la de chocolate. Con el mango de una cuchara de madera, un cuchillo o un pincho, revuelva las dos masas, creando el efecto de marmoleado.

4 Hornee entre 45 y 50 min, o hasta que al introducir un pincho, este salga limpio. Deje enfriar un poco, desmolde y pase a una rejilla. Retire el papel de horno.

PASTEL ÁNGEL

Pastel clásico norteamericano llamado así por su bizcocho blanco y ligero. Libre de grasa, no se conserva bien y es mejor comerlo el mismo día.

Porciones 8-12
Preparación 30 min
Horneado 35-45 min

UTENSILIOS ESPECIALES

molde de anillo de 1,7 litros
termómetro para azúcar

INGREDIENTES

1 trozo grande de mantequilla, para engrasar
150 g de harina común
100 g de azúcar glas
8 claras de huevo (guarde las yemas para crema pastelera y rellenos de tarta)
pizca de cremor tártaro
250 g de azúcar pulverizada
unas gotas de extracto de almendras o de vainilla

Para el betún

150 g de azúcar pulverizada
2 claras de huevo
fresas (en mitades), arándanos y frambuesas, para decorar
azúcar glas, para espolvorear

1 Precaliente el horno a 350 °F (180 °C). Derrita la mantequilla en una sartén y úsela para untar bien el interior del molde. Tamice la harina y el azúcar glas en una taza (ver Consejo del pastelero).

2 Bata las claras de huevo a punto de nieve con el cremor tártaro. Añada el azúcar pulverizada, 1 cucharada a la vez, sin dejar de batir. Tamice la harina e incorpórela lentamente con una cuchara de metal; luego agregue el extracto de almendra o vainilla.

3 Vierta la mezcla suavemente en el molde, llenándolo hasta el borde. Nivele la superficie con una espátula. Coloque el molde en una bandeja de hornear y hornee de 35 a 45 min o hasta que el pastel esté firme al tacto.

4 Retire con cuidado el pastel del horno e invierta el molde sobre una rejilla. Deje enfriar y luego desmolde.

5 Para hacer el betún, ponga el azúcar pulverizada en una cacerola con 4 cucharadas de agua. Caliente a fuego lento, revolviendo hasta disolver el azúcar. Hierva hasta lograr un almíbar a punto de bola (114-118 °C, 238-245 °F), o sea, hasta que un poco de almíbar forme una bola blanda al caer en agua muy fría.

6 Mientras tanto, bata las claras a punto de nieve. Cuando el almíbar alcance la temperatura correcta, ponga la base de la cacerola en agua fría para que el almíbar no se caliente más. Vierta el almíbar en el centro del bol de las claras de huevo, en un chorrito lento y constante, mientras sigue batiendo. Bata unos 5 min más, hasta que se formen picos duros.

7 Trabajando rápidamente antes de que el betún se endurezca, úntelo sobre la parte interna y externa del pastel con una espátula, haciendo remolinos en la superficie para dar textura. Cubra con las fresas, los arándanos y las frambuesas, y espolvoree azúcar glas con un colador fino.

CONSEJO DEL PASTELERO

Al tamizar la harina dos veces antes de incorporarla a la mezcla de huevo se obtiene un pastel muy ligero. Para lograr un resultado mejor, levante el colador por encima del bol para que la harina entre en contacto con la mayor cantidad de aire posible mientras cae.

GENOVESA CON CREMA Y FRAMBUESAS

Este fino bizcocho batido es un delicioso postre, aunque también puede ser el protagonista de un té vespertino, en un soleado día de verano.

Porciones 8-10
Preparación 30 min
Horneado 25-30 min
Por anticipado el bizcocho se puede congelar por 4 semanas antes de rebanarlo y rellenarlo
Almacenar el bizcocho relleno se conservará 1 día en un recipiente hermético

UTENSILIOS ESPECIALES
molde para pastel, redondo, de 20 cm

INGREDIENTES
40 g de mantequilla sin sal, y algo extra para engrasar

4 huevos grandes

125 g de azúcar pulverizada

125 g de harina común

1 cdta. de extracto de vainilla

cáscara de 1 limón finamente rallada

75 g de frambuesas, para decorar (opcional)

Para el relleno
450 ml de crema de leche espesa

325 g de frambuesas

1 cda. de azúcar glas, y algo extra para espolvorear

1 Derrita la mantequilla y reserve. Precaliente el horno a 350 °F (180 °C). Engrase el molde y recubra la base con papel de horno.

2 Hierva agua en una olla, retírela del fuego y coloque sobre ella un bol refractario. Añada los huevos y el azúcar, y mezcle por unos 5 min con una batidora eléctrica, hasta que quede un rastro al levantar la batidora; la mezcla aumentará hasta cinco veces su volumen. Retire el bol de la olla y bata por 1 min para enfriar.

3 Tamice e incorpore la harina a la mezcla. Añada la vainilla, la ralladura de limón y la mantequilla derretida.

4 Pase la mezcla al molde y hornee de 25 a 30 min o hasta que la superficie esté flexible al tacto y de color dorado claro. Al insertar un pincho en el centro, deberá salir limpio.

5 Deje enfriar el pastel en el molde durante unos minutos, luego desmóldelo sobre una rejilla para que enfríe bien y retire el papel de horno.

6 Una vez frío, use un cuchillo de sierra para pan y córtelo horizontalmente en tres partes iguales.

7 En un bol, bata la crema de leche hasta que suba. Aplaste ligeramente las frambuesas con el azúcar glas y añádalas a la crema de leche, sin jugo, para que esta no quede muy húmeda.

8 Coloque la rebanada inferior del pastel en un plato y úntele la mitad de la crema. Cubra con la segunda rebanada, unte el resto de la crema, y por último, coloque encima la otra rebanada. Decore con frambuesas, si las usa, y espolvoree azúcar glas sobre el pastel. Sirva enseguida.

CONSEJO DEL PASTELERO
Este clásico italiano utiliza solo un poco de mantequilla para el sabor. Las genovesas se adaptan a todo y se pueden rellenar con cualquier cosa, sin embargo, es mejor comerlas dentro de las 24 horas siguientes al horneado, puesto que, por ser bajas en grasa, no se conservan por mucho tiempo.

BRAZO DE REINA (O DE GITANO)

Envolver el brazo de reina tiene su truco. Siga estos sencillos
pasos y le quedará perfecto.

1 Precaliente el horno a 400 °F (200 °C). Cubra la base del molde con papel de horno.

2 Ponga un bol al baño María, sin que su base toque el agua.

3 Con una batidora eléctrica, mezcle en el bol los huevos, el azúcar y la sal, hasta espesar.

4 Pruebe la mezcla: lo que escurre de la batidora queda unos segundos sobre la superficie.

5 Retire el bol de la olla, póngalo sobre el mesón y bata de 1 a 2 min hasta que enfríe.

6 Incorpore la harina, agregue la vainilla y mezcle, procurando mantener el volumen.

7 Vierta en el molde y nivele las esquinas, alisando la superficie con una espátula.

8 Hornee de 12 a 15 min, hasta que el bizcocho esté firme y flexible al tacto.

9 Si el bizcocho se separa de los lados del molde, significa que está listo.

Porciones 8-10
Preparación 20 min
Horneado 12-15 min
Almacenar se conservará por 2 días en un recipiente hermético

UTENSILIOS ESPECIALES

molde de 32,5 x 23 cm para brazo de reina

INGREDIENTES

3 huevos grandes

100 g de azúcar pulverizada, y algo extra para espolvorear

pizca de sal

75 g de harina leudante

1 cdta. de extracto de vainilla

6 cdas. de mermelada de frambuesa (u otra mermelada, o pasta de chocolate y avellana), para el relleno

10 Rocíe una capa fina de azúcar pulverizada sobre una hoja de papel de horno.

11 Desmolde el brazo de reina sobre el azúcar pulverizada, de modo que quede invertido.

12 Deje enfriar por 5 min; luego retire con cuidado el papel de horno.

13 Para el relleno, si la mermelada es demasiado espesa, tíbiela en una cacerola.

14 Con una espátula, esparza la mermelada sobre la superficie del bizcocho.

15 Con el dorso de un cuchillo, haga una hendidura en un lado corto, a 2 cm del borde.

16 Use la hendidura para empezar a enrollar, ayudándose con el papel de horno.

17 Use el papel de horno para mantener el rollo en forma. Deje enfriar.

18 Retire el papel y sírvalo en un plato, con la unión abajo. Rocíe con azúcar pulverizada.

VARIACIONES DEL BRAZO DE REINA

CONSEJO DEL PASTELERO

Cuando una receta requiere que el brazo de reina esté frío antes de rellenarlo, enrolle el bizcocho tibio y luego desenróllelo. Enseguida, enróllelo alrededor de una hoja fría de papel de horno. Esto evitará que sus capas se peguen y permitirá lograr un rollo de buena forma y consistencia, fácil de desenrollar.

BRAZO DE GITANO ESPAÑOL

Para este sofisticado brazo de gitano, se enrolla un bizcocho de limón ácido alrededor de un relleno suave de ganache de chocolate y ron, formando una espiral fácil de cortar. Delicioso como postre para una cena.

Porciones 8-10
Preparación 40-45 min
Enfriamiento 6 h
Horneado 7-9 min

INGREDIENTES
mantequilla, para engrasar
150 g de azúcar pulverizada
5 huevos, separados
cáscara de 2 limones, finamente rallada
45 g de harina común tamizada
pizca de sal
125 g de chocolate negro picado
175 ml de crema de leche espesa
1½ cdta. de canela en polvo
1½ cda. de ron oscuro
60 g de azúcar glas
ralladura de limón confitada, para servir (opcional)

1 Precaliente el horno a 425 °F (220 °C). Engrase una bandeja de hornear y cúbrala con papel de horno. Mezcle 100 g de azúcar pulverizada con las yemas y la ralladura. Mezcle con una batidora hasta que espese. En otro bol, bata las claras a punto de nieve, añada el azúcar restante y siga batiendo hasta que estén brillantes. Agregue sal a la mezcla de yemas, tamice e incorpore la harina y luego las claras.

2 Vierta la mezcla en la bandeja. Hornee de 7 a 9 min cerca de la base del horno, hasta que el bizcocho esté dorado y firme.

3 Páselo a otra bandeja de hornear y retire el papel. Con el dorso de un cuchillo, haga una hendidura a lo largo del lado corto, a 2 cm del borde. Use la hendidura para comenzar a enrollar el bizcocho alrededor de una hoja de papel de horno (ver Consejo del pastelero). Deje enfriar.

4 Para el ganache, ponga el chocolate en un bol. En una olla, caliente la crema con ½ cucharadita de canela hasta que casi hierva. Agregue al chocolate y mezcle hasta derretir. Deje enfriar y añada el ron. Bata hasta que esté espeso y esponjoso.

5 Mezcle la mitad del azúcar glas con 1 cucharadita de canela y rocíela sobre papel de horno. Desenrolle el bizcocho sobre el papel con azúcar. Esparza el ganache sobre él, enrolle y envuelva con papel. Deje enfriar por 6 horas. Retire el papel, corte los extremos, espolvoree el azúcar glas restante y rocíe con ralladura de limón confitada.

BRAZO DE REINA DE NARANJA Y PISTACHO

El delicado sabor del pistacho y del agua de azahar da a esta receta clásica un giro moderno. Fácil de cortar en porciones, es un postre ideal para fiestas grandes y buffets.

Porciones 8
Preparación 20 min
Horneado 15 min

UTENSILIOS ESPECIALES
molde de 32,5 x 23 cm para brazo de reina

INGREDIENTES
3 huevos grandes
100 g de azúcar pulverizada, más algo extra
pizca de sal
75 g de harina leudante
cáscara de 2 naranjas rallada y 3 cdas. de jugo
2 cdtas. de agua de azahar (opcional)
200 ml de crema de leche espesa
75 g de pistachos sin sal, en trozos
azúcar glas, para espolvorear

1 Precaliente el horno a 400 °F (200 °C) y recubra el molde con papel de horno. Ponga un bol al baño María y mezcle dentro de él los huevos, el azúcar pulverizada y la sal con una batidora eléctrica por unos 5 min, hasta obtener una mezcla espesa y cremosa.

2 Retire el bol de la olla y bata de 1 a 2 min hasta enfriar. Añada la harina, la mitad de la ralladura de naranja y 1 cucharada de jugo. Revuelva. Vierta en el molde y hornee de 12 a 15 min, hasta que el bizcocho esté firme.

3 Espolvoree una hoja de papel de horno con azúcar pulverizada. Desmolde el bizcocho sobre el azúcar. Deje enfriar por 5 min y desprenda el papel del bizcocho. Rocíe con el agua de azahar (si la utiliza).

4 Con el dorso de un cuchillo haga una hendidura a lo largo del lado corto del bizcocho, a unos 2 cm del borde. Usando la hendidura, empiece a enrollar el bizcocho alrededor del papel con azúcar (ver Consejo del pastelero). Deje enfriar.

5 Bata la crema de leche e incorpore los pistachos, la cáscara de naranja restante y el jugo. Desenrolle el bizcocho y después de retirarle el papel, esparza sobre él el relleno de crema de manera uniforme. Enrolle de nuevo el bizcocho y páselo a un plato, con la unión hacia abajo. Espolvoree con azúcar glas antes de servir.

Pruebe también...
BRAZO DE REINA DE LIMÓN
En lugar de naranja, agregue ralladura y jugo de limón a la mezcla del bizcocho y rellene con 300 g de crema pastelera de limón.

PASTEL DE JENGIBRE

Este delicioso pastel, rico y húmedo, lleva el sabor profundo del jengibre en conserva y se mantiene bien por una semana, ¡si no se acaba antes!

Porciones 12

Preparación 20 min

Horneado 35-45 min

Almacenar este pastel es muy húmedo y se conservará bien por 1 semana en un recipiente hermético o congelado por 8 semanas

UTENSILIOS ESPECIALES

molde para pastel, cuadrado, de 18 cm

INGREDIENTES

110 g de mantequilla suavizada, sin sal, y algo extra para engrasar

225 g de almíbar dorado

110 g de azúcar morena

200 ml de leche

4 cdas. de almíbar de jengibre conservado en frasco

cáscara de 1 naranja finamente rallada

225 g de harina leudante

1 cdta. de bicarbonato de sodio

1 cdta. de mezcla de especias (canela, nuez moscada y pimienta de Jamaica)

1 cdta. de canela

2 cdtas. de jengibre en polvo

4 trozos de tallo de jengibre en conserva, finamente picado y mezclado con 1 cda. de harina común

1 huevo ligeramente batido

1 Precaliente el horno a 340 °F (170 °C). Engrase el molde y recúbralo con papel de horno.

2 En una cacerola, caliente a fuego bajo la mantequilla, el almíbar dorado, el azúcar, la leche y el almíbar de jengibre hasta que la mantequilla se haya derretido. Añada la ralladura de naranja y deje enfriar por unos 5 min.

3 Tamice la harina, el bicarbonato de sodio y las especias molidas en un bol. Vierta la mezcla de almíbar caliente sobre los ingredientes secos y mézclelos con un batidor de globo. Agregue el jengibre en conserva y el huevo.

4 Vierta la mezcla en el molde y hornee de 35 a 45 min, hasta que, al insertar un pincho en el centro del pastel, salga limpio. Deje enfriar en el molde por lo menos 1 hora y luego desmolde sobre una rejilla. Retire el papel de horno antes de servir.

CONSEJO DEL PASTELERO

Si usa almíbar dorado y azúcar morena, obtendrá un
pastel denso y húmedo que se conserva muy bien.
Si el pastel empieza a secarse un poco, córtelo en
tajadas, úntele mantequilla y sírvalo al desayuno,
o conviértalo en una rica versión del budín de pan
y mantequilla (p. 93).

PASTEL DE ZANAHORIA

Para un pastel más elegante, prepare doble el glaseado,
corte el pastel en dos y rellene también el centro.

1 Precaliente el horno a 350 °F (180 °C). Hornee las nueces por 5 min, hasta que doren.

2 Ponga las nueces en un paño limpio y frote para eliminar el exceso de piel. Deje enfriar.

3 Vierta el aceite y los huevos en un bol, agregue el azúcar y luego la vainilla.

4 Use una batidora eléctrica y bata la mezcla de aceite hasta que espese.

5 Exprima bien la zanahoria rallada con un paño limpio, para eliminar el exceso de líquido.

6 Incorpore suavemente la zanahoria al bol de la masa, cuidando que quede bien mezclada.

7 Pique groseramente las nueces enfriadas, dejando algunos trozos grandes.

8 Agregue las nueces a la mezcla, junto con las pasas de Esmirna, y revuelva.

9 Tamice encima las harinas. Luego agregue el salvado que quede en el colador.

Porciones 8-10
Preparación 20 min
Horneado 45 min
Por anticipado sin glaseado se puede congelar 8 semanas
Almacenar se conservará por 3 días en un recipiente hermético

UTENSILIOS ESPECIALES
molde para pasatel, redondo, de 22 cm; ralladores

INGREDIENTES
100 g de nueces
225 ml de aceite de girasol, y algo extra para engrasar
3 huevos grandes
225 g de azúcar morena clara
1 cdta. de extracto de vainilla
200 g de zanahorias finamente ralladas

100 g de pasas de Esmirna
200 g de harina leudante
75 g de harina leudante integral
pizca de sal
1 cdta. de canela
1 cdta. de jengibre molido
¼ cdta. de nuez moscada finamente rallada
cáscara de 1 naranja, rallada

Para el glaseado
50 g de mantequilla suavizada, sin sal
100 g de queso crema, a temperatura ambiente
200 g de azúcar glas
½ cdta. de extracto de vainilla
2 naranjas

10 Agregue la sal, las especias y la ralladura de naranja, y mezcle los ingredientes.

11 Engrase el molde y recubra con papel de horno. Vierta la mezcla y alise con una espátula.

12 Hornee por 45 min. Inserte un pincho en el centro del pastel; si sale limpio, estará listo.

13 Si no, hornee unos minutos más y pruebe de nuevo. Ponga a enfriar sobre una rejilla.

14 Mezcle la mantequilla, el queso crema, el azúcar glas y la vainilla. Ralle una naranja.

15 Con una batidora eléctrica, mezcle hasta lograr una pasta suave, pálida y esponjosa.

16 Con una espátula, unte el glaseado sobre el pastel en forma de espirales, para dar textura.

17 Para una decoración adicional, ralle la naranja restante en tiras finas.

18 Ponga las tiras de naranja sobre el glaseado creando un diseño y pase a un plato.

VARIACIONES DEL
PASTEL DE ZANAHORIA

PASTEL DE CALABACÍN Y AVELLANAS

Esta interesante alternativa al pastel de zanahoria es deliciosa. La falta de glaseado la hace también muy sana.

Porciones 8-10
Preparación 20 min
Horneado 45 min
Almacenar se conservará por 3 días en un recipiente hermético o, congelado, hasta 8 semanas

UTENSILIOS ESPECIALES

molde para pastel, redondo, de 22 cm

INGREDIENTES

225 ml de aceite de girasol, y algo extra para engrasar

100 g de avellanas

3 huevos grandes

1 cdta. de extracto de vainilla

225 g de azúcar pulverizada

200 g de calabacines finamente picados

200 g de harina leudante

75 g de harina leudante integral

pizca de sal

1 cdta. de canela

cáscara de 1 limón finamente rallada

1 Precaliente el horno a 350 °F (180 °C). Engrase el molde y recubra su base con papel de horno. Esparza las avellanas sobre una bandeja de hornear y lleve al horno hasta que doren. Póngalas sobre un paño y frótelas para eliminar la piel sobrante. Córtelas en trozos y reserve.

2 Vierta el aceite y los huevos en un bol y añada la vainilla y el azúcar. Bata hasta lograr una mezcla ligera y melcochuda. Exprima la humedad de los calabacines y mezcle con las avellanas. Tamice encima la harina, sacudiendo el salvado que queda en el colador. Añada la sal, la canela y la ralladura de limón, y mezcle.

3 Vierta la mezcla en el molde. Hornee por 45 min, hasta que el pastel esté esponjoso. Desmolde sobre una rejilla para enfriar.

PASTEL DE ZANAHORIA RÁPIDO

Los pasteles de zanahoria son ideales para los pasteleros principiantes, pues se pueden batir rápidamente y mezclar sin problema. Esta variación se prepara en un momento y puede tardar incluso menos en desaparecer.

Porciones 8
Preparación 15 min
Horneado 20-25 min
Por anticipado sin el glaseado se puede congelar hasta 8 semanas
Almacenar glaseada, se conserva en un recipiente hermético por 3 días

UTENSILIOS ESPECIALES

molde para pastel, redondo, de 20 cm

INGREDIENTES

75 g de mantequilla sin sal, derretida y enfriada, y algo extra para engrasar

75 g de harina leudante integral

1 cdta. de pimienta de Jamaica en polvo

½ cdta. de jengibre en polvo

½ cdta. de levadura

2 zanahorias, ralladas groseramente

75 g de azúcar morena clara

50 g de pasas de Esmirna

2 huevos batidos

3 cdas. de jugo de naranja fresco

Para el glaseado

150 g de queso crema a temperatura ambiente

1 cda. de azúcar glas

ralladura de limón, para decorar

1 Precaliente el horno a 375 °F (190 °C). Engrase el molde y recubra su base con papel de horno.

2 Tamice la harina, la pimienta, el jengibre y la levadura en un bol, sacudiendo el salvado que queda en el colador. Agregue las zanahorias, el azúcar y las pasas, y revuelva para mezclar. Añada los huevos, 1 cucharada de jugo de naranja y la mantequilla. Revuelva hasta mezclar bien.

3 Vierta la mezcla en el molde y nivele con una espátula. Lleve al horno en una bandeja de hornear durante 20 min o hasta que un pincho insertado en el centro del pastel salga limpio. Deje reposar en el molde por unos 10 min para enfriar.

4 Pase un cuchillo por los lados, desmolde sobre una rejilla, retire el papel y deje enfriar por completo. Con un cuchillo de sierra, divida el pastel en dos capas horizontalmente.

5 Para el glaseado, bata el queso crema con el resto del jugo de naranja y el azúcar glas. Esparza el glaseado sobre el centro del pastel y decore con ralladura de limón.

PASTEL DE ZANAHORIA CON ESPECIAS

Con sus toques de especias abrigadoras, este pastel es fabuloso para el invierno. Un molde cuadrado permite cortarlo en bocados pequeños, ideales para una fiesta.

Para 16 cuadrados
Preparación 20 min
Horneado 30 min
Por anticipado sin glasear se puede congelar 8 semanas
Almacenar se conservará por 3 días en un recipiente hermético

UTENSILIOS ESPECIALES

molde para pastel, cuadrado, de 20 cm

INGREDIENTES

175 g de harina leudante

1 cdta. de canela

1 cdta. de mezcla de especias (canela, nuez moscada y pimienta de Jamaica)

½ cdta. de bicarbonato de sodio

100 g de azúcar morena clara u oscura

150 ml de aceite de girasol

2 huevos grandes

75 g de almíbar dorado

125 g de zanahorias ralladas groseramente

cáscara de 1 naranja, finamente rallada

Para el glaseado

75 g de azúcar glas

100 g de queso crema a temperatura ambiente

1 a 2 cdas. de jugo de naranja

cáscara de 1 naranja finamente rallada, y algo extra para decorar (opcional)

1 Precaliente el horno a 350 °F (180 °C). Recubra la base y los lados del molde con papel de horno. En un bol, mezcle la harina con las especias, el bicarbonato de sodio y el azúcar.

2 En otro bol, mezcle el aceite, los huevos y el almíbar, luego, combine con los ingredientes secos. Incorpore la zanahoria y la ralladura de naranja, pase al molde y nivele la superficie con una espátula.

3 Hornee por 30 min o hasta que el pastel esté firme al tacto. Deje en el molde unos minutos, luego desmolde sobre una rejilla para enfriar. Retire el papel.

4 Para el glaseado, tamice el azúcar glas en un bol, agregue el queso crema, el jugo y la ralladura de naranja. Mezcle con una batidora eléctrica hasta que quede untable. Esparza el glaseado sobre el pastel. Decore con más ralladura de naranja (si la utiliza) y corte en 16 cuadrados para servir.

PASTEL DE POLENTA Y LIMÓN

Uno de los pocos pasteles sin trigo que resulta igual
a los preparados con harina de trigo.

1 Engrase el molde, recubra la base con papel
de horno. Precaliente el horno a 325 °F (160 °C).

2 Con una batidora eléctrica, mezcle la
mantequilla y 175 g de azúcar.

3 Vierta los huevos, poco a poco, batiendo
bien después de cada adición.

4 Agregue la polenta y las almendras, e
incorpore con una cuchara metálica.

5 Incorpore la ralladura de limón y el polvo
de hornear. La masa parecerá algo rígida.

6 Raspe la mezcla para pasarla al molde
y alise la superficie con una espátula.

7 Hornee el pastel entre 50 y 60 min, hasta
que esté flexible al tacto. No crecerá mucho.

8 Inserte un pincho para ver si el pastel está
cocido. El pincho debe salir limpio.

9 Deje el pastel unos minutos en el molde
hasta que enfríe, para poder manipularlo.

Porciones 6-8
Preparación 30 min
Horneado 50-60 min
Almacenar se conservará en un recipiente hermético por 3 días o congelado por 8 semanas

UTENSILIOS ESPECIALES
molde para pastel, redondo, de 22 cm

INGREDIENTES
175 g de mantequilla suavizada, sin sal, y algo extra para engrasar

200 g de azúcar pulverizada

3 huevos grandes batidos

75 g de polenta o harina de maíz gruesa

175 g de almendras molidas

cáscaras finamente ralladas y jugo de 2 limones

1 cdta. de polvo de hornear sin gluten

crema de leche espesa o crema agria, para servir (opcional)

cáscara de limón (para decorar)

10 Entre tanto, ponga el jugo de limón y el azúcar restante en una olla.

11 Caliente el jugo a fuego medio hasta que el azúcar se haya disuelto. Retire del fuego.

12 Pase el pastel a una rejilla, con el lado horneado hacia arriba. No retire el papel.

13 Use un pincho fino para hacer orificios en el pastel mientras aún está caliente.

14 Vierta poco a poco el jarabe caliente de limón sobre la superficie del pastel.

15 Cuando el jarabe se haya infiltrado en el pastel, vierta más, hasta que lo utilice todo.

16 Cuando esté frío, rocíe el pastel con cáscara de limón, para decorar. Sírvalo a temperatura ambiente, solo o con crema de leche espesa o crema agria.

VARIACIONES DEL PASTEL SIN TRIGO

CONSEJO DEL PASTELERO

Procese la mantequilla con la mezcla de nuez y azúcar, pulsando de a pocos, pues su procesamiento prolongado libera el aceite natural de la nuez y el pastel terminado toma un gusto aceitoso.

PASTEL DE CHOCOLATE Y NUEZ DEL BRASIL

Este pastel sin trigo utiliza nueces del Brasil en lugar de la mezcla típica de almendras y chocolate, logrando un acabado húmedo y provocativo.

Porciones 6-8
Preparación 25 min
Horneado 45-50 min
Almacenar por 3 días en un recipiente hermético o 4 semanas congelado

UTENSILIOS ESPECIALES

molde desmontable para pastel, redondo, de 20 cm
procesador de alimentos

INGREDIENTES

75 g de mantequilla sin sal en barra, y algo extra para engrasar
100 g de chocolate negro de buena calidad, en trozos
150 g de nueces del Brasil
125 g de azúcar pulverizada
4 huevos grandes, separados
cocoa en polvo o azúcar glas,
crema de leche espesa (opcional)

1 Precaliente el horno a 350 °F (180 °C). Engrase el molde y cubra la base con papel de horno. Derrita el chocolate en un bol al baño María y deje enfriar.

2 En el procesador de alimentos, muela las nueces y el azúcar finamente. Añada la mantequilla y procese hasta mezclar bien (ver Consejo del pastelero). Continúe mezclando mientras agrega las yemas. Añada el chocolate derretido y mezcle.

3 En otro bol, bata las claras a punto de nieve. Vierta la mezcla de chocolate en un bol grande y añada unas cucharadas de clara de huevo para diluir un poco. Con una cuchara metálica grande, agregue la clara restante.

4 Pase la mezcla al molde y hornee 45-50 min, hasta que esté flexible el tacto y al insertar un pincho en el centro, salga limpio. Deje enfriar en el molde unos minutos, y desmolde sobre una rejilla, para enfriar por completo. Retire el papel de horno. Espolvoree con cocoa en polvo o azúcar glas. Puede servir con crema de leche espesa.

PASTEL MARGHERITA

Este clásico pastel italiano se hace con harina de papa y es muy ligero.

Porciones 6-8
Preparación 20 min
Horneado 25-30 min
Almacenar se conservará por 2 días en un recipiente hermético u 8 semanas congelado

UTENSILIOS ESPECIALES

molde desmontable para pastel, redondo, de 20 cm

INGREDIENTES

25 g de mantequilla sin sal, y algo extra para engrasar

2 huevos grandes, más 1 yema de huevo

100 g de azúcar pulverizada

½ cdta. de extracto de vainilla

100 g de harina de papa, tamizada

½ cdta. de polvo de hornear sin gluten

½ cáscara de limón finamente rallada

azúcar glas, para espolvorear

1 Derrita la mantequilla y deje enfriar. Precaliente el horno a 350 °F (180 °C). Engrase el molde y recubra la base con papel de horno.

2 En un bol, bata los huevos y la yema, el azúcar y el extracto de vainilla por 5 min, hasta que la mezcla esté espesa, pálida y haya subido al menos al doble de su volumen. Incorpore suavemente la harina de papa, el polvo de hornear y la cáscara de limón, y luego agregue la mantequilla derretida.

3 Pase la mezcla al molde y hornee de 25 a 30 min, hasta que la superficie esté dorada y flexible al tacto. Al insertar un pincho en el centro, debe salir limpio.

4 Deje enfriar el pastel por 10 min en el molde, luego desmolde sobre una rejilla, para enfriar por completo. Retire el papel de horno. Espolvoree el azúcar glas para servir.

CASTAGNACCIO

La harina de castaña da a este pastel una textura densa y húmeda. Puede encontrarse en tiendas de especialidades italianas, de comida sana u online.

Porciones 6-8
Preparación 25 min
Horneado 50-60 min
Almacenar se conservará por 3 días en un recipiente hermético

UTENSILIOS ESPECIALES

molde desmontable redondo, de 20 cm

INGREDIENTES

1 cda. de aceite de oliva, y un poco extra

50 g de uvas pasas

25 g de almendras en hojuelas

30 g de piñones

300 g de harina de castaña

25 g de azúcar pulverizada

pizca de sal

400 ml de leche o agua

1 cda. de hojas de romero finamente picadas

ralladura de 1 naranja

1 Precaliente el horno a 350 °F (180 °C). Engrase el molde y recubra la base con papel de horno. Remoje las uvas pasas en agua tibia hasta que crezcan. Escurra.

2 Coloque las almendras y los piñones en la bandeja de hornear y lleve al horno de 5 a 10 min, hasta que estén ligeramente dorados. Tamice la harina de castaña en un bol. Agregue el azúcar y la sal.

3 Con un batidor de globo, mezcle poco a poco la leche o el agua para producir una pasta espesa y suave. Añada el aceite de oliva, vierta la mezcla en el molde y esparza sobre ella las pasas, el romero, la ralladura y las nueces.

4 Hornee en el centro, de 50 a 60 min, hasta que la superficie esté seca y los bordes un poco dorados. El pastel no crecerá. Déjelo en el molde por 10 min. Luego, desmolde sobre una rejilla, para enfriar por completo. Retire el papel y sirva.

BUDINES CON CARAMELO

Reciente clásico británico creado en Lake District en la década de 1960, en esta receta con un equilibrio justo de dulzor.

Para 8 budines
Preparación 20 min
Horneado 20-25 min
Almacenar los budines y la salsa pueden almacenarse por separado 2 días; los budines también pueden congelarse 8 semanas

UTENSILIOS ESPECIALES

8 moldes para budín, de 200 ml cada uno

procesador de alimentos o licuadora

INGREDIENTES

125 g de mantequilla sin sal a temperatura ambiente y algo extra para engrasar

200 g de dátiles sin hueso (preferiblemente Medjool)

1 cdta. de bicarbonato de sodio

225 g de harina leudante

175 g de azúcar morena

3 huevos grandes

Para la salsa de caramelo

150 g de azúcar morena

75 g de mantequilla sin sal en barra

150 ml de crema de leche espesa

pizca de sal

crema de leche, para servir (opcional)

1 Precaliente el horno a 375 °F (190 °C). Engrase bien los 8 moldes para budines, incluyendo las esquinas.

2 En una sartén pequeña, cocine los dátiles a fuego lento, junto con el bicarbonato de sodio y 200 ml de agua, por 5 min, hasta que ablanden. Pase con el líquido de cocción a un procesador de alimentos o licuadora y haga un puré.

3 Tamice la harina en un bol. Añada la mantequilla, el azúcar y los huevos, y mezcle con una batidora eléctrica, hasta combinar. Agregue el puré de dátiles y mezcle. Vierta la pasta en los moldes y colóquelos sobre una bandeja de hornear.

4 Hornee de 20 a 25 min o hasta que los budines estén firmes al tacto. Mientras tanto, prepare la salsa de caramelo. Caliente el azúcar, la mantequilla y la crema en una sartén, revolviendo

ocasionalmente hasta que la mantequilla y el azúcar se fundan en una pasta suave. Agregue la sal, revuelva y deje hervir por unos minutos.

5 Para recalentar los budines refrigerados o congelados (ver «Almacenar», a la izquierda), póngalos en el horno, ya precalentado a 350 °F (180 °C) y caliéntelos de 15 a 20 min, sobre una bandeja de hornear. Caliente la salsa en una sartén. Puede servir los budines calientes acompañados de salsa de caramelo y crema de leche, si lo desea.

CONSEJO DEL PASTELERO

Esta receta funciona para hacer un budín grande. En el fondo de un molde grande, coloque unos dátiles hervidos y picados en trozos, antes de llenar el molde con la mezcla. Hornee de 40 a 45 min o hasta que el budín esté firme al tacto. Póngalo en un plato y vierta la salsa de caramelo sobre él.

PASTEL DE CHOCOLATE

Pocos se resisten a un clásico pastel de chocolate, que en esta versión es más húmedo por la adición de yogur.

Porciones 6-8
Preparación 30 min
Horneado 20-25 min
Almacenar sin relleno se conserva congelado 8 semanas; relleno, 2 días en un recipiente hermético

UTENSILIOS ESPECIALES

2 moldes para pastel, redondos, de 17 cm

INGREDIENTES

175 g de mantequilla sin sal, y algo extra para engrasar

175 g de azúcar morena

3 huevos grandes

125 g de harina leudante

50 g de cocoa en polvo

1 cdta. de polvo de hornear

2 cdas. de yogur griego o yogur natural espeso

Para la crema de chocolate

50 g de mantequilla sin sal, ablandada

75 g de azúcar glas tamizada, y algo extra para servir

25 g de cocoa en polvo

un poco de leche, de ser necesario

1 Engrase los moldes y recúbralos con papel de horno. Precaliente el horno a 350 °F (180 °C).

2 Corte la mantequilla en dados y póngala con el azúcar en un bol amplio.

3 Mezcle con una batidora eléctrica, hasta que la mantequilla esté suave y esponjosa.

4 Incorpore los huevos uno a uno, sin dejar de batir hasta mezclar bien.

5 En otro bol, tamice la harina, la cocoa en polvo y el polvo de hornear.

6 Incorpore los ingredientes secos a la masa. Mezcle bien y procure conservar el volumen.

7 Incorpore suavemente el yogur. Esto le dará un terminado húmedo al pastel.

8 Divida la mezcla entre los dos moldes y alise las superficies con una espátula.

9 Hornee, centrado, de 20 a 25 min, hasta que el pastel crezca y esté flexible al tacto.

10 Al insertar un pincho en el centro, debe salir limpio. De lo contrario, hornee un poco más.

11 Deje los bizcochos en sus moldes por unos minutos. Retire el papel de horno y enfríe.

12 Para la crema de chocolate, ponga la mantequilla, el azúcar y la cocoa en un bol.

13 Mezcle la crema con una batidora eléctrica por 5 min o hasta que esponje.

14 Si es necesario, agregue cucharaditas de leche, hasta lograr una consistencia untable.

15 Unte la crema sobre un bizcocho y cubra con el otro. Espolvoree un poco de azúcar glas.

VARIACIONES DEL PASTEL DE CHOCOLATE

CONSEJO DEL PASTELERO

Elija un chocolate negro con más del 60 %
de sólidos de cacao. No lo derrita en
microondas, pues, por su alto contenido
de cacao, se quema con facilidad.

PASTEL DE CHOCOLATE Y ALMENDRAS

Bueno para servir como pastel tipo postre. Use el mejor
chocolate negro que pueda encontrar: lo notará.

Porciones 6-8
Preparación 30 min
Horneado 25 min
Por anticipado sin el glaseado se
puede congelar hasta 4 semanas
Almacenar glaseado se conserva
por 3 días en un recipiente
hermético

UTENSILIOS ESPECIALES

molde desmontable para pastel,
  redondo, de 18 cm

INGREDIENTES

175 g de mantequilla sin sal,
  ablandada,
  y algo extra para engrasar
harina común, para espolvorear
230 g de chocolate negro de
  buena calidad, cortado en trozos
  (ver Consejo del pastelero)
140 g de azúcar pulverizada
3 huevos, separados
60 g de almendras molidas
30 g de miga de pan blanco
½ cdta. de polvo de hornear
1 cdta. de extracto de almendra
1 cda. de brandy o ron (opcional)

1 Precaliente el horno a 350 °F
(180 °C). Engrase el molde,
cubra la base con papel de
horno y espolvoree con harina.

2 Derrita la mitad del chocolate
en un bol al baño María. Deje
enfriar. En otro bol, bata 115 g
de mantequilla con el azúcar.
Añada una a una las yemas y
bata. Agregue el chocolate. Con
una cuchara metálica, incorpore
los ingredientes restantes.

3 Bata las claras a punto de
nieve y agréguelas a la mezcla.
Vierta en el molde y hornee por
25 min. Desmolde y deje enfriar
sobre una rejilla. Derrita el
chocolate y la mantequilla
restantes en un bol al baño
María. Deje enfriar y unte sobre
el pastel.

PASTEL DE CHOCOLATE CON GLASEADO

Uno de los preferidos que no puede faltar en su repertorio de pasteles.

Porciones 8-12
Preparación 20 min
Horneado 40 min
Por anticipado sin el glaseado se puede congelar hasta 8 semanas
Almacenar glaseado se conserva por 3 días en un recipiente hermético

UTENSILIOS ESPECIALES
2 moldes para pastel, redondos, de 20 cm

INGREDIENTES
225 g de mantequilla sin sal, ablandada, y algo extra para engrasar
200 g de harina leudante
25 g de cocoa en polvo
4 huevos grandes
225 g de azúcar pulverizada
1 cdta. de extracto de vainilla
1 cdta. de polvo de hornear

Para la cubierta
45 g de cocoa en polvo
150 g de azúcar glas
45 g de mantequilla sin sal, derretida
3 cdas. de leche, o más para aclarar la mezcla

1 Precaliente el horno a 350 °F (180 °C). Engrase los moldes y recubra las bases con papel de horno. Tamice la harina y la cocoa en un bol, y agregue los ingredientes restantes. Mezcle bien con una batidora eléctrica. Aclare la mezcla con dos cucharadas de agua tibia. Reparta en los moldes, y alise las superficies.

2 Hornee de 35 a 40 min o hasta que el pastel crezca y esté firme al tacto. Deje enfriar unos minutos antes de pasarlo a una rejilla para enfriar por completo. Retire el papel de horno.

3 Para el glaseado, tamice la cocoa y el azúcar glas en un bol, agregue la mantequilla y la leche, y bata hasta que suavice y mezcle bien. Si la mezcla está espesa, añada algo de leche para lograr una consistencia untable. Esparza sobre la superficie de los pasteles fríos y arme un sándwich con ellos.

PASTEL DE CHOCOLATE Y PERA

Este apetitoso pastel es una buena opción cuando desee impresionar.

Porciones 6-8
Preparación 15 min
Horneado 30 min
Almacenar se conservará por 2 días en un recipiente hermético

UTENSILIOS ESPECIALES
molde desmontable, redondo, de 20 cm

INGREDIENTES
125 g de mantequilla sin sal, ablandada, y algo extra para engrasar
175 g de azúcar dorada pulverizada
4 huevos grandes, ligeramente batidos
250 g de harina leudante integral, tamizada
50 g de cocoa en polvo, tamizada
50 g de chocolate negro de buena calidad, en trozos (ver Consejo del pastelero)
2 peras, peladas, sin semillas y picadas
150 ml de leche
azúcar glas, para espolvorear

1 Precaliente el horno a 350 °F (180 °C). Recubra la base del molde con papel de horno y engrase los lados con mantequilla.

2 Con una batidora eléctrica, mezcle la mantequilla con el azúcar hasta que esté pálida y cremosa. Incorpore los huevos gradualmente, agregando poco a poco la harina hasta mezclar todo. Integre la cocoa, el chocolate y las peras. Agregue la leche y mezcle.

3 Vierta la mezcla en el molde preparado, y hornee unos 30 min o hasta que el pastel esté firme y flexible al tacto. Deje enfriar en el molde unos 5 min, luego desmolde sobre una rejilla para que enfríe por completo. Retire el papel de horno. Espolvoree azúcar glas antes de servir.

PASTEL DEL DIABLO

En este tradicional pastel norteamericano el aroma del café realza la exquisitez del chocolate y le añade una maravillosa profundidad al sabor.

Porciones 8-10
Preparación 30 min
Horneado 30-35 min
Por anticipado sin relleno puede congelarse 8 semanas
Almacenar se conservará por 5 días en un recipiente hermético, en un lugar fresco

UTENSILIOS ESPECIALES
2 moldes para pastel, redondos, de 20 cm

INGREDIENTES
100 g de mantequilla sin sal, ablandada, y algo extra para engrasar

275 g de azúcar pulverizada

2 huevos grandes

200 g de harina leudante

75 g de cocoa en polvo

1 cdta. de polvo de hornear

1 cda. de café en polvo mezclado con 125 ml de agua hirviendo, o el equivalente a un expresso frío

125 ml de leche

1 cdta. de extracto de vainilla

Para la cubierta
125 g de mantequilla sin sal, cortada en cubos

25 g de cocoa en polvo

125 g de azúcar glas

2 a 3 cdas. de leche

chocolate negro o de leche, para las virutas

1 Precaliente el horno a 350 °F (180 °C). Engrase los moldes y recubra las bases con papel de horno. Con una batidora eléctrica, mezcle la mantequilla y el azúcar hasta lograr una crema ligera y esponjosa.

2 Incorpore los huevos uno a uno, sin dejar de batir hasta que estén bien mezclados. En un bol aparte, tamice la harina, la cocoa y el polvo de hornear. En otro bol, mezcle el café refrigerado, la leche y el extracto de vainilla.

3 Incorpore a la mezcla inicial, alternando cucharadas de los ingredientes secos y líquidos. Una vez la masa esté bien mezclada, repártala entre los moldes.

4 Hornee de 30 a 35 min hasta que la superficie esté flexible al tacto y al insertar un pincho en el centro, este salga limpio. Deje enfriar en los moldes por unos minutos. Desmolde sobre una rejilla para que enfríe bien. Retire el papel de horno.

5 Para la cubierta, derrita la mantequilla en una sartén, a fuego lento. Agregue la cocoa y continúe la cocción por 1 o 2 min, revolviendo con frecuencia. Deje enfriar ligeramente.

6 Añada, tamizando, el azúcar glas y vaya batiendo hasta mezclar bien. Incorpore la leche, 1 cucharadita a la vez, hasta que la mezcla esté suave y brillante. Deje enfriar (espesará). Use la mitad para unir las dos mitades del pastel y el resto para decorar la superficie y los lados del pastel terminado. Finalmente, haga virutas de chocolate con un pelador de verduras y espárzalas de manera uniforme sobre la superficie del pastel.

CONSEJO DEL PASTELERO

No se asuste por incluir café en esta receta.
Incluso si no le gusta el sabor a café en los
pasteles, úselo en este. El resultado será un
delicioso pastel de textura oscura, profunda y
acaramelada, en el que se realzará sutilmente
el sabor del chocolate sobre el del café.

PASTEL DE FUDGE DE CHOCOLATE

Todos debemos tener una receta de pastel de fudge de chocolate y esta es la mejor. El aceite y el almíbar la dan humedad y la cubierta es un clásico.

Porciones 6-8
Preparación 40 min
Horneado 30 min
Por anticipado sin relleno se puede congelar 8 semanas
Almacenar se conservará por 3 días en un recipiente hermético

UTENSILIOS ESPECIALES

2 moldes para pastel, redondos, de 17 cm

INGREDIENTES

150 ml de aceite de girasol, y algo extra para engrasar
175 g de harina leudante
25 g de cocoa en polvo
1 cdta. de polvo de hornear
150 g de azúcar morena clara
3 cdas. de almíbar dorado
2 huevos
150 ml de leche

Para la cubierta

125 g de mantequilla sin sal
25 g de cocoa en polvo
125 g de azúcar glas
2 cdas. de leche, de ser necesario

1 Precaliente el horno a 350 °F (180 °C). Engrase los moldes y recubra las bases con papel de horno. En un bol, tamice la harina, la cocoa y el polvo de hornear. Mezcle con el azúcar.

2 Caliente lentamente el almíbar dorado hasta que esté fluido y deje enfriar. En otro bol, incorpore los huevos, el aceite y la leche, usando una batidora eléctrica.

3 Agregue la mezcla de huevo a la de harina y revuelva hasta homogeneizar. Incorpore lentamente el almíbar y reparta la mezcla en los dos moldes.

4 Cocine los pasteles en el centro del horno por 30 min o hasta que estén flexibles al tacto y al insertar un pincho en el centro, salga limpio. Deje enfriar un poco en los moldes y luego desmolde sobre una rejilla para enfriar bien. Retire el papel de horno.

5 Para preparar la cubierta, derrita la mantequilla a fuego lento. Incorpore la cocoa y cocine de 1 a 2 min. Retire del fuego y deje enfriar bien. Tamice el azúcar glas en un bol.

6 Vierta la mantequilla con cocoa en el bol del azúcar glas y bata hasta mezclar bien. Si la mezcla luce algo seca, agregue leche, 1 cucharadita a la vez, hasta que esté suave y brillante. Deje enfriar por unos 30 min. Espesará al enfriar.

7 Cuando espese, use la mitad para rellenar el pastel y la otra mitad para cubrirlo.

CONSEJO DEL PASTELERO

La que se usa aquí es una cubierta básica que sirve para el terminado de muchas recetas de chocolate. Los pasteles que están un poco viejos se pueden calentar por 30 segundos en el microondas para que la cubierta se derrita. Así, el pastel se puede servir como postre con helado de vainilla.

MOUSSE DE CHOCOLATE

Esta mousse es fácil de preparar hasta para un principiante. Córtela húmeda con un cuchillo mojado en agua caliente y limpie entre los cortes.

Porciones 8-12
Preparación 20 min
Horneado 1 h

UTENSILIOS ESPECIALES
molde desmontable para pastel, redondo, de 23 cm

INGREDIENTES
250 g de mantequilla sin sal, en cubos
350 g de chocolate negro de buena calidad, en trozos
250 g de azúcar morena clara
5 huevos grandes, separados
pizca de sal
cocoa en polvo o azúcar glas, para espolvorear
crema de leche espesa, para servir (opcional)

1 Precaliente el horno a 350 °F (180 °C). Recubra la base del molde con papel de horno. Ponga un bol refractario al baño María (cuide que la base del bol no haga contacto con el agua), y derrita la mantequilla con el chocolate, revolviendo con suavidad para mezclar hasta formar una crema suave y brillante.

2 Retire el bol de la olla y deje enfriar un poco. Luego incorpore el azúcar, seguido por las yemas de huevo, una a una.

3 Coloque las claras de huevo con la sal en un bol, y bata a punto de nieve. Incorpore lentamente a la mezcla de chocolate. Vierta en el molde y alise la superficie.

4 Hornee durante 1 hora o hasta que la superficie esté firme pero el centro se mueva al agitar el molde. Deje enfriar en el molde. Retire el papel de horno. Espolvoree con cocoa o azúcar glas antes de servir con 1 cucharada de crema de leche espesa.

CONSEJO DEL PASTELERO

Para darle al pastel un exquisito terminado húmedo y casi acaramelado, tenga cuidado de no recocerla. Al retirarla del horno, el centro debe estar en su punto y al presionar con el dedo, debe quedar la impresión, sin regresar a su forma anterior.

PASTEL ALEMÁN DE MANZANA

Su deliciosa cubierta de migas convierte a este sencillo pastel de manzana en algo verdaderamente especial.

1 Para preparar la cubierta, coloque la harina, el azúcar y la canela en un bol.

2 Frote la mantequilla con los dedos para hacer una bola de migas de masa.

3 Envuelva la masa de migas en plástico adherente y enfríe en el refrigerador 30 min.

4 Engrase el molde y recúbralo con papel de horno. Precaliente el horno a 375 °F (190 °C).

5 En un bol, bata la mantequilla y el azúcar hasta lograr una mezcla pálida y cremosa.

6 Añada la ralladura de limón y bata poco a poco hasta que se disperse en la masa.

7 Incorpore poco a poco los huevos, batiendo bien para evitar que la mezcla se cuaje.

8 Tamice la harina en la mezcla y revuelva cuidadosamente con una cuchara de metal.

9 Por último, añada la leche a la masa y mezcle suavemente.

Porciones 6-8
Preparación 30 min
Enfriamiento 30 min
Horneado 45-50 min

UTENSILIOS ESPECIALES
molde desmontable de 20 cm

INGREDIENTES
175 g de mantequilla sin sal, y algo extra para engrasar
175 g de azúcar mascabada
1 cáscara de limón finamente rallada
3 huevos ligeramente batidos

175 g de harina leudante
3 cdas. de leche
2 manzanas para tarta, peladas, sin semillas y cortadas en gajos delgados

Para la cubierta de migas
115 g de harina común
85 g de azúcar mascabada
2 cdtas. de canela en polvo
85 g de mantequilla sin sal, cortada en cubos

10 Extienda la mitad de la masa en el molde y alise la superficie con una espátula.

11 Cubra la masa con la mitad de los gajos de manzana, reservando los mejores.

12 Extienda el resto de la masa sobre las manzanas. Alise con la espátula.

13 Coloque encima del pastel los gajos de manzana restantes.

14 Retire la masa de migas del refrigerador y rállela gruesa.

15 Espolvoree uniformemente las migas ralladas sobre la superficie del pastel.

16 Cocine en el centro del horno por 45 min. Inserte un pincho en la mitad del pastel.

17 Si el pincho sale cubierto de masa, cocine unos minutos más y vuelva a probar.

18 Deje el pastel en el molde por 10 min. Retire del molde. Sirva tibio.

VARIACIONES DEL PASTEL DE MANZANA

PASTEL DE MANZANA CON CARAMELO

Las manzanas caramelizadas le dan a este pastel un maravilloso sabor a caramelo. Queda húmedo y sabroso.

Porciones 8-10
Preparación 40 min
Horneado 40-45 min
Almacenar se conservará por 3 días en un recipiente hermético o 4 semanas congelado

UTENSILIOS ESPECIALES
molde redondo desmontable, de 22 cm

INGREDIENTES
200 g de mantequilla sin sal, ablandada, y algo extra para engrasar
50 g de azúcar pulverizada
250 g de manzanas, peladas, sin semillas, en dados
150 g de azúcar morena clara
3 huevos
150 g de harina leudante
1 cdta. de polvo de hornear
crema batida o azúcar glas, para servir (opcional)

1 Precaliente el horno a 350 °F (180 °C). Engrase el molde y recubra la base con papel de horno. En una sartén, caliente a fuego lento 50 g de mantequilla con el azúcar pulverizada, hasta que se derrita y dore. Añada las manzanas y sofría de 7 a 8 min, hasta que empiecen a ablandar y caramelizar.

2 Con una batidora eléctrica, mezcle el resto de la mantequilla y el azúcar en un bol, hasta lograr una mezcla suave y esponjosa. Añada los huevos uno a uno, sin dejar de batir. Tamice la harina y el polvo de hornear, e incorpore a la mezcla.

3 Retire las manzanas de la sartén con una espumadera y reserve los jugos. Esparza las manzanas sobre la base del molde. Vierta la mezcla sobre ellas y coloque el molde en una bandeja de hornear de lados altos, para recoger el goteo. Cocine de 40 a 45 min en el centro del horno. Deje enfriar unos minutos, luego desmolde sobre una rejilla.

4 Ponga de nuevo la sartén con el jugo sobrante a fuego lento, hasta calentar bien. Con un pincho o palillo de madera, haga agujeros sobre la superficie del pastel. Ponga el pastel en un plato, báñelo con el almíbar de manzana y deje que se remoje. Sirva caliente con crema batida, o frío y con azúcar glas espolvoreada.

TORTA DI MELA

Para este pastel húmed y denso, es mejor un dulce firme de manzana.

Porciones 8
Preparación 20-25 min
Horneado 1¼-1½ h
Almacenar se conservará por 2 días en un recipiente hermético u 8 semanas congelado

UTENSILIOS ESPECIALES

molde redondo desmontable, de 23 a 25 cm

INGREDIENTES

175 g de mantequilla sin sal, ablandada, y algo extra para engrasar

175 g de harina, y algo extra para espolvorear

½ cdta. de sal

1 cdta. de polvo de hornear

cáscara finamente rallada y jugo de 1 limón

625 g de manzanas, sin piel ni semillas, tajadas

200 g de azúcar pulverizada y 60 g para glasear

2 huevos

4 cdas. de leche

1 Precaliente el horno a 350 °F (180 °C). Engrase el molde y espolvoree con harina. Tamice la harina, la sal y el polvo de hornear. Vierta el jugo de limón sobre los gajos de manzana.

2 En un bol, bata la mantequilla, con batidora eléctrica, hasta que esté cremosa. Añada el azúcar y la ralladura, y bata hasta lograr una mezcla suave y esponjosa. Añada los huevos uno a uno, sin dejar de batir. Poco a poco, incorpore la leche hasta que la masa esté suave.

3 Agregue a la mezcla la mitad de las manzanas, vierta en el molde y alise la superficie. Disponga las manzanas restantes sobre la superficie, en círculos concéntricos. Hornee de 1¼ a 1½ horas, hasta que al clavar un pincho salga limpio; aún estará húmedo.

4 Para el glaseado, caliente a fuego lento 4 cucharadas de agua con el azúcar hasta que se disuelva. Hierva por 2 min, sin revolver. Deje enfriar.

5 En cuanto el pastel salga del horno, unte el glaseado sobre su superficie. Deje enfriar en el molde. Luego pase a un plato.

PASTEL DE MANZANA, PASAS Y NUEZ PACANA

Cuando queremos algo más saludable, este pastel bajo en grasa y relleno con frutas y nueces es una deliciosa opción, aunque un poco elaborada.

Porciones 10-12
Preparación 25 min
Horneado 30-35 min
Almacenar se conservará por 3 días en un recipiente hermético

UTENSILIOS ESPECIALES

molde desmontable, redondo, de 23 cm

INGREDIENTES

mantequilla, para engrasar

50 g de nueces pacanas sin cáscara

200 g de manzanas sin piel ni semillas, en dados

150 g de azúcar morena clara

250 g de harina leudante

1 cdta. de polvo de hornear

2 cdtas. de canela

pizca de sal

3½ cdas. de aceite de girasol

3½ cdas. de leche, y algo extra, si es necesario

2 huevos

1 cdta. de extracto de vainilla

50 g de pasas sultanas

crema batida o azúcar glas, para servir (opcional)

1 Precaliente el horno a 350 °F (180 °C). Engrase el molde y recubra la base con papel de horno. Disponga las nueces en una bandeja de hornear y tuéstelas en el horno durante 5 min, hasta que estén crujientes. Deje enfriar y pique.

2 En un bol grande, mezcle las manzanas con el azúcar. Tamice la harina, el polvo de hornear, la canela y la sal, e incorpore. Bata en un jarro el aceite, la leche, los huevos y el extracto de vainilla.

3 Vierta la leche en la masa del pastel y mezcle bien. Incorpore las pacanas y las pasas sultanas, y vierta en el molde.

4 Cocine en la mitad del horno por 35 min, hasta que al clavar un pincho en el centro del pastel, salga limpio. Deje enfriar un poco en el molde, luego desmolde sobre una rejilla. Retire el papel de horno. Sirva caliente con crema batida, como postre, o frío y con azúcar glas espolvoreada.

PASTEL INVERTIDO DE RUIBARBO Y JENGIBRE

Con ruibarbo fresco horneado en un sencillo pastel invertido, se le da un giro moderno a un postre clásico.

1 Precaliente el horno a 350 °F (180 °C). Engrase el molde con mantequilla derretida.

2 Recubra la base y los lados del molde con papel de horno.

3 Lave el ruibarbo y remueva las partes descoloridas y las puntas secas de los tallos.

4 Con un cuchillo afilado, corte el ruibarbo en trozos de 2 cm de largo.

5 Esparza uniformemente un poco del azúcar sobre la base del molde.

6 Ahora esparza uniformemente la mitad del jengibre picado sobre la base del molde.

7 Disponga el ruibarbo en el molde, cuidando que la base quede cubierta.

8 Ponga la mantequilla y el azúcar restante en un bol.

9 Bata la mantequilla con el azúcar, hasta obtener una mezcla suave y esponjosa.

Porciones 6-8
Preparación 40 min
Horneado 40-45 min
Almacenar se conservará por
2 días en un recipiente hermético
en un lugar fresco y seco

UTENSILIOS ESPECIALES

molde desmontable para pastel,
redondo, de 22 cm

INGREDIENTES

150 g de mantequilla sin sal,
  ablandada, y algo extra
  para engrasar

500 g de ruibarbo rosado joven

150 g de azúcar mascabada

4 cdas. de tallos de jengibre
  picados, en conserva

3 huevos grandes

150 g de harina leudante

2 cdtas. de jengibre en polvo

1 cdta. de polvo de hornear

crema de leche espesa batida,
  o crema agria, para servir
  (opcional)

10 Añada los huevos uno a uno y bátalos incorporando tanto aire como sea posible.

11 Incorpore suavemente el resto del jengibre picado a la masa, hasta que se distribuya.

12 Tamice la harina, el jengibre en polvo y el polvo de hornear en otro bol.

13 Agregue los ingredientes tamizados al bol que contiene la mezcla del pastel.

14 Incorpore los ingredientes secos a la mezcla, sin dejar que pierda su volumen.

15 Vierta la mezcla del pastel sobre la base de ruibarbo, cuidando de no desacomodarlo.

16 Cocine el pastel en el centro del horno por 45 min, hasta que esté flexible al tacto.

17 Deje enfriar el pastel en el molde entre 20 y 30 min, antes de desmoldarlo con cuidado.

18 Sirva caliente o frío con crema batida o crema agria.

VARIACIONES DE PASTELES DE FRUTAS FRESCAS

PASTEL DE CEREZAS Y ALMENDRAS

Mezcla clásica de sabores, bien recibida siempre entre los invitados.

Porciones 8-10
Preparación 20 min
Horneado 1½-1¾ h
Almacenar se conservará por 2 días en un recipiente hermético

UTENSILIOS ESPECIALES

molde hondo, redondo, desmontable, de 20 cm

INGREDIENTES

150 g de mantequilla sin sal, ablandada, y algo extra para engrasar

150 g de azúcar pulverizada

2 huevos grandes ligeramente batidos

250 g de harina leudante tamizada

1 cdta. de polvo de hornear

150 g de almendras molidas

1 cdta. de extracto de vainilla

75 ml de leche entera

400 g de cerezas deshuesadas

25 g de almendras peladas y picadas

1 Precaliente el horno a 350 °F (180 °C). Engrase el molde y recubra la base con papel de horno. En un bol, bata la mantequilla y el azúcar hasta que estén cremosas. Agregue los huevos uno a uno y bata, añadiendo 1 cucharada de harina antes de agregar el segundo huevo.

2 Mezcle el resto de la harina, el polvo de hornear, las almendras molidas, el extracto de vainilla y la leche. Añada la mitad de las cerezas. Vierta la mezcla en el molde y alise la superficie. Esparza el resto de las cerezas y almendras sobre la superficie.

3 Hornee durante 1½ a 1¾ horas o hasta que el pastel esté dorado y firme al tacto. Al insertar un pincho, debe salir limpio. Si el pastel empieza a dorarse en la superficie antes de cocinarse, cubra con papel de aluminio. Cuando esté cocido, deje enfriar en el molde por unos minutos, retire el papel de aluminio y el papel de horno, y desmolde sobre una rejilla, para enfriar por completo antes de servir.

PASTEL DE PERA

Delicioso pastel húmedo hecho con peras frescas, yogur y almendras.

Porciones 6-8
Preparación 40 min
Horneado 45-50 min
Almacenar se conservará por 3 días en un recipiente hermético u 8 semanas congelado

UTENSILIOS ESPECIALES

molde redondo, desmontable, de 18 cm

INGREDIENTES

100 g de mantequilla sin sal, ablandada, y algo extra para engrasar

75 g de azúcar morena clara

1 huevo ligeramente batido

125 g de harina leudante

1 cdta. de polvo de hornear

½ cdta. de jengibre molido

½ cdta. de canela

cáscara finamente rallada y jugo de ½ naranja

4 cdas. de yogur griego o espeso, o crema agria

25 g de almendras molidas

1 pera grande, pelada, sin semillas y en rodajas

Para la cubierta

2 cdas. de hojuelas de almendras tostadas

2 cdas. de azúcar demerara

1 Precaliente el horno a 350 °F (180 °C). Engrase el molde y recubra la base con papel de horno. Mezcle la mantequilla y el azúcar morena hasta obtener una mezcla suave y esponjosa. Incorpore el huevo en la mezcla.

2 Tamice la harina, el polvo de hornear, el jengibre y la canela, e incorpórelos a la mezcla. Agregue la cáscara y el jugo de naranja, el yogur o la crema agria y las almendras molidas. Mezcle bien. Vierta la mitad de la masa en el molde. Cubra con las peras y luego con el resto de la masa.

3 En una taza, mezcle las hojuelas de almendras y el azúcar demerara. Espolvoree la mezcla sobre el pastel y cocine de 45 a 50 min en el centro del horno, hasta que un pincho salga limpio.

4 Deje en el molde por 10 min y desmolde sobre una rejilla, para enfriar bien. Sirva caliente o a temperatura ambiente.

PASTEL INVERTIDO DE ARÁNDANOS

Con una canastilla de arándanos y unos cuantos ingredientes de la despensa, puede preparar un fácil y delicioso postre para una multitud.

Porciones 8-10
Preparación 15 min
Horneado 40 min
Almacenar se conservará 2 por días en un recipiente hermético

UTENSILIOS ESPECIALES

molde redondo desmontable, de 22 cm

INGREDIENTES

150 g de mantequilla sin sal, ablandada, y algo extra para engrasar

150 g de azúcar pulverizada

3 huevos

1 cdta. de extracto de vainilla

100 g de harina leudante

1 cdta. de polvo de hornear

50 g de almendras molidas

250 g de arándanos frescos

crema de leche o crema pastelera de vainilla, o azúcar glas, para servir (opcional)

1 Precaliente el horno a 350 °F (180 °C) y ponga dentro una bandeja de hornear. Engrase el molde y recubra la base con papel de horno. Bata la mantequilla y el azúcar hasta obtener una mezcla suave y esponjosa.

2 Incorpore uno a uno los huevos y el extracto de vainilla, sin dejar de batir hasta homogeneizar. Tamice la harina y el polvo de hornear, añada las almendras molidas, e incorpore a la mezcla.

3 Vierta los arándanos en el molde y esparza la masa cuidadosamente sobre ellos. Cocine el pastel en la bandeja de hornear, en el centro del horno, de 35 a 40 min, hasta que esté dorado y flexible al tacto; un pincho debe salir limpio. Deje enfriar unos minutos, antes de desmoldar.

4 Coloque el pastel en un plato. Sirva caliente como postre, cubierto con crema o con crema pastelera de vainilla, o sirva frío, espolvoreado con azúcar glas.

PASTEL DE CIRUELA BAVIERA

Baviera es famosa por su pastelería de dulce. Este pastel es un cruce entre un pan dulce y una tarta de frutas con crema pastelera.

Porciones 8-10
Preparación 35-40 min
Crecimiento y leudado 2-2³/₄ h
Horneado 50-55 min
Almacenar se conservará por 2 días en el refrigerador en un recipiente hermético o 4 semanas en el congelador

UTENSILIOS ESPECIALES
molde para tarta, de 28 cm

INGREDIENTES
1½ cdtas. de levadura seca

aceite vegetal, para engrasar

375 g de harina común, y algo extra para espolvorear

2 cdas. de azúcar pulverizada

1 cdta. de sal

3 huevos

125 g de mantequilla sin sal, ablandada, y algo extra para engrasar

Para el relleno
2 cdas. de miga de pan seca

875 g de ciruelas moradas, sin semillas y en cuartos

2 yemas de huevo

100 g de azúcar pulverizada

60 ml de crema de leche espesa

1 En un bol, espolvoree la levadura sobre 60 ml de agua tibia. Deje reposar por unos 5 min hasta que se disuelva. Engrase ligeramente otro bol. Tamice la harina sobre una superficie de trabajo. Haga un hueco en el centro y añada el azúcar, la sal, la mezcla de levadura y los huevos.

2 Amase hasta formar una masa suave; añada más harina si está pegajosa. La masa debe quedar algo pegajosa, pero debe despegar fácilmente de la superficie. Amásela sobre una superficie enharinada por 10 min más, hasta que esté elástica.

3 Agregue la mantequilla a la masa; pellizque y oprima para mezclar, luego amase hasta ablandar. Forme una bola y póngala en el bol engrasado. Cubra y deje crecer en el refrigerador por 1½-2 horas o toda la noche, hasta que doble su tamaño.

4 Engrase el molde. Amase un poco la masa brioche fría para sacar el aire. Enharine una superficie; extienda la masa formando un círculo de 32 cm. Envuélvala en el rodillo y llévela al molde. Presione la masa en el molde y corte los sobrantes.

5 Espolvoree la miga de pan sobre la masa. Disponga los trozos de ciruela, con el lado cortado hacia arriba, formando círculos concéntricos en la concha de brioche. Deje reposar a temperatura ambiente de 30 a 45 min hasta que el borde de la masa se infle. Entre tanto, precaliente el horno a 425 °F (220 °C) y ponga a calentar una bandeja de hornear.

6 Para la mezcla de la crema inglesa, ponga las yemas de huevo y ²/₃ del azúcar en un bol. Vierta la crema de leche, incorpore y reserve.

7 Rocíe las ciruelas con el resto del azúcar. Pase el molde a la bandeja caliente y hornee 5 min. Retire del horno y reduzca la temperatura a 350 °F (180 °C).

8 Vierta la crema inglesa sobre la fruta y regrese al horno. Hornee unos 45 min, hasta que la masa dore, la fruta esté blanda y la crema inglesa esté en su punto. Enfríe sobre una rejilla. Sirva caliente o a temperatura ambiente.

CONSEJO DEL PASTELERO

La crema inglesa nunca debe estar muy espesa al retirarla del horno; debe temblar un poco en el centro al sacudir el molde, de lo contrario, quedará pesada y gomosa en lugar de untuosa y dúctil.

PAN DE BANANO

El puré de banano es delicioso horneado en este pan dulce. Las nueces le dan un toque crujiente. Sirva el pan de banano en rebanadas y unte con queso crema o mantequilla. También es rico tostado.

Para 2 panes
Preparación 20-25 min
Horneado 35-40 min
Almacenar se conservará de 3 a 4 días
   en un recipiente hermético u 8 semanas
   congelado

UTENSILIOS ESPECIALES
2 moldes para pan de 450 g

INGREDIENTES
mantequilla sin sal, para engrasar
375 g de harina de fuerza para pan blanco,
   y algo extra para espolvorear
2 cdtas. de polvo de hornear
2 cdtas. de canela
1 cdta. de sal
125 g de nuez de nogal,
   en trozos grandes
3 huevos
3 bananos maduros y picados
cáscara rallada y jugo de 1 limón
125 ml de aceite vegetal
200 g de azúcar granulada
100 g de azúcar morena
2 cdtas. de extracto de vainilla
queso crema o mantequilla,
   para servir (opcional)

1 Precaliente el horno a 350 °F (180 °C). Engrase los moldes completamente.

2 Espolvoree 2 a 3 cucharadas de harina en cada molde. Sacuda para eliminar el exceso.

3 Tamice en un bol la harina, el polvo de hornear, la canela y la sal. Agregue las nueces.

4 Haga un hueco en el centro de la mezcla de harina para los ingredientes húmedos.

5 Bata los huevos en otro bol con un tenedor o batidora de mano.

6 Triture los bananos con un tenedor en otro bol, hasta formar una pasta suave.

7 Incorpore el banano a la mezcla de huevo. Añada la ralladura de limón y mezcle.

8 Añada el aceite, el azúcar granulada y la morena, la vainilla y el jugo de limón. Mezcle.

9 Vierta tres cuartas partes de la mezcla de banano en la harina y revuelva bien.

10 Mezcle poco a poco los ingredientes secos, añada la mezcla de banano restante.

11 Revuelva hasta que la mezcla esté suave; si revuelve demasiado, el pan quedará duro.

12 Reparta la mezcla en los moldes, llenándolos como máximo hasta la mitad.

13 Hornee de 35 a 40 min, hasta que los panes se separen de los lados del molde.

14 Pruebe cada pan insertando un pincho en el centro; debe salir limpio.

15 Déjelos enfriar un poco; luego páselos a una rejilla hasta que enfríen del todo.

VARIACIONES DE BARRA DE BIZCOCHO

BARRA DE MANZANA

Con manzanas y harina integral, este bizcocho
es más saludable.

Para 1 barra
Preparación 30 min
Horneado 40-50 min
Almacenar se conservará por 3
días en un recipiente hermético
u 8 semanas congelada

UTENSILIOS ESPECIALES

molde para barra de pan, de 900 g

INGREDIENTES

120 g de mantequilla sin sal,
  ablandada, y algo extra para
  engrasar
60 g de azúcar morena clara
60 g de azúcar pulverizada
2 huevos
1 cdta. de extracto de vainilla
60 g de harina leudante, y algo
  extra para espolvorear
60 g de harina leudante integral
1 cdta. de polvo de hornear
2 cdtas. de canela
2 manzanas sin piel ni semillas,
  en cubos

1 Precaliente el horno a 350 °F
(180 °C). Engrase el molde y
recubra la base con papel de
horno. En un bol, incorpore la
mantequilla y los azúcares.

2 Agregue los huevos, uno a
uno, y bata. Añada el extracto
de vainilla. En otro bol, tamice
las harinas, el polvo de hornear
y la canela. Incorpore los
ingredientes secos. Mezcle bien.

3 Agite las manzanas sobre un
poco de harina. Incorpórelas a
la masa. Pase la masa al molde.
Cocine en el centro del horno
entre 40 y 50 min, hasta que
el bizcocho dore. Deje enfriar
un poco en el molde, luego
desmolde sobre una rejilla.

CONSEJO DEL PASTELERO

Para hornear frutas secas o
frescas, ruédelas sobre harina
antes de añadirlas a los
ingredientes húmedos. Esta
capa harinosa que las cubre
evita que la fruta se hunda en
el pastel durante la cocción y
ayuda a que su distribución
sea uniforme.

PAN DE BATATA

Aunque suena a salado, este bizcocho es muy dulce
y se parece al pan de banano en aspecto y textura.

Para 1 barra
Preparación 10 min
Horneado 1 h
Almacenar se conservará por 3
días en un recipiente hermético
o 4 semanas congelado

UTENSILIOS ESPECIALES

molde para barra de pan, de 900 g

INGREDIENTES

100 g de mantequilla sin sal,
  ablandada, y algo extra para
  engrasar
175 g de batatas peladas y en
  cubos
200 g de harina común
2 cdtas. de polvo de hornear
pizca de sal
½ cdta. de mezcla de especias
½ cdta. de canela
125 g de azúcar pulverizada
50 g de nueces pacanas, picadas
50 g de dátiles picados
100 ml de aceite de girasol
2 huevos

1 Engrase el molde y recúbralo
con papel de horno. Coloque la
batata en una olla, cúbrala con
agua y hiérvala a fuego lento por
unos 10 min, hasta que ablande.
Haga un puré y deje enfriar.

2 Precaliente el horno a 350 °F
(180 °C). En un bol, tamice la
harina, el polvo de hornear, la
sal, las especias y el azúcar.
Añada las pacanas y los dátiles
y mezcle bien. Haga un hueco
en el centro.

3 En un jarro, bata los huevos
con el aceite hasta emulsionar.
Añada el puré de batata y
revuelva hasta que esté suave.
Vierta en la mezcla de harina y
amase hasta suavizar.

4 Pase la masa al molde y alise
la superficie con una espátula.
Cocine en el centro del horno
por 1 hora, hasta que el
bizcocho crezca y un pincho
salga limpio. Deje enfriar por
5 min antes de retirarlo.

BIZCOCHO DE NUEZ PACANA Y ARÁNDANO

Los arándanos secos, novedosa alternativa a las sultanas o a las pasas comunes, aportan notas dulces y agudas a este saludable pastel.

Para 1 barra
Preparación 30 min
Horneado 50-60 min
Almacenar se conservará por 3 días en un recipiente hermético o 4 semanas congelado

UTENSILIOS ESPECIALES

molde para barra de pan, de 900 g

INGREDIENTES

100 g de mantequilla sin sal, y algo extra para engrasar

100 g de azúcar morena clara

75 g de arándanos secos, picados

50 g de nueces pacanas, picadas

cáscara de 2 naranjas finamente ralladas y jugo de 1 naranja

2 huevos

125 ml de leche

225 g de harina leudante

½ cdta. de polvo de hornear

½ cdta. de canela

100 g de azúcar glas, tamizada

1 Precaliente el horno a 350 °F (180 °C). Engrase el molde y recúbralo con papel de horno. En una sartén, derrita la mantequilla. Deje enfriar un poco, añada el azúcar, los arándanos, las pacanas y la ralladura de 1 naranja. Bata los huevos y la leche, e incorpórelos también a la mezcla.

2 En un bol aparte, tamice y mezcle la harina, el polvo de hornear y la canela, e incorpórelos a la mezcla. Pase al molde. Cocine en el centro del horno de 50 a 60 min. Deje enfriar un poco. Retire.

3 Mezcle el azúcar glas y la ralladura restante. Añada jugo de naranja para lograr el glaseado. Rocíe el glaseado sobre el pastel y deje secar antes de rebanar.

BARA BRITH

Es mejor comer este «pan dulce y pecoso» de Gales recién horneado,
aún caliente y untado con mantequilla.

Para 2 barras
Preparación 40 min
Crecimiento y leudado 3-4 h
Horneado 25-40 min
Almacenar se conservan por 2 días en un recipiente hermético u 8 semanas congeladas (ver Consejo del pastelero)

UTENSILIOS ESPECIALES

2 moldes para barra de pan de 900 g (opcionales)

INGREDIENTES

2 cdtas. de levadura seca

250 ml de leche caliente

60 g de azúcar pulverizada, más 2 cdas. para espolvorear

1 huevo batido

500 g de harina de fuerza para pan blanco, y algo extra para espolvorear

1 cdta. de sal

60 g de mantequilla sin sal, en cubos

1 cdta. de mezcla de especias (canela, nuez moscada y pimienta de Jamaica)

aceite, para engrasar

225 g de mezcla de frutas secas (uvas pasas y mezcla de cáscaras)

1 Incorpore la levadura a la leche con 1 cucharadita de azúcar pulverizada, y deje en un lugar tibio por 10 min hasta que la mezcla haga espuma. Añada la mayor parte de los huevos batidos y reserve un poco para el glaseado.

2 Frote la harina, la sal y la mantequilla hasta que la mezcla adquiera apariencia de migas. Añada las especias y el azúcar restante. Haga un hueco en el centro, vierta la mezcla de leche y combine con las manos hasta obtener una masa pegajosa.

3 Pase a una superficie ligeramente enharinada y amase unos 10 min hasta obtener una masa suave y flexible, pero aún bastante pegajosa. Si no forma bola, agregue más harina, 1 cucharada a la vez. Ponga la masa en un bol ligeramente aceitado y cubra con plástico adherente. Deje leudar en un lugar tibio por 1½ a 2 horas hasta que doble su tamaño.

4 Pase la masa a una superficie enharinada, expulse el aire con sus puños y estírela suavemente a unos 2 cm de espesor. Esparza los frutos secos sobre la superficie de la masa y forme una bola trayendo los lados hacia el centro.

5 Dele a la masa la forma deseada y póngala en una bandeja de hornear engrasada o en los moldes para pan engrasados, dividida por la mitad. Cubra con plástico adherente aceitado o con un paño limpio y déjela leudar en un lugar tibio por otras 1 ½ a 2 horas, hasta que doble su tamaño de nuevo.

6 Precaliente el horno a 375 °F (190 °C). Unte el pan con un poco de huevo batido y espolvoree con 1 cucharada de azúcar. Hornee de 25 a 30 min para los moldes, o de 35 a 40 min para la bandeja. Si se dora mucho, cubra con papel de aluminio o de horno durante la mitad del tiempo de horneado.

7 El pan estará listo cuando dore, esté firme al tacto y el fondo se ahueque al golpearlo. Deje enfriar por 20 min antes de cortar, pues la cocción continúa después de salir del horno. Si lo corta muy pronto, el vapor escapará y el pan se endurecerá.

CONSEJO DEL PASTELERO

Es buena idea hornear dos panes a la vez y congelar uno después de horneado. El pan que sobra se puede tostar hasta un par de días después de horneado, o rebanar y usar en un budín de pan y mantequilla (p. 92).

PASTELES PARA CELEBRACIONES

PASTEL RICO EN FRUTAS

Este maravilloso pastel húmedo y rico en frutas es ideal
para Navidad, bodas, bautizos o cumpleaños.

Porciones 16
Preparación 25 min
Remojo toda la noche
Horneado 2½ h
Por anticipado sin cobertura se
conservará 8 semanas

UTENSILIOS ESPECIALES

molde para pastel redondo y
profundo, de 20 a 25 cm

INGREDIENTES

200 g de pasas sultanas

400 g de uvas pasas

350 g de ciruelas pasas picadas

350 g de cerezas confitadas

2 manzanas pequeñas, peladas,
sin corazón y en cubos

600 ml de sidra

4 cdtas. de mezcla de especias
(canela, nuez moscada y pimienta
de Jamaica)

200 g de mantequilla sin sal

175 g de azúcar morena oscura

3 huevos batidos

150 g de almendras molidas

280 g de harina común

2 cdtas. de polvo de hornear

400 g de mazapán ya listo

2 a 3 cdas. de mermelada
de albaricoque

3 claras de huevo

500 g de azúcar glas

1 Ponga todas las pasas y demás frutas, la
sidra y las especias en una cacerola.

2 Cocine con tapa, a fuego medio-bajo por
20 min, hasta que el líquido se absorba.

3 Deje toda la noche a temperatura ambiente
para que las frutas absorban el resto del líquido.

4 Precaliente el horno a 325 °F (160 °C).
Recubra el molde con papel de horno.

5 Mezcle con batidora eléctrica la mantequilla
y el azúcar hasta lograr una crema esponjosa.

6 Añada los huevos poco a poco, batiendo
bien con cada adición para que no se cuajen.

7 Incorpore suavemente la fruta y las almendras, procurando mantener el volumen.

8 Tamice la harina y el polvo de hornear en un bol, e incorpore suavemente a la mezcla.

9 Vierta la masa en el molde, cubra con papel de aluminio y hornee por 2½ horas.

10 Pruebe si el pastel está listo: inserte un pincho en el centro; debe salir limpio.

11 Deje enfriar. Luego desmolde sobre una rejilla para que enfríe bien. Retire el papel.

12 Recorte el pastel para emparejarlo. Páselo a un soporte y sosténgalo con mazapán.

13 Caliente la mermelada y úntela sobre el pastel para permitir la adherencia del mazapán.

14 En una superficie enharinada, amase el mazapán restante hasta que ablande.

15 Estire el mazapán hasta que alcance un tamaño suficiente para cubrir el pastel.

continúa ▶

16 Envuelva el mazapán en el rodillo y despliéguelo sobre el pastel para cubrirlo.

17 Con sus manos, adapte el mazapán a la forma del pastel, aplanando las burbujas.

18 Con un cuchillo afilado, corte los sobrantes de mazapán de la base del pastel.

19 Ponga las claras de huevo en un bol, tamice el azúcar glas sobre ellas y mezcle bien.

20 Mezcle por 10 min con una batidora eléctrica, hasta que las claras estén firmes.

21 Esparza el glaseado con espátula.

Pastel rico en frutas ▶

VARIACIONES DEL PASTEL DE FRUTAS

PASTEL DE CHOCOLATE CON CIRUELAS PASAS

Las ciruelas pasas remojadas dan a este pastel negro un sabor cálido y profundo que lo convierte en un postre perfecto para los meses de invierno.

Porciones 8-10
Preparación 30 min
Remojo toda la noche
Horneado 40-45 min
Almacenar se conservará por 5 días en un recipiente hermético

UTENSILIOS ESPECIALES
molde desmontable, redondo, de 22 cm

INGREDIENTES
100 g de ciruelas pasas listas para comer, picadas
100 ml de brandy o té negro frío
125 g de mantequilla sin sal, y algo extra para engrasar
250 g de chocolate negro de buena calidad, en trozos
3 huevos, separados
150 g de azúcar pulverizada
100 g de almendras molidas
cocoa en polvo tamizada, para espolvorear
crema de leche batida, para servir (opcional)

1 Remoje las ciruelas en el brandy o té durante la noche. Precaliente el horno a 350 °F (180 °C). Engrase el molde y recubra la base con papel de horno.

2 Derrita al baño María el chocolate y la mantequilla en un bol resistente al calor y luego enfríe. Bata las yemas con el azúcar. Aparte, bata las claras a punto de nieve.

3 Incorpore el chocolate frío a la mezcla de yemas. Agregue las almendras y las ciruelas con el líquido de remojo y mezcle bien. Añada 2 cucharadas de claras para aclarar un poco la mezcla. Incorpore suavemente las claras restantes.

4 Vierta la mezcla en el molde y hornee de 40 a 45 min, hasta que la superficie esté mullida y el centro un poco blando. Deje enfriar en el molde, luego desmolde sobre una rejilla, para enfriar bien. Retire el papel de horno.

5 Sirva el pastel invertido para darle un acabado liso a la superficie. Espolvoree con cocoa y sirva con la crema batida, si desea.

PAN PARA EL TÉ

Una receta simple; no olvide usar la fruta con el agua de remojo.

Porciones 8-10
Preparación 20 min
Remojo toda la noche
Horneado 1 h
Almacenar el pan se conservará por 5 días en un recipiente hermético

UTENSILIOS ESPECIALES

molde para barra de pan, de 900 g

INGREDIENTES

250 g de mezcla de frutas secas (sultanas, uvas pasas y mezcla de cáscaras)
100 g de azúcar morena clara
250 ml de té negro frío
mantequilla sin sal, para engrasar
50 g de nueces o avellanas, picadas en trozos
1 huevo batido
200 g de harina leudante

1 Mezcle las frutas secas con el azúcar y deje remojando en el té frío durante la noche. Precaliente el horno a 350 °F (180 °C). Engrase el molde y recubra la base con papel de horno.

2 Añada las nueces y el huevo a la fruta remojada y mezcle. Espolvoree la harina e incorpórela muy bien.

3 Cocine en el centro del horno por 1 hora o hasta que la superficie del pan esté dorada y flexible al tacto.

4 Deje enfriar en el molde, luego desmolde sobre una rejilla, para que enfríe bien. Retire el papel de horno. Es mejor servirlo rebanado o tostado con mantequilla.

PASTEL LIGERO DE FRUTAS

No todo el mundo disfruta un pastel clásico rico en frutas, sobre todo después de una gran comida de celebración. Esta versión más ligera es una alternativa rápida y fácil, menos pesada en frutas.

Porciones 8-12
Preparación 25 min
Horneado 1³⁄₄ h
Almacenar se conservará por 3 días en un recipiente hermético

UTENSILIOS ESPECIALES

molde para pastel redondo y profundo, de 20 cm

INGREDIENTES

175 g de mantequilla sin sal, ablandada
175 g de azúcar morena clara
3 huevos grandes
250 g de harina leudante tamizada
2 a 3 cdas. de leche
300 g de mezcla de frutas secas (sultanas, uvas pasas, cerezas confitadas y mezcla de cáscaras)

1 Precaliente el horno a 350 °F (180 °C). Recubra el molde con papel de horno.

2 Bata la mantequilla y el azúcar con una batidora eléctrica hasta obtener una mezcla pálida y cremosa. Incorpore los huevos, uno a la vez, añadiendo un poco de harina después de cada uno. Incorpore el resto de la harina y la leche. Añada las frutas secas y bata hasta mezclar bien.

3 Vierta la mezcla en el molde, alise la superficie, y hornee entre 1½ y 1³⁄₄ horas, hasta que el pastel esté firme al tacto y al insertar un pincho en el centro, salga limpio. Deje enfriar por completo en el molde. Retire el papel de horno.

BUDÍN DE CIRUELAS

Este plato clásico de Navidad se llama así porque lleva ciruelas pasas; en esta receta se usa mantequilla en lugar del tradicional sebo de res.

Porciones 8-10
Preparación 45 min
Remojo durante la noche
Horneado 8-10 h
Almacenar se conservará hasta por 1 año, bien cerrado y en un lugar fresco

UTENSILIOS ESPECIALES
recipiente para budín de 1 kg

INGREDIENTES

85 g de uvas pasas

60 g de pasas de Corinto

100 g de pasas sultanas

45 g de mezcla de cáscaras picadas

115 g de mezcla de frutas secas, como higos, dátiles y cerezas

150 ml de cerveza

1 cda. de whisky o brandy

cáscara finamente rallada y jugo de 1 naranja

cáscara finamente rallada y jugo de 1 limón

85 g de ciruelas pasas listas para comer, picadas

150 ml de té negro frío

1 manzana pelada, sin semillas y rallada

115 g de mantequilla sin sal, derretida, y algo extra para engrasar

175 g de azúcar morena oscura

1 cda. de melaza oscura

2 huevos batidos

60 g de harina leudante

1 cda. de mezcla de especias (canela, nuez moscada y pimienta de Jamaica)

115 g de miga de pan blanco fresco

60 g de almendras picadas

mantequilla de brandy, crema de leche o crema pastelera para servir (opcional)

1 Mezcle bien los primeros 9 ingredientes en un bol. Ponga las ciruelas pasas en otro bol y vierta el té. Cubra los boles y deje todo en remojo durante la noche.

2 Escurra las ciruelas y deseche cualquier resto de té. Añada las ciruelas y la manzana al resto de la fruta, después la mantequilla, el azúcar, la melaza y los huevos, revolviendo bien.

3 Tamice la harina sobre la mezcla de especias, revuelva y añada la miga de pan y las almendras. Mezcle muy bien todos los ingredientes.

4 Engrase el recipiente del budín y vierta la mezcla. Cubra con dos capas de papel de horno y una de papel de aluminio. Ate las capas al recipiente con una cuerda. Ponga el recipiente dentro de una olla de agua hirviendo que no le llegue más allá de la mitad. Cocine al vapor entre 8 y 10 horas.

5 Revise y asegúrese de que el nivel del agua no baje mucho. Sirva con mantequilla de brandy y crema de leche o pastelera.

CONSEJO DEL PASTELERO

Al dejar el budín al vapor por largo tiempo, es importante revisar que el nivel del agua no baje mucho. Existen dos formas de evitarlo: programe la alarma de un reloj para que cada hora le recuerde revisar el agua, o ponga una canica en la olla para que suene cuando baje el nivel del agua.

PANETTONE

Tradicional pan dulce de Navidad italiano. Prepararlo no
es tan difícil como parece y el resultado es delicioso.

1 Añada la levadura a la leche tibia en un jarro. En un bol, mezcle el azúcar, la harina y sal.

2 Con la levadura ya espumosa (5 min), añada la mantequilla, los huevos y la vainilla y bata.

3 Mezcle los ingredientes líquidos y los secos para lograr una masa suave y muy pegajosa.

4 Sobre una superficie enharinada, amase por unos 10 min hasta que la masa esté elástica.

5 Haga una bola con la masa y extiéndala aplanada sobre una superficie enharinada.

6 Esparza los frutos secos y la cáscara de naranja por encima y amase bien.

7 Haga una bola con la masa y póngala en un bol ligeramente aceitado.

8 Cubra el bol con un paño de cocina limpio y húmedo y póngalo en un lugar cálido.

9 Deje leudar la masa en un lugar cálido durante 2 horas, hasta que doble su tamaño.

Porciones 8
Preparación 30 min
Crecimiento y leudado 4 h
Horneado 40-45 min
Almacenar se conservará por 2 días en un recipiente hermético o por 4 semanas congelado

UTENSILIOS ESPECIALES
molde para pastel redondo, desmontable, de 15 cm; o un molde alto para panettone

INGREDIENTES
2 cdtas. de levadura seca
125 ml de leche, caliéntela en una olla y deje enfriar un poco

50 g de azúcar pulverizada
425 g de harina de pan blanco, y algo extra para espolvorear
pizca grande de sal
75 g de mantequilla sin sal, derretida
2 huevos grandes, más 1 pequeño batido para untar

1½ cdta. de extracto de vainilla
175 g de mezcla de frutas secas (albaricoques, arándanos, pasas sultanas, mezcla de cáscaras)
ralladura de la cáscara de 1 naranja
aceite vegetal, para engrasar
azúcar glas para espolvorear

10 Recubra el molde con dos capas de papel de horno o con una de papel siliconado.

11 Si usa molde para pastel, haga un cilindro de papel que sobresalga del molde de 5 a 10 cm.

12 Expulse el aire de la masa con el puño y sáquela a una superficie enharinada.

13 Amase y haga una bola lo suficientemente grande para que encaje en el molde.

14 Ponga la bola en el molde, cubra y deje leudar 2 horas, hasta que doble su tamaño.

15 Precaliente el horno a 375 °F (190 °C). Unte la superficie de la masa con batido de huevo.

16 Hornee, centrado, de 40 a 45 min. Si dora muy pronto, cubra con papel de aluminio.

17 La base sonará hueco cuando esté listo. Deje enfriar durante 5 min, luego desmolde.

18 Retire el papel de horno y deje enfriar sobre una rejilla antes de espolvorear con azúcar glas.

VARIACIONES DEL PANETTONE

CONSEJO DEL PASTELERO

El panettone es un pan dulce italiano que, por tradición, se hornea en Navidad. Aunque el proceso es largo, la mayoría del tiempo se emplea en dejar que el pan crezca dos veces. No es difícil de hacer y el resultado es delicioso, mejor que uno comprado en tienda.

PANETTONES RELLENOS

Ensaye a incluirlos como alternativa al postre en una cena de Navidad.

Porciones 6
Preparación 1 h
Crecimiento y leudado 3 h
Horneado 30-35 min
Enfriamiento 3 h
Almacenar deben conservarse en la nevera durante la noche

UTENSILIOS ESPECIALES
6 latas de conserva de 220 g, vacías y muy limpias; procesador con accesorio de cuchillas

INGREDIENTES
mantequilla, para engrasar
masa para 1 panettone, (p. 90, pasos 1-9)
300 g de queso mascarpone
300 g de crema agria
2 cdas. de kirsch u otro licor de frutas (opcional)
12 cerezas confitadas, en cuartos
50 g de pistachos sin sal y sin cáscara, en trozos
3 cdas. de azúcar glas, y algo extra para espolvorear

1 Engrase las latas y recúbralas con papel de horno. El papel debe tener el doble de la altura de las latas.

2 Divida la masa en 6 trozos y ponga uno en cada lata. Cubra y deje reposar durante 1 hora o hasta que doblen su tamaño. Precaliente el horno a 375 °F (190 °C).

3 Hornee entre 30 y 35 min. Los panettones dorarán. Retire uno de la lata y golpee la base. Debe sonar hueco. Si no, retírelos todos de las latas, póngalos sobre una bandeja de hornear y hornee por 5 min. Déjelos sobre una rejilla para enfriar.

4 Vacíe los panettones poniéndolos de lado y cortando discos de la base, a 1 cm del borde, con un cuchillo afilado y como aserrando. Reserve los discos.

5 Con el cuchillo, corte la masa interior del panettone invertido, casi hasta el fondo. Vacíelo bien con los dedos.

6 Coloque en un procesador de alimentos los trozos extraídos del panettone y redúzcalos a migas de pan. En un bol, mezcle el queso mascarpone y la crema agria con el licor (si lo utiliza). Mezcle las migas y bata muy bien.

7 Añada las cerezas, los pistachos y el azúcar glas. Divida el relleno entre los panettones, presionando hacia dentro con el mango de una cuchara. Cubra con los discos reservados.

8 Envuelva y refrigere por mínimo 3 horas. Desenvuelva y espolvoree con azúcar glas.

También intente...
BUDÍN FESTIVO DE PANETTONE
Como alternativa divertida, al panettone sencillo (pp. 90-91) se le puede untar un poco de mermelada de buena calidad, de crema de leche enriquecida con 1 o 2 cucharaditas de whisky y ralladura de cáscara de naranja, y nuez moscada.

PANETTONE DE CHOCOLATE Y AVELLANAS

Esta variación del panettone clásico es un favorito de los niños. Cualquier trozo que sobre se puede usar para hacer un exquisito budín de pan y mantequilla (ver receta, derecha).

Porciones 8
Preparación 30 min
Crecimiento y leudado 3 h
Horneado 45-50 min
Almacenar 2 días en recipiente hermético o 4 semanas congelado

UTENSILIOS ESPECIALES
molde para pastel redondo, desmontable, de 15 cm; o molde alto para panettone

INGREDIENTES
2 cdas. de levadura seca

125 ml de leche, caliéntela en una olla y deje enfriar un poco

50 g de azúcar pulverizada

425 g de harina de fuerza para pan blanco, y algo extra para espolvorear

pizca grande de sal

75 g de mantequilla sin sal, derretida

2 huevos grandes, más 1 pequeño batido, para glasear

1 cdta. de extracto de vainilla

75 g de avellanas, picadas en trozos

ralladura de la cáscara de 1 naranja

aceite vegetal, para engrasar

100 g de chocolate negro en trozos

azúcar glas, para espolvorear

1 En un jarro, añada la levadura a la leche caliente y deje reposar por 5 min; revuelva hasta que haga espuma. Mezcle el azúcar, la harina y la sal en un bol. Añada la mantequilla, los huevos y el extracto de vainilla a la leche con levadura y mezcle.

2 Combine la mezcla de leche con los ingredientes secos, la mantequilla, los huevos y el extracto de vainilla para formar una masa. Amásela 10 min hasta que esté suave y elástica.

3 Estire la masa sobre una superficie enharinada. Esparza las avellanas y la cáscara de naranja sobre la masa estirada y amase muy bien. Haga una bola y póngala en un bol engrasado.

4 Cubra el bol con un paño húmedo y deje leudar en un lugar cálido por 2 horas, hasta que doble su tamaño. Recubra el molde con papel siliconado o con dos capas de papel de horno. Si usa un molde para pastel, haga un cilindro con el papel, que salga del molde de 5 a 10 cm.

5 Cuando la masa doble su tamaño, golpéela y estírela. Esparza el chocolate sobre la superficie y amase bien antes de formar una bola. Lleve al molde, cubra y deje leudar 2 horas hasta que doble su tamaño.

6 Precaliente el horno a 375 °F (190 °C). Unte la superficie con batido de huevo. Cocine en el centro del horno de 45 a 50 min. Cubra con papel de aluminio si comienza a dorar muy pronto.

7 Deje enfriar en el molde por unos minutos antes de desmoldar sobre una rejilla para que enfríe del todo. El fondo del panettone debe sonar hueco cuando se golpee. Espolvoree con azúcar glas para servir.

BUDÍN DE PANETTONE CON PAN Y MANTEQUILLA

Cualquier sobrante de panettone se puede convertir en este postre fácil y rápido. Trate de agregar al plato diferentes sabores, tales como cáscara de naranja, chocolate o cerezas, antes de hornear.

Porciones 4-6
Preparación 10 min
Horneado 30-40 min
Almacenar cocinado, se conserva en la nevera por 3 días; caliente bien antes de comer

INGREDIENTES
50 g de mantequilla sin sal, ablandada

250 g de panettone

350 ml de crema de leche líquida, o 175 ml de crema de leche espesa para batir y 175 ml de leche

2 huevos grandes

50 g de azúcar pulverizada

1 cdta. de extracto de vainilla

1 Precaliente el horno a 350 °F (180 °C). Use un poco de mantequilla ablandada para engrasar una bandeja de hornear, de tamaño mediano.

2 Corte el panettone en rebanadas gruesas de 1 cm. Unte cada una con un poco de mantequilla y dispóngalas ligeramente superpuestas sobre la bandeja de hornear. Incorpore la crema de leche, o la crema espesa y la leche, los huevos, el azúcar y el extracto de vainilla. Vierta el líquido sobre el panettone y luego presione suavemente para asegurarse de que todo esté mojado de líquido.

3 Hornee centrado, de 30 a 40 min, hasta que el budín esté en su punto, dorado e inflado. Sirva caliente con crema espesa.

STOLLEN

Este pan dulce y afrutado de origen alemán se sirve tradicionalmente en Navidad; es una alternativa al pastel de Navidad o los mince pies ingleses.

Porciones 12
Preparación 30 min
Remojo durante la noche
Crecimiento y leudado 2-3 h
Horneado 50 min
Almacenar el stollen se conservará por 4 días en un recipiente hermético

INGREDIENTES

200 g de uvas pasas

100 g de pasas de Corinto

100 ml de ron

400 g de harina de fuerza para pan blanco,
 y algo extra para espolvorear

2 cdtas. de levadura seca

60 g de azúcar pulverizada

100 ml de leche

½ cda. de extracto de vainilla

pizca de sal

½ cdta. de mezcla de especias

2 huevos grandes

175 g de mantequilla sin sal, ablandada y en cubos

200 g de mezcla de cáscaras

100 g de almendras molidas

azúcar glas, para espolvorear

1 Ponga las uvas pasas y las pasas de Corinto en un bol, vierta el ron y deje en remojo durante la noche.

2 Al día siguiente, tamice la harina en un bol amplio. Haga un hueco en el centro, espolvoree la levadura y añada 1 cucharadita de azúcar. Caliente la leche hasta tibiarla y viértala sobre la levadura. Deje reposar a temperatura ambiente por 15 min o hasta que haga espuma.

3 Añada el resto del azúcar, el extracto de vainilla, la sal, la mezcla de especias, los huevos y la mantequilla. Mezcle todo con una cuchara de madera y amase por 5 min, hasta obtener una masa suave.

4 Pase la masa a una superficie enharinada. Añada la mezcla de cáscaras, las pasas y las almendras; amase un poco. Lleve la masa al bol, cubra con plástico adherente y deje leudar por 1-1½ horas hasta que doble su tamaño.

5 Precaliente el horno a 325 °F (160 °C). Recubra una bandeja de hornear con papel de horno. Sobre una superficie enharinada, extienda la masa y forme un rectángulo de 30 x 25 cm. Doble uno de los lados largos algo más allá de la mitad, luego una los dos lados largos, de forma que queden un poco superpuestos. Curve la superficie para formar el stollen. Póngalo a leudar por 1-1½ horas sobre la bandeja de hornear, hasta que doble su tamaño.

6 Hornee por 50 min o hasta que crezca y esté dorado claro. A los 30 o 35 min, revise si está muy dorado, y cubra con papel de aluminio. Desmolde sobre una rejilla, para enfriar bien; espolvoree con azúcar glas.

CONSEJO DEL PASTELERO

Prepare stollen con cualquier mezcla de frutas
secas, sencillo como en esta receta, o relleno
con mazapán o frangipane. Los sobrantes
tostados y untados con mantequilla son ideales
para el desayuno.

BIENENSTICH

En alemán esta receta significa «pastel de picadura de abeja».
¡La leyenda dice que la miel atrae abejas que pican al pastelero!

Porciones 8-10
Preparación 20 min
Crecimiento y leudado
1 h 5 min-1 h 20 min
Horneado 20-25 min

UTENSILIOS ESPECIALES

molde para pastel, redondo,
de 20 cm

INGREDIENTES

140 g de harina común, y algo
para espolvorear

15 g de mantequilla sin sal,
ablandada y en cubos, y algo
extra para engrasar

½ cda. de azúcar pulverizada

1½ cdtas. de levadura seca

pizca de sal

1 huevo

aceite, para engrasar

Para la cubierta

30 g de mantequilla

20 g de azúcar pulverizada

1 cda. de miel clara

1 cda. de crema de leche espesa

30 g de almendras en hojuelas

1 cdta. de jugo de limón

Para la crema pastelera

250 ml de leche entera

25 g de harina de maíz

2 vainas de vainilla cortadas a
lo largo, sin semillas; conserve
las semillas

60 g de azúcar pulverizada

3 yemas de huevo

25 g de mantequilla sin sal,
en cubos

1 Tamice la harina en un bol. Frote la mantequilla, añada el azúcar, la levadura y la sal, y mezcle bien. Incorpore el huevo y añada algo de agua para obtener una masa suave.

2 Amase sobre una superficie enharinada, de 5 a 10 min o hasta que la masa esté suave, elástica y brillante. Póngala en un bol engrasado, cubra con plástico adherente o un paño húmedo y deje crecer entre 45 y 60 min o hasta que doble su tamaño.

3 Engrase el molde y recubra la base con papel de horno. Golpee la masa, estírela y forme un círculo que se adapte al molde. Pásela al molde, presione y cubra con plástico adherente o un paño húmedo. Deje leudar por 20 min.

4 Para la cubierta, derrita la mantequilla en una sartén, añada el azúcar, la miel y la crema de leche. Cocine a fuego lento hasta que el azúcar se disuelva, aumente el calor y lleve a ebullición. Deje hervir a fuego lento por 3 min. Retire la sartén del fuego y agregue las almendras y el jugo de limón. Deje enfriar.

5 Precaliente el horno a 375 °F (190 °C). Esparza con cuidado la cubierta sobre la masa y deje crecer por 10 min más. Hornee de 20 a 25 min; si comienza a dorar muy pronto, cubra con papel de aluminio. Deje enfriar en el molde por 30 min, luego desmolde sobre una rejilla.

6 Prepare la crema pastelera. Vierta la leche en una cacerola pesada y añada la harina de maíz, las semillas, las vainas y semillas de vainilla, y la mitad del azúcar. Cocine a fuego lento. Bata las yemas con el azúcar restante en un bol. Siga batiendo mientras vierte lentamente la mezcla de leche caliente. Pase de nuevo a la cacerola y bata hasta que hierva. Retire del fuego.

7 Ponga la cacerola en un bol con agua helada y retire las vainas de vainilla. Una vez enfríe, añada la mantequilla a la crema y bata hasta que esté suave y brillante.

8 Corte el pastel al medio. Unte una capa gruesa de crema pastelera en la mitad inferior y cubra con la mitad que tiene la cubierta de almendras. Sírvalo en un plato.

CONSEJO DEL PASTELERO

Este clásico alemán tradicionalmente se rellena con crema pastelera, como se hace aquí. Es un relleno suave y de lujo, que por estos días es un verdadero manjar. Sin embargo, cuando el tiempo apremia, es mejor rellenar el pastel con crema batida y ½ cucharadita de extracto de vainilla.

BRIOCHE DES ROIS

Este pan francés se consume tradicionalmente el 6 de enero.
El haba representa los regalos de los Reyes Magos.

1 Bata la levadura, 1 cucharadita de azúcar y 6 de agua tibia. Espere 10 min. Añada los huevos.

2 En un bol grande, tamice la harina y la sal, y añada el azúcar restante.

3 Haga un hueco en la harina y vierta los huevos y la mezcla de levadura.

4 Use un tenedor y luego sus manos para homogeneizar la masa. Quedará pegajosa.

5 Pase la masa a una superficie ligeramente enharinada.

6 Amase durante 10 min, hasta que la masa esté elástica pero aún pegajosa.

7 Ponga en un bol engrasado y cubra con plástico adherente. Deje crecer de 2 a 3 min.

8 Golpee suavemente la masa sobre una superficie ligeramente enharinada.

9 Distribuya ⅓ de la mantequilla en cubos sobre la superficie de la masa.

Porciones 10-12
Preparación 25 min
Crecimiento y leudado 4-6 h
Horneado 25-30 min
Almacenar el brioche se conservará por 3 días en un recipiente hermético

UTENSILIOS ESPECIALES
molde de anillo de 25 cm (opcional)
haba de porcelana o metal (opcional)

INGREDIENTES
Para el brioche
2½ cdtas. de levadura seca

2 cdas. de azúcar pulverizada
5 huevos batidos
375 g de harina de fuerza para pan blanco, y algo más para espolvorear
1½ cdtas. de sal
aceite, para engrasar
175 g de mantequilla sin sal, ablandada y en cubos

Para la cubierta
1 huevo, ligeramente batido
50 g de mezcla de frutas confitadas (cáscara de naranja y limón, cerezas y angélica) picadas
25 g de azúcar en cristales gruesos (opcional)

10 Envuelva la masa sobre la mantequilla y amase suavemente durante 5 min.

11 Repita hasta que la mantequilla se absorba. Amase hasta homogeneizar.

12 Forme un anillo. Inserte el haba, si la usa (ver Consejo del pastelero, p. 101).

13 Pase la masa a una bandeja de hornear o a un molde de anillo, engrasado (si lo usa).

14 Si no tiene un molde de anillo, use uno individual para mantener la forma del agujero.

15 Cubra con plástico adherente y con un paño. Deje leudar hasta duplicar el volumen.

16 Unte el brioche con huevo batido. Rocíe fruta confitada y azúcar en cristales (si la usa).

17 Precaliente el horno a 400 °F (200 °C). Hornee entre 25 y 30 min, hasta dorar.

18 Deje enfriar un poco y desmolde sobre una rejilla, sin dañar la cubierta.

VARIACIONES DE BRIOCHE

PANECILLOS DE BRIOCHE

Estos panecillos con cabeza se conocen en francés como «brioche à tête», por razones obvias.

Para 10 panecillos
Preparación 45-50 min
Crecimiento y leudado 1½-2 h
Horneado 15-20 min
Almacenar los panecillos se conservarán por 3 días en un recipiente hermético

UTENSILIOS ESPECIALES

moldes para brioche de 10 x 7,5 cm

INGREDIENTES

mantequilla derretida, para engrasar
masa para 1 brioche, (pp. 98-99, pasos 1-11)
harina, para espolvorear
1 huevo batido, para glasear
½ cdta. de sal, para glasear

1 Unte mantequilla en los moldes de brioche y póngalos en una bandeja para hornear.

2 Divida la masa en dos partes iguales. Con cada una, haga un rollo de 5 cm de diámetro y córtelo en 5 piezas. Forme una bola blanda con cada pieza de masa.

3 Para hacer la cabeza, pellizque ¼ de cada bola, casi separándolo del resto de la masa. Sosteniendo la cabeza, lleve cada bola a un molde. Una vez en el molde, tuerza la cabeza y presiónela sobre la base. Cubra con un paño de cocina seco y deje leudar en un lugar cálido durante 30 min.

4 Precaliente el horno a 425 °F (220 °C). Mezcle el huevo y la sal para el glaseado. Unte el glaseado de huevo sobre los brioches. Hornee entre 15 y 20 min, hasta que estén dorados y produzcan un sonido hueco al golpearlos; retire de los moldes y deje enfriar sobre una rejilla.

BABAS AL RON

Borrachos, panecillos de brioche tipo pastel, ideales para la cena.

Para 4 babas
Preparación 20 min
Crecimiento 30 min
Horneado 20 min

UTENSILIOS ESPECIALES

moldes para brioche o para baba de 4 x 7,5 cm

PARA LAS BABAS

60 g de mantequilla derretida; algo para engrasar

150 g de harina de fuerza común

60 g de uvas pasas

1½ cdtas. de levadura seca de acción rápida

155 g de azúcar pulverizada

pizca de sal

2 huevos ligeramente batidos

4 cdas. de leche tibia

aceite vegetal, para engrasar

3 cdas. de ron

300 ml de crema para batir

2 cdas. de azúcar glas

chocolate rallado, para servir

1 Engrase los moldes con mantequilla. En un bol, mezcle las pasas, la levadura, 30 g de azúcar y la sal. Bata el huevo con la leche y añádalos a la mezcla de harina. Incorpore la mantequilla. Bata entre 3 y 4 min, y llene los moldes hasta la mitad con la masa.

2 Ponga los moldes sobre una bandeja de hornear y cúbralos con una hoja de plástico adherente aceitado. Deje reposar en un lugar cálido por 30 min, o hasta que la masa doble su tamaño y llene los moldes. Precaliente el horno a 400 °C (200 °C). Hornee de 10 a 15 min, hasta dorar. Enfríe sobre una rejilla. Si piensa congelar, hágalo en este momento.

3 En una olla, caliente 120 ml de agua con el azúcar restante. Deje hervir por 2 min. Retire del fuego y deje enfriar. Agregue el ron. Con un pincho, haga agujeros en las babas y luego sumérjalas en el almíbar.

4 Bata la crema con el azúcar glas en un bol, hasta que se formen picos. Coloque una cucharada de crema sobre cada baba, espolvoree encima el chocolate y sirva.

BRIOCHE NANTERRE

Con la masa de brioche se pueden hacer anillos, panecillos o panes. Este pan de brioche clásico es bueno para cortar en rebanadas y fantástico tostado.

Para 1 pan
Preparación 30 min
Crecimiento y leudado 4-6 h
Horneado 30 min
Almacenar la barra de brioche se conservará por 3 días en un recipiente hermético

UTENSILIOS ESPECIALES

molde para barra de pan de 900 g

INGREDIENTES

masa para 1 brioche (pp. 98-99, pasos 1-11)

1 huevo batido para glasear

1 Recubra el fondo y los lados del molde con papel de horno. Ponga dos capas en la base. Divida la masa en 8 piezas, y forme pequeñas bolas. Deben caber en la base del molde, de dos en dos y una pegada a la otra.

2 Cubra con plástico adherente y un paño de cocina, y deje leudar de 2 a 3 horas, hasta que la masa haya duplicado su tamaño una vez más.

3 Precaliente el horno a 400 °F (200 °C). Unte la parte superior de la barra de brioche con un poco de huevo batido y hornee en la parte de arriba del horno por 30 min o hasta que la base del brioche produzca un sonido hueco al golpearla. Si a los 20 min está ya dorado, cubra con papel de horno.

4 Deje enfriar en el molde por unos minutos y desmolde sobre una rejilla para que enfríe bien. Este brioche es exquisito tostado y con mantequilla.

CONSEJO DEL PASTELERO

Originario de Francia, el brioche se horneaba para celebrar la Epifanía, el 6 de enero. Tradicionalmente se oculta un haba u otra sorpresa en la masa, y quien la encuentra tiene garantizada su buena suerte el próximo año. Antes se utilizaba un fríjol o un haba secos, pero hoy se usan figuritas de cerámica.

KUGELHOPF

Este clásico kugelhopf, un favorito de Alsacia, lleva uvas pasas oscuras y almendras picadas. Una capa de azúcar glas anuncia el relleno dulce.

Para 1 anillo
Preparación 45-50 min
Horneado 45-50 min
Crecimiento y leudado 2-2½ h
Almacenar el kugelhopf se conservará por 3 días en un recipiente hermético

UTENSILIOS ESPECIALES
1 molde de anillo de 1 litro, o siga los pasos 12 a 14 de la p. 99 para darle forma sin molde

INGREDIENTES
150 ml de leche

2 cdas. de azúcar granulada

150 g de mantequilla sin sal en cubos, y algo extra para engrasar

1 cda. de levadura seca

500 g de harina de fuerza para pan blanco

1 cdta. de sal

3 huevos batidos

90 g de uvas pasas

60 g de almendras peladas y picadas,
 más otras 7 enteras y peladas

azúcar glas, para espolvorear

1 Hierva la leche en una olla. Vierta 4 cucharadas en un bol y espere hasta que esté tibia. Agregue el azúcar y la mantequilla a la leche de la olla y revuelva hasta que se derritan. Deje enfriar.

2 Rocíe la levadura sobre la leche del bol y deje reposar por 5 min, hasta que se disuelva, batiendo una sola vez. Tamice la harina y la sal en otro bol y añada la levadura disuelta, los huevos y la mezcla de leche de la olla.

3 Integre poco a poco la harina con los demás ingredientes hasta formar una masa blanda. Amase de 5 a 7 min para lograr una masa muy elástica y pegajosa. Cubra con un paño húmedo y deje leudar en un lugar cálido entre 1 y 1 ½ horas o hasta que doble su tamaño.

4 Engrase con mantequilla el molde. Llévelo al refrigerador hasta que la mantequilla endurezca (unos 10 min), luego engráselo de nuevo. Vierta agua hirviendo sobre las uvas pasas y déjelas crecer.

5 Golpee la masa ligeramente con la mano para sacar el aire. Escurra las pasas, reservando 7 de ellas, e incorpore el resto a la masa con las almendras picadas. Organice las pasas reservadas y las almendras enteras en el fondo del molde.

6 Adapte la masa al molde, cubra con un paño de cocina y deje leudar en un lugar cálido, de 30 a 40 min, hasta que la masa sobrepase ligeramente el borde del molde. Precaliente el horno a 375 °F (190 °C).

7 Hornee hasta que el kugelhopf crezca y dore, y comience a separarse de los lados del molde. Esto tomará entre 45 y 50 min. Deje enfriar un poco. Pase a una rejilla, para que enfríe del todo. Espolvoree con azúcar glas antes de servir.

CONSEJO DEL PASTELERO

La masa del kugelhopf es muy pegajosa.
Es normal querer añadir más harina para que
se asemeje más a una masa convencional,
pero es mejor resistirse a la tentación para
evitar que el kugelhopf se endurezca.

ROLLO DE CHOCOLATE CON CASTAÑAS

Este bizcocho enrollado, ideal para el invierno, se rellena con una mezcla de puré de castañas y crema batida. Es mejor si se come el mismo día en que se ha preparado.

1 Engrase el molde y cúbralo con papel de horno. Precaliente el horno a 425 °F (220 °C).

2 Tamice la cocoa en polvo, la harina y la sal en un bol y deje a un lado.

3 Bata las yemas con dos tercios del azúcar; la mezcla debe caer en forma de cinta.

4 Bata las claras hasta que estén firmes. Añada el azúcar restante y bata hasta que brille.

5 Tamice 1/3 de la mezcla de cocoa sobre la mezcla de yemas. Agregue 1/2 de las claras.

6 Mezcle un poco. Añada la mezcla de cocoa y clara de huevo restante, en dos tandas.

7 Vierta la mezcla en el molde y extiéndala casi hasta los bordes.

8 Cocine en la parte inferior del horno entre 5 y 7 min. El bizcocho crecerá y quedará firme.

9 Retire el bizcocho del horno, invierta el molde sobre un paño húmedo y desprenda el papel.

Porciones 8-10
Preparación 50-55 min
Horneado 5-7 min
Por anticipado sin relleno puede congelarse por 8 semanas

UTENSILIOS ESPECIALES

molde para brazo de reina o de gitano, de 30 x 37 cm

manga pastelera (boquilla en estrella)

INGREDIENTES

mantequilla, para engrasar

35 g de cocoa en polvo

1 cda. de harina común

pizca de sal

5 huevos separados

150 g de azúcar pulverizada

Para el relleno

125 g de puré de castañas

2 cdas. de ron oscuro

175 ml de crema de leche espesa

30 g de chocolate negro de buena calidad, cortado en trozos

azúcar pulverizada, para el sabor (opcional)

Para la decoración

50 g de azúcar pulverizada

2 cdas. de ron oscuro

125 ml de crema de leche espesa

virutas de chocolate negro

10 Enrolle bien el bizcocho alrededor del paño húmedo y deje enfriar.

11 Ponga el puré de castañas en un bol con el ron. Bata la crema hasta formar picos suaves.

12 Derrita el chocolate en un bol al baño María. Añádalo a las castañas.

13 Integre la mezcla de chocolate y castañas con la crema batida. Agregue azúcar al gusto.

14 Disuelva 50 g de azúcar en 4 cucharadas de agua y hierva por 1 min. Enfríe y añada el ron.

15 Desenrolle el bizcocho sobre papel de horno. Unte con almíbar y mezcla de castañas.

16 Con ayuda del papel de horno de abajo, enrolle firmemente el bizcocho relleno.

17 Bata la crema con el azúcar restante hasta que forme picos. Llene la manga pastelera.

18 Recorte los bordes con un cuchillo de sierra. Decore con la crema batida y virutas de chocolate.

VARIACIONES DEL ROLLO DE CHOCOLATE

ROLLO DE CHOCOLATE CON AMARETTI

Las galletas amaretti trituradas añaden textura crujiente a este rollo hermoso y delicado.

Porciones 6-8
Preparación 25-30 min
Horneado 20 min
Por anticipado sin relleno, puede congelarse por 8 semanas

UTENSILIOS ESPECIALES
molde de 20 x 28 cm para brazo de reina

INGREDIENTES
6 huevos grandes, separados
150 g de azúcar pulverizada
50 g de cocoa en polvo, y algo para espolvorear
azúcar glas, para espolvorear
300 ml de crema de leche espesa o para batir
2-3 cdas. de Amaretto o brandy
20 galletas amaretti trituradas, y 2 para la cubierta
50 g de chocolate negro

1 Precaliente el horno a 350 °F (180 °C). Recubra el molde con papel de horno. Con una batidora eléctrica, haga una crema con las yemas y el azúcar, en un bol al baño María, por 10 min. Retire del fuego. En otro bol, bata las claras a punto de nieve, con la batidora limpia.

2 Tamice la cocoa sobre la mezcla de yemas e integre suavemente, junto con las claras. Vierta en el molde y alise las esquinas. Hornee por 20 min

o hasta que el bizcocho esté firme al tacto. Deje enfriar un poco antes de invertirlo con cuidado sobre una hoja de papel de horno bien espolvoreada con azúcar glas. Deje enfriar por 30 min.

3 Bata la crema con una batidora eléctrica, hasta que forme picos. Empareje los extremos del bizcocho y rocíe el Amaretto o el brandy. Unte la crema, espolvoree las galletas amaretti trituradas y ralle encima la mayor parte del chocolate.

4 Enrolle comenzando por uno de los lados cortos y usando el papel de horno para mantener firme el rollo. Pase a un plato, con la unión hacia abajo. Triture encima las otras galletas, ralle el chocolate restante y espolvoree con un poco de azúcar glas y cocoa en polvo. Es mejor consumirlo el mismo día.

TRONCO DE CHOCOLATE

Este clásico de Navidad une el chocolate negro con la frambuesa.

Porciones 10
Preparación 30 min
Horneado 15 min
Almacenar se conservará en el refrigerador por 2 días o 24 semanas en el congelador

UTENSILIOS ESPECIALES
1 molde de 20 x 28 cm para brazo de reina

INGREDIENTES
3 huevos
85 g de azúcar pulverizada
85 g de harina común
3 cdas. de cocoa en polvo
½ cdta. de polvo de hornear
azúcar glas, para espolvorear
200 ml de crema de leche espesa
140 g de chocolate negro, picado
3 cdas. de mermelada de frambuesa

1 Precaliente el horno a 350 °F (180 °C). Recubra el molde con papel de horno.

2 Bata los huevos con el azúcar y 1 cucharada de agua, por 5 min o hasta que estén pálidos y suaves. Tamice la harina, la cocoa y el polvo de hornear sobre los huevos; incorpore cuidadosamente.

3 Vierta la mezcla en el molde y hornee por 12 min, hasta lograr un bizcocho flexible al tacto. Invierta el molde sobre papel de horno. Retire el papel de la base del bizcocho y deseche. Enrolle el bizcocho alrededor del papel nuevo. Deje enfriar.

4 Para el glaseado, vierta la crema en una olla pequeña, ponga al fuego y retire cuando hierva. Añada el chocolate y bata de vez en cuando hasta que se derrita. Aparte del fuego. Deje enfriar y espesar.

5 Desenrolle el bizcocho y unte la superficie con mermelada. Esparza un tercio del glaseado sobre la mermelada y enrolle. Coloque el tronco con la unión hacia abajo y cúbralo con el resto del glaseado. Con un tenedor, haga surcos a lo largo y en los extremos. Pase a un plato y espolvoree con azúcar glas.

ROLLO DE CHOCOLATE Y CREMA

Esta variación de brazo de reina de chocolate es fácil de preparar y un éxito seguro entre los niños; ideal para fiestas infantiles.

Porciones 8-10
Preparación 20-25 min
Horneado 10 min
Almacenar se conservará en el refrigerador por 3 días

UTENSILIOS ESPECIALES
molde de 20 x 28 cm para brazo de reina

INGREDIENTES
3 huevos grandes
75 g de azúcar pulverizada
50 g de harina común
25 g de polvo de cocoa en polvo, y algo extra para espolvorear
75 g de mantequilla ablandada
125 g de azúcar glas

1 Precaliente el horno a 400 °F (200 °C) y recubra el molde con papel de horno. Coloque un bol al baño María, añada los huevos y el azúcar, y bata de 5 a 10 min, hasta lograr una mezcla espesa y cremosa. Retire del fuego, tamice encima la harina y la cocoa, y mezcle.

2 Vierta la mezcla en el molde y hornee por 10 min o hasta que el bizcocho esté flexible al tacto. Cubra con un paño húmedo y fresco. Desmolde el bizcocho, invertido, sobre una hoja de papel de horno espolvoreada con cocoa. Retire el papel.

3 Bata la mantequilla hasta que esté cremosa e incorpore el azúcar glas. Esparza la mezcla sobre el bizcocho. Ayúdese con el papel de horno para enrollar el bizcocho.

PASTEL SELVA NEGRA

Recién resucitado de un glorioso pasado, este clásico
alemán merece su lugar en una mesa de celebración.

1 Engrase el molde y recúbralo con papel de horno. Precaliente el horno a 350 °F (180 °C).

2 Ponga los huevos y el azúcar en un bol refractario grande que entre en una olla.

3 Coloque el bol al baño María. El bol no debe tocar el agua.

4 Bata hasta que la mezcla esté pálida y espesa y la batidora deje rastro sobre ella.

5 Retire del fuego y bata durante 5 min, o hasta que enfríe ligeramente.

6 Tamice juntas la harina y la cocoa, y añádalas a la mezcla de huevo con una espátula.

7 Incorpore la mantequilla y la vainilla. Pase al molde preparado y alise la superficie.

8 Hornee por 40 min o hasta que el pastel crezca y se vea separado de los lados.

9 Desmolde el pastel invertido sobre una rejilla, quite el papel y cubra con un paño. Deje enfriar.

Porciones 8
Preparación 55 min
Horneado 40 min
Por anticipado se puede cubrir y refrigerar hasta por 3 días
Almacenar el pastel terminado se puede conservar tapado en el frigorífico por 3 días

UTENSILIOS ESPECIALES

molde redondo, desmontable, de 23 cm

manga pastelera y boquilla en estrella

INGREDIENTES

85 g de mantequilla derretida, y algo extra para engrasar

6 huevos

175 g de azúcar pulverizada dorada

125 g de harina común

50 g de cocoa en polvo

1 cdta. de extracto de vainilla

Para el relleno y la decoración

2 latas de 425 g de cerezas negras sin semilla, escurridas; reservar 6 cdas. de jugo y las cerezas de 1 lata picadas en trozos grandes.

4 cdas. de kirsch

600 ml de crema de leche espesa

150 g de chocolate negro, rallado

10 Con cuidado, corte el pastel en tres capas, con un cuchillo de sierra y movimientos largos.

11 Combine el jugo de cereza con el kirsch, y rocíe ⅓ de la mezcla sobre cada capa.

12 Bata la crema de leche en otro bol hasta que tome consistencia; no debe quedar muy rígida.

13 Ponga una capa de pastel en un plato. Cubra con crema y la mitad de las cerezas picadas.

14 Repita con la segunda capa. Cubra con el otro bizcocho, con el lado cortado hacia abajo.

15 Unte crema por los lados. Ponga el resto de la crema en la manga pastelera.

16 Con una espátula, presione el chocolate rallado sobre la capa de crema de los lados.

17 Adorne con un anillo de remolinos de crema y las cerezas enteras en el centro.

18 Espolvoree el resto del chocolate sobre los picos de la crema, para servir.

VARIACIONES DE PASTEL ALEMÁN

CONSEJO DEL PASTELERO

Si no encuentra queso quark, sustitúyalo con queso cottage bajo en grasa, procesado hasta obtener una pasta, en un procesador de alimentos con accesorio de cuchilla.

PASTEL ALEMÁN DE QUESO CREMA

Este postre alemán es una combinación entre bizcocho y cheesecake. Se puede preparar con anticipación, por lo que es un buen postre para fiestas.

Porciones 8-10
Preparación 40 min
Enfriamiento 3 h o toda la noche
Horneado 30 min
Por anticipado se puede guardar por 3 días en el refrigerador

UTENSILIOS ESPECIALES

molde redondo, desmontable, de 22 cm

INGREDIENTES

150 g de mantequilla sin sal ablandada o de margarina suave, y algo extra para engrasar

225 g de azúcar pulverizada

3 huevos

150 g de harina leudante

1 cdta. de polvo de hornear

jugo y cáscara finamente rallada de 2 limones, y 1 limón extra para rallar y decorar

5 hojas de gelatina (8,5 g)

250 ml de crema de leche espesa

250 g de queso quark (ver Consejo del pastelero)

azúcar glas, para espolvorear

1 Precaliente el horno a 350 °F (180 °C). Engrase el molde y póngale papel de horno.

2 Bata con 150 g de azúcar la mantequilla o margarina. Añada los huevos, uno a uno, batiendo hasta que esté suave y cremoso. Aparte, tamice la harina y el polvo de hornear, e incorpore a la mezcla con la mitad de la ralladura. Pase la masa al molde y hornee por 30 min o hasta que el pastel crezca bien. Desmolde sobre una rejilla. Corte por la mitad horizontalmente con un cuchillo de sierra. Deje enfriar.

3 Para el relleno, ponga la gelatina en un bol con agua fría hasta que esté suave y flexible. Caliente el jugo de limón en una olla. Escurra el exceso de agua de la gelatina y añada el jugo de limón. Revuelva hasta disolver y enfriar.

4 Bata la crema hasta que forme picos. Bata juntos el queso, la ralladura restante y el azúcar. Agregue el jugo de limón con gelatina. Incorpore a la crema.

5 Cubra con el relleno la superficie de una de las mitades del pastel. Corte la otra mitad en 8 porciones y póngalas encima del relleno; así es más fácil de servir. Enfríe unas horas o toda la noche. Tamice encima el azúcar glas y espolvoree ralladura de limón.

PASTEL BÁVARO DE FRAMBUESA

Si no es temporada de frambuesas, puede utilizar bayas congeladas.

Porciones 8
Preparación 55-60 min
Enfriamiento 4 h
Horneado 20-25 min
Por anticipado este pastel se puede hacer 2 días antes y guardar en el refrigerador; sáquelo 1 hora antes de servir

UTENSILIOS ESPECIALES
molde redondo, desmontable, de 22 cm
licuadora

INGREDIENTES
60 g de mantequilla sin sal, y algo para engrasar
125 g de harina común, y algo para espolvorear
pizca de sal
4 huevos batidos
135 g de azúcar pulverizada
2 cdas. de kirsch

Para el puré de frambuesa
500 g de frambuesas
3 cdas. de kirsch
200 g de azúcar pulverizada
250 ml de crema de leche espesa
1 litro de leche
1 vaina de vainilla dividida, o 2 cdtas. de extracto
10 yemas de huevo
3 cdas. de fécula de maíz
10 g de gelatina en polvo

1 Precaliente el horno a 425 °F (220 °C). Engrase el molde con mantequilla y recubra la base con papel de horno engrasado con mantequilla. Rocíe 2 a 3 cucharadas de harina. Derrita la mantequilla y deje enfriar. Tamice la harina y la sal en un bol. Ponga los huevos en otro bol e incorpore el azúcar con una batidora eléctrica; bata por 5 min.

2 Tamice sobre los huevos $1/3$ de la mezcla de harina y revuelva. Añada la harina restante en dos tandas. Incorpore la mantequilla. Vierta en el molde y hornee de 20 a 25 min, hasta que el pastel crezca.

3 Desmolde sobre una rejilla. Deje enfriar. Retire el papel. Nivele el pastel por encima y por debajo, córtelo por la mitad. Limpie y engrase el molde. Ponga una mitad en el molde y rocíe 1 cucharada de kirsch.

4 En una licuadora, haga un puré con $3/4$ de las frambuesas y cuélelo. Añada 1 cucharada de kirsch y 100 g de azúcar. Bata l a crema de leche hasta que forme picos.

5 Ponga la leche y la vaina de vainilla (si la utiliza) en una olla. Hierva. Retire la olla del fuego, tape y deje reposar entre 10 y 15 min en un lugar cálido. Retire la vaina y reserve aparte $1/4$ de la leche. Mezcle el resto del azúcar con la leche de la olla.

6 En un bol, bata las yemas y la fécula de maíz. Añada la leche caliente y bata hasta que la mezcla esté suave. Vierta la mezcla de yemas en la olla y cocine a fuego medio, revolviendo, hasta que la crema empiece a hervir. Agregue la leche reservada y el extracto de vainilla (si lo usa).

7 Cuele la crema repartida en dos boles. Deje enfriar. Mezcle 2 cucharadas de kirsch en uno de los boles. Reserve esta crema para servir. En una olla pequeña, espolvoree la gelatina en polvo sobre 4 cucharadas de agua y deje ablandar por 5 min. Caliente hasta que la gelatina se haya disuelto. Incorpórela al bol de la crema pastelera sin sabor, junto con el puré de frambuesa.

8 Ponga este bol en una olla con agua helada. Revuelva la mezcla hasta que espese y retire el bol del agua. Integre la crema de frambuesa con la crema de leche batida. Vierta la mitad sobre el pastel del molde y esparza unas frambuesas enteras. Vierta el resto de la crema bávara sobre las frambuesas. Rocíe 1 cucharada de kirsch sobre la otra mitad del pastel.

9 Presione ligeramente esta mitad del pastel sobre la crema, con el lado rociado con kirsch hacia abajo. Cubra con plástico adherente y refrigere por al menos 4 horas, hasta que esté firme. Retire el lado del molde y sirva en un plato. Decore el pastel con el resto de las frambuesas enteras y sirva aparte la crema de kirsch.

PASTELILLOS

CUPCAKES DE CREMA DE VAINILLA

Los cupcakes son más compactos que los fairy cakes ingleses; esto les permite llevar glaseados más complejos.

Para 18
Preparación 20 min
Horneado 15 min
Por anticipado sin el glaseado pueden congelarse hasta 4 semanas
Almacenar conserve los cupcakes 3 días en un recipiente hermético

UTENSILIOS ESPECIALES

2 moldes para 12 cupcakes

manga pastelera con boquilla en estrella (opcional)

INGREDIENTES

200 g de harina común, tamizada

2 cdtas. de polvo de hornear

200 g de azúcar pulverizada

½ cdta. de sal

100 g de mantequilla sin sal, ablandada

3 huevos

150 ml de leche

1 cdta. de extracto de vainilla

Para el glaseado

200 g de azúcar glas

1 cdta. de extracto de vainilla

100 g de mantequilla sin sal, ablandada

chispitas dulces (opcionales)

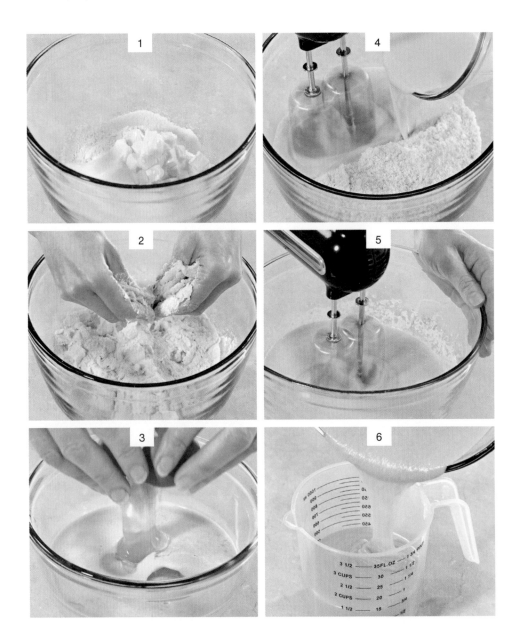

1 Precaliente el horno a 350 °F (180 °C). Ponga en un bol los primeros 5 ingredientes.

2 Mezcle con los dedos hasta lograr una consistencia de migas de pan.

3 En otro bol, bata los huevos, la leche y el extracto de vainilla hasta mezclar bien.

4 Vierta lentamente la mezcla de huevo sobre los ingredientes secos, sin dejar de batir.

5 Bata hasta lograr una mezcla suave. Si se excede en el batido, la mezcla se endurecerá.

6 Vierta la mezcla en un jarro para que sea más fácil de manejar.

7 Coloque capacillos para cupcake en cada uno de los moldes.

8 Con cuidado, vierta la mezcla sobre los capacillos, llenando cada uno a la mitad.

9 Cocine en el horno entre 20 y 25 min, hasta que los cupcakes estén flexibles al tacto.

10 Inserte un pincho en el centro de uno de los cupcakes, para probar si están listos.

11 Si en el pincho quedan rastros de masa, hornee por 1 min más y pruebe de nuevo.

12 Deje enfriar unos minutos y luego pase los cupcakes a una rejilla para que enfríen bien.

13 Para el glaseado, mezcle en un bol el azúcar glas, el extracto de vainilla y la mantequilla.

14 Mezcle con batidora eléctrica por 5 min, hasta que el glaseado esté suave y esponjoso.

15 Verifique que los cupcakes hayan enfriado bien para que el glaseado no se derrita.

continúa ▶

16 Si cubre los cupcakes a mano, ponga
1 cucharadita de glaseado sobre cada uno.

17 Alise la superficie con el dorso de la
cucharita humedecido en agua tibia.

18 Utilice una manga pastelera para el glaseado
si quiere lograr un acabado más profesional.

19 Para aplicar el glaseado, presione la manga
con una mano y sujete el pastelillo con la otra.

20 Empezando por el borde, aplíquelo
formando una espiral que termine en pico.

21 Rocíe chispitas.

Cupcakes de crema de vainilla ▶

VARIACIONES DEL CUPCAKE

CUPCAKES DE CHOCOLATE

La receta de los clásicos cupcakes de chocolate es una de esas que hay que tener. ¡Estos pastelillos son ganadores seguros en las fiestas infantiles!

Para 24
Preparación 20 min
Horneado 20-25 min
Por anticipado sin glasear pueden congelarse durante 4 semanas
Almacenar glaseados, se conservarán por 3 días en un recipiente hermético

UTENSILIOS ESPECIALES

2 moldes para 12 cupcakes
manga pastelera y boquilla en estrella (opcional)

INGREDIENTES

200 g de harina común

2 cdtas. de polvo de hornear

4 cdas. de cocoa en polvo

200 g de azúcar pulverizada

½ cdta. de sal

100 g de mantequilla sin sal, ablandada

3 huevos

150 ml de leche

1 cdta. de extracto de vainilla

1 cda. de yogur griego o yogur natural espeso

Para el glaseado

100 g de mantequilla sin sal, ablandada

175 g de azúcar glas

25 g de cocoa en polvo

1 Precaliente el horno a 350 °F (180 °C). Tamice en un bol la harina, el polvo de hornear y la cocoa. Añada el azúcar, la sal y la mantequilla. Mezcle hasta obtener una apariencia de migas de pan. En otro bol, bata los huevos, la leche, el extracto de vainilla y el yogur hasta mezclar bien.

2 Añada poco a poco la mezcla de huevo a la de harina. Mezcle con cuidado hasta suavizar. Acomode los capacillos en los moldes. Cuidadosamente, vierta la mezcla en los capacillos, llenándolos a la mitad.

3 Hornee de 20 a 25 min, hasta que los cupcakes estén algo dorados y flexibles al tacto. Deje en los moldes por unos minutos, luego páselos en sus capacillos a una rejilla para que enfríen bien.

4 Para el glaseado, bata la mantequilla, el azúcar glas y la cocoa hasta suavizar.

5 Aplique el glaseado con cucharita, alisando la superficie con el dorso mojado en agua tibia, o con manga pastelera.

CUPCAKES DE LIMÓN

Para un sabor delicado, añada limón
a la masa básica de cupcake.

Para 24
Preparación 20 min
Horneado 20-25 min
Por anticipado sin glasear
pueden congelarse durante
4 semanas
Almacenar glaseados, se
conservarán por 3 días en
un recipiente hermético

UTENSILIOS ESPECIALES

2 moldes para 12 cupcakes

manga pastelera y boquilla
en estrella (opcional)

INGREDIENTES

200 g de harina común
2 cdtas. de polvo de hornear
4 cdas. de cocoa en polvo
200 g de azúcar pulverizada
½ cdta. de sal
100 g de mantequilla sin sal,
ablandada
3 huevos
150 ml de leche
cáscara finamente rallada y jugo
de 1 limón

Para el glaseado

200 g de azúcar glas
100 g de mantequilla sin sal,
ablandada

1 Precaliente el horno a 350 °F
(180 °C). Tamice en un bol la
harina, el polvo de hornear y la
cocoa. Añada el azúcar, la sal y
la mantequilla. Mezcle hasta que
tome apariencia de migas. En
otro bol, bata los huevos y la
leche hasta homogeneizar.
Añada el jugo de limón y la
mitad de la ralladura. Mezcle
hasta suavizar.

2 Acomode los capacillos en
los moldes y llénelos a la mitad
con la mezcla. Hornee entre 20
y 25 min, hasta que estén
flexibles. Deje enfriar bien.

3 Para el glaseado, bata el
azúcar, la mantequilla y la
ralladura de limón restante
hasta suavizar. Aplique el
glaseado con cucharita o con
manga pastelera.

CONSEJO DEL PASTELERO

Por su textura densa, estos
clásicos pastelillos se conservan
bien por unos días. Si los prefiere
bien crecidos, sustituya la harina
común por harina leudante, pero
reduzca el polvo de hornear a
1 cucharadita.

CUPCAKES DE CAFÉ Y NUECES

El café y las nueces dan profundidad
a estos cupcakes para adultos.

Para 24
Preparación 20 min
Horneado 20-25 min
Por anticipado sin glasear pueden
congelarse durante 4 semanas
Almacenar glaseados, se
conservarán por 3 días en
un recipiente hermético

UTENSILIOS ESPECIALES

2 moldes para 12 cupcakes

manga pastelera y boquilla
en estrella (opcional)

INGREDIENTES

200 g de harina común, y algo
para espolvorear
2 cdtas. de polvo de hornear
200 g de azúcar pulverizada
½ cdta. de sal
100 g de mantequilla sin sal
3 huevos
150 ml de leche
1 cda. de café fuerte en polvo,
mezclado con 1 cdta. de agua
hervida fría, o un expreso frío
100 g de nueces en mitades,
y unas para decorar

Para el glaseado

200 g de azúcar glas
100 g de mantequilla sin sal,
ablandada
1 cdta. de extracto de vainilla

1 Precaliente el horno a 350 °F
(180 °C). En un bol, tamice la
harina y el polvo de hornear.
Añada el azúcar, la sal y la
mantequilla. Mezcle hasta lograr
una apariencia de pan rallado.
En otro bol, bata los huevos y la
leche hasta homogeneizar.

2 Agregue la mezcla de huevo a
la de harina, añada la mitad del
café y bata hasta suavizar.
Pique las nueces, mézclas en
un bol con un poco de harina y
añada a la mezcla. Acomode los
capacillos en los moldes y
llénelos a la mitad con la mezcla.
Hornee entre 20 y 25 min, hasta
que los cupcakes estén flexibles.
Deje enfriar bien.

3 Para el glaseado, bata el
azúcar, la mantequilla, el
extracto de vainilla y el café
restante hasta suavizar. Aplique
el glaseado con una cucharita o
con manga pastelera. Adorne
con media nuez.

FANTASÍAS DE FONDANT

Elegantes en tamaño, primorosos a la vista y exquisitos para comer, estos pastelillos son perfectos para una fiesta o para deleitarse a la hora del té.

Para 16
Preparación 20-25 min
Horneado 25 min
Almacenar estos pastelillos se conservarán en el refrigerador por 1 día

UTENSILIOS ESPECIALES

1 molde para pastel, cuadrado, de 20 cm

INGREDIENTES

175 g de mantequilla sin sal, ablandada, y algo extra para engrasar

175 g de azúcar pulverizada

3 huevos grandes

1 cdta. de extracto de vainilla

175 g de harina leudante, tamizada

2 cdas. de leche

2–3 cdas. de conserva de frambuesa o de cereza roja

Para la crema de mantequilla

75 g de mantequilla sin sal, ablandada

150 g de azúcar glas

Para el fondant

jugo de ½ limón

450 g de azúcar glas

1-2 gotas de colorante vegetal color rosado

flores de fondant (opcional)

1 Precaliente el horno a 375 °F (190 °C). Engrase el molde y recubra la base con papel de horno. En un bol grande, bata la mantequilla con el azúcar hasta que esté pálida y esponjosa. Reserve.

2 Bata ligeramente los huevos y la vainilla en otro bol. Agregue la cuarta parte de la mezcla de huevo y 1 cucharadita de harina a la mezcla de mantequilla y bata. Añada poco a poco el resto de la mezcla de huevo, sin dejar de batir. Integre la harina restante y la leche.

3 Pase la mezcla al molde y cocine en el centro del horno por unos 25 min, o hasta que el bizcocho esté algo dorado y flexible al tacto. Retire del horno y deje enfriar en el molde durante unos 10 min; desmolde el bizcocho invertido sobre una rejilla y deje enfriar bien. Retire el papel de horno.

4 Para hacer la crema de mantequilla, bata la mantequilla con el azúcar glas hasta suavizar. Reserve. Con un cuchillo de sierra, corte el pastel al medio, horizontalmente. Unte la conserva de fruta en una mitad y la crema de mantequilla en la otra. Una las capas como si fuera un sándwich y corte en 16 cuadrados iguales.

5 Para el fondant, ponga el jugo de limón en un jarro medidor y complete 60 ml con agua caliente. Mezcle este líquido con el azúcar glas, revolviendo continuamente y añadiendo el agua caliente necesaria, hasta que la mezcla esté suave. Añada el colorante rosado y revuelva bien.

6 Con una espátula, pase los cuadrados de bizcocho a una rejilla ubicada sobre una tabla o un plato (para recoger las gotas). Cúbralos con fondant; puede cubrirlos por completo o solo en la parte superior, dejando que el fondant gotee por los lados para que se vean las capas de bizcocho. Decore con flores de fondant (si las usa) y deje solidificar el fondant por unos 15 minutos. Con una espátula limpia, pase cada cuadrado a un capacillo.

Pruebe también...
FANTASÍAS DE FONDANT DE CHOCOLATE
Para una versión en chocolate, refrigere los cuadrados rellenos y luego atraviese cada uno con un palillo. Sosteniendo el palillo, sumerja cada cuadrado en un bol de chocolate negro derretido (250 g). Póngalos sobre una rejilla. Para darles contraste, rocíe con chocolate blanco derretido (50 g).

BOLAS DE BIZCOCHO
CON FUDGE DE CHOCOLATE

Pastelillos estadounidenses muy fáciles de hacer; se puede usar
torta empacada o trozos sobrantes.

1 Engrase el molde y recúbralo con papel de horno. Precaliente el horno a 350 °F (180 °C).

2 Mezcle la mantequilla y el azúcar con una batidora eléctrica, hasta que estén esponjosas.

3 Añada los huevos uno a uno, sin dejar de batir, hasta que la mezcla esté suave y esponjosa.

4 Tamice juntos la harina, la cocoa y el polvo de hornear, y agregue a la mezcla de la torta.

5 Añada leche hasta que la masa tome una consistencia espesa pero algo fluida.

6 Pase la masa al molde y hornee por 25 min, hasta que el bizcocho esté flexible al tacto.

7 Pruebe con un pincho y luego desmolde sobre una rejilla para que enfríe del todo.

8 Bata la torta en el procesador hasta formar migas y ponga 300 g en un bol.

9 Agregue el fudge y revuelva hasta obtener una mezcla suave y uniforme.

Para 20-25
Preparación 35 min
Horneado 25 min
Enfriamiento 3 horas, o 30 min de congelación
Por anticipado sin cubrir pueden congelarse por 4 semanas
Almacenar se conservan por 3 días en un recipiente hermético

UTENSILIOS ESPECIALES
molde redondo de 18 cm para pasteles
procesador de alimentos con cuchillas

INGREDIENTES
100 g de mantequilla sin sal, ablandada, o margarina suave, y algo extra para engrasar
100 g de azúcar pulverizada
2 huevos
80 g de harina con levadura
20 g de cocoa en polvo
1 cdta. de polvo de hornear

1 cdta. de leche, y algo extra, si es necesario
150 g de fudge de chocolate para cubierta, listo para usar (o use la receta de la torta con fudge de chocolate, p. 60)
250 g de cubierta de chocolate negro para tortas
50 g de chocolate blanco

10 Con las manos secas, haga bolas con la mezcla, cada una del tamaño de una nuez.

11 Sobre un plato, refrigere por 3 horas o congele por 30 min, hasta que estén firmes.

12 Recubra dos bandejas de hornear. Derrita la cubierta según las instrucciones del empaque.

13 Cubra las bolas con chocolate. Trabaje con rapidez. Si se deshacen, cúbralas una a una.

14 Con dos tenedores, gire cada bola hasta cubrirla bien. Retire y deje gotear el excedente.

15 Pase las bolas cubiertas a las bandejas para que se sequen mientras cubre las demás.

16 Derrita el chocolate blanco en un bol al baño María.

17 Con una cuchara, decore las bolas con hilos de chocolate blanco.

18 Deje que el chocolate blanco se seque por completo antes de pasar las bolas a un plato.

VARIACIONES DE BOLAS DE BIZCOCHO

BOLAS DE BIZCOCHO CON FRESAS Y CREMA

Estas bolas de bizcocho son un sensacional manjar para servir en fiestas infantiles. Hasta puede decorar con ellas una torta de cumpleaños entera.

Para 20-25
Preparación 20 min
Enfriamiento 3 horas, o 30 min de congelación
Horneado 25 min
Por anticipado sin cubrir, pueden congelarse por 4 semanas

UTENSILIOS ESPECIALES

molde para torta, redondo, de 18 cm

procesador de alimentos con cuchillas

25 pinchos de bambú, de unos 10 cm de largo, que parezcan palitos de chupeta

INGREDIENTES

100 g de mantequilla sin sal, ablandada, o margarina suave, y algo extra para engrasar

100 g de azúcar pulverizada

2 huevos

100 g de harina leudante

1 cdta. de polvo de hornear

150 g de crema de mantequilla o ver receta p. 127, pasos 13-15

2 cdas. de mermelada de fresa de calidad

250 g de cubierta de chocolate blanco para tortas

1 Precaliente el horno a 350 °F (180 °C). Engrase el molde y recúbralo con papel de horno. Bata la mantequilla o la margarina y el azúcar, añada los huevos uno a uno y bata hasta obtener una mezcla suave. Tamice la harina y el polvo de hornear, y agregue a la mezcla.

2 Vierta la mezcla en el molde y hornee por 25 min, hasta que el bizcocho esté flexible al tacto. Desmolde, invertido, sobre una rejilla para enfriar. Retire el papel de horno.

3 Cuando enfríe, procese el bizcocho hasta que tome apariencia de migas. Pase 300 g de migas a un bol. Agregue la crema de mantequilla y la mermelada, y mezcle. Con las manos secas, haga bolas del tamaño de una nuez. Póngalas en un plato e inserte un pincho en cada una. Refrigere por 3 horas o congele durante 30 min. Recubra dos bandejas de hornear con papel de horno.

4 Derrita la cubierta en un bol al baño María. Sumerja en el chocolate fundido, una a una, las bolas refrigeradas, hasta cubrirlas bien, justo hasta el pincho.

5 Con cuidado, saque las bolas del chocolate y deje gotear el sobrante en el bol, antes de pasarlas a las bandejas de hornear para secar. Se deben consumir el mismo día.

CONSEJO DEL PASTELERO

Para lograr bolas con un acabado redondo, liso y uniforme, corte una manzana a la mitad y ponga las mitades, con el lado cortado hacia abajo, en la bandeja de hornear recubierta. Hunda las bolas en chocolate e inserte los pinchos en la manzana.

BOLAS DE BUDÍN DE NAVIDAD

Me encanta servir estas lindas bolas de budín en las fiestas de Navidad. Además, es una manera fácil y deliciosa de utilizar sobrantes de budines de Navidad.

Para 15-20
Preparación 20 min
Enfriamiento 3 horas, o 30 min de congelación
Horneado 25 min
Por anticipado sin cubrir, pueden congelarse por 4 semanas
Almacenar cubiertas, se conservan en un lugar fresco por 2 días en recipiente hermético

UTENSILIOS ESPECIALES

procesador de alimentos con cuchillas

INGREDIENTES

400 g de sobrantes de budín de Navidad, o budín de ciruelas (p. 88)

200 g de cubierta de chocolate negro para tortas

50 g de cubierta de chocolate blanco para tortas

cerezas y angélica confitadas (opcional)

1 Triture el budín en el procesador hasta desintegrarlo. Con las manos secas, haga bolas de budín del tamaño de una nuez. Ponga las bolas en un plato y refrigere por 3 horas o congele durante 30 min, hasta que estén firmes.

2 Recubra dos bandejas de hornear con papel. En un bol apto para microondas, caliente la cubierta de chocolate negro, en lapsos de 30 seg a 2 min, hasta que se derrita, sin calentarse demasiado. También puede derretirlo en un bol refractario sobre una cacerola con agua recién hervida.

3 Saque poco a poco las bolas del refrigerador. Sumérjalas en el chocolate fundido, girándolas con dos tenedores, hasta que queden bien cubiertas. Sáquelas del chocolate y páselas a las bandejas para dejarlas secar.

4 Continúe el proceso hasta que todas las bolas estén cubiertas. En esta etapa debe trabajar aceleradamente, pues el chocolate endurece con rapidez, y las bolas se pueden deshacer si se dejan dentro del chocolate caliente por mucho tiempo.

5 Derrita la cubierta de chocolate blanco como lo hizo atrás. Usando una cucharita, deje caer un poco de chocolate blanco sobre las bolas de budín ¡así lucirán como rociadas con hielo o nieve! El chocolate blanco debe gotear por los lados, sin cubrir el chocolate negro.

6 Si es ambicioso, puede cortar astillas de cerezas y angélica confitadas como si fueran hojas de acebo y bayas, y pegarlas sobre el chocolate blanco aún fundido. Deje secar las bolas hasta que el chocolate blanco endurezca.

BOLAS DE NIEVE CON CHOCOLATE BLANCO Y COCO

Estas sofisticadas bolas de coco sirven como canapés.

Para 25-30
Preparación 40 min
Enfriamiento 3 horas, o 30 min de congelación
Horneado 25 min
Por anticipado sin cubrir, pueden congelarse por 4 semanas
Almacenar cubiertas, se conservan en un lugar fresco por 2 días en recipiente hermético

UTENSILIOS ESPECIALES

molde para pastel redondo, de 18 cm

procesador de alimentos con cuchillas

INGREDIENTES

100 g de mantequilla sin sal, ablandada, o margarina suave, y algo extra para engrasar

100 g de azúcar pulverizada

2 huevos

100 g de harina leudante

1 cdta. de polvo de hornear

225 g de crema de mantequilla para cubierta de pasteles ya lista o ver receta, p. 127, pasos 13-15

225 g de coco deshidratado

250 g de cubierta de chocolate blanco para pasteles

1 Precaliente el horno a 350 °F (180 °C). Engrase el molde y recubra la base con papel de horno. Bata la mantequilla o la margarina con el azúcar hasta lograr una mezcla pálida y esponjosa. Agregue los huevos uno a uno, y bata sin detenerse entre adiciones. Tamice juntos la harina y el polvo de hornear, y agregue a la mezcla.

2 Vierta la mezcla en el molde y hornee por 25 min. Desmolde sobre una rejilla para enfriar. Retire el papel de horno.

3 Cuando el bizcocho esté frío, procéselo hasta convertirlo en migas finas. Pese 300 g de migas y póngalas en un bol. Agregue la cubierta de crema de mantequilla y 75 g de coco desecado. Mezcle.

4 Con las manos secas, haga bolas del tamaño de una nuez con la mezcla. Refrigere por 3 horas o congele por 30 min. Recubra dos bandejas de hornear con papel y ponga el coco restante en un plato.

5 Derrita la cubierta de chocolate en un bol refractario ubicado sobre una olla de agua recién hervida. Hunda una a una las bolas refrigeradas en el chocolate derretido. Con dos tenedores, gírelas para cubrirlas bien.

6 Ruédelas sobre el coco del plato y luego páselas a la bandeja para que sequen. Trabaje de prisa, ya que el chocolate se endurece rápidamente y las bolas comienzan a deshacerse si se dejan dentro del chocolate por mucho tiempo.

WHOOPIE PIES

Con los whoopie pies, un clásico moderno, se puede complacer de manera rápida y fácil a una multitud.

Para 10 unidades
Preparación 40 min
Horneado 12 min
Por anticipado sin rellenar, se pueden congelar por 4 semanas
Almacenar se conservarán 2 días

INGREDIENTES

175 g de mantequilla sin sal, ablandada

150 g de azúcar morena clara

1 huevo grande

1 cdta. de extracto de vainilla

225 g de harina leudante

75 g de cocoa en polvo

1 cdta. de polvo de hornear

150 ml de leche entera

2 cdas. de yogur griego o yogur natural espeso

Para la crema de mantequilla con vainilla

100 g de mantequilla sin sal, ablandada

200 g de azúcar glas

2 cdtas. de extracto de vainilla

2 cdtas. de leche, y algo extra si es necesario

Para decorar

chocolate blanco y negro

200 g de azúcar glas

1 Recubra bandejas de hornear con papel de horno. Precaliente el horno a 350 °F (180 °C).

2 Bata la mantequilla y el azúcar morena hasta lograr una mezcla suave y esponjosa.

3 Añada el huevo y el extracto de vainilla a la mezcla y bata.

4 Bata bien el huevo para que no se cuaje. La mezcla debe quedar suave.

5 En otro bol, tamice juntos la harina, la cocoa y el polvo de hornear.

6 Incorpore suavemente 1 cucharada de los ingredientes secos a la mezcla del pastel.

7 Añada algo de leche y mezcle. Repita hasta integrar toda la leche y los ingredientes secos.

8 Añada el yogur, mezclando suavemente hasta combinar; esto humedece la masa.

9 Distribuya 20 cucharadas colmadas de la mezcla sobre la bandeja de hornear.

10 Deje espacio para que la mezcla crezca; cada mitad de pastelillo crecerá hasta 8 cm.

11 Moje una cuchara limpia con agua tibia y alise con ella la superficie de las mitades.

12 Hornee por unos 12 min, hasta que un pincho salga limpio. Enfríe sobre una rejilla.

13 Mezcle con una cuchara de madera todos los ingredientes de la crema, salvo la leche.

14 Pase a una batidora y mezcle por 5 min o hasta lograr una mezcla suave y esponjosa.

15 Si la crema se ve muy dura, aclare con leche hasta que quede como para untar.

continuación ▶

16 Esparza 1 cucharada de crema sobre el lado plano de la mitad de los pastelillos.

17 Junte una mitad con crema con otra sin crema para formar los pies. Presione un poco.

18 Para decorar, haga virutas de chocolate blanco y negro con un pelador de vegetales.

19 Mezcle el azúcar glas con agua en un bol (1 o 2 cdas.), para formar una pasta espesa.

20 Vierta el glaseado sobre la superficie de cada whoopie pie. Cubra uniformemente.

21 Ponga sobre el glaseado húmedo las virutas de chocolate.

Whoopie pies ▶

VARIACIONES DEL WHOOPIE PIE

WHOOPIE PIES CON MANTEQUILLA DE MANÍ

Dulces, salados y cremosos, estos pastelillos son adictivos.

Para 10 unidades
Preparación 40 min
Horneado 12 min
Por anticipado sin relleno se pueden congelar por 4 semanas
Almacenar se conservarán por 1 día en el refrigerador

INGREDIENTES

175 g de mantequilla sin sal, ablandada

150 g de azúcar morena clara

1 huevo grande

1 cdta. de extracto de vainilla

225 g de harina leudante

75 g de cocoa en polvo

1 cdta. de polvo de hornear

150 ml de leche entera, y algo extra para el relleno

2 cda. de yogur griego o yogur natural espeso

50 g de queso crema

50 g de mantequilla de maní suave

200 g de azúcar glas, tamizada

1 Precaliente el horno a 350 °F (180 °C). Recubra unas bandejas de hornear con papel de horno. Bata la mantequilla con el azúcar en un bol, hasta obtener una mezcla esponjosa. Agregue el huevo y el extracto de vainilla.

2 En otro bol, tamice la harina, la cocoa y el polvo de hornear. Integre los ingredientes secos y la leche a la mezcla, por cucharadas. Incorpore el yogur.

3 Reparta cucharadas de masa sobre las bandejas, dejando espacio entre ellas para que la masa crezca. Moje una cuchara con agua tibia y alise con el dorso la superficie de las mitades de pastelillo. Hornee por 12 min, hasta que crezcan bien. Pase a una rejilla para enfriar.

4 Para el relleno, bata el queso crema y la mantequilla de maní hasta lograr una mezcla suave. Incorpore el azúcar y, si es necesario, añada un poco de leche para lograr una consistencia untable. Esparza sobre los lados planos de las mitades de pastel y cubra con mitades sin crema.

WHOOPIE PIES DE COCO

Esta variación aprovecha la afinidad natural entre el coco y el chocolate para producir un maravilloso efecto.

Para 10 unidades
Preparación 40 min
Horneado 12 min
Por anticipado sin relleno se pueden congelar por 4 semanas
Almacenar se conservarán por 1 día en el refrigerador

INGREDIENTES

275 g de mantequilla sin sal, ablandada

150 g de azúcar morena clara

1 huevo grande

2 cdtas. de extracto de vainilla

225 g de harina leudante

75 g de cocoa en polvo

1 cda. de polvo de hornear

150 ml de leche entera, y algo extra para el relleno

2 cdas. de yogur griego o yogur natural espeso

200 g de azúcar glas

5 cdas. de coco desecado

1 Precaliente el horno a 350 °F (180 °C). Recubra unas bandejas para hornear con papel de horno. Bata 175 g de mantequilla con el azúcar hasta que esponjen e incorpore el huevo y 1 cdta. de extracto de vainilla. En un bol, tamice la harina, la cocoa y el polvo de hornear, e intégrelos a la mezcla, alternándolos con la leche, por cdas. Incorpore el yogur.

2 Reparta cucharadas de masa sobre las bandejas. Moje una cuchara con agua tibia y alise con el dorso la superficie de las mitades de pastel. Hornee por 12 min, hasta que crezcan. Deje enfriar un poco y pase a una rejilla. Remoje el coco en leche hasta que ablande. Escurra en un colador.

3 Para la crema de mantequilla, bata la mantequilla y la vainilla restantes, el azúcar glas y 2 cucharadas de leche, hasta que esponjen. Incorpore el coco. Unte crema en cada mitad y cúbrala con otra sin crema.

WHOOPIE PIES SELVA NEGRA

Imitación moderna del famoso pastel con cerezas en conserva.

Para 10 unidades
Preparación 40 min
Horneado 12 min
Por anticipado sin relleno se pueden congelar por 4 semanas
Almacenar lo mejor es comerlos el día en que se hornean, pero se conservarán por 1 día en el refrigerador

INGREDIENTES

175 g de mantequilla sin sal, ablandada

150 g de azúcar morena clara

1 huevo grande

1 cdta. de extracto de vainilla

225 g de harina leudante

75 g de cocoa en polvo

1 cdta. de polvo de hornear

150 ml de leche entera o suero de mantequilla

2 cdas. de yogur griego o yogur natural espeso

225 g de cerezas negras enlatadas, escurridas, o cerezas descongeladas

250 g de queso mascarpone

2 cdas. de azúcar pulverizada

1 Precaliente el horno a 350 °F (180 °C). Recubra unas bandejas de hornear con papel de horno. Bata 175 g de mantequilla con el azúcar morena hasta que esponjen. Agregue el huevo y el extracto de vainilla.

2 En un bol, tamice la harina, la cocoa y el polvo de hornear, e intégrelos a la mezcla, alternándolos con la leche, por cucharadas. Incorpore el yogur y 100 g de cerezas picadas.

3 Reparta cucharadas de masa sobre las bandejas, dejando espacio entre ellas. Moje una cuchara en agua tibia y alise con el dorso la superficie de las mitades de pastel. Hornee por 12 min hasta que crezcan. Deje enfriar un poco y pase a una rejilla.

4 Haga un puré suave con las cerezas restantes y mézclelo bien con el azúcar y el mascarpone; puede imprimir un efecto ondulado al relleno. Unte 1 cucharada de relleno en la parte plana de cada mitad, y cúbrala con otra sin relleno.

WHOOPIE PIES DE FRESAS Y CREMA

Recién hechos, estos pastelillos con relleno de fresa son deliciosos como acompañamiento del tradicional té de la tarde.

Para 10 unidades
Preparación 40 min
Horneado 12 min
Por anticipado sin relleno se pueden congelar por 4 semanas

INGREDIENTES

275 g de mantequilla sin sal, ablandada

150 g de azúcar morena clara

1 huevo grande

1 cdta. de extracto de vainilla

225 g de harina leudante

75 g de cocoa en polvo

1 cda. de polvo de hornear

150 ml de leche entera

2 cdas. de yogur griego, o yogur natural espeso

150 ml de crema de leche batida

250 g de fresas, en rodajas finas

azúcar glas, para espolvorear

1 Precaliente el horno a 350 °F (180 °C). Recubra varias bandejas de hornear con papel de horno. Bata la mantequilla y el azúcar hasta que esponjen. Incorpore el huevo y la vainilla. En un bol, tamice la harina, la cocoa y el polvo de hornear e intégrelos a la mezcla, alternando con la leche, por cucharadas. Incorpore el yogur.

2 Reparta cucharadas de masa sobre las bandejas, dejando espacio entre ellas para que la masa crezca. Moje una cuchara con agua tibia y utilice el dorso para alisar la superficie de las mitades de pastel.

3 Hornee por 12 min, hasta que crezcan bien. Deje enfriar unos minutos y pase a una rejilla.

4 Esparza la crema sobre la mitad de los pasteles. Cubra con una capa de fresas y un segundo pastel. Espolvoree con azúcar glas y sirva. Cómalos el mismo día.

FONDANTS DE CHOCOLATE

Aunque suelen considerarse postres exclusivos de restaurante,
los fondants de chocolate se preparan fácilmente en casa.

Porciones 4

Preparación 20 min

Horneado 5-15 min

Por anticipado la mezcla sin hornear se puede refrigerar toda la noche en los moldes o congelar por 1 semana (ver Consejo del pastelero)

UTENSILIOS ESPECIALES

4 moldes metálicos para flan, de 150 ml o moldes de cerámica de 10 cm

INGREDIENTES

150 g de mantequilla sin sal cortada en cubos, y algo extra para engrasar

1 cda. de harina común, y algo extra para espolvorear

150 g de chocolate negro de buena calidad, en trozos

3 huevos grandes

75 g de azúcar pulverizada

cocoa en polvo o azúcar glas, para espolvorear (opcional)

crema o helado, para servir (opcional)

1 Precaliente el horno a 400 °F (200 °C). Engrase bien los lados y la base de cada molde. Espolvoree un poco de harina en el interior. Mueva la harina en el molde hasta que toda la mantequilla quede cubierta con una fina capa. Sacuda el exceso. Recubra las bases de los moldes con pequeños discos de papel de horno.

2 Funda el chocolate y la mantequilla en un bol refractario al baño María, revolviendo ocasionalmente. Asegúrese de que la base del bol no haga contacto con el agua. Deje enfriar un poco.

3 En otro bol, bata los huevos y el azúcar. Cuando la mezcla de chocolate haya enfriado un poco, añada la mezcla de huevos y azúcar y revuelva hasta combinar bien. Tamice la harina sobre la mezcla e incorpórela con cuidado.

4 Divida la mezcla entre los moldes, asegurándose de no llenarlos hasta el borde. En esta etapa el fondant se puede refrigerar por varias horas o toda la noche, siempre y cuando vuelva a temperatura ambiente antes de llevarlo al horno.

5 Cocine los fondants en el centro del horno durante 5 o 6 min si utiliza moldes metálicos, o de 12 a 15 min para moldes de cerámica. Los lados deben estar firmes al tacto y los centros blandos. Pase un cuchillo afilado alrededor del borde de los moldes. Para desmoldar los fondants invertidos sobre platos individuales, ponga un plato encima del molde y voltéelos juntos. Retire con cuidado el molde y desprenda el papel de horno.

6 Espolvoree encima cocoa en polvo o azúcar glas, si lo desea, y sirva enseguida con crema o helado.

CONSEJO DEL PASTELERO

Los fondants son increíblemente fáciles de hacer bien. Se pueden preparar hasta un día antes, gracias a lo cual son un buen postre para una cena especial. Asegúrese de que estén a temperatura ambiente antes de llevarlos al horno, o podrían requerir un mayor tiempo de horneado.

MUFFINS DE ARÁNDANOS Y LIMÓN

Estos ligeros muffins se glasean con jugo de limón para darles
un toque extra de sabor. Sírvalos calientes.

1 Precaliente el horno a 425 °F (220 °C). Derrita la mantequilla en una cacerola a fuego bajo.

2 Tamice la harina, el polvo de hornear y la sal (no haga muffins con procesador de alimentos).

3 Separe 2 cucharadas de azúcar y mezcle el resto con la harina. Haga un hueco en el centro.

4 En otro bol, bata el huevo ligeramente, justo hasta unir la clara con la yema.

5 Añada la mantequilla, la ralladura, la leche y la vainilla. Bata hasta que estén espumosas.

6 En un flujo lento y constante, vierta la mezcla de huevo en el hueco de la harina.

7 Agregue poco a poco los ingredientes secos, incorporándolos con una espátula de caucho.

8 Incorpore suavemente los arándanos, con cuidado de no magullarlos.

9 Mezcle los ingredientes y deténgase, pues los muffins se endurecen al mezclarlos mucho.

Para 12
Preparación 20-25 min
Horneado 15-20 min
Almacenar lo ideal es servirlos calientes, pero se conservan por 2 días en un recipiente hermético o 4 semanas congelados

UTENSILIOS ESPECIALES
molde para 12 muffins

INGREDIENTES
60 g de mantequilla sin sal
280 g de harina común
1 cda. de polvo de hornear
pizca de sal
200 g de azúcar pulverizada

1 huevo
cáscara finamente rallada y jugo de 1 limón
250 ml de leche
1 cdta. de extracto de vainilla
225 g de arándanos

10 Ponga los capacillos en los moldes. Llene con masa las tres cuartas partes de cada uno.

11 Hornee de 15 a 20 min, hasta que al insertar un pincho en el centro, salga limpio.

12 Deje enfriar un poco, y luego pase a una rejilla para que enfríen otro poco.

13 En un bol pequeño, mezcle el azúcar reservada con jugo de limón hasta disolverla.

14 Aún calientes, sumerja la corona de cada muffin en la mezcla de azúcar y limón.

15 Ponga los muffins sobre la rejilla y unte con una brocha el resto del glaseado.

16 Los muffins calientes absorben la máxima cantidad de glaseado de limón.

VARIACIONES DEL MUFFIN

MUFFINS DE MANZANA

Estos saludables muffins son ideales servidos directamente del horno.

Para 12
Preparación 10 min
Horneado 20-25 min
Almacenar se conservarán por 2 días en un recipiente hermético o congelados 8 semanas

UTENSILIOS ESPECIALES

molde para 12 muffins

INGREDIENTES

1 manzana Golden Delicious pelada, sin semillas y picada

2 cdtas. de jugo de limón

115 g de azúcar demerara clara, y algo extra para rociar

200 g de harina común

85 g de harina integral

4 cdtas. de polvo de hornear

1 cda. de especias molidas mezcladas

½ cdta. de sal

60 g de nuez pacana picada

250 ml de leche

4 cdas. de aceite de girasol

1 huevo batido

1 Precaliente el horno a 400 °F (200 °C). Ponga los capacillos en los moldes y deje a un lado. En un bol, revuelva las manzanas con el jugo de limón. Añada 4 cucharadas de azúcar y deje reposar por 5 min.

2 Tamice las harinas, el polvo de hornear, la mezcla de especias y la sal en un bol grande, sacudiendo lo que quede en el colador. Agregue el azúcar y las nueces; haga un hueco en el centro de estos ingredientes secos.

3 Bata la leche, el aceite y el huevo y añada las manzanas con limón. Vierta los ingredientes húmedos en el hueco de la harina y mezcle hasta obtener una masa grumosa.

4 Vierta la mezcla en los capacillos, llenándolos hasta ³/₄ de su capacidad. Hornee los muffins 20-25 min, o hasta que crezcan y doren. Páselos a una rejilla y espolvoree con azúcar. Cómalos calientes o fríos.

MUFFINS DE LIMÓN Y SEMILLAS DE AMAPOLA

Las semillas de amapola le dan un toque crujiente a estos muffins.

Para 12
Preparación 20-25 min
Horneado 15-20 min
Almacenar se conservarán por 2 días en un recipiente hermético o congelados 4 semanas

UTENSILIOS ESPECIALES

molde para 12 muffins

INGREDIENTES

60 g de mantequilla sin sal
280 g de harina común
1 cda. de polvo de hornear
pizca de sal
200 g de azúcar pulverizada, y 2 cdtas. para rociar
1 huevo batido
1 cdta. de extracto de vainilla
250 ml de leche
2 cdas. de semillas de amapola
cáscara finamente rallada y jugo de 1 limón

1 Precaliente el horno a 425 °F (220 °C). Derrita la mantequilla en una sartén a fuego medio-bajo y deje enfriar un poco. En un bol, tamice la harina, el polvo de hornear y la sal. Agregue el azúcar y haga un hueco en el centro.

2 Ponga el huevo en otro bol. Añada la mantequilla, la vainilla y la leche, y bata hasta que la mezcla esté espumosa. Agregue las semillas de amapola, la ralladura y el jugo de limón, y bata.

3 Vierta la mezcla en el hueco de la harina. Revuelva para hacer una pasta suave, sin mezclar en exceso. Deténgase tan pronto como los ingredientes se mezclen.

4 Coloque los capacillos en los moldes. Reparta la mezcla entre ellos y espolvoree con las 2 cucharaditas de azúcar.

5 Hornee de 15 a 20 min, hasta que al insertar un pincho en el centro de un muffin, salga limpio. Deje enfriar los muffins un poco y páselos (en su capacillo) a una rejilla para que enfríen bien.

MUFFINS DE CHOCOLATE

Estos muffins calman las ansias de chocolate; el suero de mantequilla les da un delicioso toque de delicadeza.

Para 12
Preparación 10 min
Horneado 15 min
Almacenar se conservarán por 2 días en un recipiente hermético o congelados 8 semanas

UTENSILIOS ESPECIALES

molde para 12 muffins

INGREDIENTES

225 g de harina común
60 g de cocoa en polvo
1 cda. de polvo de hornear
pizca de sal
115 g de azúcar morena clara
150 g de chispas de chocolate
250 ml de suero de mantequilla
6 cdas. de aceite de girasol
½ cdta. de extracto de vainilla
2 huevos

1 Precaliente el horno a 400 °F (200 °C). Ponga los capacillos en los moldes y deje a un lado. En un bol grande, tamice la harina, la cocoa, el polvo de hornear y la sal, y agregue el azúcar y las chispas de chocolate. Haga un hueco en el centro de estos ingredientes secos.

2 Bata la mantequilla, el aceite, la vainilla y los huevos, y vierta la mezcla en el centro de los ingredientes secos. Mezcle ligeramente para formar una pasta grumosa. Llene con masa los capacillos hasta ¾ de su capacidad.

3 Hornee por 15 min o hasta que los muffins crezcan bien y estén firmes al tacto. Pase los muffins de inmediato a una rejilla y deje enfriar.

CONSEJO DEL PASTELERO

El uso de líquidos en estos muffins, sea crema agria, suero de mantequilla o aceite, asegura un bizcocho húmedo y más duradero. Si una receta requiere aceite, asegúrese de utilizar uno ligero y sin sabor, como el de girasol o maní, de modo que no opaque los deliciosos sabores de los muffins.

MAGDALENAS

Estas delicias se hicieron famosas gracias al escritor francés Marcel Proust, quien al saborear un bocado de magdalena fue transportado a su infancia.

Para 12
Preparación 15-20 min
Horneado 10 min
Almacenar se conservarán por 1 día en un recipiente hermético o congeladas 4 semanas

UTENSILIOS ESPECIALES
molde para magdalenas o molde
  para 12 panecillos

INGREDIENTES
60 g de mantequilla sin sal,
  derretida y enfriada, y algo
  extra para engrasar
60 g de harina leudante, y algo
  extra para espolvorear
60 g de azúcar pulverizada
2 huevos
1 cdta. de extracto de vainilla
azúcar glas, para espolvorear

1 Precaliente el horno a 350 °F (180 °C). Engrase los moldes con mantequilla derretida y espolvoree un poco de harina. Invierta los moldes y golpee para eliminar el exceso de harina.

2 Ponga el azúcar, los huevos y la vainilla en un bol y mezcle durante 5 min con una batidora eléctrica, hasta obtener una pasta pálida y espesa, sobre la que se fije el rastro de la batidora.

3 Tamice la harina encima y vierta la mantequilla derretida por un lado de la mezcla. Con una cuchara grande de metal, incorpore cuidadosa y rápidamente, evitando eliminar demasiado aire.

4 Llene los moldes con la mezcla y hornee durante 10 min. Retire del horno y pase a una rejilla para enfriar bien antes de espolvorear azúcar glas.

CONSEJO DEL PASTELERO

Estas pequeñas delicias deben ser tan ligeras como el aire. Durante la etapa de batido es necesario incorporar a la masa todo el aire posible. De igual forma, hay que procurar que la masa pierda el menor volumen posible al incorporar la harina.

SCONES

Los scones caseros son un manjar a la hora del té.
El suero de mantequilla los hace más ligeros.

1 Recubra una bandeja con papel de horno y engrase. Precaliente el horno a 425 °F (220 °C).

2 En un bol grande refrigerado, tamice la harina, el polvo de hornear y la sal.

3 Ponga la mantequilla en el bol; todos los ingredientes deben estar lo más fríos posible.

4 Frote con los dedos y forme migas; trabaje con rapidez y suba las manos para airear.

5 Haga un hueco en el centro y vierta el suero de mantequilla, en un chorro lento y constante.

6 Bata rápidamente con un tenedor la mezcla de harina y el suero. No mezcle demasiado.

7 Revuelva la mezcla hasta formar una masa. Si luce seca, añada más suero.

8 Pase a una superficie enharinada y amase un poco. La masa debe mantenerse gruesa.

9 Forme un círculo de masa de 2 cm de grosor. No la manipule mucho para que dure fría.

Para 6-8
Preparación 15-20 min
Horneado 12-15 min
Almacenar se pueden congelar por 4 semanas

UTENSILIOS ESPECIALES
cortador de masa, de 7 cm

INGREDIENTES
60 g de mantequilla sin sal, refrigerada y cortada en trozos, y algo extra para engrasar

250 g de harina de fuerza para pan blanco, y algo extra para espolvorear

2 cdtas. de polvo de hornear

½ cdta. de sal

175 ml de suero de mantequilla

mantequilla, mermelada y crema de leche espesa o coagulada, para servir (opcional)

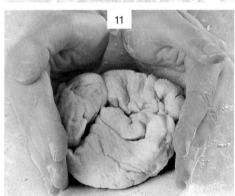

10 Corte círculos con el cortador de masa (ver Consejo del pastelero).

11 Una los recortes y forme más círculos, hasta utilizar toda la masa.

12 Disponga los scones en la bandeja de hornear, separados unos 5 cm entre sí.

13 Cocine los scones en el horno durante 12 o 15 min, hasta que doren y crezcan. Los scones se deben comer el mismo día en que se hornean, mejor aún calientes. Unte con mantequilla, mermelada y crema de leche coagulada o crema de leche espesa.

CONSEJO DEL PASTELERO
Uno de los secretos para que los scones salgan bien es la forma de cortarlos. Lo mejor es utilizar un cortador de pastelería, preferiblemente de metal, o un cuchillo afilado. Deben cortarse con un movimiento decidido hacia abajo, evitando que el cortador se tuerza. Esto asegura un crecimiento alto y uniforme en la cocción.

VARIACIONES DEL SCONE

SCONES CON PASAS

Sirva estos scones salpicados con pasas directamente del horno, con mantequilla o crema

Para 6
Preparación 15-20 min
Horneado 12-15 min
Almacenar se pueden congelar por 4 semanas

INGREDIENTES

60 g de mantequilla sin sal, fría y cortada en cubos, y un poco extra para engrasar

1 yema de huevo, para glasear

175 ml de suero de mantequilla; más 1 cda. para glasear

250 g de harina de fuerza para pan blanco, y algo extra para espolvorear

2 cdtas. de polvo de hornear

½ cdta. de sal y ¼ cdta. de bicarbonato de sodio

2 cdtas. de azúcar pulverizada

2 cdas. de pasas de Corinto

1 Precaliente el horno a 425 °F (220 °C) y engrase con mantequilla una bandeja para hornear. Bata la yema de huevo con 1 cucharadita de suero de mantequilla y reserve.

2 En un bol, tamice la harina, el polvo de hornear, la sal y el bicarbonato de sodio. Agregue el azúcar. Añada la mantequilla y frote con los dedos hasta formar migas. Incorpore las pasas. Vierta el suero y mezcle con un tenedor para formar migas. Revuelva hasta formar una masa.

3 Pase la masa a una superficie enharinada. Córtela a la mitad y forme con cada mitad un círculo de 15 cm con unos 2 cm de espesor. Con un cuchillo, corte cada círculo en cuartos. Ponga los cuartos en la bandeja, separados unos 5 cm entre sí, y úntelos con glaseado.

4 Hornee entre 12 y 15 min, hasta dorar un poco. Deje unos minutos en la bandeja; luego pase a una rejilla para enfriar bien. Cómalos calientes el mismo día.

SCONES DE QUESO Y PEREJIL

La mezcla básica del scone se adapta a ricas variaciones saladas.

Para 20 pequeños o 6 grandes
Preparación 20 min
Horneado 8-10 min
Almacenar se pueden congelar por 12 semanas

UTENSILIOS ESPECIALES

cortador de masa para scones pequeños, de 4 cm; o uno de 6 cm para scones grandes

INGREDIENTES

aceite, para engrasar

225 g de harina común tamizada, y algo extra para espolvorear

1 cdta. de polvo de hornear

pizca de sal

50 g de mantequilla sin sal, fría y en cubos

1 cdta. de perejil seco

1 cdta. de granos de pimienta negra triturados

50 g de queso cheddar madurado, rallado

110 ml de leche

1 Precaliente el horno a 425 °F (220 °C). Engrase ligeramente una bandeja para hornear de tamaño mediano. En un bol grande, mezcle la harina, el polvo de hornear y la sal. Añada la mantequilla, y frote con los dedos hasta que la mezcla tome apariencia de migas de pan.

2 Añada el perejil, la pimienta y la mitad del queso. Agregue la leche necesaria para ligar y homogeneizar la masa (reserve el resto para untar la superficie de los scones). Mezcle un poco hasta obtener una masa suave.

3 Estire la masa sobre una superficie que esté ligeramente enharinada hasta que tenga un grosor de unos 2 cm. Use el cortador para recortar círculos de masa. Disponga los círculos en la bandeja, pincele con el resto de la leche y espolvoree el queso restante.

4 Hornee en la parrilla superior del horno entre 8 y 10 min, hasta dorar. Deje enfriar los scones en la bandeja por unos minutos, y sírvalos calientes. También los puede poner a enfriar del todo sobre una rejilla. Lo ideal es comerlos el mismo día.

MANTECADAS DE FRESA

Ideales para servir como postre en el verano.

Para 6
Preparación 15-20 min
Horneado 12-15 min
Por anticipado sin relleno, se pueden congelar por 4 semanas

UTENSILIOS ESPECIALES

cortador de masa, de 8 cm

INGREDIENTES

60 g de mantequilla sin sal, y un poco extra

250 g de harina común tamizada, y un poco extra

½ cdta. de sal

45 g de azúcar pulverizada

175 ml de crema de leche espesa, y un poco extra

polvo de hornear

Para el coulis

500 g de fresas, sin tallitos

2-3 cdas. de azúcar glas

2 cdtas. de kirsch (opcional)

Para el relleno

500 g de fresas, sin tallitos y en rodajas

45 g de azúcar pulverizada, más 2-3 cdas.

250 ml de crema de leche espesa

1 cdta. de esencia de vainilla

1 Precaliente el horno a 425 °F (220 °C). Engrase una bandeja de hornear. En un bol, mezcle la harina, el polvo de hornear, la sal y el azúcar. Frote para formar migas. Añada la crema, revolviendo. Si la mezcla está seca, agregue más. Añada la mantequilla y frote con los dedos para formar migas.

2 Comprima las migas para formar una bola de masa. Amase sobre una superficie enharinada. Dele forma redonda, de 1 cm de espesor, y corte 6 círculos. Pase a la bandeja y hornee de 12 a 15 min. Deje enfriar sobre una rejilla.

3 Para el coulis, haga puré con las fresas e integre el azúcar glas y el kirsch (si lo usa).

4 Para el relleno, mezcle las fresas con el azúcar. Reserve. Bata la crema y añada el azúcar extra y la vainilla. Bata hasta que esté firme. Corte las mantecadas por la mitad y haga un sándwich con fresas y crema en medio. Vierta el coulis por los lados y sirva.

TORTAS GALESAS

Estas pequeñas tortas, tradicionales de Gales, se preparan y hornean en minutos; ni siquiera tiene que acordarse de precalentar el horno.

Porciones 24 tortas pequeñas
Preparación 20 min
Horneado 16-24 min

UTENSILIOS ESPECIALES
cortador de masa, de 5 cm

INGREDIENTES
200 g de harina leudante, y algo extra para espolvorear
100 g de mantequilla sin sal, fría y cortada en cubos, y algo extra para freír
75 g de azúcar pulverizada, y algo para espolvorear
75 g de pasas sultanas
1 huevo grande batido
un poco de leche, si se necesita

1 Frote la mantequilla en la harina, hasta que la mezcla tome apariencia de migas. Agregue el azúcar y las pasas sultanas. Vierta el huevo.

2 Integre todos los ingredientes y haga una bola con las manos. La bola debe ser lo suficientemente firme como para rodar, aunque no demasiado dura. Si la siente muy dura, suavice con un poco de leche.

3 En una superficie enharinada, estire la masa hasta que tenga unos 5 mm de espesor y córtela en discos con el cortador.

4 Caliente una sartén grande, o una plancha plana a fuego medio-bajo. En un poco de mantequilla derretida, fría las tortas por tandas, entre 2 y 3 min de cada lado, hasta que crezcan, doren y estén bien cocidas.

5 Antes de servir, espolvoree azúcar pulverizada sobre las tortas aún calientes. Lo ideal es comerlas recién hechas. Si las congela, caliéntelas en el horno después de descongelar.

CONSEJO DEL PASTELERO

Las tortas galesas son un sencillo manjar para comer en la tarde y están listas en pocos minutos. Cocine a fuego muy bajo y tenga cuidado al darles vuelta para freír por el otro lado, pues la harina con levadura las hace muy frágiles. Recién hechas son deliciosas con mantequilla.

ROCK CAKES

Ya era justo que estas tortitas clásicas británicas renacieran. Son muy fáciles de preparar y cuando quedan bien hechas, son ligeras y frágiles.

Para 12
Preparación 15 min
Horneado 15-20 min

INGREDIENTES

200 g de harina leudante

pizca de sal

100 g de mantequilla sin sal, fría y en cubos

75 g de azúcar pulverizada

100 g de frutas secas mezcladas (uvas pasas, pasas sultanas y pieles)

2 huevos

2 cdas. de leche, y algo extra si se necesita

½ cdta. de extracto de vainilla

mantequilla o mermelada, para servir (opcional)

1 Precaliente el horno a 375 °F (190 °C). En un bol grande, frote la harina, la sal y la mantequilla hasta que la mezcla tome apariencia de migas. Integre el azúcar. Agregue las frutas secas y mezcle bien.

2 En un jarro, bata los huevos, la leche y el extracto de vainilla. Haga un hueco en el centro de la mezcla de harina y vierta en él la mezcla de huevo. Integre bien para producir una mezcla firme. Si la mezcla se siente muy dura, suavice con leche.

3 Recubra dos bandejas de hornear con papel de horno. Distribuya sobre ellas grandes cucharadas de la mezcla, dejando espacio para que crezcan. Cocine en el centro del horno entre 15 y 20 min, hasta que estén doradas.

4 Páselas a una rejilla para que enfríen un poco. Sepárelas y sírvalas calientes. Únteles mantequilla o mermelada. Las rock cakes se deben comer el día en que se hornean, pues no se conservan bien.

CONSEJO DEL PASTELERO

El nombre de estas sencillas galletas se debe más a su clásica forma pedregosa que a su textura. Procure que, en la bandeja, las cucharadas de la mezcla tengan entre 5 y 7 cm de alto; esto garantizará sus clásicos bordes gruesos y rugosos.

HOJALDRES, MASAS DULCES Y SALADAS

CROISSANTS

Si bien toma tiempo prepararlos, el resultado final justifica el esfuerzo. Comience el día anterior.

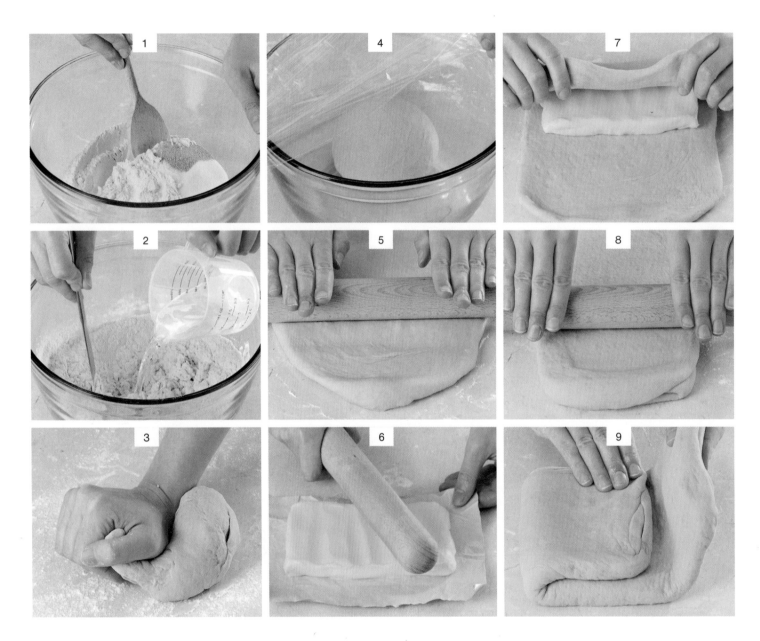

1 En un bol amplio, mezcle bien la harina, la sal, el azúcar y la levadura.

2 Añada agua caliente de a pocos, y mezcle con un cuchillo hasta formar una masa suave.

3 Amase sobre una superficie enharinada hasta que la masa esté elástica.

4 Pase de nuevo al bol, cubra con plástico adherente engrasado y refrigere por 1 hora.

5 Estire la masa y forme un rectángulo de 30 x 15 cm.

6 Aplane la mantequilla con el rodillo, hasta que tenga 1 cm de espesor.

7 Ponga la mantequilla en el centro de la masa. Doble la masa. Refrigere por 1 hora.

8 Sobre una superficie enharinada, estire la masa y forme un rectángulo de 30 x 15 cm.

9 Lleve el tercio derecho al centro y luego el izquierdo. Refrigere por 1 hora.

Para 12

Preparación 1 h

Crecimiento y leudado 1 h

Enfriamiento 5 h, o durante la noche

Por anticipado sin hornear pueden congelarse por 4 semanas

Horneado 15-20 min

Almacenar se conservarán en un recipiente hermético por 2 días

INGREDIENTES

300 g de harina de fuerza para pan blanco, y un algo extra para espolvorear

½ cdta. de sal

30 g de azúcar pulverizada

2½ cdtas. de levadura seca

aceite vegetal, para engrasar

250 g de mantequilla sin sal, refrigerada

1 huevo batido

mantequilla o mermelada, para servir (opcional)

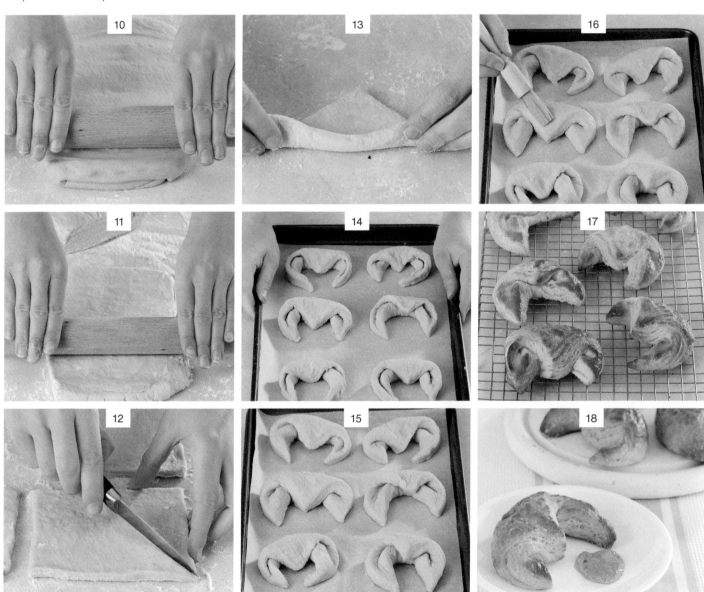

10 Repita los pasos 8 y 9 dos veces. Envuelva en plástico adherente y refrigere toda la noche.

11 Corte la masa en dos y extienda una mitad para formar un rectángulo de 12 x 36 cm.

12 Forme 3 cuadrados de 12 cm y córtelos en diagonal para hacer 6 triángulos. Repita.

13 Tome las puntas del lado largo del triángulo y enrolle hacia usted. Forme medialunas.

14 Disponga los croissants separados en bandejas cubiertas con papel de horno.

15 Cubra con plástico adherente. Deje 1 hora hasta que doblen su tamaño. Retire el plástico.

16 Precaliente el horno a 425 °F (220 °C). Úntelos con huevo y hornee por 10 min.

17 Reduzca la temperatura a 375 °F (190 °C) y hornee de 5 a 10 min más.

18 Sírvalos aún tibios, con mantequilla y mermelada

VARIACIONES DEL CROISSANT

PANES DE CHOCOLATE

Frescos, recién salidos del horno y rebosantes de chocolate derretido, estos panes son la máxima delicia para el desayuno de fin de semana.

Para 8
Preparación 1 h
Enfriamiento 5 horas y toda una noche
Crecimiento 1 h
Horneado 15-20 min
Almacenar se conservarán por 1 día en un recipiente hermético y 4 semanas congelados

INGREDIENTES

1 porción de masa para croissant (pp. 150-151, pasos 1-10)
200 g de chocolate negro
1 huevo batido

1 Divida la masa en cuatro partes iguales y estírelas para formar con cada una un rectángulo de 10 x 40 cm. Corte cada rectángulo en dos, para obtener 8 piezas de aproximadamente 10 x 20 cm.

2 Corte el chocolate en 16 tiras del mismo tamaño. Puede dividir dos barras de 100 g en 8 tiras cada una. Haga marcas a los niveles de un tercio y dos tercios del borde más largo de cada trozo de masa.

3 Ponga un pedazo de chocolate sobre la marca de un tercio y doble sobre él el extremo corto de la masa, hasta la marca de dos tercios. Luego, coloque otro pedazo de chocolate sobre la marca de dos tercios, junto al borde del extremo doblado de la masa; unte la masa contigua con el huevo batido y doble el otro lado de la masa hacia el centro, para formar un rollo de tres capas con cintas de chocolate ocultas a los lados. Selle todos los bordes para evitar que el chocolate se salga al hornear.

4 Lleve los panes a una bandeja de hornear recubierta con papel de horno, cúbralos y déjelos crecer en un lugar cálido por 1 hora, hasta que doblen su tamaño. Precaliente el horno a 425 °F (220 °C). Unte los panes con huevo batido y hornee por 10 min; luego reduzca la temperatura a 375 °F (190 °C) y hornee por otros 5 a 10 min o hasta dorar.

CROISSANTS CON QUESO Y CHORIZO

El picante del chorizo y el ácido del queso combinan maravillosamente.

Para 8
Preparación 1 h
Enfriamiento 5 horas y toda una noche
Crecimiento 1 h
Horneado 15-20 min
Almacenar se conservarán por 1 día en un recipiente hermético y 4 semanas congelados

INGREDIENTES

1 porción de masa para croissant (pp. 150-151, pasos 1-10)
8 tajadas de chorizo, jamón o jamón de Parma
8 tajadas de queso tipo emmental o jarlsberg
1 huevo batido

1 Divida la masa en cuatro partes iguales y estírelas para formar con cada una un rectángulo de 10 x 40 cm. Corte cada rectángulo en dos, para obtener 8 piezas de aproximadamente 10 x 20 cm.

2 Ponga una tajada de chorizo o jamón en el centro de cada pieza de masa y doble uno de los lados sobre ella. Coloque una tajada de queso sobre el lado doblado, úntela con huevo y cúbrala con el otro lado de masa. Selle bien. Cubra y deje en un lugar cálido por 1 hora o hasta que los croissants doblen su tamaño. Precaliente el horno a 425 °F (220 °C).

3 Unte los croissants con huevo y hornee por 10 min. Baje la temperatura a 375 °F (190 °C). Hornee de 5 a 10 min, hasta dorar.

CONSEJO DEL PASTELERO

Estas masas se adaptan fácilmente a diferentes rellenos. El más común es el de jamón y queso. Sin embargo, para un sabor picante, puede superponer una capa de chorizo a una de jamón ahumado y espolvorear un poco de páprika ahumada.

CROISSANTS CON ALMENDRAS

Estas masas rellenas de frangipane son ligeras y deliciosas.

Para 12
Preparación 1 h
Enfriamiento 5 horas y toda una noche
Crecimiento 1 h
Horneado 15-20 min
Almacenar se conservarán por 1 día en un recipiente hermético y 4 semanas congelados

INGREDIENTES

25 g de mantequilla sin sal, blanda
75 g de azúcar pulverizada
75 g de almendras molidas
2-3 cdas. de leche, si se necesitan
1 porción de masa para croissant (pp. 150-151, pasos 1-10)
1 huevo batido
50 g de almendras en hojuelas
azúcar glas, para servir

1 Para la pasta de almendras (frangipane), bata la mantequilla, el azúcar y las almendras molidas. Añada leche si la mezcla está muy espesa.

2 Divida la masa en dos y estire cada mitad sobre una superficie enharinada, formando un rectángulo de 12 x 36 cm. Divida el rectángulo en 3 cuadrados de 12 cm y estos en 6 triángulos.

3 Esparza 1 cucharada de pasta de almendras sobre cada triángulo; deje 2 cm de borde en los dos lados largos. Unte los bordes con huevo. Enrolle el croissant desde el lado más largo hacia la punta opuesta.

4 Distribuya los croissants en dos bandejas recubiertas con papel de horno. Cubra y deje crecer por 1 hora en un lugar cálido.

5 Precaliente el horno a 425 °F (220 °C). Unte los croissants con huevo y rocíelos con almendras en hojuelas. Hornee por 10 min y luego, a 375 °F (190 °C), por 5 o 10 min más o hasta dorar. Ya fríos, rocíe azúcar glas.

DANESAS

Si bien la preparación de estas deliciosas y delicadas masas toma tiempo, su sabor casero es incomparable.

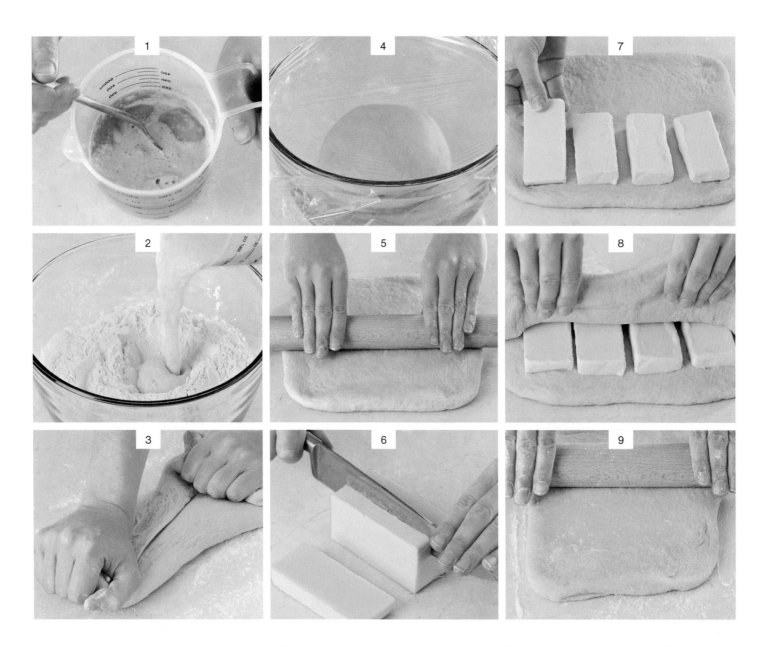

1 Mezcle la leche, la levadura y 1 cucharada de azúcar. Cubra por 20 min e integre los huevos.

2 Ponga la harina, la sal y el azúcar restante en un bol. Vierta la mezcla de levadura en el centro.

3 Mezcle y, sobre una superficie enharinada, amase hasta lograr una masa suave.

4 Pase la masa a un bol aceitado, cubra con plástico adherente y refrigere por 15 min.

5 Sobre una superficie enharinada, estire la masa para formar un cuadrado de 25 x 25 cm.

6 Corte de 3 a 4 trozos de mantequilla, cada uno de 12 x 6 x 1 cm aproximadamente.

7 Ponga los trozos de mantequilla sobre la mitad de la masa. Deje un borde de 1 o 2 cm.

8 Cubra con la otra mitad de la masa y presione los bordes con el rodillo, para sellar.

9 Enharine y estire formando un rectángulo tres veces más largo que ancho, de 1 cm de grueso.

Para 18
Preparación 30 min
Enfriamiento 1 h
Crecimiento 30 min
Por anticipado complete hasta el paso 11 y refrigere por la noche
Horneado 15-20 min
Almacenar conserve por 2 días en un recipiente hermético o congele por 4 semanas

INGREDIENTES

150 ml de leche caliente
2 cdtas. de levadura seca
30 g de azúcar pulverizada
2 huevos, y 1 más para glasear
475 g de harina de fuerza para pan blanco, tamizada, y algo extra para espolvorear
½ cdta. de sal

aceite vegetal, para engrasar
250 g de mantequilla fría
200 g de mermelada o compota de cereza, fresa o albaricoque de buena calidad

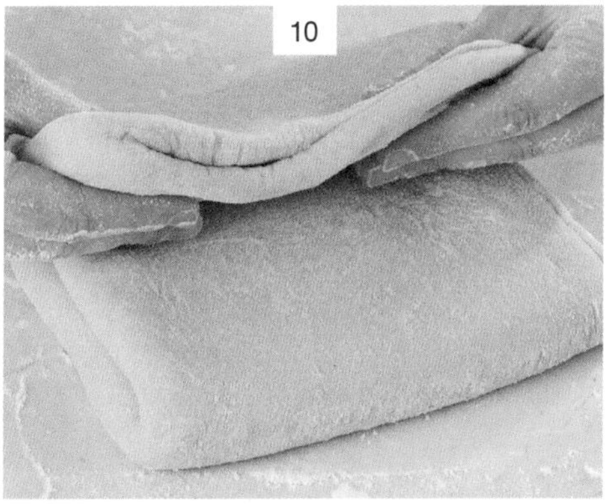

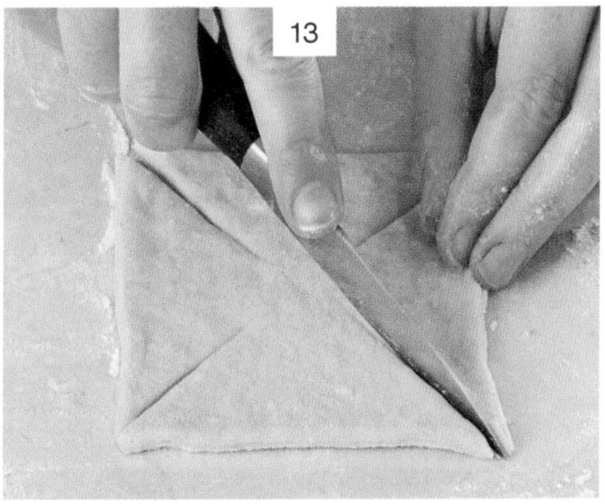

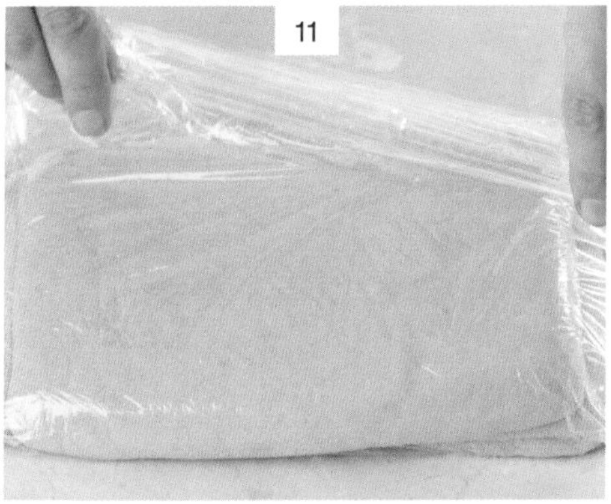

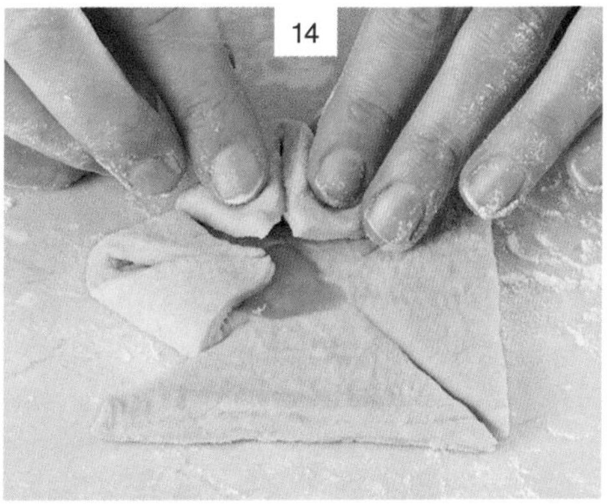

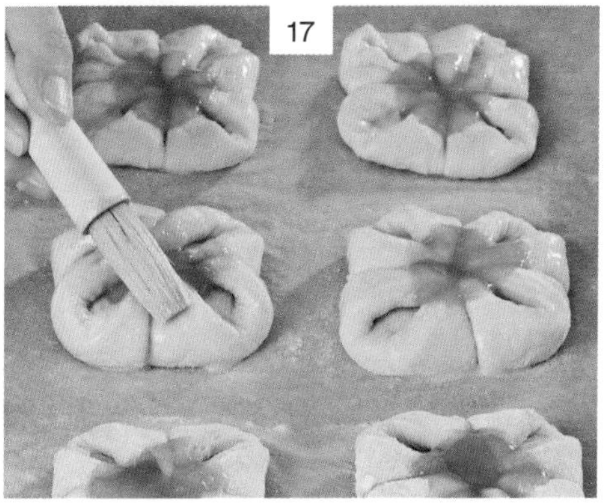

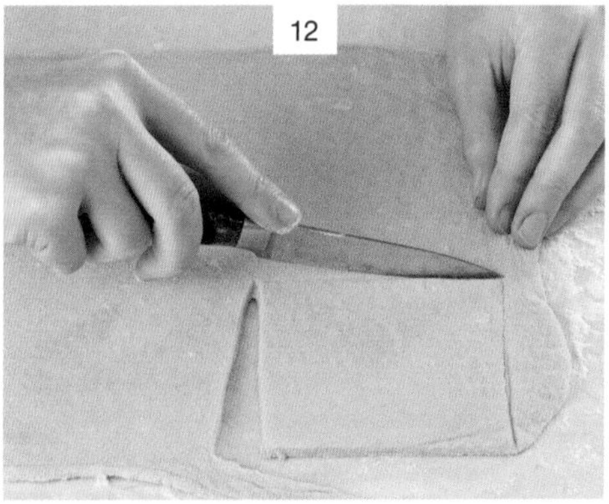

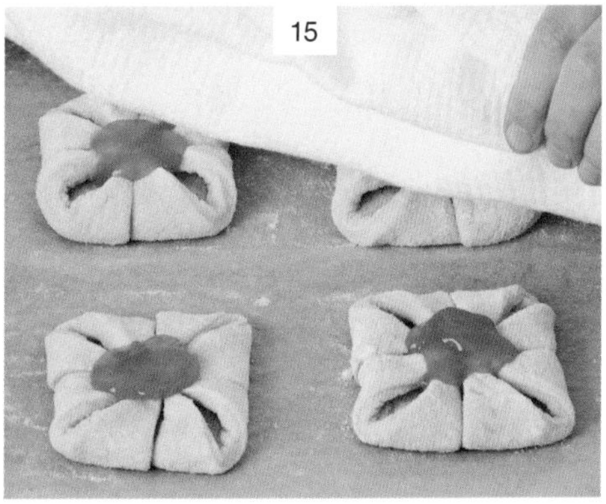

10 Doble el tercio superior de la masa hasta la mitad y luego el tercio inferior sobre él.

11 Envuelva y refrigere 15 min. Repita dos veces los pasos 9 y 10. Refrigere 15 min cada vez.

12 Enharine una superficie, estire la masa hasta 1 cm de grueso y corte cuadrados de 10 cm.

13 Haga cortes diagonales, desde las esquinas de cada cuadrado hasta 1 cm antes del centro.

14 Ponga 1 cucharadita de mermelada en el centro de cada cuadro y doble las esquinas.

15 Añada más mermelada, pase a una lata con papel de horno. Cubra con un paño.

16 Deje crecer en un lugar cálido por 30 min. Precaliente el horno a 400 °F (200 °C).

17 Unte con barniz de huevo y cocine de 15 a 20 min en la parte alta del horno, hasta dorar.

18 Deje enfriar un poco y pase a una rejilla antes de servir.

VARIACIONES DE LAS DANESAS

CONSEJO DEL PASTELERO

La pastelería danesa exige a menudo tareas dispendiosas, como enrollar mantequilla entre hojas de papel de horno o golpearla con el rodillo para ablandarla. Si prefiere no complicarse, use tajadas refrigeradas.

MEDIALUNAS DE ALMENDRAS

Mantequilla, azúcar y almendras molidas se combinan en un delicioso relleno para estas danesas con forma de medialuna. Puede preparar la masa la noche antes.

Para 18
Preparación 30 min
Enfriamiento 1 h
Crecimiento 30 min
Horneado 15-20 min
Almacenar se conservarán por 2 días en un recipiente hermético o por 4 semanas en el congelador

INGREDIENTES

1 porción de masa para danesas (pp. 154-155, pasos 1-11)
1 huevo batido, para la cubierta
azúcar glas, para servir

Para la pasta de almendra

25 g de mantequilla sin sal, ablandada
75 g de azúcar pulverizada
75 g de almendras molidas

1 Precaliente el horno a 400 °F (200 °C). Estire la mitad de la masa sobre una superficie enharinada y forme un cuadrado de 30 cm. Empareje los bordes y corte 9 cuadrados de 10 cm. Repita con el resto de la masa.

2 Para la pasta de almendras, mezcle la mantequilla y el azúcar. Añada las almendras y revuelva hasta lograr una pasta suave. Divida la pasta en 18 bolas y haga con ellas rollos un poco más cortos que el lado de los cuadrados. Ponga cada rollo sobre un lado de un cuadrado, dejando un espacio de 2 cm entre el rollo y el borde. Presione.

3 Unte con huevo el lado libre y doble la masa hasta cubrir la pasta, presionando para sellar. Con un cuchillo, haga 4 cortes en el lado doblado, que lleguen $1\frac{1}{2}$–2 cm adentro del borde sellado. Pase a bandejas de hornear recubiertas, cubra y deje crecer en un lugar cálido por 30 min. Curve los bordes hacia adentro.

4 Unte con huevo y cocine en la parte alta del horno de 15 a 20 min, hasta dorar. Deje enfriar. Espolvoree azúcar glas para servir.

MOLINETES DE CANELA Y PACANAS

También puede usar nueces o avellanas si no encuentra pacanas.

Para 16
Preparación 30 min
Enfriamiento 1 h
Crecimiento 30 min
Horneado 15-20 min
Almacenar se conservarán por 2 días en un recipiente hermético o por 4 semanas en el congelador

INGREDIENTES

1 porción de masa para danesas (pp. 154-155, pasos 1-11)
1 huevo batido, para la cubierta
100 g de nueces pacanas picadas
100 g de azúcar morena clara
2 cdas. de canela
25 g de mantequilla sin sal, derretida

1 Para el relleno, mezcle las pacanas, el azúcar y la canela. Estire la mitad de la masa sobre una superficie enharinada para formar un cuadrado de 20 cm. Empareje los bordes, unte la superficie con la mitad de la mantequilla y esparza la mitad de la mezcla de pacanas. Deje 1 cm de margen en el lado opuesto a usted. Unte el margen con huevo.

2 Presione la mezcla con la palma de la mano, para que se pegue a la masa. Enrolle la masa, comenzando por el borde más cercano a usted y yendo hacia el margen opuesto. Ponga el lado de la unión hacia abajo. Repita con la otra mitad de masa.

3 Recorte los extremos y saque 8 tajadas de cada pieza de masa. Retuerza cada tajada, presionando para pegar los bordes. Asegure los extremos de la masa con un palillo. Recubra 4 bandejas con papel de horno. Ponga 4 masas en cada una, cubra y deje crecer en un lugar cálido por 30 min.

4 Precaliente el horno a 400 °F (200 °C). Unte con huevo y cocine en la parte alta del horno entre 15 y 20 min, hasta dorar.

MASAS DE ALBARICOQUE

La masa se puede preparar la noche anterior; así, con 30 min de crecimiento y un horneado rápido, en la mañana tendrá panes frescos para el desayuno.

Para 18
Preparación 30 min
Enfriamiento 1 h
Crecimiento 30 min
Horneado 15-20 min
Almacenar se conservarán por 2 días en un recipiente hermético o por 4 semanas en el congelador

INGREDIENTES

1 porción de masa para danesas (pp. 154-155, pasos 1-11)
200 g de mermelada de albaricoque
2 latas de 400 g de albaricoques en mitades

1 Sobre una superficie enharinada, estire la mitad de la masa y forme un cuadrado de 30 cm. Empareje los bordes y corte cuadros de 10 x 10 cm. Repita con el resto de la masa.

2 Si la mermelada tiene trozos de fruta, tritúrela hasta que se convierta en puré. Con el dorso de una cuchara, esparza 1 cucharada de mermelada sobre cada cuadro, dejando un margen de 1 cm. Tome 2 mitades de albaricoque y recorte sus bases si son muy gruesas. Póngalas en dos esquinas opuestas del cuadro.

3 Doble las esquinas sin albaricoque hacia el centro. La masa solo debe cubrir parte de los albaricoques. Repita. Ponga en bandejas de hornear recubiertas con papel de horno, cubra y deje crecer por 30 min en un lugar cálido. Precaliente el horno a 400 °F (200 °C).

4 Unte las masas con huevo y cocine en la parte alta del horno por 15 o 20 min, hasta dorar. Derrita la mermelada restante y unte sobre los panes, para glasear. Deje enfriar 5 min y luego pase a una rejilla.

ROLLOS DE CANELA

Deje leudar los rollos por la noche en el refrigerador, hornee
de mañana y se dará un gran gusto al desayuno.

1 En una olla, caliente 125 ml de agua, la leche
y la mantequilla hasta que derrita. Deje enfriar.

2 Cuando la mezcla esté tibia, añada la levadura
y 1 cucharada de azúcar. Cubra por 10 min.

3 Ponga la harina, la sal y el azúcar restante
en un bol grande.

4 Haga un hueco en el centro de la mezcla de
harina y vierta la mezcla tibia de leche.

5 Añada el huevo y las yemas batidos. Mezcle
para formar una masa áspera.

6 Amase sobre una superficie enharinada.
Añada harina si la masa está pegajosa.

7 Pase la masa a un bol aceitado, cubra y deje
2 horas en un lugar cálido, hasta que crezca.

8 Prepare el relleno mezclando 2 cucharadas
de canela con el azúcar morena.

9 Cuando la masa haya crecido, golpéela
suavemente sobre una superficie enharinada.

Para 10-12
Preparación 40 min
Crecimiento y leudado 3-4 h, o toda la noche en el refrigerador
Horneado 25-30 min
Almacenar se conservarán por 3 días en un recipiente hermético

UTENSILIOS ESPECIALES
molde desmontable, de 30 cm

INGREDIENTES
125 ml de leche
100 g de mantequilla sin sal, y algo extra para engrasar
2 cdas. de levadura seca
50 g de azúcar pulverizada
550 g de harina común tamizada, y algo extra para espolvorear
1 cdta. de sal
1 huevo, más 2 yemas
aceite vegetal, para engrasar

Para el relleno y el glaseado
3 cdas. de canela
100 g de azúcar morena clara
25 g de mantequilla sin sal, derretida
1 huevo ligeramente batido
4 cdas. de azúcar pulverizada

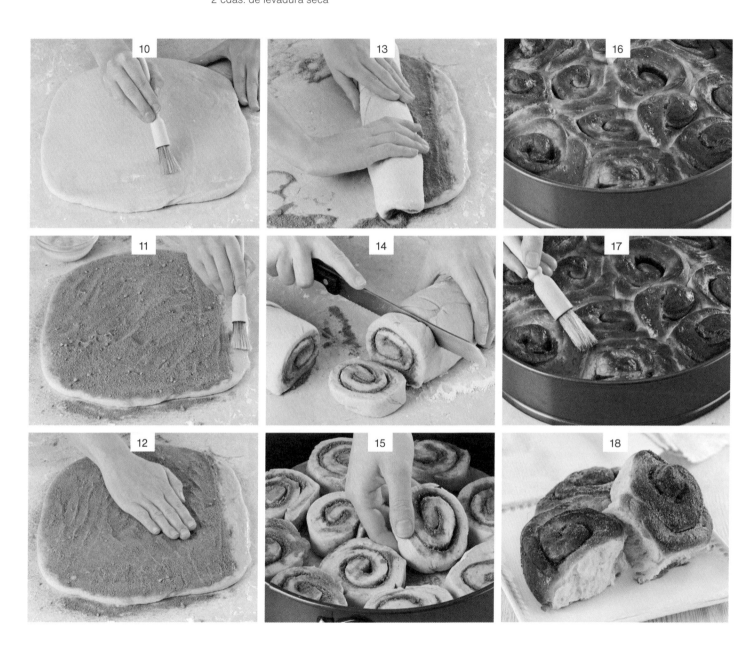

10 Estire la masa y forme un rectángulo de 40 x 30 cm. Pincele con mantequilla derretida.

11 Esparza el relleno. Deje un margen de 1 cm por un lado y pincélelo con huevo.

12 Presione el relleno con la palma de la mano para que se pegue a la masa.

13 Enrolle la masa yendo hacia el margen. No la envuelva demasiado apretada.

14 Con un cuchillo de sierra, corte de 10 a 12 piezas iguales. Procure no aplanar los rollos.

15 Engrase y recubra el molde. Coloque los rollos. Cubra y deje leudar de 1 a 2 horas.

16 Precaliente el horno a 350 °F (180 °C). Unte los rollos con huevo y hornee de 25 a 30 min.

17 Caliente 3 cucharadas de agua y 2 de azúcar hasta disolver. Barnice los rollos.

18 Espolvoree el resto de la mezcla de azúcar glas y canela. Pase a una rejilla para enfriar.

VARIACIONES DE ROLLOS DULCES

HOT CROSS BUNS

Estos tradicionales bollos de Pascua son muy diferentes y mucho mejores que los de las tiendas. Tienen una superficie exterior delicada y crujiente y una miga ligera, húmeda y fragante, con sabor de fruta y especias.

Para 10-12
Preparación 30 min
Crecimiento y leudado 2-4 h
Horneado 15-20 min
Almacenar se conservarán por 2 días en un recipiente hermético o 4 semanas en el congelador

UTENSILIOS ESPECIALES
manga pastelera con boquilla fina

INGREDIENTES
200 ml de leche

50 g de mantequilla sin sal

1 cdta. de extracto de vainilla

2 cdtas. de levadura seca

100 g de azúcar pulverizada

500 g de harina de fuerza para pan blanco, tamizada, y algo extra para espolvorear

1 cdta. de sal

2 cdtas. de mezcla de especias

1 cdta. de canela

150 g de mezcla de frutas secas (pasas sultanas y mezcla de cáscaras)

1 huevo batido, y 1 para glasear

aceite vegetal, para engrasar

Para la pasta
3 cdas. de harina común

3 cdas. de azúcar pulverizada

1 Caliente la leche, la vainilla y la mantequilla en una sartén hasta tibiar y que esta última se derrita. Añada la levadura y 1 cucharada de azúcar. Cubra por 10 min hasta que esponje.

2 Ponga el resto del azúcar, la harina, la sal y las especias en un bol. Sume el huevo. Añada la mezcla de leche y forme una masa. Amase por 10 min en una superficie enharinada. Estire, forme un rectángulo, esparza la fruta seca en la superficie y amase para homogeneizar.

3 Páselo a un bol aceitado, cubra con plástico adherente y deje 1-2 horas en lugar cálido, hasta que doble su tamaño. Lleve la masa a la superficie enharinada, golpéela y haga 10 o 12 bolas. Póngalas en bandejas de hornear recubiertas. Cubra con plástico adherente y deje leudar de 1 a 2 horas.

4 Precaliente el horno a 425 °F (220 °C). Unte los panes con huevo. Para la cubierta, mezcle la harina y el azúcar con agua hasta lograr una pasta untable. Lleve a la manga pastelera y haga cruces sobre los panes. Cocine en la parte alta del horno de 15 a 20 min. Deje enfriar 15 min sobre una rejilla.

PANECILLOS DE FRUTAS

Estos panecillos dulces son fáciles de hacer, pues no se enrollan.

Para 12
Preparación 30 min
Crecimiento y leudado 1½ h
Horneado 15 min
Almacenar se conservarán por 2 días en un recipiente hermético o 4 semanas en el congelador

INGREDIENTES

240 ml de leche

2 cdtas. de levadura seca

500 g de harina de fuerza para pan blanco, tamizada, y algo extra para espolvorear

1 cdta. de mezcla de especias

½ cdta. de nuez moscada

1 cdta. de sal

6 cdas. de azúcar pulverizada

60 g de mantequilla sin sal, en cubos, y algo extra para engrasar

aceite vegetal, para engrasar

150 g de mezcla de frutas secas

2 cdas. de azúcar glas

¼ cdta. de extracto de vainilla

1 Caliente la leche hasta tibiarla, añada la levadura, cubra y deje por 10 min hasta que haga espuma. Ponga la harina, las especias, la sal y el azúcar pulverizada en un bol. Agregue la mantequilla y frote. Añada la leche con levadura para formar una masa suave. Amase por 10 min. Haga una bola, pásela a un bol aceitado y cubra con holgura. Deje en un lugar cálido por 1 hora hasta que la masa doble su volumen.

2 Pase la masa a una superficie enharinada y amase con las frutas secas. Divida en 12 trozos, haga bolas con ellos y póngalas separadas sobre bandejas de hornear engrasadas. Cubra y deje en un lugar cálido por 30 min o hasta que doblen su tamaño. Precaliente el horno a 400 °F (200 °C).

3 Hornee por 15 min, o hasta que los panes suenen hueco al golpearlos en la base. Enfríe sobre una rejilla. Mezcle el azúcar glas, el extracto de vainilla y 1 cucharada de agua fría. Glasee con la mezcla los panecillos aún calientes.

CHELSEA BUNS

Estos rollos de especias y pasas se inventaron en el siglo XVIII, en la Casa Bun de Chelsea, Londres, donde tuvieron gran éxito entre la realeza.

Para 9
Preparación 30 min
Crecimiento y leudado 2 h
Horneado 30 min
Almacenar se conservarán por 2 días en un recipiente hermético o 4 semanas en el congelador

UTENSILIOS ESPECIALES

molde para pastel, redondo, de 23 cm

INGREDIENTES

1 cdta. de levadura seca

100 ml de leche caliente

280 g de harina de fuerza para pan blanco, tamizada, y algo extra para espolvorear

½ cdta. de sal

2 cdas. de azúcar pulverizada

45 g de mantequilla, y algo extra para engrasar

1 huevo ligeramente batido

115 g de mezcla de frutas secas

60 g de azúcar mascabada ligera

1 cdta. de mezcla de especias

miel de abejas clara, para glasear

1 Disuelva la levadura en la leche y deje hasta que haga espuma. Mezcle la harina, la sal y el azúcar pulverizada. Agregue 15 g de mantequilla y frote. Vierta el huevo, seguido de la leche con levadura. Mezcle hasta formar una masa. Amase por 5 min. Pase a un bol, cubra con plástico adherente y deje en un lugar cálido hasta que la masa doble su volumen (1 hora).

2 Engrase el molde. Pase la masa a una superficie enharinada y amase. Estire la masa y forme un rectángulo de 30 x 23 cm. En una sartén a fuego lento, derrita el resto de la mantequilla y unte sobre la masa, dejando un margen en los dos lados largos.

3 Mezcle la fruta, el azúcar mascabada y las especias, y esparza sobre la mantequilla. Enrolle la masa desde un borde largo, como un brazo de reina, y selle el extremo con agua. Corte 9 trozos. Póngalos en el molde y cubra con plástico adherente. Deje leudar 1 hora, hasta doblar su tamaño. Precaliente el horno a 375 °F (190 °C), hornee por 30 min y unte miel. Deje enfriar y pase a una rejilla.

PROFITEROLES

Estos pasteles de pasta choux rellenos de crema y bañados con salsa
de chocolate son exquisitos como postre.

Porciones 4
Preparación 30 min
Horneado 22 min
Por anticipado sin rellenar, se conservarán
por 2 días en un recipiente hermético
Almacenar se pueden almacenar congelados,
sin rellenar, por 12 semanas

UTENSILIOS ESPECIALES

2 mangas pasteleras con boquilla común de
 1 cm y boquilla en estrella de 5 mm

INGREDIENTES

60 g de harina común

50 g de mantequilla sin sal

2 huevos batidos

Para el relleno y la cubierta

400 ml de crema de leche espesa

200 g de chocolate negro de buena calidad,
 en trozos

25 g de mantequilla

2 cdas. de almíbar dorado

1 Cubra dos bandejas de hornear con papel de
horno. Precaliente el horno a 425 °F (220 °C).

2 Tamice la harina en un bol, sosteniendo
el colador en lo alto para airearla.

3 Ponga la mantequilla con 150 ml de agua
en una olla y caliente hasta derretirla.

4 Lleve a ebullición, retire del fuego
y agregue la harina.

5 Bata bien con una cuchara de madera; haga
una bola con la mezcla. Deje enfriar por 10 min.

6 Agregue poco a poco los huevos, batiendo
bien luego de cada adición.

7 Siga añadiendo huevo poco a poco para formar una pasta consistente, suave y brillante.

8 Lleve la mezcla a una manga pastelera con una boquilla común de 1 cm.

9 Disponga bolas del tamaño de una nuez. Hornee por 20 min hasta que crezcan y doren.

10 Retire del horno. Haga un corte en el lado de cada profiterol para que salga el vapor.

11 Lleve de nuevo al horno por 2 min, para que queden crujientes. Deje enfriar sobre una rejilla.

12 Antes de servir, vierta 100 ml de crema en una olla y bata el resto hasta formar picos firmes.

13 Añada el chocolate, la mantequilla y el almíbar a la olla, y caliente hasta derretirlos.

14 Ponga la crema batida en una manga pastelera con boquilla en estrella de 5 mm.

15 Abra los profiteroles y rellénelos de crema. Páselos a un plato o tortera. Báñelos con la salsa de chocolate batida y sirva.

VARIACIONES DE LOS PROFITEROLES

PROFITEROLES DE CHOCOLATE Y NARANJA

Deliciosa variación de la receta original, realzada por la ralladura de naranja y el licor. Un chocolate negro con contenido mínimo de 60 % de sólidos del cacao.

Porciones 6
Preparación 20 min
Horneado 40 min
Por anticipado sin relleno, se conservan 2 días en un recipiente hermético. o congelados hasta 12 semanas

UTENSILIOS ESPECIALES
2 mangas pasteleras con boquilla común de 1 cm y boquilla en estrella de 5 mm

INGREDIENTES

Para las masas
60 g de harina común
50 g de mantequilla sin sal
2 huevos batidos

Para el relleno
500 ml de crema de leche espesa o crema de leche batida
cáscara de 1 naranja finamente rallada
2 cdas. de Grand Marnier

Para la salsa de chocolate
150 g de chocolate negro de buena calidad, cortado en trozos
300 ml de crema de leche líquida
2 cdas. de almíbar dorado
1 cda. de Grand Marnier

1 Precaliente el horno a 425 °F (220 °C). Recubra dos bandejas de hornear. Tamice la harina en un bol, sosteniendo el colador en lo alto para airearla.

2 Ponga la mantequilla con 150 ml de agua en una olla y caliente hasta derretirla. Deje hervir, retire del fuego y agregue la harina. Bata con una cuchara de madera hasta suavizar; la mezcla debe formar una bola. Refrigere por 10 min. Añada poco a poco los huevos, batiendo luego de cada adición, para incorporar. Siga añadiendo el huevo hasta formar una pasta suave y consistente.

3 Ponga la mezcla en una manga pastelera con boquilla común de 1 cm y haga bolas del tamaño de una nuez. Hornee por 20 min hasta que crezcan y doren. Retire del horno y haga un corte en el lado de cada profiterol para que salga el vapor. Lleve de nuevo al horno por 2 min, para que queden crujientes, páselos a una rejilla y deje enfriar.

4 Para el relleno, bata en un bol la crema, la cáscara de naranja y el Grand Marnier, hasta que tomen una consistencia algo más espesa que el punto de nieve. Rellene los profiteroles con crema, usando una manga pastelera con boquilla en estrella.

5 Para la salsa de chocolate, derrita el chocolate, la crema, el almíbar y el Grand Marnier en una olla pequeña. Mezcle hasta lograr una salsa suave y brillante. Sirva los profiteroles bañados con la salsa caliente.

GOUGÈRES DE QUESO CON SALMÓN AHUMADO

Estos sabrosos pastelillos de pasta choux son tradicionales de la región francesa de Borgoña. Rellenos con salmón ahumado, se sirven como sofisticados canapés.

Porciones 8
Preparación 40-45 min
Horneado 30-35 min

INGREDIENTES
75 g de mantequilla sin sal, algo más para engrasar
1¼ cdas. de sal
150 g de harina común, tamizada
6 huevos
125 g de queso gruyère, rallado grueso

Para el relleno de salmón ahumado
sal y pimienta
1 kg de espinacas frescas, lavadas y cortadas
30 g de mantequilla sin sal
1 cebolla, finamente picada
4 dientes de ajo, finamente picados
pizca de nuez moscada molida
250 g de queso crema
175 g de salmón ahumado, cortado en tiras
4 cdas. de leche

1 Precaliente el horno a 375 °F (190 °C). Engrase dos bandejas de hornear. Derrita la mantequilla en una sartén con 250 ml de agua y tres cuartos de cucharadita de sal. Lleve a ebullición. Retire del fuego, añada la harina y bata bien. Regrese la sartén al fuego y bata, a fuego lento, por 30 seg, para secar.

2 Retire del fuego. Añada 4 huevos, uno a uno, batiendo. Bata el quinto huevo y añádalo de a pocos. Agregue la mitad del queso. Distribuya 8 bultitos de masa, de 6 cm, en las bandejas, bata la sal y el huevo restante y unte sobre cada uno. Espolvoree el resto del queso. Hornee de 30 a 35 min, hasta que estén firmes. Pase a una rejilla. Rebane la parte superior de cada uno.

3 Ponga a hervir una sartén con agua salada. Añada las espinacas, y cocine entre 1 y 2 min. Escurra. Cuando estén frías, exprima para eliminar el agua; luego pique. Derrita la mantequilla en una sartén. Añada la cebolla y fríala hasta que ablande. Añada las espinacas, el ajo, la nuez moscada, sal y pimienta al gusto. Cocine, revolviendo hasta que el líquido se evapore. Añada el queso crema y mezcle bien. Retire del fuego.

4 Añada dos tercios del salmón ahumado, vierta la leche y mezcle. Ponga de 2 a 3 cucharadas de relleno dentro de cada pastelillo de queso. Adorne con el resto del salmón. Apoye la tapa al lado de cada pastelillo relleno y sirva.

ÉCLAIRS DE CHOCOLATE

Estos primos del profiterol admiten variaciones: pruebe la cubierta de chocolate y naranja y el relleno de crema de naranja (página opuesta), el relleno de crema pastelera (p. 166) o la crema pastelera de chocolate (p 296).

Para 30
Preparación 30 min
Horneado 25-30 min
Por anticipado sin relleno, se conservan 2 días en un recipiente hermético, o congelados hasta 12 semanas

UTENSILIOS ESPECIALES

manga pastelera con boquilla normal de 1 cm

INGREDIENTES

75 g de mantequilla sin sal

125 g de harina común, tamizada

3 huevos

500 ml de crema de leche espesa o crema de leche batida

150 g de chocolate negro de buena calidad, cortado en trozos

1 Precaliente el horno a 400 °F (220 °C). Derrita la mantequilla en una sartén con 200 ml de agua fría, lleve a ebullición, retire del fuego e incorpore la harina. Bata con una cuchara de madera hasta mezclar bien.

2 Bata ligeramente los huevos y añádalos poco a poco a la mezcla de harina y mantequilla, sin dejar de batir hasta obtener una masa suave y brillante, que se despegue fácilmente de la sartén. Pásela a la manga pastelera.

3 Distribuya porciones de masa de 10 cm de largo sobre dos bandejas de hornear recubiertas con papel de horno, cortando con un cuchillo mojado el extremo de masa de la manga. En total, debe haber unas 30 porciones. Hornee de 20 a 25 min o hasta dorar, retire del horno y haga un corte en el lado de cada éclair. Hornee por 5 min más para cocinar por dentro. Retire y deje enfriar.

4 Ponga la crema en un bol y bata a punto de nieve con la batidora eléctrica. Rellene con crema cada éclair. Coloque los trozos de chocolate en un bol refractario. Monte el bol sobre una sartén con agua hirviendo y asegúrese de que no toque el agua. Deje derretir el chocolate. Vierta sobre los éclairs y deje secar antes de servir.

CONSEJO DEL PASTELERO

Después de retirar los profiteroles del horno, es fundamental hacerles un corte para permitir que salga el vapor. Así, se obtendrán masas de textura abierta, seca y crujiente. Sin el corte, el vapor permanece adentro y los profiteroles quedan apelmazados.

MILHOJA DE CASTAÑAS

Este postre tiene su éxito asegurado. Es fácil de hacer
y se puede preparar 6 horas antes y refrigerar.

Porciones 8
Preparación 2 h
Enfriamiento 1 h
Horneado 20-25 min

INGREDIENTES

375 ml de leche

4 yemas de huevo

60 g de azúcar granulada

3 cdas. de harina común tamizada

2 cdas. de ron oscuro

600 g de masa de hojaldre comprada
 o ver pp. 174-175, pasos 1-10

250 ml de crema de leche espesa

500 g de castañas glaseadas (o
 marrons glacés) desmoronadas

45 g de azúcar glas, y algo
 extra si se necesita

1 Caliente la leche en una olla a fuego medio, hasta que hierva. Retire del fuego.

2 Bata las yemas y el azúcar granulada de 2 a 3 min, hasta que espesen. Incorpore la harina.

3 Integre lentamente la leche a la mezcla de huevo hasta suavizarla. Pase a la olla de nuevo.

4 Lleve a ebullición, revolviendo hasta que espese. Reduzca el fuego y bata por 2 min.

5 Si se forman grumos en la crema pastelera, retire del fuego y bata para suavizar.

6 Deje enfriar y añada el ron. Pase a un bol, cubra con plástico y refrigere por 1 hora.

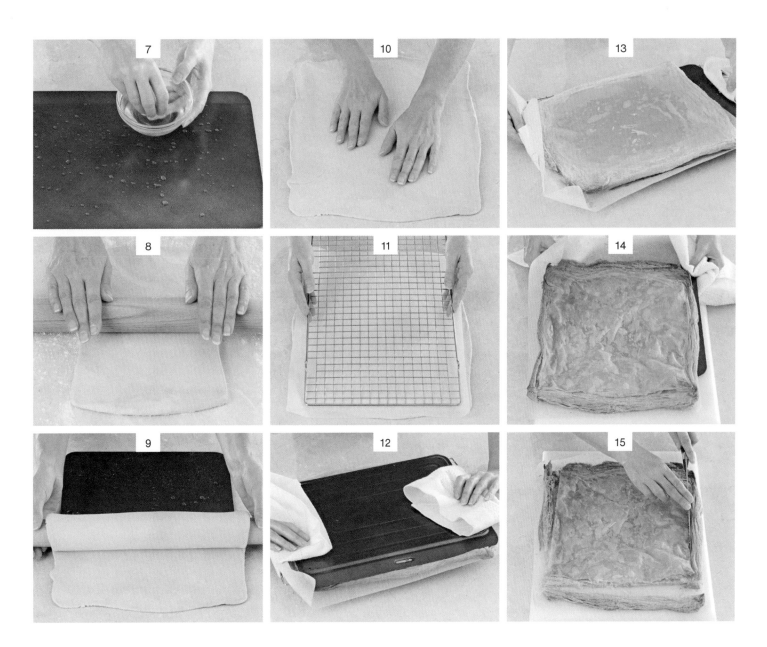

7 Precaliente el horno a 400 °F (200 °C). Rocíe una bandeja de hornear con agua fría.

8 Estire la masa y forme un rectángulo más grande que la bandeja, de 3 mm de grosor.

9 Enrolle la masa en el rodillo y desenrolle sobre la bandeja. Deje colgar en los bordes.

10 Presione ligeramente la masa sobre la bandeja de hornear; deje enfriar por 15 min.

11 Pinche la masa con un tenedor. Cúbrala con papel de horno y coloque una rejilla encima.

12 Hornee de 15 a 20 min. Retire del horno; sosteniendo bandeja y rejilla, voltee el hojaldre.

13 Deslice la bandeja nuevamente bajo el hojaldre y hornee por unos 10 min más.

14 Retire del horno y deslice con cuidado el hojaldre sobre una tabla de cortar.

15 Aún caliente, recorte el contorno con un cuchillo afilado, para emparejarlo.

continúa ▶

16 Corte el hojaldre a lo largo, en 3 tiras iguales. Deje enfriar.

17 Vierta la crema en un bol y bata hasta que esté bien firme.

18 Con una cuchara de metal, incorpore la crema batida a la crema pastelera fría.

19 Con una espátula, esparza la mitad de la mezcla de crema sobre una tira de masa.

20 Esparza la mitad de las castañas. Repita para hacer 2 capas y cubra con la última tira.

21 Tamice el azúcar glas sobre la milhoja y divida en porciones con un cuchillo de sierra.

Milhoja de castañas ▶

VARIACIONES DE LA MILHOJA

MILHOJA CON CHOCOLATE

Rellena con crema de chocolate negro y decorada con briznas de chocolate blanco, esta versión tiene un gran atractivo.

Porciones 8
Preparación 2 h
Enfriamiento 1¼ h
Horneado 25-30 min
Por anticipado se puede guardar en el refrigerador por 6 horas

INGREDIENTES
crema pastelera, ver p. 166, pasos 1-5
2 cdas. de brandy
600 g de masa de hojaldre comprada o ver pp. 174-175, pasos 1-10
375 ml de crema de leche espesa
50 g de chocolate negro derretido, enfriado
30 g de chocolate blanco derretido, enfriado

1 Mezcle el brandy con la crema pastelera, cubra con plástico adherente y refrigere por 1 hora. Precaliente el horno a 400 °F (200 °C).

2 Rocíe una bandeja de horno con agua fría. Estire la masa y forme un rectángulo más grande que la bandeja. Cubra la bandeja con la masa, dejando sobresalir los bordes. Presione la masa hacia abajo. Deje enfriar por 15 min. Pinche la masa con un tenedor. Cubra con papel de horno y coloque una rejilla de alambre encima. Hornee de 15 a 20 min, hasta que empiece a dorar. Sosteniendo la bandeja y la rejilla, dé vuelta al hojaldre. Deslice de nuevo la bandeja por debajo del hojaldre y hornee por 10 min más, hasta dorar por ambos lados. Pase el hojaldre a una tabla de cortar. Aún caliente, empareje los bordes y corte a lo largo en 3 tiras iguales. Deje enfriar.

3 Bata la crema de leche hasta que forme picos. Incorpore a la crema pastelera con dos tercios de chocolate negro fundido. Cubra y refrigere. Unte el resto de chocolate derretido sobre una de las tiras de hojaldre, para cubrirla. Deje asentar.

4 Ponga otra tira de hojaldre en un plato, unte la mitad de la crema, cubra con la tira sobrante y unte el resto de la crema. Cubra con la tira cubierta de chocolate.

5 Ponga el chocolate blanco en una esquina de una bolsa de plástico. Tuerza la bolsa para aprisionar el chocolate y corte la punta. Dibuje líneas de chocolate blanco sobre la milhoja.

MILHOJAS DE CREMA

Hojaldres clásicos rellenos con crema pastelera y deliciosa mermelada.

Para 6
Preparación 2 h
Enfriamiento 1¼ h
Horneado 25-30 min
Por anticipado se puede guardar en el refrigerador por 6 horas

UTENSILIOS ESPECIALES
manga pastelera pequeña con boquilla fina

INGREDIENTES
250 ml de crema de leche espesa
crema pastelera (p. 166, pasos 1-5)
600 g de masa de hojaldre, comprada o ver pp. 174-175, pasos 1-10
100 g de azúcar glas
1 cdta. de cocoa en polvo
½ frasco de mermelada de fresa o frambuesa

1 Bata la crema de leche a punto de nieve. Incorpore a la crema pastelera y refrigere. Precaliente el horno a 400 °F (200 °C). Rocíe una bandeja de hornear con agua fría. Estire la masa y forme un rectángulo más grande que la bandeja. Cubra la bandeja con la masa, dejando colgar los bordes. Presione la masa. Refrigere por 15 min.

2 Pinche la masa con un tenedor. Cubra con papel de horno y coloque una rejilla encima. Hornee de 15 a 20 min, hasta que empiece a dorar.

Sosteniendo la bandeja y la rejilla, dé vuelta al hojaldre. Deslice de nuevo la bandeja por debajo del hojaldre y hornee por 10 min más, hasta dorar por ambos lados. Retire del horno y pase a una tabla de cortar. Corte el hojaldre aún caliente en rectángulos de 5 x 10 cm, en múltiplos de 3.

3 Mezcle el azúcar con 1-1½ cucharadas de agua fría. Bata 2 cucharadas de este glaseado con la cocoa. Póngalo en la manga pastelera con boquilla fina. Unte la tercera parte de los trozos de hojaldre con el glaseado blanco y antes de que se seque, haga líneas horizontales con glaseado de chocolate. Atraviese las líneas verticalmente con un pincho, para lograr un efecto rayado. Deje secar.

4 Unte una fina capa de mermelada sobre los trozos de hojaldre restantes. Esparza encima una capa de crema pastelera de 1 cm y empareje los bordes con un cuchillo.

5 Para armar las milhojas, tome un trozo de hojaldre con mermelada y crema pastelera, y coloque otro encima. Presione antes de cubrir con una tercera capa de hojaldre con glaseado.

MILHOJAS CON FRUTAS DE VERANO

Deliciosas y apetecibles en una mesa de buffet o en cualquier fiesta.

Porciones 8
Preparación 2 h
Enfriamiento 1¼ h
Horneado 25-30 min
Por anticipado se puede guardar en el refrigerador por 6 horas

INGREDIENTES
1 crema pastelera (p. 166, pasos 1-5)
600 g de masa de hojaldre, comprada o ver pp. 174-175, pasos 1-10
250 ml de crema de leche espesa
400 g de mezcla de frutas de verano, como fresas, cortadas en cubos, y frambuesas
azúcar glas, para espolvorear

1 Precaliente el horno a 400 °F (200 °C). Rocíe una bandeja de hornear con agua fría. Estire la masa y forme un rectángulo más grande que la bandeja y de 3 mm de grosor. Enrolle la masa en el rodillo, desenrolle sobre la bandeja, dejando colgar los bordes. Presione la masa hacia abajo. Refrigere durante 15 min.

2 Pinche la masa con un tenedor. Cubra con papel de horno y coloque una rejilla encima. Hornee entre 15 y 20 min, hasta que empiece a dorar. Sosteniendo la bandeja y la rejilla, dé vuelta al hojaldre y hornee por 10 min más, hasta dorar por ambos lados. Retire del horno y pase el hojaldre a una tabla de cortar. Aún caliente, empareje los bordes y corte a lo largo en 3 tiras iguales. Deje enfriar.

3 Bata la crema de leche hasta que forme picos. Incorpore a la crema pastelera. Unte la mitad de este relleno sobre una tira de hojaldre. Esparza encima la mitad de la fruta. Repita con otra tira de hojaldre, para hacer dos capas. Ponga la última tira de hojaldre encima y presione suavemente. Tamice y espolvoree azúcar glas encima, de manera uniforme.

CONSEJO DEL PASTELERO
Una vez usted domine el arte de montar el hojaldre, puede hacer infinidad de variedades de milhojas: grandes para el centro de un buffet o en porciones individuales para el té de la tarde y con el relleno que prefiera.

GALETTES DE MANZANA Y ALMENDRAS

Postres llamativos y elegantes, aparentemente fáciles de hacer.
El azúcar salpicado les da un sabor acaramelado a las manzanas.

Para 8
Preparación 25-30 min
Por anticipado estire los círculos de hojaldre y cúbralos con el mazapán, con 2 horas de anticipación. Las galettes siempre son mejores cuando se hornean justo antes de servir
Horneado 20-30 min

INGREDIENTES

600 g de masa de hojaldre, comprada o ver pp. 174-175, pasos 1-10

harina común, para espolvorear

215 g de mazapán

1 limón

8 manzanas pequeñas para postre

50 g de azúcar granulada

azúcar glas, para espolvorear

1 Estire la mitad de la masa sobre una superficie enharinada y forme un cuadrado de 35 cm y 3 mm de grosor. Con un plato de 15 cm como guía, corte 4 círculos.

2 Rocíe dos bandejas de hornear con agua fría. Disponga los círculos de masa en ellas y pínchelos con un tenedor por todas partes, salvo en los bordes. Repita con el resto de la masa. Enfríe por unos 15 min. Divida el mazapán en 8 porciones y haga una bola con cada una.

3 Ponga una bola de mazapán entre dos hojas de papel de horno. Estire el mazapán entre las hojas, para formar un círculo de 12,5 cm. Póngalo sobre uno de los círculos de masa, dejando un margen de 1 cm. Repita con el resto del mazapán y círculos de masa. Refrigere antes de hornear.

4 Corte el limón en dos y exprima el jugo de una mitad en un bol. Pele las manzanas,

pártalas en dos y quíteles el corazón. Tájelas finamente, póngalas en el jugo de limón y mezcle (ver Consejo del pastelero).

5 Precaliente el horno a 425 °F (220 °C). Disponga las tajadas de manzana sobre el círculo de mazapán, superpuestas en forma de espiral. Deje un borde delgado de masa por todo el contorno.

6 Hornee las galettes entre 15 y 20 min, hasta que los bordes de masa hayan dorado y crecido alrededor del mazapán. Espolvoree azúcar sobre las manzanas.

7 Hornee de nuevo por 5 o 10 min, o hasta que las manzanas estén doradas y caramelizadas en los bordes, y se sientan suaves al insertarles la punta de un cuchillo pequeño. Pase a los platos de servir, espolvoree con azúcar glas y sirva.

CONSEJO DEL PASTELERO

Cuando trabaje con manzanas o peras, use
jugo de limón para evitar que pierdan su
color. Al contacto con el aire, ambas frutas
se vuelven marrones y más blandas, y el
limón también ayuda a evitar que esto pase.
Si le preocupa que el jugo de limón afecte el
sabor, dilúyalo en un poco de agua.

JALOUSIE DE MANZANA

En Francia, «jalousie» es una celosía. Este pastel tiene
una persiana que deja ver la manzana en su interior.

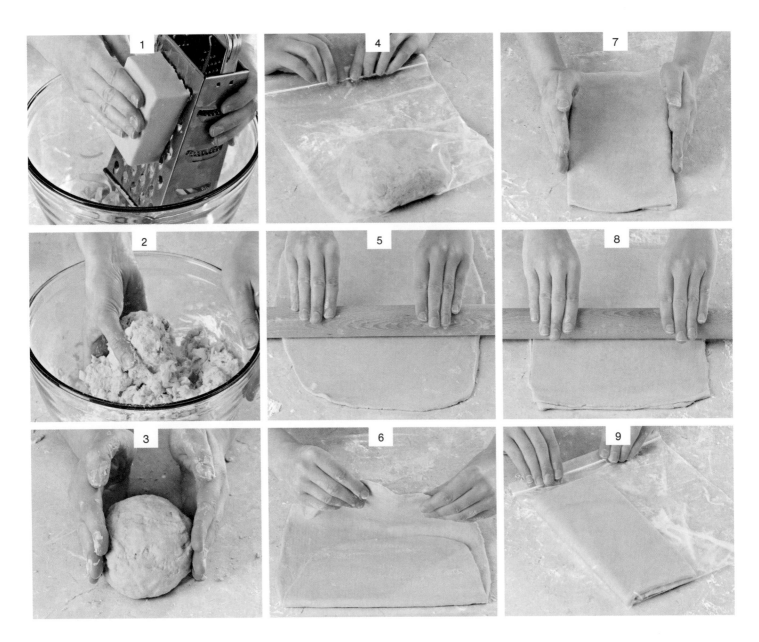

1 Ralle la mantequilla en un bol. Tamice encima
la harina y la sal, y frote hasta formar migas.

2 Agregue entre 90 y 100 ml de agua y el
jugo de limón. Forme una masa áspera.

3 Sobre una superficie enharinada, haga una
bola con la masa y aplánela ligeramente.

4 Ponga la masa dentro de una bolsa de
plástico y refrigere por 20 min.

5 Sobre una superficie enharinada, estire y
forme un rectángulo, con lados cortos de 25 cm.

6 Doble un tercio de la masa hacia el centro.
Superponga encima el otro tercio.

7 Voltee de modo que las uniones se sellen
cuando se vuelva a estirar. Dele un giro de ¼.

8 Estire y forme un rectángulo similar al original,
con los lados cortos de la misma longitud.

9 Doble, voltee y estire de nuevo. Ponga en
la bolsa y refrigere por 20 min.

Porciones 6-8
Preparación 1¼-1½ h
Enfriamiento 1¼ h
Por anticipado se puede
congelar en el paso 16
Horneado 30-40 min

INGREDIENTES

Para la masa de hojaldre

250 g de mantequilla sin sal,
congelada por 30 min

250 g de harina común tamizada,
y algo extra para espolvorear

1 cdta. de sal

1 cdta. de jugo de limón

Para el relleno

15 g de mantequilla sin sal

1 kg de manzanas para tartas,
peladas, sin corazón y en cubos

2,5 cm de raíz de jengibre fresco,
finamente picada

100 g de azúcar pulverizada

1 clara de huevo batido para glasear

10 Estire, doble y voltee la masa dos veces más, luego refrigere los últimos 20 min.

11 En una sartén, añada a la mantequilla las manzanas, el jengibre y el azúcar, salvo 2 cdas.

12 Sofría y revuelva de 15 a 20 min, hasta que las manzanas estén suaves y caramelizadas.

13 Estire la masa a un tamaño de 28 x 32 cm y córtela en dos a lo largo.

14 Doble una mitad a lo largo y corte por el doblez en espacios de 5 mm. Deje un borde.

15 Pase la otra mitad a una bandeja de hornear antiadherente y ponga la manzana en el centro.

16 Cubra con la masa cortada. Refrigere por 15 min. Precaliente el horno a 425 °F (220 °C).

17 Hornee de 20 a 25 min. Glasee con la clara de huevo y espolvoree el azúcar restante.

18 Hornee por 10 o 15 min más. Corte en trozos y sírvalos calientes o a temperatura ambiente.

VARIACIONES DE LA JALOUSIE

SHUTTLES DE BANANO

Se llaman así por su parecido con las «shuttles» o lanzaderas usadas por los tejedores para pasar la trama. Los bananos y el ron les dan un giro caribeño.

Para 6
Preparación 1¼-1½ h
Enfriamiento 1 h
Por anticipado pueden congelarse en el paso 5 (enfriamiento) o sin hornear por 4 semanas
Horneado 30-40 min

INGREDIENTES

50 g de azúcar pulverizada, y 2 cdas. para rociar
¼ cdta. de clavos de olor
¼ cdta. de canela
3 cdas. de ron oscuro
3 bananos
600 g de masa de hojaldre, comprada o ver pp. 174-175, pasos 1-10
1 clara de huevo batida, para glasear

1 En un plato, mezcle el azúcar, los clavos y la canela. Vierta el ron en otro plato. Pele los bananos, córtelos por la mitad, mójelos en ron y cúbralos con la mezcla de azúcar.

2 Rocíe agua sobre una bandeja de hornear. Estire la masa de hojaldre, forme un rectángulo de 30 x 37 cm y córtelo en 12 rectángulos de 7,5 x 12 cm. Doble 6 de los rectángulos a lo largo y

por la mitad, y haga 3 cortes de 1 cm a través del doblez de cada uno. Disponga los otros rectángulos en la bandeja de horno, presionándolos un poco.

3 Corte las mitades de banano en rodajas y póngalas en el centro de cada rectángulo de masa, dejando 1 cm de margen en los bordes. Unte los bordes con agua fría.

4 Desdoble los rectángulos cortados sobre las bases rellenas. Presione los bordes para sellar. Corte un extremo de cada shuttle y redondéelo. Con el dorso de un cuchillo, modele los bordes en forma de concha.

5 Refrigere los shuttles por 15 min. Precaliente el horno a 425 °F (220 °C). Hornee entre 15 y 20 min. Pincele con la clara de huevo, y rocíe con las 2 cucharadas de azúcar. Hornee entre 10 y 15 min, hasta que los shuttles estén crujientes y dorados. Deje enfriar en una rejilla. Sírvalos calientes o a temperatura ambiente.

CONSEJO DEL PASTELERO

No está mal comprar la masa de hojaldre lista. Sin embargo, procure comprar siempre la que está elaborada con mantequilla y no con otras grasas. Algunas masas contienen grasas saturadas y no saben tan bien como las de mantequilla, pues pueden ser aceitosas y tener restos indeseables de otros sabores.

JALOUSIE DE POLLO

Las jalousies también son buenas con relleno salado.

Porciones 4
Preparación 25 min
Por anticipado puede congelarse luego de sellar los bordes y recortar el exceso, o sin hornear por 4 semanas
Horneado 25 min

INGREDIENTES

25 g de mantequilla sin sal
2 puerros, en rodajas finas
1 cdta. de tomillo picado
1 cdta. de harina común y algo para espolvorear
90 ml de caldo de pollo
1 cdta. de jugo de limón
600 g de masa de hojaldre, comprada
  o ver pp. 174-175, pasos 1-10
300 g de pollo cocido, picado, sin piel ni huesos
sal y pimienta negra recién molida
1 huevo batido, para glasear

1 Derrita la mantequilla en una sartén. Añada los puerros y cocine por 5 min a fuego medio-bajo, revolviendo, hasta que ablanden. Añada el tomillo, rocíe la harina y mezcle. Agregue el caldo y lleve a ebullición, revolviendo hasta que espese. Retire del fuego, añada el jugo de limón y deje enfriar.

2 Precaliente el horno a 425 °F (220 °C). En una superficie enharinada, estire algo menos de la mitad de la masa, forme un rectángulo de 25 x 15 cm y póngalo sobre una bandeja de horno humedecida. Forme otro rectángulo de 25 x 18 cm con el resto de la masa, espolvoree harina en su superficie y doble a lo largo en dos. Haga cortes a 1 cm de distancia a lo largo del borde doblado y a 2,5 cm del borde exterior.

3 Agregue el pollo a la mezcla de puerros y sazone. Vierta sobre la masa de la bandeja, dejando un borde de 2,5 cm. Humedezca los bordes de la masa con agua. Desdoble encima la masa cortada y presione los bordes para sellar; recorte los excedentes. Unte la superficie con huevo y hornee por 25 min hasta que dore y esté crujiente. Deje enfriar unos minutos antes de servir.

PASTEL DE PERA Y CARNE PICADA

La carne picada se suele acompañar con manzana, pero los sutiles sabores de la pera pueden ser más atractivos.

Porciones 8-10
Preparación 15 min
Por anticipado pueden congelarse en el paso 4 o sin hornear por 8 semanas
Horneado 40 min

INGREDIENTES

mantequilla sin sal, para engrasar
600 g de masa de hojaldre, comprada o ver pp. 174-175, pasos 1-10
harina común, para espolvorear
400 g de carne picada
1 cda. de brandy
ralladura de cáscara de 1 naranja
25 g de almendras molidas
1 pera madura, sin piel ni corazón, en tajadas finas
1 huevo batido, para glasear

1 Precaliente el horno a 400 °F (200 °C). Engrase una bandeja de hornear. Sobre una superficie enharinada, estire la masa en dos láminas de 28 x 20 cm.

2 Mezcle la carne picada con el brandy y la cáscara de naranja. Pase una lámina de masa a la bandeja y esparza las almendras, dejando un margen de 2 cm en los bordes.

3 Vierta la mezcla de carne picada sobre las almendras, cubra con pera y unte el borde con huevo batido.

4 Cubra con la segunda lámina de masa. Presione los bordes y pellizque los lados para decorar. Con un cuchillo, haga cortes en la superficie para que salga el vapor.

5 Unte la masa con huevo batido y hornee de 30 a 40 min, o hasta que el pastel esté dorado y bien cocido.

PALMERITAS DE CANELA

Para hacer el hojaldre, ahorre tiempo rallando mantequilla congelada;
si está muy apurado, compre la masa lista.

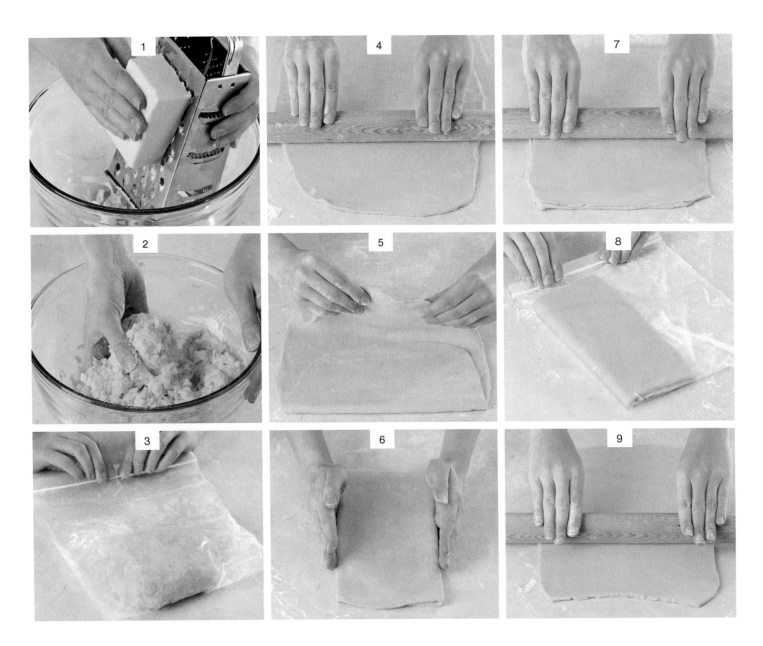

1 Ralle la mantequilla en un bol. Tamice encima la harina y la sal. Frote hasta formar migas.

2 Añada de 90 a 100 ml de agua. Con un tenedor y sus manos, forme una masa áspera.

3 Coloque la masa dentro de una bolsa de plástico y refrigere durante 20 min.

4 Sobre una superficie enharinada, forme un rectángulo de masa con lados cortos de 25 cm.

5 Doble un tercio de la masa hacia el centro. Doble el otro tercio por encima del primero.

6 Voltee de modo que las uniones se sellen cuando se vuelva a estirar. Dele un giro de ¼.

7 Estire en un rectángulo similar al original, con los lados cortos de la misma longitud.

8 Doble, voltee y estire otra vez. Ponga de nuevo en la bolsa y refrigere por 20 min.

9 Estire, doble y voltee la masa dos veces más, luego refrigere por los últimos 20 min.

Para 24
Preparación 45 min
Enfriamiento 1 h 10 min
Horneado 25-30 min
Almacenar se conservarán por 3 días en un recipiente hermético

INGREDIENTES

Para la masa de hojaldre

250 g de mantequilla sin sal, congelada durante 30 min

250 g de harina común, y algo extra para espolvorear

1 cdta. de sal

1 huevo batido, para glasear

Para el relleno

100 g de mantequilla sin sal, ablandada

100 g de azúcar morena clara

4-5 cdtas. de canela, al gusto

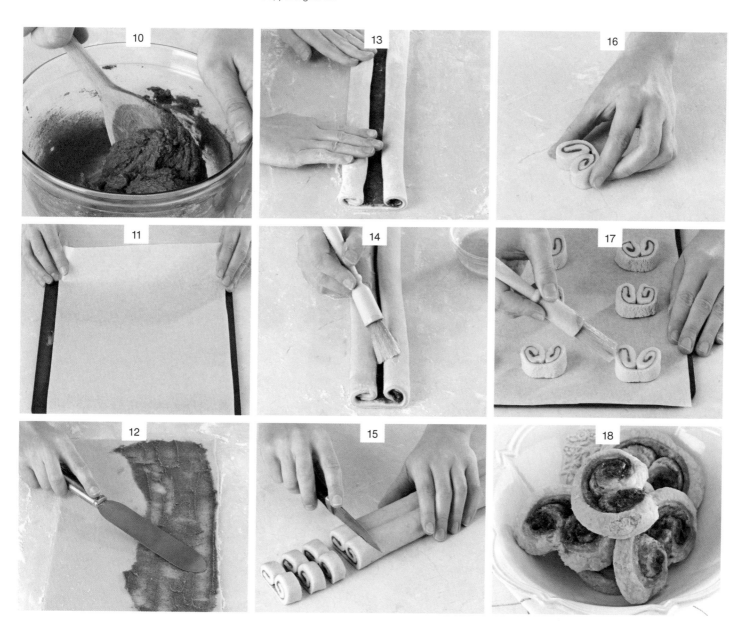

10 Entre tanto, prepare el relleno, batiendo la mantequilla, el azúcar y la canela.

11 Precaliente el horno a 400 °F (200 °C). Cubra dos bandejas de hornear con papel de horno.

12 Estire la masa de nuevo. Empareje los bordes y esparza el relleno sobre la superficie.

13 Enrolle uno de los lados largos hacia el centro, sin apretar, y repita con el otro lado.

14 Unte con el huevo, presione para unir los rollos, dé vuelta y refrigere por 10 min.

15 Corte con cuidado en trozos de 2 cm y ponga las palmeritas hacia arriba.

16 Presione por los lados para formar un óvalo y aplane un poco con la palma de la mano.

17 Pincele las palmeritas con el huevo y hornee entre 25 y 30 min, o hasta que estén doradas, infladas y crujientes en el centro.

18 Enfríe sobre una rejilla.

VARIACIONES DE LAS PALMERITAS

PALMERITAS DE CHOCOLATE

Una vez preparada la masa, las palmeritas son rápidas de hacer; son además unos deliciosos bocados, perfectos para llevar a un pícnic.

Para 24
Preparación 45 min
Enfriamiento 1 h 10 min
Horneado 25-30 min
Almacenar se conservarán por 3 días en un recipiente hermético

INGREDIENTES
masa de hojaldre (p. 178, pasos 1-9)
1 huevo batido, para glasear

Para el relleno
150 g de chocolate negro, en trozos

1 Para el relleno, derrita el chocolate en un bol al baño María. Deje enfriar. Precaliente el horno a 400 °F (200 °C). Recubra dos bandejas de hornear con papel de horno.

2 Estire la masa y forme un rectángulo de 5 mm de grosor. Esparza encima el relleno. Enrolle uno de los lados largos casi hasta el centro y repita con el otro lado. Unte los lados con huevo y enróllelos. Dé vuelta al rollo y refrigere por 10 min.

3 Empareje los extremos del rollo y córtelo en trozos de 2 cm. Voltee las palmeritas hacia arriba, presione suavemente por los lados para formar un óvalo y hacia abajo para unir los rollos.

4 Dispóngalas en las bandejas de hornear, unte con huevo y cocine en la parte alta del horno entre 25 y 30 min. Estarán listas cuando estén doradas, infladas y crujientes en el centro. Páselas a una rejilla para enfriar.

Pruebe también...
Sustituya el relleno por Nutella u otra crema en frasco de chocolate y avellanas, para rellenar más rápido.

CONSEJO DEL PASTELERO

El secreto para hacer estos rollos con cualquier tipo de masa o pasta, es asegurarse de enrollarlos de forma uniforme pero no muy apretados. En los rollos muy apretados el centro de las palmeritas crece al hornear, lo cual les da un acabado irregular.

PALMERITAS CON TAPENADE

Si prefiere, use tapenade ya listo para prepararlas de manera aún más rápida.

Para 24
Preparación 55 min
Enfriamiento 1 h 10 min
Horneado 25-30 min
Almacenar se conservarán por 3 días en un recipiente hermético

UTENSILIOS ESPECIALES
Procesador de alimentos

INGREDIENTES
masa de hojaldre (p. 178, pasos 1-9)
1 huevo batido, para glasear

Para el tapenade o paté de aceitunas
140 g de aceitunas negras deshuesadas
2 dientes de ajo machacados
4 cdas. de perejil de hoja plana picado
3-4 cdas. de aceite de oliva extra virgen
2 filetes de anchoas (opcional)
pimienta negra recién molida

1 Combine los ingredientes para el tapenade en el procesador de alimentos, hasta lograr una pasta gruesa y untable; añada más aceite si es necesario. Precaliente el horno a 400 °F (220 °C). Cubra dos bandejas de hornear con papel de horno.

2 Estire la masa y forme un rectángulo. Empareje los bordes. Esparza el relleno sobre la superficie de la masa.

3 Enrolle los lados largos de la masa casi hasta el centro. Pincele con huevo y enrolle para dar la forma de la palmerita. Dé vuelta al rollo y refrigere durante 10 min.

4 Recorte los extremos del rollo y córtelo en trozos de 2 cm. Ponga las palmeritas hacia arriba, presione a los lados para formar un óvalo y hacia abajo para unir los rollos.

5 Páselas a las bandejas, úntelas con huevo y cocine en la parte alta del horno entre 25 y 30 min, hasta que se inflen y queden crujientes.

PALMERITAS DE PÁPRIKA Y QUESO

Un bocado perfecto para servir con bebidas aperitivas antes de cenar.

Para 24
Preparación 45 min
Enfriamiento 1 h 10 min
Horneado 25-30 min
Almacenar se conservarán por 3 días en un recipiente hermético

INGREDIENTES
masa de hojaldre (p. 178, pasos 1-9)
1 huevo batido, para glasear

Para el relleno
50 g de queso parmesano, finamente rallado
1 cdta. de páprika ahumada
50 g de mantequilla sin sal, ablandada

1 Para el relleno, revuelva el parmesano y la páprika, luego mezcle con la mantequilla hasta integrar los ingredientes. Precaliente el horno a 400 °F (200 °C). Recubra dos bandejas de hornear con papel de horno.

2 Estire la masa y forme un rectángulo. Empareje los bordes. Esparza el relleno sobre la superficie de la masa.

3 Enrolle uno de los lados largos de la masa casi hasta el centro y repita con el otro lado. Unte los lados con huevo y enróllelos. Dé vuelta al rollo de masa y refrigere por 10 min para que los rollos se unan.

4 Recorte los extremos del rollo y corte en trozos de 2 cm. Voltee las palmeritas hacia arriba, presione suavemente en los lados para formar un óvalo, y hacia abajo para unir los rollos.

5 Páselas a las bandejas de hornear, úntelas con huevo y cocine en la parte alta del horno entre 25 y 30 min. Estarán listas cuando estén doradas, infladas y crujientes en el centro. Páselas a una rejilla para enfriar.

DONAS CON MERMELADA

Increíblemente fáciles de hacer, estas donas son más ligeras
y de mejor sabor que las compradas en tiendas.

1 Caliente la leche, la mantequilla y la vainilla
hasta derretir la mantequilla. Enfríe hasta tibiar.

2 Incorpore la levadura y 1 cucharada de
azúcar. Cubra por 10 min. Añada los huevos.

3 Tamice la harina y la sal en un bol grande.
Incorpore el azúcar restante.

4 Haga un hueco en la harina y añada la
mezcla de leche. Forme una masa áspera.

5 Sobre una superficie enharinada, amase por
10 min hasta que la masa esté suave y flexible.

6 Déjela 2 horas en un bol aceitado cubierto
con plástico, hasta que doble su tamaño.

7 Sobre una superficie enharinada, golpee la
masa y divídala en 12 trozos iguales.

8 Forme bolas con la palma de las manos
y dispóngalas separadas en las bandejas.

9 Tape con plástico y con un paño. Deje crecer
por 2 horas, hasta que doblen su tamaño.

Para 12
Preparación 30 min
Crecimiento y leudado 3-4 h
Horneado 5-10 min
Almacenar se conservarán por
1 día en un recipiente hermético

UTENSILIOS ESPECIALES
termómetro para aceite
manga pastelera con boquilla fina

INGREDIENTES
150 ml de leche
75 g de mantequilla sin sal
½ cdta. de extracto de vainilla
2 cdtas. de levadura seca

75 g de azúcar pulverizada
2 huevos batidos
425 g de harina común,
  preferiblemente grado «00»,
  y algo extra para espolvorear
½ cdta. de sal
1 litro de aceite de girasol para
  freír, y algo extra para engrasar

Para la cubierta y el relleno
azúcar pulverizada, para cubrir
250 g de mermelada de buena
  calidad (frambuesa, fresa o
  cereza), procesada hasta que
  esté suave

10 Caliente 10 cm de aceite a 340-350 °F (170 -180 °C), por seguridad, tenga una tapa cerca.

11 Levante las donas de sus bandejas. No se preocupe si están planas por un lado.

12 Sumérjalas en el aceite, con el lado redondo hacia abajo. Deles vuelta luego de 1 min.

13 Retire con una espumadera cuando estén doradas por todos lados. Apague el fuego.

14 Escurra sobre papel de cocina; luego, aún calientes, ruédelas por azúcar. Deje enfriar.

15 Ponga la mermelada dentro de la manga pastelera. Perfore la dona e inserte la boquilla.

16 Inyecte suavemente un chorro de mermelada en el hoyo, hasta que casi se desborde. Rocíe azúcar en el hoyo y sirva.

VARIACIONES DE LAS DONAS

ROSQUILLAS

Las donas son fáciles de preparar y las que se hacen en casa son exquisitas. No desperdicie los centros; fríalos por separado y obtendrá unos deliciosos bocados.

Para 12
Preparación 35 min
Crecimiento y leudado 3-4 h
Horneado 5-10 min
Almacenar se conservarán por 1 día en un recipiente hermético

UTENSILIOS ESPECIALES
termómetro para aceite
cortador de masa redondo, de 4 cm

INGREDIENTES
1 porción de masa para dona (p. 182, pasos 1-6)
1 litro de aceite de girasol, para freír, y algo extra para engrasar
azúcar pulverizada, para cubrir

1 Sobre una superficie ligeramente enharinada, golpee con suavidad la masa. Divídala en 12 trozos y haga bolas.

2 Disponga las bolas sobre bandejas de hornear, separadas para que se expandan. Cubra con plástico adherente y un paño de cocina, y deje en un lugar cálido de 1 a 2 horas hasta que doblen su tamaño.

3 Con un rodillo, aplane las donas hasta unos 3 cm de altura. Engrase el cortador de masa. Corte los centros y apártelos.

4 Vierta el aceite en una sartén, hasta por lo menos 10 cm de profundidad. Caliente a 340-350 °F (170–180 °C). Mantenga cerca una tapa del tamaño adecuado y no deje calentar el aceite sin vigilarlo. Regule la temperatura para que sea uniforme. En caso contrario, las donas podrían quemarse.

5 Levante las donas de sus bandejas con una pala de cocina. No se preocupe si están planas por un lado, pues se inflan durante la cocción. Sumerja de a 3 en el aceite caliente, con el lado redondo hacia abajo, durante 1 min; deles vuelta en cuanto la parte de abajo esté dorada.

6 Cuando estén doradas por todos lados, retírelas con una espumadera y escurra sobre papel de cocina. Apague el fuego. Los centros se pueden freír de manera similar y son muy populares entre los niños. Aún calientes, páselas por azúcar y déjelas enfriar un poco antes de comer.

DONAS CON CREMA PASTELERA

La crema pastelera es mi relleno favorito para donas. Use crema pastelera comprada de buena calidad, una hecha realmente con huevos y mucha crema de leche.

Para 12
Preparación 30 min
Leudado 3-4 h
Horneado 5-10 min
Almacenar se conservarán por 1 día en un recipiente hermético

UTENSILIOS ESPECIALES
termómetro para aceite
manga pastelera con boquilla fina metálica

INGREDIENTES
1 porción de masa para dona (p. 182, pasos 1-6)
1 litro de aceite de girasol para freír, y algo extra para engrasar
azúcar pulverizada, para cubrir
250 ml de crema pastelera ya preparada

1 Golpee la masa con suavidad sobre una superficie ligeramente enharinada. Divídala en 12 trozos y haga bolas.

2 Ponga las bolas en bandejas de horno, bien separadas para que se extiendan. Cubra con plástico adherente y un paño de cocina, y deje en un lugar cálido de 1 a 2 horas hasta que doblen su tamaño.

3 Vierta el aceite en una sartén grande y pesada, hasta por lo menos 10 cm de profundidad. Caliente a 340-350 °F (170-180 °C). Mantenga cerca una tapa del tamaño adecuado y no deje calentar el aceite sin vigilarlo. Regule la temperatura para que sea uniforme. En caso contrario, las donas podrían quemarse.

4 Levante las donas de sus bandejas con una pala de cocina. No se preocupe si están planas por un lado, pues se inflarán durante la cocción. Ponga de a 3 en el aceite caliente, con el lado redondo hacia abajo, durante 1 min. Deles vuelta tan pronto la parte de abajo esté dorada. Cuando estén doradas por todos lados, apague el fuego, retire las donas con una espumadera y escurra sobre papel de cocina.

5 Mientras están aún calientes, páselas por azúcar pulverizada y deje enfriar. Para rellenarlas, coloque la crema pastelera en la manga y perfore cada dona por un lado. Asegúrese de que la boquilla llegue al centro. Inyecte el equivalente a 1 cucharada de crema pastelera. Rocíe un poco de azúcar en el hoyo y sirva.

CHURROS

Estos bocados españoles espolvoreados con canela y azúcar se preparan en pocos minutos y se devoran con la misma rapidez. Pruébelos bañados en salsa de chocolate caliente.

Porciones 2-4
Preparación 10 min
Horneado 5-10 min
Almacenar se conservarán por 1 día en un recipiente hermético

UTENSILIOS ESPECIALES

termómetro para aceite
manga pastelera con boquilla, redonda o de estrella, de 2 cm

INGREDIENTES

25 g de mantequilla sin sal
200 g de harina común
50 g de azúcar pulverizada
1 cdta. de polvo de hornear
1 litro de aceite de girasol, para freír
1 cdta. de canela

1 Mida 200 ml de agua hirviendo en un jarro. Añada la mantequilla y revuelva hasta que se derrita. Tamice la harina, la mitad del azúcar y el polvo de hornear en un bol.

2 Haga un hueco en el centro y vierta lentamente la mantequilla caliente, batiendo continuamente, hasta obtener una pasta espesa; tal vez no necesite todo el líquido. Deje enfriar y reposar la mezcla por 5 min.

3 Vierta el aceite en una sartén pesada, hasta por lo menos 10 cm de profundidad, y caliente a 340–350 °F (170–180 °C). Mantenga cerca una tapa del tamaño adecuado y vigile el aceite. Regule la temperatura para que sea uniforme. En caso contrario, los churros podrían quemarse.

4 Ponga la masa en la manga pastelera. Vierta porciones de masa de 7 cm en el aceite caliente, usando un par de tijeras para cortar los extremos. No llene la sartén, pues el aceite pierde temperatura. Cocine los churros de 1 a 2 min por cada lado y deles vuelta cuando doren.

5 Cuando estén listos, retire los churros del aceite con una espumadera y escurra sobre papel de cocina. Apague el fuego.

6 Mezcle el resto del azúcar y la canela en un plato y pase los churros aún calientes sobre la mezcla. Deje enfriar entre 5 y 10 min antes de servirlos aún tibios.

CONSEJO DEL PASTELERO

Se puede decir que los churros son un manjar al instante, pues se hacen en pocos minutos. La masa se puede enriquecer con yemas, leche o mantequilla, siempre que se mantengan las cantidades de los ingredientes líquidos y secos. Cuanto más ligera la masa, mejor el resultado; freír una masa líquida requiere práctica.

GALLETAS Y PORCIONES

GALLETAS DE AVENA CON AVELLANAS Y PASAS

Estas galletas son una golosina muy popular, deliciosas para los niños y saludables para los adultos.

1 Precaliente el horno a 375 °F (190 °C). Tueste las avellanas por 5 min en una bandeja de horno.

2 Una vez tostadas, frótelas con un paño limpio para eliminar la mayor parte de la piel.

3 Pique groseramente las avellanas y resérvelas.

4 En un bol, mezcle la mantequilla y el azúcar con una batidora eléctrica, hasta suavizarlas.

5 Añada el huevo, el extracto de vainilla y la miel. Bata hasta lograr una mezcla suave.

6 En otro bol, combine la harina, la avena y la sal, y revuelva para mezclar.

7 Integre la mezcla de harina a la mezcla de crema, batiendo bien.

8 Añada las avellanas picadas y las pasas, y mezcle hasta distribuirlas uniformemente.

9 Si la mezcla está muy rígida para trabajar, aclare con leche hasta que esté flexible.

Para 18
Preparación 20 min
Horneado 10-15 min
Almacenar se conservarán por 5 días en un recipiente o en el congelador por 8 semanas

INGREDIENTES
100 g de avellanas
100 g de mantequilla sin sal
200 g de azúcar morena clara
1 huevo batido
1 cdta. de extracto de vainilla
1 cda. de miel de abejas líquida

125 g de harina leudante tamizada
125 g de avena en hojuelas jumbo
pizca de sal
100 g de uvas pasas
un poco de leche, si se necesita

10 Cubra con papel de horno 2 o 3 bandejas. Haga bolas del tamaño de nueces.

11 Aplane cada bola un poco, dejando suficiente espacio entre ellas.

12 Hornee de 10 a 15 min, por tandas, hasta dorar. Deje enfriar y pase a una rejilla.

13 Deje enfriar bien antes de servir.

VARIACIONES DE LAS GALLETAS

CONSEJO DEL PASTELERO

Una vez domine la receta para las galletas de avena, experimente con otras combinaciones de fruta seca o fresca y nueces, o agregando a la mezcla semillas, como semillas de girasol y de calabaza.

GALLETAS DE AVENA, PISTACHOS Y ARÁNDANOS

Los colores de los pistachos y los arándanos sobresalen como piedras preciosas en esta versión de las galletas clásicas de frutas y nueces.

Para 24
Preparación 20 min
Horneado 10-15 min
Almacenar se conservarán por 5 días en un recipiente o en el congelador por 8 semanas

INGREDIENTES

100 g de mantequilla sin sal, ablandada

200 g de azúcar morena clara

1 huevo

1 cdta. de extracto de vainilla

1 cda. de miel de abejas líquida

125 g de harina leudante tamizada

125 g de avena

pizca de sal

100 g de pistachos, ligeramente tostados y picados

100 g de arándanos secos, picados grueso

un poco de leche, si se necesita

1 Precaliente el horno a 375 °F (190 °C). Ponga la mantequilla y el azúcar en un bol y mezcle con una batidora eléctrica hasta suavizarlas. Añada el huevo, el extracto de vainilla y la miel, y siga batiendo.

2 Agregue la harina, la avena y la sal, revolviendo con una cuchara de madera. Añada los pistachos picados y los arándanos, y mezcle muy bien. Si la mezcla está muy rígida, añada un poco de leche para hacerla más flexible.

3 Tome pedazos de masa del tamaño de una nuez y haga bolas con las palmas de sus manos. Dispóngalas en dos o tres bandejas de hornear recubiertas con papel de horno y aplánelas, dejando espacio para que se extiendan.

4 Hornee de 10 a 15 min, hasta que las galletas estén doradas (tendrá que hacerlo por tandas). Deje enfriar en la bandeja, antes de pasarlas a una rejilla.

GALLETAS DE AVENA, MANZANA Y CANELA

Estas galletas son suaves y agradables de masticar gracias a la manzana rallada en la masa.

Para 24
Preparación 20 min
Horneado 10-15 min
Almacenar se conservarán por 5 días en un recipiente o en el congelador por 8 semanas

INGREDIENTES

100 g de mantequilla sin sal, ablandada
200 g de azúcar morena clara
1 huevo
1 cdta. de extracto de vainilla
1 cda. de miel de abejas líquida
125 g de harina leudante tamizada
125 g de avena
2 cdtas. de canela
pizca de sal
2 manzanas peladas, sin corazón, y ralladas
un poco de leche, si se necesita

1 Precaliente el horno a 375 °F (190 °C). Ponga la mantequilla y el azúcar en un bol y mezcle con una batidora hasta suavizarlas. Agregue el huevo, el extracto de vainilla y la miel, y siga batiendo.

2 Agregue la harina, la avena, la canela y la sal a la mezcla de crema y revuelva con una cuchara de madera. Incorpore las manzanas. Si la mezcla está muy rígida, añada un poco de leche. Tome pedazos de masa del tamaño de una nuez y haga bolas con las manos.

3 Disponga las bolas de masa en dos o tres bandejas de hornear recubiertas con papel de horno y aplánelas ligeramente, dejando espacio para que la masa se extienda.

4 Hornee de 10 a 15 min hasta dorar. Deje enfriar las galletas en la bandeja antes de pasarlas a una rejilla para que enfríen bien.

GALLETAS DE CHOCOLATE BLANCO Y MACADAMIA

Las galletas clásicas de chocolate reciben aquí un toque sofisticado.

Para 24
Preparación 25 min
Enfriamiento 30 min
Horneado 10-15 min
Almacenar se conservarán por 3 días en un recipiente o en el congelador por 4 semanas

INGREDIENTES

150 g de chocolate negro de buena calidad, partido en trozos
100 g de harina leudante
25 g de cocoa en polvo
75 g de mantequilla sin sal, ablandada
175 g de azúcar morena clara
1 huevo batido
1 cdta. de extracto de vainilla
50 g de nueces de macadamia picadas
50 g de chocolate blanco en trozos

1 Precaliente el horno a 350 °F (180 °C). Derrita el chocolate negro en un bol al baño María. El bol no debe tocar el agua. Deje enfriar. Tamice la harina y la cocoa.

2 En un bol grande, bata la mantequilla y el azúcar con una batidora eléctrica hasta lograr una crema ligera y esponjosa. Añada el huevo y el extracto de vainilla. Incorpore la mezcla de harina. Agregue el chocolate derretido y mezcle bien. Por último, añada las nueces de macadamia y el chocolate blanco. Cubra el bol y refrigere por 30 min.

3 Disponga cucharadas de masa en dos o tres bandejas de hornear recubiertas con papel de horno. Póngalas a una distancia de 5 cm entre sí, pues se extenderán.

4 Cocine en la parte alta del horno de 10 a 15 min, hasta que las galletas estén cocidas pero suaves en el centro. Déjelas en las bandejas por unos minutos y luego páselas a una rejilla para que enfríen bien.

GALLETAS DE MANTEQUILLA

Esta es una de mis recetas favoritas. Finas y elegantes, estas galletas son sencillas y no se puede parar de comerlas.

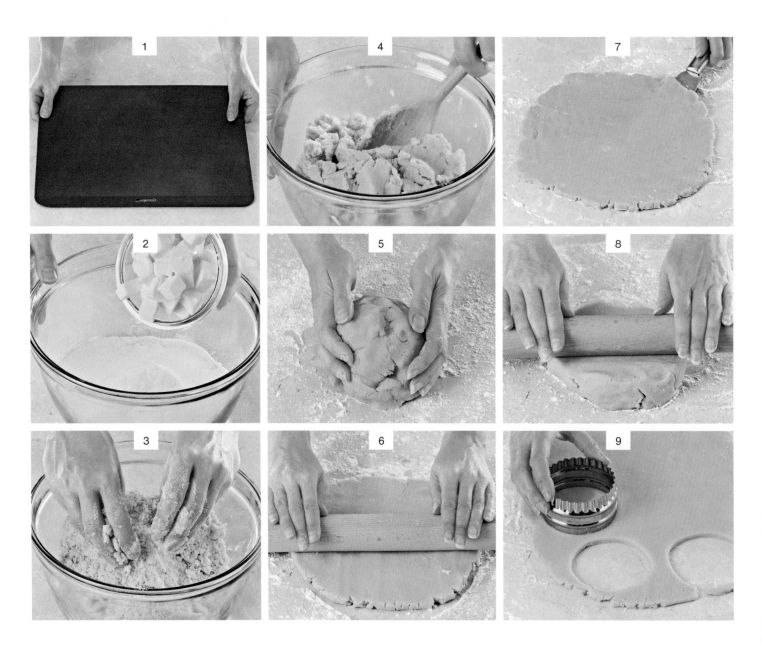

1 Aliste bandejas de hornear antiadherentes. Precaliente el horno a 350 °F (180 °C).

2 Ponga el azúcar, la harina y la mantequilla en un bol, o en el procesador de alimentos.

3 Frote con sus dedos o procese los ingredientes hasta formar migas.

4 Añada la yema de huevo y el extracto de vainilla, y mezcle hasta obtener una masa.

5 Ponga la masa sobre una superficie enharinada y amase hasta suavizarla.

6 Sobre una superficie enharinada, estire la masa a un grosor de 5 mm.

7 Use una espátula para dar vuelta a la masa y evitar que se pegue.

8 Si la masa está muy pegajosa para estirarla, refrigérela por 15 min y vuelva a intentarlo.

9 Con el cortador de masa, forme galletas redondas y páselas a las bandejas de hornear.

Para 30

Preparación 15 min

Por anticipado la masa del paso 5 puede congelarse por 8 semanas

Horneado 10-15 min

Almacenar se conservarán por 5 días en un recipiente hermético

UTENSILIOS ESPECIALES

cortador de masa redondo, de 7 cm

procesador de alimentos con cuchilla (opcional)

INGREDIENTES

100 g de azúcar pulverizada

225 g de harina común tamizada, y algo extra para espolvorear

150 g de mantequilla sin sal, ablandada y en cubos

1 yema de huevo

1 cdta. de extracto de vainilla

10 Vuelva a estirar los recortes de masa a un espesor de 5 mm. Corte toda la masa.

11 Hornee de 10 a 15 min, por tandas, hasta que las galletas estén doradas en los bordes.

12 Deje enfriar las galletas hasta que estén firmes, luego páselas a una rejilla.

13 Deje enfriar las galletas sobre la rejilla antes de servir.

VARIACIONES DE LAS GALLETAS DE MANTEQUILLA

GALLETAS DE JENGIBRE CRISTALIZADO

El jengibre cristalizado aporta calidez y profundidad al sabor.

Para 30
Preparación 15 min
Por anticipado la masa se puede congelar por 8 semanas
Horneado 12-15 min
Almacenar se conservarán por 5 días en un recipiente hermético

UTENSILIOS ESPECIALES
cortador de masa redondo, de 7 cm

procesador con cuchillas (opcional)

INGREDIENTES
100 g de azúcar pulverizada

225 g de harina común, y algo extra para espolvorear

150 g de mantequilla sin sal, en cubos

1 cdta. de jengibre molido

50 g de jengibre cristalizado, picado

1 yema de huevo

1 cdta. de extracto de vainilla

1 Precaliente el horno a 350 °F (180 °C). Aliste tres o cuatro bandejas de hornear antiadherentes. En un bol o en un procesador de alimentos con cuchilla, combine el azúcar, la harina y la mantequilla. Frote con los dedos o procese hasta formar migas. Incorpore el jengibre molido y el cristalizado.

2 Añada la yema y el extracto de vainilla y mezcle hasta obtener una masa. Sobre una superficie enharinada, amase hasta suavizar.

3 Enharine bien la masa y la superficie y estire la masa a un grosor de unos 5 mm. Con el cortador de masa, forme las galletas y páselas a las bandejas.

4 Cocine de 12 a 15 min en el horno, hasta que los bordes de las galletas estén dorados. Deje en las bandejas por unos minutos. Pase a una rejilla para enfriar bien.

GALLETAS DE MANTEQUILLA CON ALMENDRAS

El extracto de almendras aporta intensidad a estas deliciosas galletas, sin hacerlas demasiado dulces.

Para 30
Preparación 15 min
Por anticipado la masa se puede congelar por 8 semanas
Horneado 12-15 min
Almacenar se conservarán por 5 días en un recipiente hermético

UTENSILIOS ESPECIALES
cortador de masa redondo, de 7 cm

procesador con cuchillas (opcional)

INGREDIENTES
100 g de azúcar pulverizada

225 g de harina común, y algo para espolvorear

150 g de mantequilla sin sal, en cubos

40 g de almendras en hojuelas, tostadas

1 yema de huevo

1 cdta. de extracto de almendras

1 Precaliente el horno a 350 °F (180 °C). Aliste tres o cuatro bandejas antiadherentes. Mezcle el azúcar, la harina y la mantequilla en un bol o en el procesador de alimentos, y frote con los dedos o procese hasta formar migas. Añada las almendras.

2 Agregue la yema y el extracto de almendras, y mezcle hasta formar una masa. Amase hasta suavizar la masa y estírela a un grosor de unos 5 mm.

3 Con el cortador de masa, forme galletas y dispóngalas en las bandejas. Hornee de 12 a 15 min, por tandas, hasta que las galletas estén doradas en los bordes. Déjelas en las bandejas por unos minutos, y luego páselas a una rejilla para enfriar.

CONSEJO DEL PASTELERO
Busque siempre extracto de almendras, pues el contenido de las botellas que dicen «esencia», está hecho con saborizantes sintéticos. Para tomar con café después de la comida, haga galletas más delgadas y hornee de 5 a 8 min.

GALLETAS SPRITZGEBÄCK

Estas delicadas galletas de mantequilla se inspiran en una galleta clásica alemana tradicional de la Navidad.

Para 45
Preparación 45 min
Horneado 15 min
Almacenar se conservarán por 2-3 días en recipiente hermético o congeladas por 8 semanas

UTENSILIOS ESPECIALES
manga pastelera con boquilla en estrella

INGREDIENTES
380 g de mantequilla ablandada
250 g de azúcar pulverizada
unas cuantas gotas de extracto de vainilla
pizca de sal
500 g de harina común tamizada
125 g de almendras molidas
2 yemas de huevo, si se necesitan
100 g de chocolate negro o de leche

1 Precaliente el horno a 350 °F (180 °C). Cubra dos o tres bandejas de hornear con papel de horno. Ponga la mantequilla en un bol y bata hasta suavizarla. Mézclela con el azúcar, la vainilla y la sal hasta que absorba el azúcar. Añada poco a poco dos tercios de la harina, sin dejar de mezclar.

2 Agregue el resto de la harina y las almendras, y mezcle hasta formar una masa. Pase la masa a la manga pastelera y forme trozos de 7,5 cm de largo sobre las bandejas. De ser necesario, aclare la masa con 2 yemas de huevo.

3 Hornee por 12 min hasta dorar y pase a una rejilla. Derrita el chocolate en un bol al baño María. Sumerja un extremo de las galletas en el chocolate y póngalas en la rejilla para que sequen.

HOMBRECITOS DE JENGIBRE

Los niños disfrutan esta receta. Es rápida y la masa es fácil
de manipular para los pequeños pasteleros.

Para 16
Preparación 20 min
Horneado 10-12 min
Por anticipado la masa del paso 7
se puede congelar por 8 semanas
Almacenar los hombrecitos
horneados y decorados se
conservarán en un recipiente
hermético por 3 días

UTENSILIOS ESPECIALES

cortador de hombrecitos, de 11 cm

manga pastelera con boquilla fina

INGREDIENTES

4 cdas. de almíbar dorado

300 g de harina común, y algo extra
para espolvorear

1 cdta. de bicarbonato de sodio

1½ cdtas. de jengibre molido

1½ cdtas. de mezcla de especias
(canela, nuez moscada y pimienta
de Jamaica)

100 g de mantequilla sin sal,
ablandada, en cubos

150 g de azúcar morena oscura

1 huevo

uvas pasas para decorar

azúcar glas tamizada (opcional)

1 Precaliente el horno a 375 °F (190 °C). Caliente el almíbar hasta que esté líquido; deje enfriar.

2 Tamice la harina, el bicarbonato de sodio y las especias en un bol. Añada la mantequilla.

3 Frote con los dedos hasta que la mezcla tome apariencia de migas finas.

4 Añada el azúcar a la mezcla con apariencia de migas y combine bien.

5 Bata el huevo en el almíbar enfriado, hasta mezclar bien.

6 Vierta la mezcla de almíbar en un hueco en el centro de la mezcla de harina. Amase.

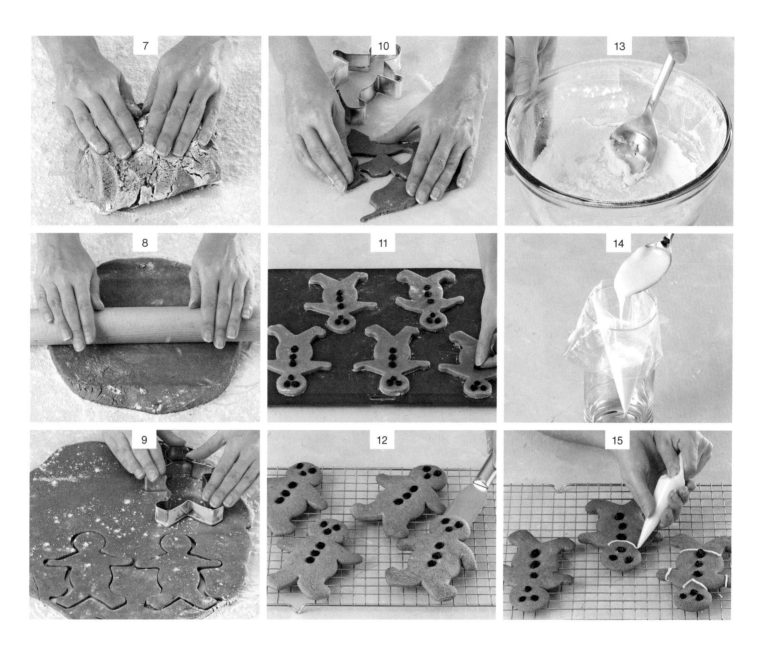

7 Sobre una superficie ligeramente enharinada, amase hasta suavizar la masa.

8 Sobre una superficie enharinada, estire la masa a un grosor de unos 5 mm.

9 Con el cortador, haga todos los hombrecitos posibles y dispóngalos en las bandejas.

10 Una los recortes de masa, estírelos y haga más hombrecitos, hasta usar toda la masa.

11 Decore los hombrecitos con uvas pasas. Póngales ojos, nariz y botones.

12 Hornee de 10 a 12 min, hasta que doren. Páselos a una rejilla para que enfríen.

13 Si la usa, mezcle azúcar glas en un bol con bastante agua para formar un glaseado fino.

14 Pase el glaseado a la manga pastelera; será útil poner la manga en un jarro.

15 Decore los hombrecitos con el glaseado. Deje enfriar bien antes de servir o almacenar.

VARIACIONES DE LAS GALLETAS DE JENGIBRE

CONSEJO DEL PASTELERO

Estas galletas están inspiradas en una galleta sueca de Navidad llamada Pepparkakor. Para decorar un árbol de Navidad al estilo sueco, corte las galletas en forma de corazón y, con un pitillo, perfore un orificio en la parte de arriba antes de hornear. Una vez horneadas, átelas al árbol con una cinta.

GALLETAS SUECAS CON ESPECIAS

Versión de las tradicionales galletas suecas de Navidad. Para que queden como las auténticas, hágalas bien delgadas y hornee por menos tiempo.

Para 60
Preparación 20 min
Enfriamiento 1 h
Por anticipado la masa sin hornear puede congelarse por 8 semanas
Horneado 10 min
Almacenar se conservarán por 5 días en un recipiente hermético

UTENSILIOS ESPECIALES

cortador de masa, de 7 cm, en forma de corazón o de estrella

INGREDIENTES

125 g de mantequilla sin sal, ablandada

150 g de azúcar pulverizada

1 huevo

1 cda. de almíbar dorado

1 cda. de melaza oscura

250 g de harina común, y algo para espolvorear

pizca de sal

1 cdta. de canela

1 cdta. de jengibre molido

1 cdta. de mezcla de especias (canela, nuez moscada y pimienta de Jamaica)

1 Con una batidora eléctrica, mezcle la mantequilla y el azúcar. Agregue el huevo, el almíbar y la melaza. En otro bol, tamice la harina, la sal y las especias. Añada la mezcla de harina a la de almíbar y bata hasta formar una masa áspera.

2 Amase un poco hasta suavizar; ponga en una bolsa plástica y refrigere por 1 hora.

3 Precaliente el horno a 350 °F (180 °C). Estire la masa a un grosor de unos 3 mm y corte las formas con el cortador de masa.

4 Pase las galletas a varias bandejas de hornear antiadherentes y cocine en la parte alta del horno por 10 min, hasta que los bordes de las galletas estén dorados. Deje en las bandejas por unos minutos, luego páselas a una rejilla para que enfríen bien.

GALLETAS DE JENGIBRE Y NUECES

Las nueces picadas hacen de estas galletas un bocado muy especial.

Para 45
Preparación 30 min
Por anticipado la masa sin hornear puede congelarse por 8 semanas
Horneado 8-10 min
Almacenar se conservarán por 3 días en un recipiente hermético

UTENSILIOS ESPECIALES
cortador de masa, de 7 cm (cualquier forma)

INGREDIENTES
250 g de harina común, y algo para espolvorear
2 cdtas. de polvo de hornear
175 g de azúcar pulverizada
unas pocas gotas de extracto de vainilla
½ cdta. de mezcla de especias
2 cdtas. de jengibre molido
100 g de miel de abejas clara
1 huevo, separado
4 cdtas. de leche
125 g de mantequilla ablandada y en cubos
125 g de almendras molidas
avellanas o almendras picadas, para decorar

1 Precaliente el horno a 350 °F (180 °C). Recubra dos bandejas de hornear con papel de horno.

2 Tamice la harina y el polvo de hornear en un bol. Añada todos los ingredientes excepto las nueces picadas. Con una cuchara de madera, revuelva hasta formar una masa suave. Modele una bola con la masa.

3 Sobre una superficie enharinada, estire la masa a un grosor de 5 mm. Corte las galletas con el cortador de masa y dispóngalas sobre las bandejas, espaciadas para permitir que se extiendan. Bata la clara de huevo y úntela sobre las galletas, luego rocíe las nueces. Hornee de 8 a 10 min o hasta que doren ligeramente.

4 Retire del horno y deje enfriar por unos minutos en la bandeja. Luego páselas a una rejilla para que enfríen bien.

ESTRELLAS DE CANELA

Estas galletas alemanas son un buen regalo de Navidad de última hora.

Para 30
Preparación 20 min
Enfriamiento 1 h
Horneado 12-15 min
Almacenar se conservarán por 5 días en un recipiente hermético

UTENSILIOS ESPECIALES
cortador de masa, de 7 cm, en forma de estrella

INGREDIENTES
2 claras de huevo
225 g de azúcar glas, y algo para espolvorear
½ cdta. de jugo de limón
1 cdta. de canela
250 g de almendras molidas
aceite vegetal, para engrasar
un poco de leche, si se necesita

1 Bata las claras de huevo a punto de nieve. Incorpore el azúcar, añada el jugo de limón y siga batiendo por 5 min, hasta que la mezcla esté espesa y brillante. Tome 2 cucharadas de la mezcla, cúbralas y resérvelas para la cubierta de las galletas.

2 Incorpore suavemente la canela y las almendras molidas en el resto de la mezcla. Cubra y refrigere por 1 hora o toda la noche.

3 Precaliente el horno a 325 °F (160 °C). Espolvoree una superficie con azúcar y ponga la pasta encima. Mézclela con un poco de azúcar para formar una masa suave. Espolvoree un rodillo con azúcar y estire la masa a un grosor de unos 5 mm.

4 Engrase el cortador y las bandejas. Corte la masa en estrellas y dispóngalas en las bandejas. Unte un poco de la mezcla de merengue reservada sobre la superficie de cada galleta, mezclando con un poco de leche si está muy espesa.

5 Cocine en la parte alta del horno entre 12 y 15 min, hasta que la cubierta se solidifique. Deje enfriar por unos 10 min en las bandejas, luego páselas a una rejilla.

CANESTRELLI

Estas deliciosas galletas italianas, ligeras como el aire, tradicionalmente se hacen en forma de flor, algo digno de tan delicada galleta.

Porciones 20-30
Preparación 20 min
Enfriamiento 30 min
Horneado 15-20 min
Almacenar se conservarán por 5 días en un recipiente hermético o por 4 semanas congeladas

UTENSILIOS ESPECIALES

cortador de masa en forma de flor, o 2 cortadores redondos de distinto tamaño

INGREDIENTES

3 yemas de huevo enteras

150 g de mantequilla sin sal, ablandada

150 g de azúcar glas, tamizada, y algo extra para espolvorear

cáscara de 1 limón, finamente rallada

150 g de harina de papa

100 g de harina leudante (o más harina de papa si no tolera el trigo), y algo extra para espolvorear

1 Deslice con cuidado las yemas de huevo en una olla con agua hirviendo a fuego lento. Cocine durante 5 min, hasta que estén bien duras y luego sáquelas del agua y espere a que enfríen. Cuando estén frías, páselas por un colador fino, presionándolas con el dorso de una cuchara. Llévelas a un bol pequeño.

2 Con una batidora eléctrica, combine la mantequilla y el azúcar glas, hasta lograr una mezcla suave y esponjosa. Agregue las yemas y la ralladura de limón; bata para integrar bien.

3 Tamice juntas las harinas y añádalas a la mezcla, batiendo bien hasta formar una masa lisa y suave. Coloque la masa en un bol, cubra con plástico adherente y refrigere durante 30 min para que adquiera firmeza. Precaliente el horno a 325 °F (160 °C) y aliste tres o cuatro bandejas de hornear antiadherentes.

4 Sobre una superficie ligeramente enharinada, estire la masa fría a 1 cm de grosor. Corte las galletas en forma de flor u otras formas. Si no tiene un cortador en forma de flor, use un cortador grande y uno pequeño para hacer anillos.

5 Disponga las galletas en las bandejas, y cocine en el tercio superior del horno de 15 a 17 min, hasta que empiecen a dorar. Los canestrelli son muy delicados cuando están calientes y es mejor dejarlos enfriar por unos 10 min en las bandejas antes de pasarlos a una rejilla para que enfríen bien. Una vez fríos, espolvoree con azúcar glas.

CONSEJO DEL PASTELERO

Estas delicadas galletas proceden de la región de Liguria en Italia. Su textura ligera se debe al uso tradicional de harina de papa en la receta. Si no encuentra harina de papa, sustitúyala con harina grado «00» (de supermercados y tiendas delicatessen italianas), o con harina común.

MACAROONS

Estas galletas (diferentes a los macarons franceses, pp. 246-249) son crujientes por fuera y gomosas por dentro.

Para 24

Preparación 10 min

Horneado 12-15 min

Almacenar es mejor comerlos el mismo día en que se hacen; se pueden conservar unos 2 o 3 días en un recipiente hermético, aunque tienden a secarse

UTENSILIOS ESPECIALES

hojas de papel comestible (opcional)

INGREDIENTES

2 claras de huevo

225 g de azúcar pulverizada

125 g de almendras molidas

30 g de harina de arroz

unas gotas de extracto de almendra

24 almendras sin piel

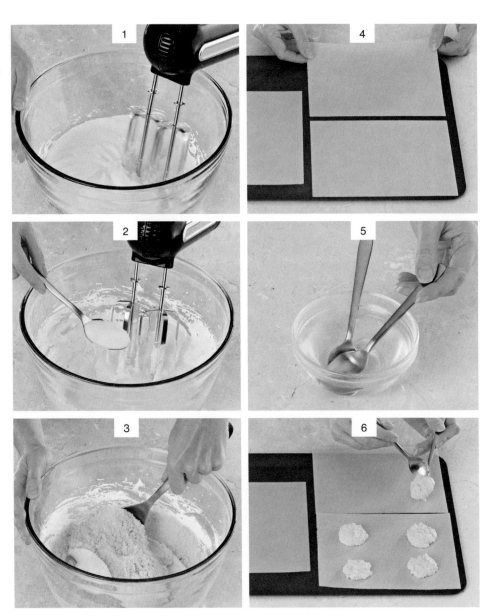

1 Precaliente el horno a 350 °F (180 °C). Con una batidora, lleve las claras a punto de nieve.

2 Incorpore el azúcar por cucharadas para obtener un merengue espeso y brillante.

3 Añada las almendras molidas, la harina y el extracto de almendras, y mezcle bien.

4 Si lo usa, recubra con papel comestible dos bandejas de hornear; o use papel de horno.

5 Use dos cucharitas para recoger y dar forma a la mezcla, limpiando y secando cada vez.

6 Coloque en cada trozo de papel 4 cucharaditas de la mezcla, separadas.

7 Redondee las porciones de masa. Ponga una almendra pelada en el centro de cada galleta.

8 Hornéelas en el centro del horno entre 12 y 15 min, o hasta que estén un poco doradas.

9 Antes de separar cada galleta del papel, déjela enfriar bien sobre una rejilla.

CONSEJO DEL PASTELERO

Los macaroons tienden a pegarse, pero si usa papel comestible no importa si queda algún trozo pegado a la galleta.

VARIACIONES DE LOS MACAROONS

CONSEJO DEL PASTELERO

Los macaroons de antaño últimamente han sido opacados por los macarons, sus bellos primos franceses (pp. 246-251). Sin embargo, estos macaroons no llevan trigo, son más fáciles de preparar y también son muy bien parecidos.

MACAROONS DE CAFÉ Y AVELLANAS

Estas primorosas galletitas son fáciles de preparar y plenas de sabor. Se ven muy lindas servidas con el café de después de la cena, sobre todo si las hace muy pequeñas.

Para 20
Preparación 30 min
Enfriamiento 30 min
Horneado 20 min
Almacenar es mejor comerlos el mismo día en que se hacen; se pueden conservar unos 2 o 3 días en un recipiente hermético, aunque tienden a secarse, o congelados por 4 semanas

UTENSILIOS ESPECIALES

procesador de alimentos con cuchillas

hojas de papel comestible (opcional)

INGREDIENTES

150 g de avellanas sin piel, más 20 adicionales

2 claras de huevo

225 g de azúcar pulverizada

30 g de harina de arroz

1 cdta. de café instantáneo fuerte disuelto en 1 cdta. de agua hirviendo y enfriado, o su equivalente en expreso frío

1 Precaliente el horno a 350 °F (180 °C). Tueste las avellanas en una bandeja de hornear por 5 min. Páselas a un paño y frote para eliminar la piel. Deje enfriar.

2 Bata las claras a punto de nieve. Añada el azúcar poco a poco, batiendo, hasta que se integre bien y la mezcla espese.

3 En un procesador de alimentos, pulverice las avellanas. Añádalas a la mezcla de merengue con la harina de arroz, y agregue el café. Cubra y refrigere por 30 min para darle consistencia.

4 Sobre bandejas de hornear cubiertas con papel de horno o comestible, ponga cucharaditas de la mezcla, separadas unos 4 cm entre sí. Haga un montoncito con cada una y ponga una avellana en el centro.

Cocine los macaroons en la parte alta del horno, entre 12 y 15 min, hasta que estén crujientes y ligeramente dorados; si los hace pequeños, revíselos a los 10 min. Deje en las bandejas durante 5 min y luego pase a una rejilla para que enfríen.

MACAROONS DE CHOCOLATE

Para una versión básica de chocolate, agregue cocoa en polvo.

Para 24
Preparación 20 min
Enfriamiento 30 min
Horneado 15 min
Almacenar es mejor comerlos el mismo día en que se hacen; se pueden conservar unos 2 o 3 días en un recipiente hermético, aunque tienden a secarse, o congelados por 4 semanas

UTENSILIOS ESPECIALES

hojas de papel comestible (opcional)

INGREDIENTES

2 claras de huevo
225 g de azúcar pulverizada
100 g de almendras molidas
30 g de harina de arroz
25 g de cocoa en polvo tamizada
24 almendras enteras sin piel

1 Precaliente el horno a 350 °F (180 °C). En un bol grande, bata las claras a punto de nieve, con una batidora eléctrica. Añada poco a poco el azúcar, batiendo entre cada adición, hasta combinar bien y lograr una mezcla espesa y brillante.

2 Incorpore las almendras y la harina, y luego la cocoa. Cubra y refrigere por 30 min para que la mezcla tome consistencia. Cubra dos bandejas de hornear con papel de horno o papel comestible (si lo utiliza).

3 Disponga sobre las bandejas cucharaditas colmadas de la mezcla, separadas por lo menos 4 cm entre sí, pues se extenderán. Trate de hacer un montoncito con cada porción de mezcla. Coloque una almendra sin piel en el centro de cada porción.

4 Cocine los macaroons en la parte alta del horno entre 12 y 15 min, hasta que estén crujientes por fuera y los bordes se sientan firmes al tacto. Déjelos enfriar en las bandejas por lo menos 5 min, y páselos a una rejilla para que enfríen bien.

MACAROONS DE COCO

Los macaroons de coco son fáciles de hacer y libres de trigo. Omití el chocolate en mi versión, para que sigan siendo delicias saludables.

Para 18-20
Preparación 20 min
Enfriamiento 2 h
Horneado 15-20 min
Almacenar se conservarán por 5 días en un recipiente hermético

UTENSILIOS ESPECIALES

hojas de papel comestible (opcional)

INGREDIENTES

1 clara de huevo
50 g de azúcar pulverizada
pizca de sal
½ cdta. de extracto de vainilla
100 g de coco desecado o rallado, y endulzado

1 Precaliente el horno a 325 °F (160 °C). En un bol grande, bata las claras de huevo a punto de nieve con una batidora eléctrica. Añada poco a poco el azúcar, batiendo entre cada adición, hasta combinar bien y lograr una mezcla espesa y brillante.

2 Agregue la sal y el extracto de vainilla, y bata brevemente. Incorpore cuidadosamente el coco. Cubra y refrigere por 2 horas hasta asentar. Esto permitirá también que el coco se hidrate y ablande.

3 Recubra una bandeja de hornear con papel de horno o papel comestible (si lo usa). Disponga cucharaditas colmadas de la mezcla en la bandeja; trate de hacer un montoncito con cada porción de mezcla.

4 Hornee en el centro del horno entre 15 y 20 min, hasta que los macaroons estén parcialmente dorados. Déjelos enfriar en las bandejas por lo menos 10 min para que ganen consistencia. Luego páselos a una rejilla para que enfríen bien.

VANILLEKIPFERL

Estas galletas alemanas en forma de medialuna suelen servirse con estrellas de canela (p. 199) para armar una bandeja navideña.

Para 30
Preparación 35 min
Enfriamiento 30 min
Horneado 15-17 min
Almacenar se conservan por 5 días en un recipiente hermético, o congelados por 4 semanas

INGREDIENTES

200 g de harina común, y algo extra para espolvorear

150 g de mantequilla sin sal, ablandada y en cubos

75 g de azúcar glas

75 g de almendras molidas

1 cdta. de extracto de vainilla

1 huevo batido

azúcar de vainilla o azúcar glas, para servir

1 Tamice la harina en un bol. Frote con la mantequilla ablandada hasta que la mezcla tome apariencia de migas finas. Tamice el azúcar glas y añada las almendras molidas.

2 Mezcle el extracto de vainilla con el huevo y viértalo en la mezcla de harina. Integre los ingredientes para obtener una masa suave. Si la masa está demasiado pegajosa, añada un poco más de harina. Ponga la masa dentro de una bolsa de plástico y refrigere durante 30 min como mínimo, hasta que esté firme.

3 Precaliente el horno a 325 °F (160 °C). Divida la masa en dos y sobre una superficie ligeramente enharinada, enrolle cada mitad en forma de salchicha, de unos 3 cm de diámetro. Con un cuchillo afilado, corte trozos de 1 cm.

4 Para modelar las galletas, enrolle cada trozo de masa entre sus palmas y dele forma de salchicha, de unos 8 x 2 cm y un poco más delgada en los extremos. Doble hacia adentro cada extremo para formar las medialunas. Recubra dos bandejas de hornear con papel de horno y disponga las galletas sobre ellas, dejando un pequeño espacio entre una y otra.

5 Hornee las vanillekipferl en la parte alta del horno durante 15 min, hasta que tomen color ligeramente. No se deben dorar.

6 Deje enfriar las galletas en las bandejas durante 5 min; luego, espolvoree el azúcar con vainilla o el azúcar glas y pase a una rejilla para enfriar bien.

CONSEJO DEL PASTELERO

Estas galletas en medialuna son una tradición
navideña en Alemania y reciben de las almendras
en polvo su textura delicada y quebradiza. Si bien
muchas recetas recomiendan espolvorear azúcar
de vainilla sobre las galletas terminadas, el extracto
de vainilla en la masa da resultados similares.

FLORENTINAS

Estas crujientes galletas italianas, llenas de frutas y nueces y cubiertas con lujoso chocolate negro, son un deleite a la hora del té.

Para 16-20
Preparación 20 min
Horneado 15-20 min
Almacenar se conservarán en un recipiente hermético por 5 días

INGREDIENTES

60 g de mantequilla

60 g de azúcar pulverizada

1 cdta. de miel de abejas clara

60 g de harina común tamizada

45 g de mezcla de cáscaras picadas

45 g de cerezas confitadas, finamente picadas

45 g de almendras peladas, finamente picadas

1 cdta. de jugo de limón

1 cdta. de crema de leche espesa

175 g de chocolate negro de buena calidad, partido en trozos

1 Precaliente el horno a 350 °F (180 °C) y recubra dos bandejas de hornear con papel de horno.

2 En una sartén a fuego lento, derrita la mantequilla con el azúcar y la miel. Deje enfriar hasta que la mezcla esté tibia. Incorpore todos los demás ingredientes, excepto el chocolate.

3 Con una cucharita, vierta porciones de la mezcla en la bandeja, dejando espacio entre ellas para que las galletas crezcan.

4 Hornee por 10 min, o hasta que las galletas doren un poco. Déjelas en la bandeja durante unos minutos, antes de pasarlas a una rejilla para que enfríen bien.

5 Ponga los trozos de chocolate en un bol refractario al baño María a fuego lento. Asegúrese de que el bol no toque el agua.

6 Una vez el chocolate se haya derretido, use una espátula para esparcir una fina capa de chocolate sobre la base de cada galleta. Deje las galletas sobre una rejilla, con el lado de chocolate hacia arriba, para que endurezca. Unte una segunda capa de chocolate y justo antes de que endurezca, dibuje líneas onduladas con un tenedor.

CONSEJO DEL PASTELERO

Para darle un bello despliegue de colores a estas galletas, puede cubrir un tercio de la base con chocolate de leche, otro tercio con chocolate blanco y el otro con chocolate negro. También puede usar diferentes tonos de chocolate para cubrirlas o salpicarlas en forma de zigzag; el efecto es espectacular.

BISCOTTI

Bellamente empacados, estos crocantes bocados italianos
son un buen regalo pues se conservan por varios días.

Para 25-30
Preparación 15 min
Horneado 40-45 min
Almacenar se conservarán en un
recipiente hermético por 1 semana,
o congelados 8 semanas

INGREDIENTES

50 g de mantequilla sin sal

100 g de almendras enteras sin piel

225 g de harina leudante, y algo extra
   para espolvorear

100 g de azúcar pulverizada

2 huevos

1 cdta. de extracto de vainilla

1 Derrita la mantequilla en una olla pequeña a
fuego lento y deje enfriar.

2 Precaliente el horno a 350 °F (180 °C). Cubra
una bandeja de hornear con papel de horno.

3 Lleve las almendras al centro del horno,
sobre una bandeja de hornear antiadherente.

4 Hornéelas entre 5 y 10 min, hasta que
estén ligeramente doradas.

5 Déjelas enfriar hasta que las pueda
manipular para cortarlas groseramente.

6 Tamice la harina en un colador fino sobre
un bol amplio.

7 Añada el azúcar y las almendras picadas al bol y mezcle bien.

8 En otro bol, bata los huevos, el extracto de vainilla y la mantequilla derretida.

9 Vierta poco a poco la mezcla de huevo sobre la harina, revolviendo con un tenedor.

10 Integre los ingredientes con sus manos, hasta obtener una masa.

11 Si la mezcla está muy húmeda para moldear, añádale harina hasta que esté flexible.

12 Coloque la masa sobre una superficie ligeramente enharinada.

13 Con sus manos, forme dos piezas de masa en forma de leño, de unos 20 cm de largo.

14 Colóquelas sobre la bandeja preparada y hornee por 20 min en el centro del horno.

15 Retire las piezas del horno. Déjelas enfriar un poco y páselas a una tabla de cortar.

continúa ▶

16 Con un cuchillo de sierra, corte las piezas en rebanadas de 3 a 5 cm de grosor.

17 Disponga los biscotti en una bandeja de hornear y hornee por 10 min, para secar más.

18 Dé vuelta a los biscotti con una espátula y regréselos al horno por otros 5 min.

19 Enfríelos sobre una rejilla, para que endurezcan y pierdan toda la humedad.

20 Congele los biscotti en bandejas de horno hasta que estén sólidos.

21 Páselos a bolsas de congelar.

Biscotti ▶

VARIACIONES DEL BISCOTTI

BISCOTTI DE AVELLANAS Y CHOCOLATE

Para tener una alternativa diferente, agregue chispas de chocolate a la masa de galletas.

Para 25-30
Preparación 15 min
Horneado 40-45 min
Almacenar se conservarán por 1 semana en un recipiente hermético o por 8 semanas congelados

INGREDIENTES

100 g de avellanas enteras, sin cáscara
225 g de harina leudante tamizada,
  y algo extra para espolvorear
100 g de azúcar pulverizada
50 g de chispas de chocolate negro
2 huevos
1 cdta. de extracto de vainilla
50 g de mantequilla sin sal, derretida y enfriada

1 Precaliente el horno a 350 °F (180 °C). Cubra una bandeja de hornear con papel siliconado. Esparza las avellanas sobre una bandeja de hornear sin recubrir y hornee entre 5 y 10 min, dándoles vuelta a la mitad del tiempo, hasta que tomen algo de color. Déjelas enfriar y frótelas con un paño para eliminar el exceso de piel. Píquelas gruesas.

2 En un bol, mezcle la harina, el azúcar, las avellanas y las chispas de chocolate. En otro bol, bata los huevos, el extracto de vainilla y la mantequilla. Combine los ingredientes secos con los húmedos y forme una masa. Si queda muy húmeda, amase con un poco más de harina hasta que esté moldeable.

3 Ponga la masa sobre una superficie enharinada y forme dos rollos de 20 x 7 cm. Hornee sobre la bandeja por 20 min, en el centro del horno. Retire los rollos de biscotti del horno y déjelos enfriar un poco. Con un cuchillo de sierra, corte porciones diagonales de 3 a 5 cm de grosor.

4 Regrese al horno las porciones de biscotti y hornee por 15 min, volteándolas a los 10 min. Los biscotti estarán listos cuando sus bordes estén dorados y se sientan duros al tacto. Enfríe sobre una rejilla.

BISCOTTI DE CHOCOLATE Y NUEZ DEL BRASIL

Oscurecidos con cocoa en polvo, son ideales para servir después de la comida, con un fuerte café negro.

Para 25-30
Preparación 15 min
Horneado 40-45 min
Almacenar se conservarán por 1 semana en un recipiente hermético o por 8 semanas congelados

INGREDIENTES

100 g de nueces del Brasil, sin cáscara
175 g de harina leudante tamizada, y algo extra para espolvorear
50 g de cocoa en polvo
100 g de azúcar pulverizada
2 huevos
1 cdta. de extracto de vainilla
50 g de mantequilla sin sal, derretida y enfriada

1 Precaliente el horno a 350 °F (180 °C). Cubra con papel siliconado una bandeja de hornear. Hornee las nueces en una bandeja de hornear sin recubrir, entre 5 y 10 min. Deje enfriar un poco, frótelas con un paño para eliminar el exceso de piel. Píquelas.

2 En un bol, mezcle la harina, la cocoa, el azúcar y las nueces. En otro bol, bata los huevos, el extracto de vainilla y la mantequilla. Combine los ingredientes húmedos y secos hasta formar una masa.

3 Sobre una superficie enharinada, forme dos rollos de masa de 20 x 7 cm. Colóquelos en la bandeja recubierta y hornee por 20 min. Deje enfriar un poco y luego, con un cuchillo de sierra, corte cada rollo de biscotti en trozos diagonales de 3 a 5 cm de grosor.

4 Regrese al horno las porciones y hornee por 15 min, dándoles vuelta a los 10 min.

CONSEJO DEL PASTELERO

La textura dura y crujiente y el sabor tostado de los biscotti se obtienen gracias a la doble horneada. Esta técnica también hace que se conserven bien durante un buen tiempo.

BISCOTTI DE PISTACHOS Y NARANJA

Estos fragantes biscotti son deliciosos bien sea con café o mojados en un vaso de vino dulce.

Para 25-30
Preparación 15 min
Horneado 40-45 min
Almacenar se conservarán por 1 semana en un recipiente hermético o por 8 semanas congelados

INGREDIENTES

100 g de pistachos enteros, sin cáscara

225 g de harina leudante, y algo extra para espolvorear

100 g de azúcar pulverizada

cáscara de 1 naranja, finamente rallada

2 huevos

1 cdta. de extracto de vainilla

50 g de mantequilla sin sal, derretida y enfriada

1 Precaliente el horno a 350 °F (180 °C). Esparza los pistachos en una bandeja de hornear. Hornee entre 5 y 10 min. Deje enfriar, frote con un paño para eliminar el exceso de piel y luego pique.

2 En un bol, mezcle la harina, el azúcar, la ralladura y los pistachos. En otro bol, bata los huevos, el extracto de vainilla y la mantequilla. Mezcle los ingredientes secos y los húmedos hasta formar una masa.

3 Sobre una superficie enharinada, forme dos rollos de masa de 20 x 7 cm. Cocínelos por 20 min en el centro del horno, sobre una bandeja de hornear forrada con papel siliconado. Deje enfriar un poco y luego, con un cuchillo de sierra, corte porciones diagonales de 3 a 5 cm de grosor.

4 Regrese al horno las porciones y hornee por 15 min, dándoles vuelta a los 10 min.

TUILES

La masa para las tuiles es muy fácil de hacer, sin embargo,
darle la forma exige destreza. He aquí algunas ideas.

1 Precaliente el horno a 400 °F (200 °C). Bata la mantequilla y el azúcar con una batidora.

2 Añada el huevo y bata bien. Tamice encima la harina y mezcle con una cuchara de metal.

3 Reparta la masa en bandejas antiadherentes; entre 2 y 4 cucharadas separadas por bandeja.

4 Con el dorso de una cuchara mojada, aplánelas a unos 8 cm de diámetro.

Para otras formas, corte plantillas de papel siliconado. Haga estrellas o círculos ondulados.

Ponga las plantillas sobre la bandeja y esparza 1 cucharada de masa dentro de cada una.

5 Hornee de 5 a 7 min en la parte alta del horno, hasta que los bordes doren ligeramente.

6 Levante las tuiles con una espátula y deles la forma enseguida, antes de que endurezcan.

7 Sujete sobre un rodillo engrasado, para tuiles clásicas. Si endurecen antes, hornee por 1 min.

Para 15
Preparación 15 min
Horneado 5-7 min

INGREDIENTES

50 g de mantequilla sin sal,
   ablandada

50 g de azúcar glas tamizada

1 huevo batido

50 g de harina común

aceite vegetal, para engrasar

Para una canasta, presione sobre la base de un bol pequeño engrasado e invertido.

Con las manos u otro bol, sujete la tuile por 1 min, hasta que empiece a endurecer.

Para una espiral, tuerza una tuile rectangular en el mango engrasado de una cuchara de madera.

8 Deje enfriar las tuiles de 2 a 3 min, antes de separarlas con cuidado del rodillo. Póngalas sobre una rejilla para que se enfríen y sequen completamente. Es mejor comerlas el mismo día en que se hacen.

VARIACIONES DE LAS TUILES

BRANDY SNAPS

Las brandy snaps merecen volver a ponerse de moda. Una canasta transforma una simple mousse de chocolate en un elegante postre.

Para 16-20
Preparación 15 min
Horneado 6-8 min

UTENSILIOS ESPECIALES
manga pastelera y boquilla mediana (opcional)

INGREDIENTES
100 g de mantequilla sin sal, en cubos
100 g de azúcar glas
60 g de almíbar dorado
100 g de harina común tamizada
1 cdta. de jengibre en polvo
cáscara de 1/2 limón finamente rallada
1 cda. de brandy (opcional)
aceite vegetal, para engrasar

Para el relleno (opcional)
250 ml de crema de leche espesa, batida
1 cda. de azúcar glas
1 cdta. de brandy

1 Precaliente el horno a 350 °F (180 °C). En una sartén a fuego medio, derrita la mantequilla y el azúcar. Añada el almíbar dorado y mezcle bien. Retire del fuego e incorpore la harina, el jengibre y la ralladura. Agregue el brandy (si lo usa).

2 Vierta cucharaditas de la mezcla sobre 3 o 4 bandejas de hornear antiadherentes, bien separadas entre sí, pues las tuiles se extenderán a un diámetro de unos 8 cm. Hornee en la parte alta del horno de 6 a 8 min, hasta que doren y los bordes oscurezcan un poco.

3 Déjelas enfriar en las bandejas por 3 min, hasta que pueda moverlas con una espátula, pero que aún estén lo suficientemente blandas para darles forma. Si se endurecen mucho, hornee de 1 a 2 min para ablandar.

4 Para una forma clásica, tuerza las tuiles en el mango engrasado de una cuchara de madera y espere a que endurezcan, antes de pasarlas a una rejilla. En la p. 217 verá cómo darles forma de canasta.

5 Para servir como postre, mezcle todos los ingredientes del relleno y llene con la mezcla las brandy snaps frías y enrolladas. Lo ideal es comerlas el mismo día en que se hacen.

CRUJIENTES DE PARMESANO

Utilice estas tostadas como guarnición o canapé.

Para 24
Preparación 5 min
Horneado 5-7 min

UTENSILIOS ESPECIALES
cortador de masa, de 7 cm

INGREDIENTES
100 g de queso parmesano finamente rallado
1 cda. de semillas de amapola, o 1 cda. de semillas de ajonjolí, o 1 cda. de hierbas picadas: romero, tomillo o salvia (opcional)

1 Precaliente el horno a 400 °F (200 °C). En un bol, mezcle el queso con cualquiera de los ingredientes adicionales (si los utiliza).

2 Ponga el cortador de masa sobre una bandeja de hornear antiadherente y espolvoree 1 cucharada de la mezcla de queso, bien distribuida dentro del cortador. Retire con cuidado el cortador. Repita el proceso con el resto del queso.

3 Hornee en la parte alta del horno entre 5 y 7 min o hasta que el queso se derrita y dore ligeramente en los bordes.

4 Deje endurecer los crujientes en las bandejas por un par de minutos y páselos a una rejilla antes de que enfríen por completo, pues de lo contrario podría resultar difícil moverlos. Son deliciosos si se comen el mismo día en que se hacen.

TUILES DE ALMENDRA

Estas tuiles de almendra son muy sencillas, sin embargo, dan realce a la mayoría de los postres. Utilícelas para adornar postres delicados con sabor a frutas o a vainilla.

Para 15
Preparación 15 min
Horneado 5-7 min

INGREDIENTES
50 g de mantequilla sin sal, ablandada
50 g de azúcar glas tamizada
1 huevo
50 g de harina común tamizada
25 g de almendras en hojuelas
aceite vegetal, para engrasar

1 Precaliente el horno a 400 °F (200 °C). Con una batidora eléctrica, integre la mantequilla y el azúcar glas hasta obtener una mezcla pálida y esponjosa. Añada el huevo y mezcle bien. Incorpore lentamente la harina.

2 Vierta de 2 a 4 cucharadas de la mezcla en una bandeja de hornear antiadherente, para cocer por tandas. Con el dorso de una cuchara mojada, y con un movimiento envolvente, aplane la masa en círculos uniformes de 8 cm de diámetro. Puede usar plantillas para darles otras formas (p. 216), siempre que el grosor sea uniforme.

3 Esparza unas cuantas hojuelas de almendras sobre las tuiles y hornee en la parte alta del horno entre 5 y 7 min. Estarán listas cuando los bordes comiencen a tomar color y hayan dorado un poco en el centro.

4 Retírelas del horno. Solo cuenta con unos segundos para darles forma antes de que endurezcan. Si se ponen muy duras, hornéelas de nuevo por 1 o 2 min, hasta que ablanden.

5 Para hacer una tuile clásica, presione las galletas sobre un rodillo ligeramente engrasado y deje enfriar por un par de minutos antes de retirarlas suavemente (para otras formas, consulte la p. 217). Póngalas luego en una rejilla para que sequen bien. Lo ideal es comerlas el mismo día en que se hacen.

CONSEJO DEL PASTELERO
Las tuiles son muy fáciles de hacer, sobre todo cuando usted ya sabe que al recalentarlas brevemente tiene más tiempo para darles forma. Sin embargo, no haga mucha fuerza al darles forma, pues se pueden agrietar.

MANTECADA (SHORTBREAD)

Esta torta clásica escocesa de color suave no debe dorar
en el horno, recuerde cubrirla con papel de aluminio.

1 Precaliente el horno a 325 °F (160 °C). Engrase el molde y cúbralo con papel de horno.

2 Ponga en un bol grande la mantequilla ablandada y el azúcar.

3 Combínelas con una batidora eléctrica hasta lograr una mezcla suave y esponjosa.

4 Agregue lentamente la harina y la fécula y revuelva hasta incorporarlas a la mezcla.

5 Integre con las manos para formar una masa áspera y grumosa. Pásela al molde.

6 Presione la masa con las manos para formar un bloque compacto y uniforme.

7 Con un cuchillo afilado, marque suavemente la mantecada, formando 8 porciones iguales.

8 Pinche la mantecada con un tenedor, siguiendo un patrón decorativo.

9 Cúbrala con plástico adherente y llévela al refrigerador por 1 hora.

Para 8 porciones
Preparación 15 min
Enfriamiento 1 h
Horneado 30-40 min
Almacenar se conservará en un recipiente hermético por 5 días

UTENSILIOS ESPECIALES
1 molde desmontable para torta, redondo, de 18 cm

INGREDIENTES
150 g de mantequilla sin sal ablandada, y algo extra para engrasar
75 g de azúcar pulverizada, y algo extra para espolvorear
175 g de harina común
50 g de fécula de maíz

10 Hornéela de 30 a 40 min, centrada. Si dora rápidamente, cubra con papel de aluminio.

11 Saque la mantecada del horno y marque de nuevo las porciones con un cuchillo afilado.

12 Aún caliente, espolvoree encima una fina capa de azúcar pulverizada.

13 Cuando esté bien fría, desmóldela con cuidado y córtela en porciones, siguiendo las líneas marcadas.

VARIACIONES DE LA MANTECADA

CONSEJO DEL PASTELERO

El secreto para una buena mantecada del millonario es hacer un caramelo duro que no se hunda por los lados al cortarlo, y una cubierta de chocolate fácil de cortar. La adición de mantequilla suavizará el chocolate y cocinar el caramelo hasta que espese bien ayudará a lograr el resultado perfecto.

MANTECADA DEL MILLONARIO

Un clásico moderno muy dulce y rico, como debe ser.

Para 16 cuadritos
Preparación 45 min
Horneado 35-40 min
Almacenar se conservarán por 5 días en un recipiente hermético

UTENSILIOS ESPECIALES

molde cuadrado para pastel, de 20 cm

INGREDIENTES

200 g de harina común
175 g de mantequilla sin sal ablandada, y algo extra para engrasar
100 g de azúcar pulverizada

Para el relleno de caramelo

50 g de mantequilla sin sal
50 g de azúcar morena clara
1 lata de 400 g de leche condensada

Para la cubierta de chocolate

200 g de chocolate de leche
25 g de mantequilla sin sal
50 g de chocolate negro

1 Precaliente el horno a 325 °F (160 °C). Ponga la harina, la mantequilla y el azúcar en un bol, y frote hasta formar migas. Engrase el molde y recúbralo con papel de horno. Pase la mezcla al molde y presiónela con las manos hasta que quede compacta y uniforme. Hornee de 35 a 40 min en el centro del horno, hasta dorar. Deje enfriar en el molde.

2 Para el caramelo, derrita la mantequilla y el azúcar en una olla a fuego medio. Añada la leche condensada y lleve a ebullición, revolviendo. Reduzca el fuego y cocine a fuego lento por 5 min, sin dejar de revolver, hasta que la mezcla espese y tome un color caramelo claro. Vierta el caramelo sobre la mantecada fría y déjelo enfriar.

3 Para la cubierta, derrita la mantequilla y el chocolate de leche en un bol al baño María hirviendo a fuego lento, revolviendo. En otro bol al baño María, derrita el chocolate negro.

4 Vierta chocolate de leche sobre el caramelo endurecido de la mantecada y alíselo. Vierta encima el chocolate negro en forma de zigzag y arrastre un pincho fino a través de ambos chocolates para crear un efecto marmoleado. Corte en cuadrados cuando la cubierta haya enfriado y endurecido.

GALLETAS DE MANTECADA CON CHOCOLATE

Mantecadas con chispas de chocolate, ideales para los niños.

Para 14-16
Preparación 15 min
Horneado 15-20 min
Almacenar se conservarán por 5 días en un recipiente hermético

INGREDIENTES

100 g de mantequilla sin sal, ablandada

75 g de azúcar pulverizada

100 g de harina común tamizada, y algo extra para espolvorear

25 g de fécula de maíz tamizada

50 g de chispas de chocolate negro

1 Precaliente el horno a 340 °F (170 °C). En un bol grande, mezcle la mantequilla y el azúcar con una batidora eléctrica, hasta que quede suave y esponjoso. Agregue la harina, la fécula y las chispas de chocolate, y mezcle hasta formar una masa áspera.

2 Sobre una superficie ligeramente enharinada, amase hasta suavizar. Haga un rollo de masa de 6 cm de diámetro y córtelo en porciones de 5 mm. Disponga las porciones, un poco separadas, en dos bandejas de hornear antiadherentes.

3 Hornee de 15 a 20 min en el centro del horno, hasta que las mantecadas estén ligeramente doradas. Déjelas en las bandejas por unos minutos, antes de pasarlas a una rejilla para que enfríen bien.

SANDIES DE PACANA

Estas adictivas mantecadas se llaman así porque su textura (¡mas no su sabor!) es como de arena fina.

Para 18-20
Preparación 15 min
Enfriamiento 30 min (si es necesario)
Horneado 15 min
Almacenar se conservarán por 5 días en un recipiente hermético

INGREDIENTES

100 g de mantequilla sin sal, ablandada

50 g de azúcar morena clara

50 g de azúcar pulverizada

½ cdta. de extracto de vainilla

1 yema de huevo

150 g de harina común tamizada, y algo extra para espolvorear

75 g de nueces pacanas picadas

1 Precaliente el horno a 350 °F (180 °C). En un bol grande, integre la mantequilla y el azúcar con una batidora eléctrica hasta lograr una masa suave y esponjosa. Agregue el extracto de vainilla y la yema de huevo, y mezcle bien. Añada la harina y luego las pacanas. Combine los ingredientes hasta formar una masa áspera.

2 Sobre una superficie ligeramente enharinada, amase hasta lograr una masa suave. Haga un rollo de unos 20 cm de largo. Si la masa está muy blanda para cortarla, refrigérela por 30 min.

3 Corte el rollo en discos de 1 cm. Disponga los discos, un poco separados, en dos bandejas de hornear forradas con papel de horno. Hornee en la parte alta del horno por 15 min, hasta que los bordes doren. Déjelos por unos minutos en las bandejas y páselos a una rejilla para que enfríen bien.

FLAPJACKS

Estas barras masticables son altamente energéticas y fáciles
de hacer con unos pocos ingredientes de la alacena.

Para 12-16 unidades
Preparación 15 min
Horneado 40 min
Almacenar se conservarán por 1
semana en un recipiente hermético

UTENSILIOS ESPECIALES

molde para torta, cuadrado, de 25 cm

INGREDIENTES

225 g de mantequilla, y algo extra
  para engrasar

225 g de azúcar morena clara

2 cdas. de almíbar dorado

350 g de avena en hojuelas

1 Precaliente el horno a 300 °F (150 °C).
Engrase la base y los lados del molde.

2 Ponga la mantequilla, el azúcar y el almíbar
en una olla grande y lleve a fuego medio-bajo.

3 Revuelva con una cuchara de madera para
que no se pegue. Retire del fuego.

4 Incorpore la avena, asegurándose de que
quede bien cubierta, pero no mezcle en exceso.

5 Vierta la mezcla de avena en el molde
preparado.

6 Presione firmemente con la cuchara de
madera para formar una capa uniforme.

7 Para nivelar la superficie, moje una cuchara en agua caliente y alise con el dorso.

8 Hornee por 40 min o hasta dorar bien; quizás deba girar el molde en el horno.

9 Deje enfriar por 10 min y con un cuchillo, corte en 16 cuadrados o 20 rectángulos.

10 Deje enfriar los flapjacks por completo en el molde y luego retírelos. Una pala de cocina es una herramienta útil para hacerlo.

VARIACIONES DE LOS FLAPJACKS

FLAPJACKS DE CEREZA

Use cerezas secas como una alternativa atractiva a las comunes frutas secas como las pasas y las sultanas.

Para 18
Preparación 15 min
Horneado 25 min
Enfriamiento 10 min
Almacenar se conservarán por 1 semana en un recipiente hermético

UTENSILIOS ESPECIALES

molde para torta, cuadrado, de 20 cm

INGREDIENTES

150 g de mantequilla sin sal, y algo extra para engrasar

75 g de azúcar morena clara

2 cdas. de almíbar dorado

350 g de avena en hojuelas

125 g de cerezas confitadas cortadas en cuartos, o 75 g de cerezas secas, picadas gruesas

50 g de uvas pasas

100 g de chocolate blanco o chocolate de leche, picado en trozos pequeños, para rociar

1 Precaliente el horno a 350 °F (180 °C). Engrase ligeramente el molde. Derrita la mantequilla con el azúcar y el almíbar en una olla mediana a fuego lento, revolviendo. Retire del fuego, incorpore la avena, las cerezas y las uvas pasas.

2 Pase al molde y presione hacia abajo. Hornee en la parte alta del horno por 25 min. Retire, deje enfriar un poco en el molde y corte en 18 trozos con un cuchillo.

3 Cuando los flapjacks estén fríos, ponga el chocolate en un bol refractario pequeño al baño María. Asegúrese de que el bol no toque el agua, y deje que el chocolate se derrita. Con una cucharita, rocíe el chocolate derretido sobre los flapjacks. Deje enfriar por 10 min o hasta que el chocolate esté solido. Retire los flapjacks del molde con una pala de cocina.

FLAPJACKS DE DÁTILES

La generosa cantidad de dátiles de esta receta les da a los flapjacks un sabor acaramelado y una consistencia maravillosamente húmeda.

Para 16
Preparación 25 min
Horneado 40 min
Almacenar se conservarán por 1 semana en un recipiente hermético

UTENSILIOS ESPECIALES

molde para torta cuadrado, de 20 cm
licuadora

INGREDIENTES

200 g de dátiles sin semillas, picados
½ cdta. de bicarbonato de sodio
200 g de mantequilla sin sal
200 g de azúcar morena clara
2 cdas. de almíbar dorado
300 g de avena en hojuelas

1 Precaliente el horno a 325 °F (160 °C). Recubra el molde con papel de horno. Ponga los dátiles y el bicarbonato en una olla con agua que los cubra. Cocine a fuego lento por 5 min, escurra y reserve el líquido. Haga un puré en la licuadora, con tres cucharadas del líquido de cocción. Reserve.

2 Derrita la mantequilla, el azúcar y el almíbar en una olla grande, revolviendo para mezclar. Incorpore la avena y luego ponga la mitad de la mezcla en el molde.

3 Esparza el puré de dátiles sobre la mezcla de avena y vierta encima la mezcla restante. Hornee por 40 min o hasta dorar. Deje enfriar en el molde por 10 min, luego corte en 16 cuadrados con un cuchillo. Deje enfriar bien los flapjacks en el molde antes de desmoldar con una pala de cocina.

FLAPJACKS DE AVELLANAS Y PASAS

Las avellanas y las pasas hacen de esta una golosina sana.

Para 16-20
Preparación 15 min
Horneado 30 min
Almacenar se conservarán por 1 semana en un recipiente hermético

UTENSILIOS ESPECIALES

molde para brownie, de 20 x 25 cm, o similar

INGREDIENTES

225 g de mantequilla sin sal, y algo extra para engrasar
225 g de azúcar morena clara
2 cdas. de almíbar dorado
350 g de avena en hojuelas
75 g de avellanas picadas
50 g de uvas pasas

1 Precaliente el horno a 325 °F (160 °C). Engrase el molde y recubra la base y los lados con papel de horno. Ponga la mantequilla, el azúcar y el almíbar en una cacerola pesada a fuego lento, hasta que la mantequilla se derrita. Retire la cacerola del fuego y agregue la avena, las avellanas y las pasas.

2 Pase la mezcla al molde preparado y presiónela hasta que esté compacta y uniforme. Cocine en el centro del horno durante 30 min, hasta que esté dorada y ligeramente oscura en los bordes.

3 Deje en el molde por 5 min y corte en cuadrados con un cuchillo afilado. Cuando estén bien fríos, retire los flapjacks del molde con una pala de cocina.

CONSEJO DEL PASTELERO

Las nueces y las pasas hacen más saludables estos flapjacks y como a las galletas de avena (pp. 188-191), también se les puede añadir un puñado de semillas de calabaza o girasol. A pesar de la cuota de salud de estos ingredientes, por su contenido de mantequilla los flapjacks son altos en grasa.

BROWNIES DE CHOCOLATE Y AVELLANAS

Estos brownies, una receta clásica estadounidense, son húmedos y esponjosos en el centro y crujientes por fuera.

Para 24
Preparación 25 min
Horneado 12-15 min
Almacenar se conservarán por 3 días en un recipiente hermético

UTENSILIOS ESPECIALES

1 molde para brownies, de 23 x 30 cm, o similar

INGREDIENTES

100 g de avellanas

175 g de mantequilla sin sal, en cubos

300 g de chocolate negro de buena calidad, cortado en trozos

300 g de azúcar pulverizada

4 huevos grandes batidos

200 g de harina común

25 g de cocoa en polvo, y algo extra para espolvorear

1 Esparza las avellanas en una bandeja de hornear. Precaliente el horno a 400 °F (200 °C).

2 Tueste las avellanas en el horno por 5 min hasta que doren, sin quemarlas.

3 Retire las avellanas del horno, envuélvalas en un paño de cocina y frótelas para pelarlas.

4 Pique las avellanas —una parte en trozos grandes y otra en pequeños—. Reserve.

5 Recubra el molde con papel de horno, dejando que cuelgue un poco por los lados.

6 Ponga la mantequilla y el chocolate en un bol refractario al baño María.

7 Derrítalos, revolviendo hasta lograr una mezcla suave. Retire y deje enfriar.

8 Una vez la mezcla esté fría, integre el azúcar hasta combinar bien.

9 Agregue uno a uno los huevos, mezclando bien entre las adiciones.

10 Tamice la harina y la cocoa sobre el bol, con el colador en alto, para airear.

11 Incorpore la harina y la cocoa hasta lograr una masa suave y sin manchas de harina.

12 Agregue las avellanas picadas y distribúyalas bien en la masa, que debe estar espesa.

13 Vierta en el molde preparado y extienda para llenar las esquinas. Alise la superficie.

14 Hornee 12-15 min, hasta que el brownie esté firme al tacto por encima y blando debajo.

15 Si se inserta un pincho, debe salir cubierto con un poco de masa. Retire del horno.

continúa ▶

16 Para conservar el centro blando, deje enfriar completamente el brownie en el molde.

17 Levante el brownie del molde, usando los bordes del papel para tener un buen agarre.

18 Con un cuchillo largo y afilado o de sierra, marque 24 porciones iguales en la superficie.

19 Vierta agua hirviendo en un plato llano. Mantenga el plato a su alcance.

20 Corte en 24 porciones. Limpie el cuchillo entre cortes y sumérjalo en el agua caliente.

21 Tamice cocoa sobre los brownies.

Brownies de chocolate y avellanas ▶

VARIACIONES DEL BROWNIE

CONSEJO DEL PASTELERO

La textura del brownie es un asunto de gusto personal. Algunos los prefieren tan blandos que se desmoronen, pero otros prefieren un pastel más firme. Si le gustan esponjosos, reduzca un poco el tiempo de cocción.

BROWNIES DE CEREZAS ÁCIDAS Y CHOCOLATE

El sabor fuerte y la textura masticable de las cerezas ácidas secas contrasta maravillosamente con el rico sabor del chocolate negro.

Para 16
Preparación 15 min
Horneado 20-25 min
Almacenar los brownies se conservarán por 3 días en un recipiente hermético

UTENSILIOS ESPECIALES

molde de 20 x 25 cm para brownies, o similar

INGREDIENTES

150 g de mantequilla sin sal, en cubos, y algo extra para engrasar

150 g de chocolate negro de buena calidad, partido en pedazos

250 g de azúcar mascabada clara

150 g de harina leudante tamizada

3 huevos

1 cdta. de extracto de vainilla

100 g de cerezas ácidas secas

100 g de chocolate negro cortado en trozos

1 Precaliente el horno a 350 °F (180 °C). Engrase el molde y recúbralo con papel de horno. Derrita la mantequilla y el chocolate en un bol refractario al baño María. Retire del fuego, agregue el azúcar y revuelva bien. Deje enfriar un poco.

2 Incorpore los huevos y el extracto de vainilla a la mezcla de chocolate. Vierta la mezcla húmeda sobre la harina tamizada y combine, sin mezclar demasiado. Añada las cerezas ácidas y el chocolate en trozos.

3 Vierta la mezcla en el molde y cocine en el centro del horno entre 20 y 25 min. Estará listo cuando los bordes estén firmes y el centro se sienta suave al tacto.

4 Deje enfriar el brownie en el molde durante 5 min. Desmolde y córtelo en cuadrados. Ponga los brownies en una rejilla hasta que enfríen bien.

BROWNIES CON NUECES Y CHOCOLATE BLANCO

Ligeramente blandos en el centro, son una tentación a la hora del té.

Para 16
Preparación 10 min
Horneado 1 h 15 min
Almacenar estos brownies se conservarán por 5 días en un recipiente hermético

UTENSILIOS ESPECIALES

molde cuadrado de 20 cm de profundidad

INGREDIENTES

25 g de mantequilla sin sal, en cubos, y algo extra para engrasar
50 g de chocolate negro de buena calidad, cortado en trozos
3 huevos
1 cda. de miel de abejas clara
225 g de azúcar morena clara
75 g de harina leudante
175 g de trozos de nueces
25 g de chocolate blanco, picado

1 Precaliente el horno a 325 °F (160 °C). Engrase ligeramente el molde o recubra la base y los lados con papel de horno.

2 Derrita el chocolate negro y la mantequilla en un bol refractario al baño María a fuego lento, revolviendo ocasionalmente. No deje que el bol toque el agua. Retire el bol de la olla y deje enfriar un poco.

3 Bata los huevos, la miel y el azúcar morena; luego añada gradualmente la mezcla de chocolate derretido. Tamice encima la harina, añada los trozos de nuez y de chocolate blanco e integre con cuidado los ingredientes. Vierta la mezcla en el molde.

4 Lleve el molde al horno y hornee por 30 min. Cubra con papel de aluminio y hornee por otros 45 min. El centro debe quedar un poco blando. Pase el molde a una rejilla y deje enfriar bien. Desmolde sobre una tabla y corte en cuadrados.

BLONDIES DE CHOCOLATE BLANCO Y MACADAMIA

Versión de chocolate blanco del popularísimo brownie.

Para 24
Preparación 15 min
Horneado 20 min
Almacenar los blondies se conservarán por 5 días en un recipiente hermético

UTENSILIOS ESPECIALES

molde para brownies, de 20 x 25 cm, o similar

INGREDIENTES

300 g de chocolate blanco en trozos
175 g de mantequilla sin sal, en cubos
300 g de azúcar pulverizada
4 huevos grandes
225 g de harina común
100 g de nueces de macadamia, picadas gruesas

1 Precaliente el horno a 400 °F (200 °C). Recubra la base y los lados del molde con papel de horno. En un bol al baño María a fuego lento, derrita el chocolate y la mantequilla, revolviendo ocasionalmente hasta suavizar. El bol no debe tocar el agua. Retire y deje enfriar durante 20 min.

2 Una vez el chocolate haya derretido, añada el azúcar (la mezcla puede volverse espesa y granulosa, pero los huevos la suavizan). Agregue los huevos uno a uno y mezcle con un batidor manual, sin dejar de batir entre adiciones. Tamice encima la harina, mezcle suavemente y luego añada las nueces.

3 Hornee por 20 min o hasta que el bizcocho esté firme al tacto en la parte alta, pero en el fondo esté suave aún. Deje enfriar bien en el molde, luego córtelo en 24 cuadrados, o un número menor de rectángulos para blondies más grandes.

GALLETAS DE STILTON Y NUEZ

Estas galletas saladas son ideales para usar los sobrantes
de stilton y nueces que quedan después de la Navidad.

1 Mezcle el queso y la mantequilla con una
batidora eléctrica, hasta formar una crema.

2 Añada la harina a la mezcla de queso
y frote con los dedos para formar migas.

3 Agregue las nueces y la pimienta negra,
y revuelva para mezclar bien.

4 Por último, añada la yema y revuelva la
mezcla hasta formar una masa firme.

5 Amase un poco sobre una superficie
enharinada para integrar bien las nueces.

6 Envuelva la masa en plástico. Refrigere por
1 hora. Precaliente el horno a 350 °F (180 °C).

7 Lleve la masa a una superficie enharinada y
amase brevemente para suavizar un poco.

8 Estire la masa a un grosor de 5 mm y forme
las galletas con el cortador.

9 También puede formar un rollo de masa de
5 cm de diámetro y refrigerarlo.

Para 24
Preparación 10 min
Enfriamiento 1 h
Horneado 20 min
Por anticipado sin hornear, puede congelarse al final del paso 9 por 12 semanas
Almacenar se conservarán por 5 días en un recipiente hermético

UTENSILIOS ESPECIALES
cortador de masa redondo, de 5 cm

INGREDIENTES
120 g de queso stilton u otro queso azul
50 g de mantequilla sin sal, ablandada
125 g de harina común tamizada, y algo extra para espolvorear

60 g de nueces picadas
pimienta negra recién molida
1 yema de huevo

10 Con un cuchillo afilado, corte el rollo de masa en rodajas de 5 mm.

11 Hornee las galletas en bandejas de hornear antiadherentes, en lo alto del horno, por 15 min.

12 Deles vuelta y hornee por otros 5 min, hasta que estén doradas por ambos lados.

13 Retire las galletas del horno, déjelas enfriar un poco en las bandejas y luego páselas a una rejilla para que enfríen totalmente.

VARIACIONES DE LAS GALLETAS DE QUESO

PALITOS DE QUESO

Una gran manera de utilizar los restos de quesos duros.

Para 15-20
Preparación 10 min
Enfriamiento 1 h
Horneado 15 min
Almacenar se conservarán por 3 días en un recipiente hermético

UTENSILIOS ESPECIALES

procesador de alimentos con cuchillas (opcional)

INGREDIENTES

75 g de harina común tamizada, y algo extra para espolvorear

pizca de sal

50 g de mantequilla sin sal, ablandada y en cubos

30 g de queso cheddar fuerte, finamente rallado

1 yema de huevo y 1 huevo batido para glasear

1 cdta. de mostaza Dijon

1 Ponga la harina, la sal y la mantequilla en un bol o en el procesador. Frote con los dedos o procese hasta formar migas. Agregue el queso y mezcle. Bata la yema de huevo con 1 cucharada de agua fría y la mostaza hasta mezclar bien. Agregue a las migas e integre bien para formar una masa.

2 Lleve la masa a una superficie ligeramente enharinada y amase un poco. Envuélvala en plástico adherente y refrigere por 1 hora. Precaliente el horno a 400 °F (200 °C) y trabaje la masa brevemente de nuevo.

3 Estire la masa y forme un rectángulo de 30 x 15 cm y 5 mm de grosor. Con un cuchillo afilado, córtelo por el lado más corto en tiras de 1 cm de ancho. Úntelas con un poco de huevo batido. Sostenga la parte superior de cada tira y gire la parte inferior un par de veces para formar espirales.

4 Ponga los palitos en bandejas de hornear antiadherentes, presionando los extremos, si parecen desenrollarse. Cocine en la parte alta del horno por 15 min. Deje enfriar en las bandejas por 5 min. Pase los palitos a una rejilla para que enfríen bien.

THINS DE QUESO

Son picantes y se pueden hacer en cantidad como refrigerio para fiestas.

Para 30
Preparación 10 min
Enfriamiento 1 h
Por anticipado sin hornear se pueden congelar por 8 semanas
Horneado 15 min
Almacenar se conservarán por 3 días en un recipiente hermético

UTENSILIOS ESPECIALES

cortador de masa redondo, de 6 cm

procesador de alimentos con cuchillas (opcional)

INGREDIENTES

50 g de mantequilla sin sal, ablandada, en cubos

100 g de harina común, y algo para espolvorear

150 g de queso cheddar fuerte, finamente rallado

½ cdta. de páprika ahumada o pimienta cayena

1 yema de huevo

1 Ponga la mantequilla y la harina en un bol o en el procesador de alimentos. Frote con los dedos o procese hasta formar migas. Agregue el queso cheddar y la páprika, y mezcle bien. Añada la yema de huevo y mezcle bien para formar una masa.

2 Coloque la masa sobre una superficie enharinada y amase brevemente para homogeneizar. Envuelva en plástico adherente y refrigere por 1 hora. Precaliente el horno a 350 °F (180 °C). Pase la masa a una superficie ligeramente enharinada y amase brevemente para suavizarla un poco.

3 Estire la masa a 2 mm de grosor y use el cortador para hacer las galletas. Disponga las galletas en bandejas de hornear antiadherentes y hornee en la parte alta del horno por 10 min. Luego deles vuelta, presionando suavemente hacia abajo con una espátula. Hornee por 5 min más, hasta que doren por ambos lados.

4 Retire las galletas del horno y déjelas en las bandejas por 5 min; luego páselas a una rejilla para que enfríen bien.

GALLETAS DE QUESO PARMESANO Y ROMERO

Estas galletas saladas son ligeras y elegantes, buenas como aperitivo antes de una comida o con queso después de la cena.

Para 15-20
Preparación 10 min
Enfriamiento 1 h
Por anticipado la masa sin hornear se puede congelar por 8 semanas
Horneado 15 min
Almacenar se conservarán por 3 días en un recipiente hermético

UTENSILIOS ESPECIALES

cortador de masa redondo, de 6 cm

procesador de alimentos con cuchillas (opcional)

INGREDIENTES

60 g de mantequilla sin sal, ablandada, en cubos

75 g de harina común, y algo para espolvorear

60 g de queso parmesano finamente rallado

pimienta negra recién molida

1 cda. de romero, tomillo o laurel picados

1 Ponga la mantequilla y la harina en un bol o en el procesador de alimentos. Frote con los dedos o procese hasta formar migas. Añada el queso parmesano, la pimienta negra y las hierbas picadas, y mezcle. Integre bien los ingredientes de la mezcla, para formar una masa.

2 Pase la masa a una superficie enharinada y amase brevemente hasta homogeneizar. Envuelva en plástico adherente y refrigere por 1 hora.

3 Precaliente el horno a 350 °F (180 °C). Pase la masa a una superficie ligeramente enharinada y amase para suavizar.

4 Estire la masa a 2 mm de grosor y forme las galletas con el cortador. Dispóngalas en bandejas de horno antiadherentes y hornee por 10 min en la parte alta del horno. Luego deles vuelta y hornee por otros 5 min, hasta dorar.

5 Retire las galletas del horno y déjelas en las bandejas por unos 5 min, antes de pasarlas a una rejilla para que enfríen bien.

GALLETAS DE AVENA

Estas galletas escocesas son perfectas con queso y chutney. Preparadas solo con harina de avena, se convierten en una buena alternativa sin trigo.

Para 16
Preparación 20 min
Horneado 15 min
Almacenar se conservarán por 3 días en un recipiente hermético, o 4 semanas congeladas

UTENSILIOS ESPECIALES
cortador de masa, redondo, de 6 cm

INGREDIENTES
100 g de harina mediana de avena, y algo extra para espolvorear
100 g de harina integral, y algo extra para espolvorear
¾ cdta. de sal
pimienta negra recién molida
½ cdta. de bicarbonato de sodio
2 cdas. de aceite de oliva

1 Precaliente el horno a 350 °F (180 °C). Mezcle los ingredientes secos en un bol. En otro bol, mezcle 4 cucharadas de agua recién hervida con el aceite. Haga un hueco en el centro de la mezcla de harina y vierta el líquido. Revuelva con una cuchara hasta formar una pasta espesa.

2 Enharine ligeramente una superficie con una mezcla de las dos harinas y coloque la pasta sobre ella. Trabaje la mezcla brevemente hasta obtener una masa. Estire suavemente la masa a un grosor de 5 mm; si está usando harina de avena al 100 % (ver Consejo del pastelero), la masa será más delicada y propensa a agrietarse.

3 Corte tantas galletas como sea posible, ya que es difícil amasar de nuevo después de la primera vez. Si la masa no homogeiniza bien después del primer corte, póngala en el bol y añada una o dos gotas de agua para ayudarla a homogeneizar; estírela y corte más galletas.

4 Disponga las galletas en bandejas de hornear antiadherentes y cocine en la parte alta del horno durante 10 min; deles vuelta y hornee por 5 min más, hasta que estén doradas por ambos lados. Retire las galletas del horno y déjelas en las bandejas por unos 5 min, antes de pasarlas a una rejilla para que enfríen bien.

CONSEJO DEL PASTELERO

Estas tradicionales galletas escocesas se
pueden hacer solo con harina de avena o
con una mezcla de harina de avena y harina
integral. Hechas solo con harina de avena,
resultan ideales para quienes desean evitar
el trigo, aunque son delicadas y quebradizas,
y deben cortarse con mucho cuidado.

MERENGUES Y SOUFFLÉS

MERENGUES CON CREMA DE FRAMBUESA

Estos minimerengues rellenos de frambuesas frescas y crema batida son ideales para un buffet de verano.

1 Precaliente el horno a 250 °F (120 °C). Forre una bandeja de hornear con papel de horno.

2 Asegúrese de que el bol esté limpio y seco; puede usar limón para eliminar la grasa.

3 Pese las claras de huevo. Use exactamente el doble de este peso en azúcar.

4 En el bol de metal, bata las claras a punto de nieve hasta que formen picos firmes.

5 Agregue lentamente la mitad del azúcar, de a 2 cucharadas, batiendo entre adiciones.

6 Incorpore el resto del azúcar en las claras, procurando perder el menor aire posible.

7 Disponga cucharadas de la mezcla en la bandeja, con una distancia de 5 cm entre sí.

8 También puede usar la manga pastelera. Cocine por 1 hora en el centro del horno.

9 Si los merengues no se pegan al papel y suenan hueco al golpearlos, están listos.

Para 6-8
Preparación 10 min
Horneado 1 h
Por anticipado conserve sin rellenar por 5 días en un recipiente hermético

UTENSILIOS ESPECIALES
bol metálico para mezclar
manga pastelera con boquilla común (opcional)

INGREDIENTES
4 claras de huevo a temperatura ambiente (cada una debe pesar unos 30 g)
cerca de 240 g de azúcar pulverizada, ver paso 3

Para el relleno
100 g de frambuesas
300 ml de crema de leche espesa
1 cda. de azúcar glas tamizada

10 Apague el horno y déjelos enfriar un poco en su interior. Páselos a una rejilla para enfriar.

11 Ponga las frambuesas en un bol y aplástelas con el dorso de un tenedor.

12 En otro bol, bata la crema de leche hasta que esté firme pero sin formar picos.

13 Integre suavemente la crema con las frambuesas y mézclelas con el azúcar glas.

14 Esparza un poco de la mezcla en la base de la mitad de los merengues.

15 Cubra con los otros merengues y presione suavemente para hacer sándwiches.

Para canapés dulces, haga merengues más pequeños y hornee por 45 min. Salen unas 20 piezas.

MERENGUES CON CREMA DE FRAMBUESA ❚ 243

VARIACIONES DEL MERENGUE

CONSEJO DEL PASTELERO

Asegúrese de que el bol que utiliza para batir las claras esté completamente limpio y seco. Para lograr una precisión absoluta, lo mejor es pesar las claras de huevo. El azúcar debe tener exactamente el doble del peso de las claras. Es mejor usar una balanza electrónica.

MONTS BLANCS

Si usa crema de castañas endulzada, omita el azúcar en el relleno.

Para 8
Preparación 20 min
Horneado 45-60 min
Por anticipado las bases se pueden preparar 5 días antes y guardar en un recipiente hermético

UTENSILIOS ESPECIALES

bol metálico grande para mezclar
cortador de masa, de 10 cm

INGREDIENTES

4 claras de huevo a temperatura ambiente
240 g de azúcar pulverizada (p. 242, paso 3)
aceite de girasol, para engrasar

Para el relleno

1 lata de 435 g de crema de castañas, con o sin azúcar
100 g de azúcar pulverizada (opcional)
1 cdta. de extracto de vainilla
500 ml de crema de leche espesa
azúcar glas, para espolvorear

1 Precaliente el horno a 250 °F (120 °C) o menos. Ponga las claras en el bol de metal limpio y bátalas a punto de nieve hasta que formen picos firmes. Agregue poco a poco el azúcar, 2 cucharadas a la vez, sin dejar de batir, hasta agregar al menos la mitad. Incorpore suavemente el resto del azúcar, procurando perder el menor aire posible.

2 Engrase ligeramente el cortador de masa. Recubra dos bandejas de hornear con papel siliconado. Ubique el cortador sobre la bandeja y vierta un poco de mezcla dentro del anillo, hasta 3 cm de profundidad. Alise la superficie y retire con cuidado el anillo. Repita hasta tener 4 bases de merengue en cada bandeja.

3 Cocine los merengues en el centro del horno durante 45 min si los quiere masticables, de lo contrario, hornee por 1 hora. Apague el horno y déjelos enfriar en su interior, para que no se agrieten. Pase a una rejilla para que enfríen bien.

4 Ponga la crema de castañas en un bol con el azúcar pulverizada (si la utiliza), el extracto de vainilla y 4 cucharadas de crema de leche, y bata hasta suavizar. Pase a través de un colador fino para lograr un relleno ligero, suave y esponjoso. En otro bol, bata la crema de leche restante hasta que esté firme.

5 Con una espátula, esparza uniforme y suavemente 1 cucharada del relleno de castañas sobre los merengues. Luego cubra cada uno con 1 cucharada de crema batida, usando una espátula para darles apariencia de picos suaves. Espolvoree azúcar glas y sirva.

MERENGUES DE LIMÓN Y PRALINÉ

Similares a los Monts Blancs (ver a la izquierda), aunque más crujientes.

Para 6
Preparación 35 min
Horneado 1½ h
Por anticipado guárdelos sin cubrir por 5 días en un recipiente hermético

UTENSILIOS ESPECIALES

manga pastelera con boquilla en estrella

INGREDIENTES

3 claras de huevo a temperatura ambiente

cerca de 180 g de azúcar pulverizada (p. 242, paso 3)

aceite vegetal, para engrasar

60 g de azúcar granulada

60 g de almendras enteras peladas

pizca de cremor tártaro

85 g de chocolate negro en trozos

150 ml de crema de leche espesa

3 cdas. de lemon curd (crema de limón)

1 Precaliente el horno a 250 °F (120 °C) y recubra una bandeja de hornear con papel de horno. Bata las claras a punto de nieve. Añada 2 cucharadas de azúcar pulverizada y bata hasta lograr una mezcla suave y brillante. Añada el azúcar restante, 1 cucharada a la vez, sin dejar de batir. Lleve la mezcla a la manga pastelera y disponga 6 círculos de 10 cm sobre la bandeja. Hornee por 1½ horas o hasta que los merengues estén crujientes.

2 Para el praliné, aceite una bandeja de hornear. Ponga el azúcar granulada, las almendras y el cremor tártaro en una olla pesada a fuego lento y revuelva hasta que el azúcar se disuelva. Hierva hasta que el almíbar se dore, luego vierta en la bandeja. Deje enfriar y pique el praliné.

3 Derrita el chocolate en un bol al baño María. Bata la crema de leche hasta que endurezca un poco e incorpore el curd de limón. Unte chocolate sobre cada merengue. Deje asentar, ponga encima la crema de limón, espolvoree el praliné y sirva.

MERENGUES GIGANTES DE PISTACHO

Demasiado grandes para rellenar con crema, se comen como si fueran galletas extragrandes.

Para 8
Preparación 15 min
Horneado 1½ h
Almacenar los merengues se conservarán por 3 días en un recipiente hermético

UTENSILIOS ESPECIALES

procesador de alimentos con cuchillas

bol metálico grande para mezclar

INGREDIENTES

100 g de pistachos sin sal y sin cáscara

4 claras de huevo a temperatura ambiente

240 g de azúcar pulverizada (p. 242, paso 3)

1 Precaliente el horno a la temperatura más baja, unos 250 °F (120 °C). Esparza los pistachos sobre una bandeja y hornee por 5 min; páselos a un paño y frote para eliminar el exceso de piel. Deje enfriar. En el procesador de alimentos, triture finamente algo menos de la mitad de los pistachos y pique el resto.

2 Ponga las claras de huevo en el bol de metal y bata a punto de nieve con una batidora eléctrica. Agregue un poco menos de la mitad del azúcar, de a 2 cucharadas a la vez, batiendo entre cada adición. Añada el resto del azúcar y los pistachos en polvo, y mezcle procurando perder el menor aire posible.

3 Recubra una bandeja de hornear con papel de horno. Disponga sobre ella cucharadas colmadas de la mezcla, a una distancia mínima de 2 cm entre sí. Esparza encima los pistachos picados.

4 Cocine en el centro del horno por 1½ horas. Apague el horno y deje enfriar los merengues en su interior, para que no se agrieten. Páselos a una rejilla para que enfríen bien. Para impresionar, sirva los merengues apilados uno encima del otro.

MACARONS DE FRESAS Y CREMA

Aunque hacer macarons puede parecer complejo, aquí he inventado una receta que se adapta a la cocina en casa.

Para 20
Preparación 30 min
Horneado 18-20 min
Por anticipado sin rellenar, pueden almacenarse por 3 días

UTENSILIOS ESPECIALES

procesador con cuchillas

manga pastelera con boquilla común pequeña

INGREDIENTES

100 g de azúcar glas

75 g de almendras molidas

2 claras de huevos grandes, a temperatura ambiente

75 g de azúcar granulada

Para el relleno

200 ml de crema espesa

5-10 fresas muy grandes, a ser posible con el mismo diámetro de los macarons

1 Precaliente el horno a 300 °F (150 °C). Forre dos bandejas de horno con papel siliconado.

2 Dibuje 20 círculos de 3 cm, dejando 3 cm de distancia entre ellos. Invierta el papel.

3 En el procesador de alimentos, triture en un polvo muy fino las almendras y el azúcar glas.

4 En un bol grande, bata las claras a punto de nieve con una batidora eléctrica.

5 Agregue poco a poco el azúcar granulada, batiendo bien entre las adiciones.

6 Aquí la mezcla de merengue debe estar muy firme, más que para un merengue suizo.

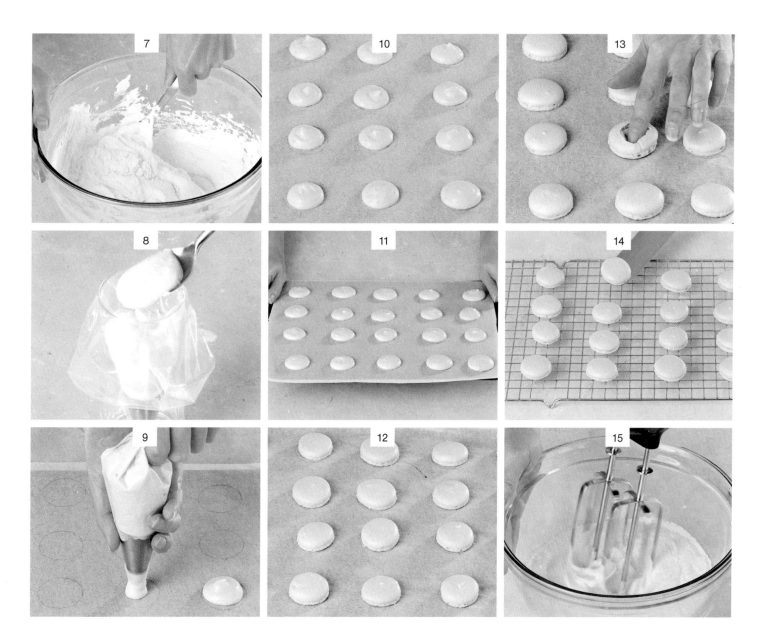

7 Incorpore suavemente la mezcla de almendras, 1 cucharada a la vez.

8 Pase la mezcla a la manga pastelera; ayúdese poniendo la bolsa en un bol.

9 Usando los trazos dibujados, ponga mezcla dentro de cada círculo, con la manga vertical.

10 Procure que los discos tengan similar tamaño y volumen; la mezcla crecerá poco.

11 Si se levantan picos en el centro, golpee unas cuantas veces las bandejas por debajo.

12 Cocine de 18 a 20 min en el centro del horno, hasta que los macarons estén firmes por fuera.

13 Pruebe: un pinchazo firme con un dedo debe romper la superficie del macaron.

14 Déjelos de 15 a 20 min en las bandejas y páselos a una rejilla para que enfríen bien.

15 Bata la crema hasta que espese; un batido suave haría agrietar y ablandar los macarons.

continúa ▶

16 Ponga la crema en la manga pastelera (limpia) usada antes, con la misma boquilla.

17 Tome la mitad de los macarons y ponga un poco de crema en la parte plana de cada uno.

18 Corte las fresas a lo ancho, en rebanadas finas del mismo diámetro de los macarons.

19 Ponga una porción de fresa sobre el relleno de crema de cada macaron.

20 Cubra con los macarons restantes y presione suavemente. Debe verse el relleno.

21 Páselos a una bandeja y sírvalos de inmediato.

Macarons de fresas y crema ▶

VARIACIONES DEL MACARON

CONSEJO DEL PASTELERO

El secreto para hacer macarons es la técnica,
no las proporciones. Incorporar con suavidad,
usar una bandeja de hornear pesada y plana
y aplicar el merengue con la manga en
posición vertical, todo esto ayuda a producir
el macaron perfecto.

MACARONS DE FRAMBUESA

Estos macarons lucen demasiado
hermosos como para comerlos.

Para 20
Preparación 30 min
Horneado 18-20 min
Por anticipado sin rellenar, se
conservarán por 3 días en un
recipiente hermético

UTENSILIOS ESPECIALES
procesador de alimentos con
  cuchillas

INGREDIENTES
100 g de azúcar glas
75 g de almendras molidas
2 claras de huevo, a temperatura
  ambiente
75 g de azúcar granulada
3-4 gotas de colorante rosado
  para alimentos

Para el relleno
150 g de queso mascarpone
50 g de conserva de frambuesa
  sin semillas

1 Precaliente el horno a 300 °F
(150 °C). Recubra dos bandejas
de hornear con papel siliconado.
Dibuje sobre el papel círculos
de 3 cm, con una separación de
3 cm entre ellos. Procese el
azúcar glas y las almendras
hasta mezclar y suavizar bien.

2 En un bol, bata las claras de
huevo a punto de nieve. Añada
poco a poco el azúcar

granulada, batiendo bien entre
cada adición. Agregue el
colorante.

3 Incorpore la mezcla de
almendras por cucharadas,
hasta combinar bien. Pase la
mezcla a la manga pastelera.
Sostenga la bolsa verticalmente
y llene con merengue el interior
de cada círculo.

4 Cocine de 18 a 20 min en el
centro del horno, hasta que los
macarons estén firmes en la
superficie. Deje enfriar en las
bandejas entre 15 y 20 min;
pase a una rejilla.

5 Para el relleno, bata el
mascarpone y la conserva de
frambuesa hasta lograr una
mezcla suave. Pase a la manga
pastelera (limpia), con la misma
boquilla. Separe la mitad de los
macarons, póngales un poco de
relleno sobre la parte plana y
cúbralos con los macarons
restantes. Sirva el mismo día.

MACARONS DE CHOCOLATE

Deliciosos macarons rellenos con crema
de mantequilla y chocolate negro.

Para 20
Preparación 30 min
Horneado 18-20 min
Por anticipado sin rellenar, se
conservarán por 3 días en un
recipiente hermético

UTENSILIOS ESPECIALES

procesador de alimentos con
cuchillas

INGREDIENTES

50 g de almendras molidas

25 g de cocoa en polvo

100 g de azúcar glas

2 claras de huevo, a temperatura
ambiente

75 g de azúcar granulada

Para el relleno

50 g de cocoa en polvo

150 g de azúcar glas

50 g de mantequilla sin sal,
derretida

3 cdas. de leche, y algo extra
si se necesita

1 Precaliente el horno a 300 °F
(150 °C). Recubra dos bandejas
de hornear con papel siliconado.
Dibuje sobre el papel círculos de
3 cm, con una distancia de 3 cm
entre ellos. Procese las
almendras, la cocoa y el azúcar
glas hasta mezclar bien.

2 Bata las claras a punto de
nieve. Añada el azúcar
granulada, batiendo. La mezcla
debe quedar rígida. Incorpore
por cucharadas la mezcla de
almendras. Pase a la manga
pastelera. Con la bolsa en
posición vertical, llene con
merengue el centro de los círculos.

3 Cocine de 18 a 20 min en el
centro del horno. Deje enfriar en
las bandejas entre 15 y 20 min,
luego pase a una rejilla.

4 Para el relleno, tamice la
cocoa y el azúcar en un bol.
Añada la mantequilla y la leche,
y bata. Si la mezcla está muy
espesa, aclare con leche. Pase
a la manga pastelera. Tome
la mitad de los macarons y
póngales relleno sobre la parte
plana; cubra con los macarons
restantes. Sirva el mismo día.

MACARONS DE MANDARINA

En lugar de naranjas, aquí se utilizan mandarinas ácidas
y jugosas para contrarrestar el dulzor de los merengues.

Para 20
Preparación 30 min
Horneado 18-20 min
Por anticipado sin rellenar, se
conservarán por 3 días en un
recipiente hermético

UTENSILIOS ESPECIALES

procesador de alimentos con
cuchillas

INGREDIENTES

100 g de azúcar glas

75 g de almendras molidas

1 cdta. rasa de cáscara de
mandarina rallada

2 claras de huevo a temperatura
ambiente

75 g de azúcar granulada

3-4 gotas de colorante naranja
para alimentos

Para el relleno

100 g de azúcar glas

50 g de mantequilla sin sal,
ablandada

1 cda. de jugo de mandarina

1 cdta. baja de cáscara de
mandarina rallada

1 Precaliente el horno a 300 °F
(150 °C). Cubra dos bandejas de
hornear con papel siliconado.
Dibuje en él círculos de 3 cm,
separados entre sí. Procese las
almendras y el azúcar glas hasta
lograr una mezcla fina. Añada la
ralladura de mandarina y bata
brevemente.

2 Bata las claras a punto de
nieve. Añada poco a poco el
azúcar granulada, sin dejar de
batir. Agregue el colorante.

3 Añada la mezcla de almendras
por cucharadas e integre bien.
Pase la mezcla a la manga
pastelera. Sostenga la bolsa
verticalmente y llene de
merengue el interior de cada
círculo.

4 Hornee los macarons de 18 a
20 min en el centro del horno,
hasta que su superficie esté
firme. Deje enfriar en las
bandejas de 15 a 20 min y pase
a una rejilla para enfriar.

5 Para el relleno, bata hasta
suavizar el azúcar glas, la
mantequilla y la cáscara y el
jugo de mandarina; pase la
mezcla a la manga pastelera
(limpia), con la misma boquilla.
Separe la mitad de los macarons
y ponga un poco de relleno
sobre la parte plana de cada
uno; luego cubra con los
macarons restantes. Sirva el
mismo día: rellenos se ablandan.

PAVLOVA DE FRESAS

Congele las claras de huevo sobrantes, una a una si es el caso, hasta tener suficientes para hacer este rico postre.

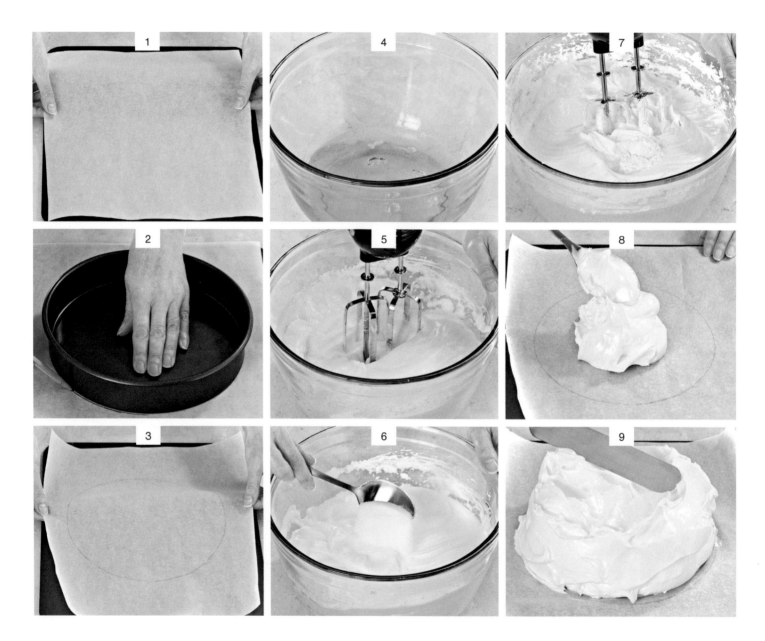

1 Recubra una bandeja de hornear con papel de horno. Precaliente el horno a 350 °F (180 °C).

2 Con un lápiz, dibuje en el papel un círculo de 20 cm de diámetro.

3 Invierta el papel, para que la marca del lápiz no se pase al merengue.

4 Ponga las claras con la sal en un bol grande, limpio y libre de grasa.

5 Con una batidora eléctrica, bata las claras a punto de nieve.

6 Incorpore el azúcar por cucharadas, batiendo bien después de cada adición.

7 Bata hasta que las claras estén a punto de nieve y brillantes. Añada la fécula y el vinagre.

8 Ponga un montón en el papel, en el centro del círculo, y extiéndalo hacia los bordes.

9 Haga remolinos con una espátula mientras extiende el merengue hacia afuera.

Porciones 8
Preparación 15 min
Horneado 1¼ h
Por anticipado la base de merengue se conservará por 1 semana en un recipiente hermético y seco. Agregue la crema cuando vaya a servir

INGREDIENTES

6 claras de huevo, a temperatura ambiente
pizca de sal
cerca de 360 g de azúcar glas (p. 242, paso 3)
2 cdtas. de fécula de maíz

1 cdta. de vinagre
300 ml de crema de leche espesa
fresas, para decorar

10 Hornee por 5 min, reduzca el calor a 250 °F (120 °C) y cocine por 75 min más.

11 Deje enfriar por completo en el horno. Bata la crema de leche hasta que esté firme.

12 Vierta la crema batida sobre la base de merengue y decore con las fresas.

13 Sirva en porciones, con más fresas o con un coulis de frutas.

VARIACIONES DE LA PAVLOVA

PAVLOVA DE FRUTAS TROPICALES

El contraste entre el maracuyá, fuerte y ácido, la crema batida fresca y el merengue dulce es difícil de igualar. Un postre refrescante para un día de verano.

Para 8
Preparación 15 min
Horneado 65-80 min
Por anticipado la base de merengue se conservará por 1 semana en un recipiente seco y hermético; rellene antes de servir

INGREDIENTES
porción de mezcla para merengue (p. 252, pasos 4-7)
300 ml de crema de leche espesa
400 g de mango y papaya, pelados y picados
2 maracuyás

1 Precaliente el horno a 350 °F (180 °C). Cubra una bandeja de hornear con papel de horno.

2 Dibuje en el papel un círculo de 20 cm de diámetro. Invierta el papel. Ponga cucharadas grandes de merengue en el interior del círculo y alise con una espátula.

3 Hornee durante 5 min. Reduzca la temperatura a 250 °F (120 °C) y cocine por 1¼ hora o hasta que el merengue esté crujiente y se retire con facilidad del papel. Apague el horno y deje el merengue dentro para que se enfríe por completo, antes de pasarlo a un plato.

4 Poco antes de servir, bata la crema de leche hasta que esté firme. Cubra la pavlova con la crema y disponga sobre ella las frutas tropicales picadas. Corte los maracuyás por la mitad, exprima el jugo y viértalo, junto con las semillas, sobre la pavlova al momento de servir.

CONSEJO DEL PASTELERO
Las pavlovas no se conservan muy bien, pues la base de merengue tiende a ablandarse unas horas después. Sin embargo, para revivir una pavlova sobrante, puede hacer un postre Eton mess: pártala en pequeños trozos y mézclela con crema batida fresca y más frutas.

PAVLOVA DE CAFÉ MOKA

Esta sofisticada e imponente pavlova, con merengue de café y rociada con chocolate fundido, es ideal para servir con la cena, en una fiesta.

Para 8
Preparación 15 min
Horneado 1 h 20 min
Por anticipado la base de merengue se conservará por 1 semana en un recipiente seco y hermético; rellene antes de servir

INGREDIENTES
6 claras de huevo, a temperatura ambiente
pizca de sal
cerca de 360 g de azúcar pulverizada (p. 242, paso 3)
2 cdtas. de fécula de maíz
1 cdta. de vinagre
3 cdas. de café fuerte en polvo disuelto en 3 cdas. de agua hervida fría, o 3 cdas. de expreso frío
60 g de chocolate negro de buena calidad, partido en trozos, y algo extra para decorar
chocolate blanco, para decorar
300 ml de crema de leche espesa

1 Precaliente el horno a 350 °F (180 °C). Cubra una bandeja de hornear con papel de horno. Con una batidora eléctrica, bata las claras con la sal, hasta que formen picos. Añada el azúcar por cucharadas y bata a punto de nieve. Añada la fécula y el vinagre. Incorpore el café lentamente.

2 Dibuje en el papel un círculo de 20 cm de diámetro. Invierta el papel. Ponga cucharadas de merengue en el círculo y alise.

3 Hornee por 5 min. Reduzca la temperatura a 250 °F (120 °C) y hornee por 1 hora y 15 min o hasta que el merengue esté crujiente. Apague el horno y deje el merengue dentro hasta que se enfríe.

4 En un bol refractario al baño María, derrita los trozos de chocolate negro y deje enfriar. Con un pelador de verduras, haga virutas de chocolate blanco y negro. Antes de servir, bata la crema de leche hasta que esté firme. Cubra la pavlova con la crema. Rocíe encima el chocolate derretido y espolvoree las virutas de chocolate.

TORTA DE MERENGUE, JENGIBRE Y RUIBARBO

Deliciosa torta con un inusual relleno de jengibre y ruibarbo.

Porciones 6-8
Preparación 30 min
Horneado 1 h 5 min
Por anticipado la base de merengue se conservará por 1 semana en un recipiente seco y hermético; rellene antes de servir

INGREDIENTES

Para los merengues

4 claras de huevo, a temperatura ambiente

pizca de sal

cerca de 240 g de azúcar pulverizada (p. 242, paso 3)

Para el relleno

600 g de ruibarbo picado

85 g de azúcar pulverizada

4 trozos de tallo de jengibre, picados

½ cdta. de polvo de jengibre

250 ml de crema de leche espesa

azúcar glas, para espolvorear

1 Precaliente el horno a 350 °F (180 °C). Recubra dos bandejas de hornear con papel de horno. Bata a punto de nieve las claras, con la sal y 115 g de azúcar.

Añada el azúcar restante por cucharadas.

2 Divida el merengue entre las bandejas y espárzalo en círculos de 18 cm. Hornee por 5 min. Reduzca la temperatura del horno a 250 °F (130 °C) y hornee por 1 hora más. Abra la puerta del horno y deje el merengue dentro hasta que se enfríe del todo.

3 Para el relleno, ponga el ruibarbo, el azúcar pulverizada, el jengibre en trozos y el molido con un poco de agua en una olla grande. Tape y cocine a fuego lento por 20 min, hasta ablandar. Deje enfriar. Si la mezcla está muy líquida, escurra un poco y refrigere el tiempo necesario.

4 Bata la crema de leche y añada la mezcla de ruibarbo. Ponga un merengue en un plato, úntele el relleno y cubra con el otro merengue. Espolvoree con azúcar glas.

MINIPAVLOVAS

Fantásticas para alimentar a una multitud; las bases se pueden preparar con antelación y se rellenan en el último momento con frutas de temporada.

Para 8
Preparación 15 min
Horneado 45-60 min
Por anticipado la base de merengue se conservará por 1 semana en un recipiente seco y hermético; rellene antes de servir

INGREDIENTES

porción de mezcla para merengue (p. 252, pasos 4-7)

300 ml de crema de leche espesa

400 g de frutas frescas

1 Precaliente el horno a 250 °F (120 °C). Cubra dos bandejas de hornear con papel de horno. Ponga sobre ellas varias cucharadas de mezcla para merengue. Espárzalas con el dorso de una cuchara para formar discos de 10 cm de diámetro y 3 cm de alto.

2 Hornee entre 45 y 60 min, o hasta que el merengue esté crujiente. Deje enfriar por completo antes de pasarlas a un plato.

3 Para el relleno, bata la crema de leche hasta que esté firme. Cubra cada pavlova con 2 cucharadas de crema y ponga algunas frutas frescas sobre ella.

PASTEL DE MERENGUE Y LIMÓN

La acidez del limón y el suave relleno de merengue de vainilla, hacen de este pastel un favorito de las familias estadounidenses.

Porciones 8
Preparación 30 min
Horneado 40-50 min
Por anticipado la base de masa sin rellenar se puede hacer con 3 días de anticipación y guardar en un recipiente hermético

UTENSILIOS ESPECIALES

molde desmontable para tarta, de 23 cm

pesos para hornear

INGREDIENTES

45 g de mantequilla en cubos, y algo extra para engrasar

400 g de masa quebrada (o pasta brisé) dulce, comprada; o ver p. 286, pasos 1-5

3 cdas. de harina común, y algo extra para espolvorear

6 huevos a temperatura ambiente, separados

3 cdas. de fécula de maíz

400 g de azúcar pulverizada

jugo de 3 limones

1 cda. de cáscara de limón finamente rallada

½ cdta. de cremor tártaro

½ cdta. de extracto de vainilla

1 Precaliente el horno a 400 °F (220 °C). Engrase ligeramente el molde con mantequilla. Estire la masa sobre una superficie ligeramente enharinada y cubra el molde con ella.

2 Cubra la base de masa con papel de horno y rellénela con pesos de hornear. Ponga el molde sobre una bandeja de hornear y hornee de 10 a 15 min o hasta que la masa tome un dorado pálido. Retire el papel y los pesos, lleve de nuevo al horno y cocine entre 3 y 5 min, hasta dorar. Reduzca la temperatura del horno a 350 °F (180 °C). Deje enfriar un poco en el molde.

3 Ponga las yemas en un bol y bata ligeramente. Mezcle la fécula, la harina y 225 g de azúcar en una olla. Agregue lentamente 360 ml de agua y caliente a fuego lento, revolviendo, hasta que el azúcar se disuelva y no queden grumos. Aumente el fuego un poco y cocine, revolviendo, entre 3 y 5 min o hasta que la mezcla comience a espesar.

4 Agregue varias cucharadas de la mezcla caliente a las yemas y mezcle. Vierta esta mezcla de nuevo en la olla y déjela hervir a fuego lento, revolviendo. Hierva por 3 min y agregue el jugo de limón, la ralladura y la mantequilla.

Deje hervir por 2 min más o hasta que la mezcla esté espesa y brillante, revolviendo y raspando los lados de la olla cuando sea necesario. Retire la olla del fuego y tápela para mantenerla caliente.

5 En un bol grande y limpio, bata las claras hasta que hagan espuma. Espolvoree el cremor tártaro y bata. Siga batiendo y añada el resto del azúcar por cucharadas. Agregue la vainilla con la última cucharada de azúcar y bata hasta que el merengue esté espeso y brillante.

6 Ponga el molde con la masa horneada sobre una bandeja de horno y vierta dentro el relleno de limón. Esparza el merengue sobre el relleno, cubriéndolo por completo, hasta los bordes de la masa (ver Consejo del pastelero). Tenga cuidado de que no se desborde, o será difícil retirar el pastel del molde después de hornear.

7 Lleve al horno y cocine de 12 a 15 min o hasta que el merengue esté ligeramente dorado. Pase a una rejilla y deje enfriar por completo antes de desmoldar.

CONSEJO DEL PASTELERO

Si usted no es cuidadoso, la cubierta de merengue tenderá a deslizarse sobre el relleno de limón. Antes de hornear, asegúrese de que el merengue haga buen contacto con la base de masa por todos los bordes; esto ayudará a evitar que se desborde.

ALASKA AL HORNO

El secreto de esta receta es la base del pastel, que cuando está
bien acoplada y sellada, aísla el helado del calor del horno.

Porciones 8-10
Preparación 45-50 min
Horneado 30-40 min

UTENSILIOS ESPECIALES

molde para pastel, redondo,
de 20 cm

termómetro para azúcar (opcional)

procesador de alimentos con
cuchillas

INGREDIENTES

60 g de mantequilla sin sal,
y algo extra para engrasar

125 g de harina común, y algo
para espolvorear

pizca de sal

4 huevos

135 g de azúcar pulverizada

1 cdta. de extracto de vainilla

Para el relleno

300 g de fresas sin tallitos

2-3 cdas. de azúcar glas, al gusto

7-8 bolas de helado de vainilla

Para el merengue

300 g de azúcar pulverizada,
y algo extra para espolvorear

6 claras de huevo a temperatura
ambiente

1 Precaliente el horno a 350 °F
(180 °C). Engrase el molde.
Recubra la base con papel de
horno engrasado y espolvoree
con harina el fondo y los lados.
Voltee el molde para eliminar el
exceso de harina.

2 Tamice la harina con la sal.
Derrita la mantequilla en una
olla y déjela enfriar. Mezcle los
huevos con una batidora
eléctrica por unos segundos,
añádales el azúcar y bata por
unos 5 min, hasta que la mezcla
esté pálida y espesa. Añada el
extracto de vainilla.

3 Incorpore la harina a la
mezcla de huevo, por etapas y
tamizándola. Añada la
mantequilla derretida ya fría.
Vierta la mezcla en el molde.
Hornee de 30 a 40 min. Pase un
cuchillo por el borde y desmolde
el pastel sobre una rejilla. Retire
el papel y deje enfriar.

4 Procese las fresas para hacer
un puré y viértalo en un bol.
Incorpore el azúcar glas. Para el
merengue, caliente el azúcar
con 250 ml de agua en una olla,

hasta disolverla. Hierva hasta
lograr un almíbar a punto de
bola dura: para probar, retire la
olla del fuego, tome una
cucharadita de almíbar y déjela
enfriar por unos segundos; al
tomar el almíbar entre sus
dedos índice y pulgar, debe
poder formar una bola.
Verifique, además, si el almíbar
registra 248 °F (120 °C) en un
termómetro para azúcar.

5 Bata las claras a punto de
nieve. Vierta el almíbar caliente,
batiendo por 5 min, hasta que el
merengue esté frío y firme.

6 Unte mantequilla en un plato
refractario. Retire el helado del
congelador y déjelo ablandar
para sacarlo del empaque.
Cuando el pastel esté frío,
córtelo horizontalmente en dos
capas, con un cuchillo de sierra.
Use una capa como base y la
otra para hacer migas de pastel
en el procesador.

7 Pase las migas a un bol,
agrégueles 250 ml del puré de
fresas y mezcle bien. Esparza el
puré restante sobre el pastel.

8 Saque bolas del helado y
forme una capa sobre el pastel,
y luego otra. Alise las capas de
helado. Cubra la superficie del
helado con la mezcla de migas
de pastel y fresa. Con una
cuchara de metal, extienda el
merengue encima. Trabaje con
rapidez, pues el helado debe
estar firme antes de hornear.

9 Esparza el merengue por
encima y por los lados para
cubrir por completo y séllelo
sobre el plato de servir para
aislar el helado. Lleve al
congelador durante 2 horas.
Precaliente el horno a 425 °F
(220 °C). Retire el postre del
congelador, espolvoree azúcar
y déjelo reposar 1 min. Hornee
de 3 a 5 min, hasta dorar.
Sirva de inmediato.

CONSEJO DEL PASTELERO

Aunque hornear un postre con helado puede parecer
una locura, si sigue un par de recomendaciones
tendrá el éxito garantizado. Asegúrese de que la
base de su pastel sea bien gruesa y que el merengue
encierre herméticamente al helado para aislarlo del
calor del horno.

ROLLO DE MERENGUE CON LIMÓN

En este sensacional postre para la cena se le da un nuevo giro al relleno
del pastel de limón y merengue.

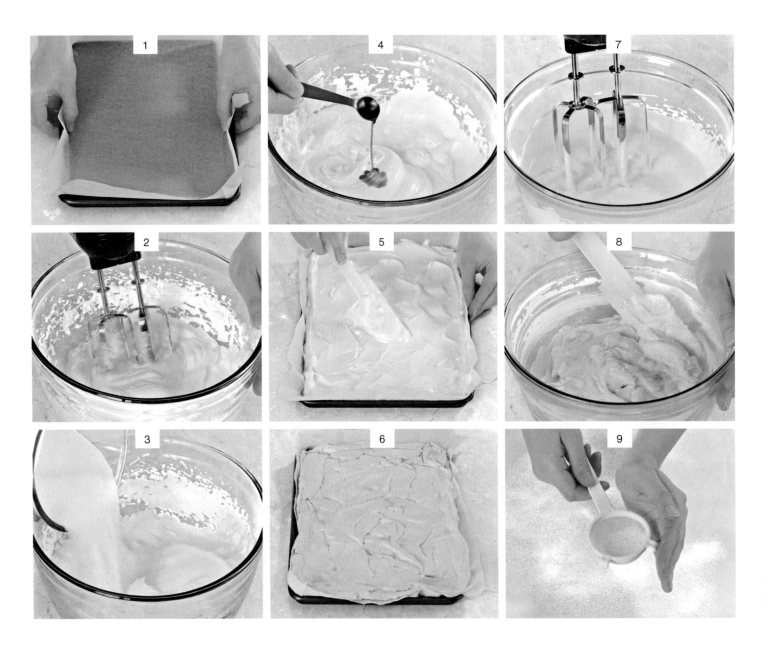

1 Precaliente el horno a 350 °F (180 °C) y
recubra el molde con papel de horno.

2 Con una batidora eléctrica a alta velocidad,
bata las claras a punto de nieve.

3 Añada poco a poco el azúcar y bata más lento,
hasta que la mezcla esté firme y brillante.

4 Incorpore el vinagre, la fécula y la vainilla,
procurando mantener la mezcla bien aireada.

5 Extienda la mezcla en el molde y hornee
durante 15 min en el centro del horno.

6 Retire el merengue del horno y deje enfriar
a temperatura ambiente.

7 Entre tanto, bata la crema de leche hasta
que espese, sin quedar firme, pero sí untable.

8 Incorpore el lemon curd justo hasta mezclar;
unas pocas vetas alegrarán el rollo.

9 Rocíe azúcar glas sobre una hoja nueva de
papel de horno.

Porciones 8

Preparación 30 min

Horneado 15 min

Por anticipado puede preparar el merengue 3 días antes y almacenarlo, sin rellenar, en un recipiente hermético y seco

Almacenar sin relleno, se puede congelar por 8 semanas

UTENSILIOS ESPECIALES

molde para brazo de reina de 25 x 35 cm

INGREDIENTES

5 claras de huevo, a temperatura ambiente

225 g de azúcar pulverizada

½ cdta. de vinagre de vino blanco

1 cdta. de fécula de maíz

½ cdta. de extracto de vainilla

250 ml de crema de leche espesa

4 cdas. de lemon curd (crema de limón) de buena calidad

azúcar glas, para espolvorear

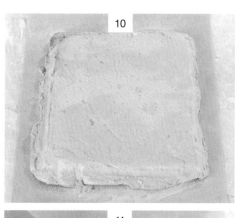

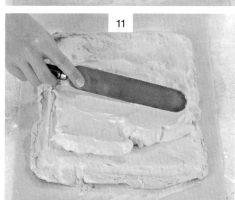

10 Con cuidado, desmolde el rollo invertido sobre el papel de horno con azúcar.

11 Esparza la crema de limón con una espátula sobre el lado sin hornear del rollo.

12 Con el papel de horno, enrolle el merengue con firmeza pero sin expulsar la crema.

13 Ponga el merengue con la unión hacia abajo sobre un plato, cubra y refrigere. Para servir, tamice sobre él azúcar glas.

VARIACIONES DEL ROLLO DE MERENGUE

ROLLO DE MERENGUE CON ALBARICOQUE

Un postre exquisito, hecho con ingredientes de la alacena.

Porciones 8
Preparación 30 min
Horneado 15 min
Por anticipado el merengue se puede hacer 3 días antes y almacenarlo sin rellenar en un recipiente hermético
Almacenar el merengue relleno se puede congelar hasta 8 semanas

UTENSILIOS ESPECIALES

molde para brazo de reina, de 23 x 32,5 cm

INGREDIENTES

5 claras de huevo a temperatura ambiente
225 g de azúcar pulverizada
½ cdta. de vinagre de vino blanco
1 cdta. de fécula de maíz
½ cdta. de extracto de vainilla
25 g de almendras en hojuelas
azúcar glas, para espolvorear
250 ml de crema de leche espesa
1 lata de 400 g de albaricoques en cubos escurridos
2 maracuyás, reservando semillas y pulpa

1 Precaliente el horno a 350 °F (180 °C). Recubra el molde con papel de horno. En un bol, mezcle con una batidora eléctrica las claras y la sal hasta formar picos. Incorpore el azúcar por cucharadas hasta que la mezcla esté dura y brillante. Agregue el vinagre, la fécula y el extracto de vainilla.

2 Vierta la mezcla en el molde y alise las esquinas. Esparza encima las almendras y hornee por 15 min. Retire del horno y deje enfriar a temperatura ambiente. Bata la crema de leche en un bol, con batidora eléctrica, hasta formar picos suaves.

3 Rocíe azúcar pulverizada sobre una hoja de papel de horno y desmolde sobre ella el rollo frío, invertido. Esparza la crema sobre el merengue y los albaricoques y las semillas de maracuyá sobre la crema. Enrolle el merengue empezando por uno de los lados cortos y ayudándose con el papel. Disponga el rollo con la unión hacia abajo sobre un plato, cubra y refrigere. Para servir, rocíelo con azúcar glas.

ROLLO DE MERENGUE CON FRUTAS DE VERANO

Este delicioso rollo, relleno con frutas de temporada, es un postre ideal para un buffet de verano.

Porciones 8
Preparación 25 min
Horneado 15 min
Por anticipado el merengue se puede hacer 3 días antes y almacenarlo sin rellenar en un recipiente hermético
Almacenar el merengue relleno se puede congelar hasta 8 semanas

UTENSILIOS ESPECIALES

molde para brazo de reina, de 23 x 32,5 cm

INGREDIENTES

250 ml de crema de leche espesa
porción de merengue para rollo (p. 260, pasos 1-6)
azúcar glas, para espolvorear
250 g de mezcla de frutas de bayas, como fresas, frambuesas, cerezas y arándanos, las grandes picadas (ver Consejo del pastelero)

1 Bata la crema hasta que espese. Ponga el merengue frío, invertido, sobre un papel de horno espolvoreado con azúcar.

2 Con una espátula, unte la crema sobre la parte inferior del merengue. Esparza encima las frutas. Enrolle el merengue alrededor del relleno de crema. Póngalo sobre un plato de servir, con la unión hacia abajo, cubra y refrigere. Para servir, rocíelo con azúcar glas.

CONSEJO DEL PASTELERO

Para rellenar este postre de verano se puede usar cualquier fruta suave. Corte las frutas de tamaño uniforme, no mayor de 1,5 cm. Así será más fácil enrollar y el rollo no se verá con bultos de los trozos grandes de fruta bajo el merengue.

ROLLO DE MERENGUE, PERA Y CHOCOLATE

Si quiere intentar algo diferente esta Navidad, prepare este delicioso rollo con chocolate.

Porciones 8
Preparación 25 min
Horneado 15 min
Por anticipado el merengue se puede hacer 3 días antes y almacenarlo sin rellenar en un recipiente hermético
Almacenar el merengue relleno se puede congelar hasta 8 semanas

UTENSILIOS ESPECIALES

molde para brazo de reina, de 25 x 35 cm

INGREDIENTES

5 claras de huevo a temperatura ambiente
225 g de azúcar pulverizada
1½ cdta. de vinagre de vino blanco
1 cdta. de fécula de maíz
½ cdta. de extracto de vainilla
30 g de cocoa en polvo tamizada
250 ml de crema de leche espesa
azúcar glas, para espolvorear
1 lata de 410 g de peras, escurridas y en cubos

1 Precaliente el horno a 350 °F (180 °C) y recubra el molde con papel de horno. Bata las claras a punto de nieve con una batidora eléctrica. Agregue poco a poco el azúcar pulverizada, batiendo a una velocidad más baja. Incorpore el vinagre, la fécula, el extracto de vainilla y la cocoa. Vierta la mezcla en el molde, alise la superficie y cocine en el centro del horno por 15 min.

2 Retire el merengue del horno y deje enfriar a temperatura ambiente. Entre tanto, bata la crema de leche hasta que esté espesa pero no firme. Desmolde con cuidado el merengue sobre una hoja de papel de horno espolvoreada con azúcar glas.

3 Con una espátula, unte la crema sobre la parte inferior del merengue. Esparza encima las peras. Enrolle el merengue alrededor del relleno de crema. Dispóngalo sobre un plato de servir, con la unión hacia abajo, cubra y refrigere. Al momento de servir, espolvoréelo con azúcar glas.

SOUFFLÉS DE NARANJA

Los soufflés no son difíciles de hacer, pero se necesita cuidado.
A estos se les da sabor con cáscara de naranja.

1 Ponga una bandeja en el horno y precaliente a 400 °F (200 °C). Engrase los moldes.

2 Espolvoree con azúcar el interior de cada molde, sin dejar espacios limpios.

3 Agregue la harina a la mantequilla y cocine a fuego bajo por 1 min. Retire del calor.

4 Añada la leche, batiendo, hasta lograr una salsa suave. Caliente, revolviendo, para hervir.

5 Hierva a fuego lento de 1 a 2 min, retire del calor y agregue la cáscara y el jugo de naranja.

6 Añada toda el azúcar, salvo 1 cucharadita, y revuelva hasta que se disuelva bien.

7 Cuando la salsa haya enfriado un poco, agregue las yemas y bata bien.

8 Bata las claras hasta que formen picos suaves e incorpore el azúcar restante.

9 Agregue 1 cucharada de claras a la salsa y mezcle para aflojar la mezcla.

Porciones 4
Preparación 20 min
Horneado 12-15 min

UTENSILIOS ESPECIALES

4 moldes individuales de cerámica
(ramekins)

INGREDIENTES

50 g de mantequilla sin sal,
derretida, y algo extra para
engrasar

60 g de azúcar pulverizada,
y algo extra para espolvorear

45 g de harina común

300 ml de leche

cáscara de 2 naranjas finamente
rallada

2 cdas. de jugo de naranja

3 huevos separados, más 1 clara
a temperatura ambiente

azúcar glas, para espolvorear

10 Incorpore el resto de las claras hasta integrar bien todos los ingredientes.

11 Vierta la mezcla en los moldes, de forma que llegue justo encima del borde.

12 Pase un dedo por el borde de la mezcla, para que suba recta como «copa de sombrero».

13 Ponga los moldes sobre la bandeja caliente y hornee entre 12 y 15 min o hasta que los soufflés estén dorados y hayan crecido, pero aún estén algo líquidos en el centro. Espolvoree un poco de azúcar glas y sirva enseguida.

VARIACIONES DEL SOUFFLÉ

SOUFFLÉS DE FRAMBUESA

Utilice solo las frambuesas más dulces y jugosas para esta espectacular receta.

Porciones 6
Preparación 20-25 min
Horneado 10-12 min

UTENSILIOS ESPECIALES
procesador de alimentos con cuchillas
6 moldes individuales de cerámica

INGREDIENTES
mantequilla sin sal, para engrasar
100 g de azúcar pulverizada, y algo para espolvorear
500 g de frambuesas
5 claras de huevo a temperatura ambiente
azúcar glas, para espolvorear

Para la crema pastelera de kirsch
375 ml de leche
50 g de azúcar pulverizada
5 yemas de huevo a temperatura ambiente
1 cda. de fécula de maíz
2–3 cdas. de kirsch

1 Para la crema pastelera, vierta la leche y póngala a hervir en una olla a fuego medio. Reserve una cuarta parte. Agregue el azúcar pulverizada a la leche restante y revuelva hasta disolver.

2 Ponga en un bol las yemas con la fécula y bata hasta lograr una mezcla suave. Añada la leche azucarada, batiendo. Cocine a fuego medio, revolviendo, hasta que espese. Retire del fuego. Agregue la leche reservada, vierta en un recipiente frío y deje enfriar. Si se forma nata, bátala. Agregue el kirsch, cubra y refrigere.

3 Engrase los moldes con mantequilla y espolvoree azúcar. Precaliente el horno a 375 °F (190 °C). Haga un puré de frambuesa con la mitad del azúcar pulverizada y tamícelo. Bata las claras a punto de nieve. Agregue el azúcar restante y bata hasta que estén brillantes. Añada un cuarto del merengue al puré y revuelva. Añada el merengue restante y mezcle.

4 Vierta la mezcla en los moldes y pase el dedo por el borde. Hornee de 10 a 12 min, hasta que los soufflés crezcan y doren. Rocíe azúcar glas y sirva con la crema pastelera.

SOUFFLÉ DE QUESO

Puede utilizar cualquier queso duro,
pero escoja uno con sabor fuerte.

Porciones 4
Preparación 20 min
Horneado 30-35 min

UTENSILIOS ESPECIALES
plato para soufflé, de 1,2 litros

INGREDIENTES
45 g de mantequilla sin sal
45 g de harina común
225 ml de leche
sal y pimienta negra recién molida
125 g de queso cheddar maduro,
   rallado
½ cdta. de mostaza francesa
5 huevos separados, a
   temperatura ambiente
1 cda. de queso parmesano
   rallado

1 Derrita la mantequilla en una
cacerola, agregue la harina,
revuelva hasta suavizar y
cocine a fuego medio por 1 min.
Añada la leche, mezcle hasta
integrarla y ponga a hervir,
revolviendo hasta que la mezcla
espese. Retire del fuego,
sazone al gusto y agregue el
queso y la mostaza. Incorpore
poco a poco 4 yemas (guarde
la restante para otra receta).

2 Precaliente el horno a 375 °F
(190 °C), con una bandeja de
hornear dentro. Bata las claras
a punto de nieve. Integre 1
cucharada de las claras en la
mezcla de queso para aflojarla.
Incorpore suavemente el resto.

3 Vierta la mezcla en el plato
para soufflé, pase el dedo
por el borde de la mezcla y
espolvoree encima el queso
parmesano. Ponga el plato
sobre la bandeja caliente
y hornee entre 25 y 30 min o
hasta que el soufflé crezca y
dore. Sirva enseguida.

CONSEJO DEL PASTELERO

Para soufflés perfectos, unte
mantequilla y espolvoree los
lados de los moldes con polvo
dulce o salado, para darle
«agarre» a la mezcla al subir.
Deslice su dedo por el borde
superior de la mezcla, para que
suba recta y alta como «copa
de sombrero». Hornee en una
bandeja precalentada.

SOUFFLÉS DE CAFÉ

Perfectos servidos con café al final de una comida especial;
la crema de cardamomo le da un toque árabe al plato.

Porciones 6
Preparación 30-35 min
Horneado 10-12 min

UTENSILIOS ESPECIALES
6 moldes individuales de
   cerámica

INGREDIENTES
375 ml de crema de leche líquida
2 vainas de cardamomo
   ligeramente trituradas
30 g de café molido grueso
375 ml de leche
4 yemas de huevo a temperatura
   ambiente
150 g de azúcar pulverizada
45 g de harina común
75 ml de Tía María o licor de café
mantequilla sin sal, derretida,
   para engrasar
6 claras de huevo a temperatura
   ambiente
cocoa en polvo, para servir

1 Hierva la crema de leche y el
cardamomo. Retire del fuego y
deje en infusión de 10 a 15 min;
luego cuele, tape y enfríe. Entre
tanto añada el café a la leche, tape
y deje en infusión entre 10 y 15 min.

2 Hierva la leche. Aparte, bata
las yemas con tres cuartos del
azúcar, por 2 o 3 min. Incorpore
la harina, cuele encima la leche
caliente y bata hasta suavizar la
mezcla. Vierta de nuevo en la
olla y ponga a hervir a fuego
medio, sin dejar de revolver. Baje
el fuego y cocine por 2 min,
revolviendo. Retire del fuego y
agregue el licor de café.

3 Precaliente el horno a 400 °F
(200 °C), con una bandeja de
hornear dentro. Engrase los
moldes con mantequilla. Bata las
claras a punto de nieve.
Espolvoree encima el azúcar
restante y bata por 20 seg para
formar un merengue brillante.
Mezcle suavemente el merengue
y la base de café.

4 Divida la mezcla entre los
moldes y pase el dedo por el
borde superior de la mezcla.
Ponga los moldes en la bandeja
caliente y hornee de 10 a 12 min,
hasta que los soufflés crezcan.

5 Tamice cacao en polvo sobre
los soufflés y sírvalos de
inmediato con la crema de
cardamomo.

CHEESECAKES

CHEESECAKE CON REMOLINOS DE ARÁNDANOS

El impresionante efecto marmoleado de este cheesecake se logra con facilidad.

Porciones 8
Preparación 20 min
Horneado 40 min
Almacenar el cheesecake y la compota pueden guardarse refrigerados, por separado, por 3 días

UTENSILIOS ESPECIALES

molde desmontable para pastel, de 20 cm

procesador de alimentos con cuchillas

INGREDIENTES

50 g de mantequilla sin sal, y algo extra para engrasar

125 g de galletas tipo María

150 g de arándanos azules

150 g de azúcar pulverizada, y 3 cdas. adicionales

400 g de queso crema

250 g de queso mascarpone

2 huevos grandes y 1 yema grande

½ cdta. de extracto de vainilla

2 cdas. de harina común tamizada

Para la compota

100 g de arándanos azules

1 cda. de azúcar pulverizada

1 chorrito de jugo de limón

1 Precaliente el horno a 350 °F (180 °C). Engrase la base y los lados del molde.

2 Ponga las galletas en una bolsa con cierre y aplástelas con un rodillo hasta hacer migas.

3 Derrita la mantequilla en una olla a fuego bajo; no debe comenzar a dorar.

4 Pase las migas a la olla y revuelva hasta cubrirlas de mantequilla. Retire del fuego.

5 Presione las migas en la base del molde, empujando con el dorso de una cuchara.

6 Ponga los arándanos y 3 cucharadas de azúcar en el procesador, y bata hasta suavizar.

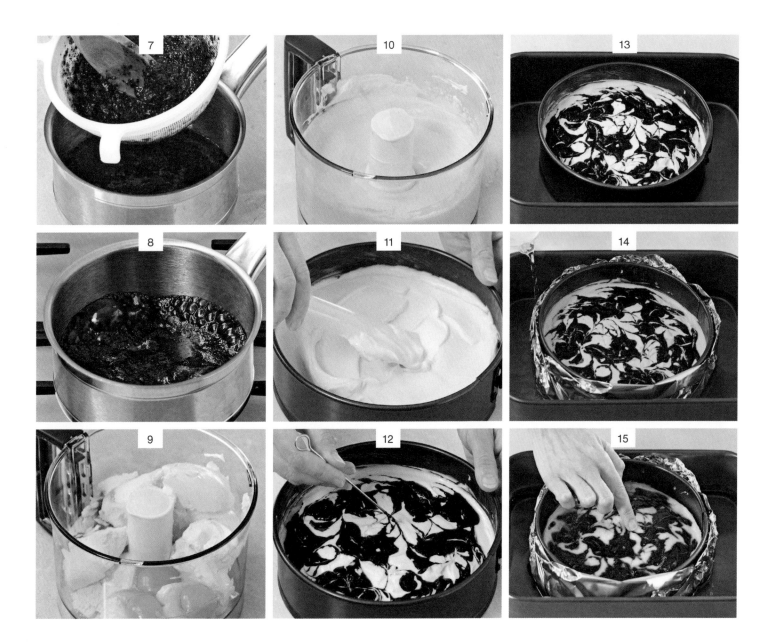

7 Pase la mezcla por un colador de nylon (el metal la mancha) sobre una olla.

8 Hierva y luego cocine a fuego lento de 3 a 5 min o hasta que espese. Reserve.

9 Ponga en el procesador el resto del azúcar, los quesos y los ingredientes restantes.

10 Procese la mezcla de queso crema hasta que quede suave y muy bien combinada.

11 Vierta la mezcla sobre la base de galleta y alise la superficie con una espátula.

12 Rocíe la mermelada de arándanos y use un pincho de metal para hacer remolinos.

13 Ponga el molde en una bandeja de hornear honda. Forre los lados con papel de aluminio.

14 Vierta agua caliente en la bandeja, hasta la mitad del molde para evitar las grietas.

15 Hornee por 40 min hasta que esté firme pero algo gelatinoso. Apague y deje la puerta abierta.

continúa ▶

16 Luego de 1 hora, retire el pastel y páselo a una rejilla de alambre. Retire los lados del molde.

17 Deslice 1 o 2 palas de cocina entre la base de galleta y la base del molde.

18 Pase el cheesecake a un plato de servir o una base para pasteles y deje enfriar bien.

19 Entre tanto, ponga en una olla pequeña todos los ingredientes de la compota.

20 Caliente la compota a fuego lento. Revuelva ocasionalmente hasta disolver el azúcar.

21 Pase a un jarro para servir junto con el cheesecake.

Cheesecake con remolinos de arándanos ▶

VARIACIONES DEL CHEESECAKE AL HORNO

CHEESECAKE DE CHOCOLATE

Este cheesecake es compacto, sabroso y espectacular, un postre ideal para momentos de esparcimiento.

Porciones 8-10
Preparación 35-40 min
Horneado 50-60 min
Enfriamiento 4½-5 h
Por anticipado se puede hacer 3 días antes y mantenerlo en el refrigerador; el sabor será más suave

UTENSILIOS ESPECIALES

molde desmontable, redondo, de 20 cm

INGREDIENTES

75 g de mantequilla sin sal derretida, y algo extra para engrasar

150 g de galletas tipo María, trituradas

150 g de chocolate negro de buena calidad, picado en trozos

500 g de queso crema ablandado

150 g de azúcar pulverizada

1 cdta. de extracto de vainilla

2 huevos

1 Engrase el molde con mantequilla. Refrigere. Mezcle la mantequilla con la galleta. Pase la mezcla al molde y presiónela hacia el fondo y los lados. Refrigere de 30 a 60 min, hasta que esté firme.

2 Precaliente el horno a 350 °F (180 °C). Coloque el chocolate en un bol refractario y fúndalo al baño María. Deje enfriar. Bata el queso crema hasta suavizar. Agregue el azúcar y la vainilla, y bata bien. Añada los huevos uno a uno, batiendo bien después de cada adición. Vierta la mitad del relleno en la base de galleta.

3 Mezcle el chocolate en el relleno restante. Vierta un anillo del relleno de chocolate sobre el relleno normal. Con un pincho de metal, dibuje remolinos con los rellenos para hacer un patrón de mármol. Hornee entre 50 y 60 min; el centro debe estar suave. Apague el horno y deje el cheesecake adentro hasta enfriar. Refrigere al menos 4 horas. Pase un cuchillo alrededor del cheesecake para aflojar, retire el molde y páselo a un plato.

CHEESECAKE DE VAINILLA

Este cheesecake, ligero pero sabroso, tiene la garantía de que gustará a todos.

Porciones 10-12
Preparación 20 min
Horneado 50 min
Enfriamiento 6 h
Por anticipado se puede hacer 3 días antes y mantenerlo en el refrigerador; el sabor será más suave

UTENSILIOS ESPECIALES

molde desmontable, redondo, de 23 cm

INGREDIENTES

60 g de mantequilla sin sal, y algo para engrasar

225 g de galletas tipo María, trituradas

1 cda. de azúcar demerara

675 g de queso crema a temperatura ambiente

4 huevos separados

200 g de azúcar pulverizada

1 cdta. de extracto de vainilla

500 ml de crema agria

rodajas de kiwi, para adornar

1 Precaliente el horno a 350 °F (180 °C). Engrase y recubra el molde con papel de horno. Derrita la mantequilla en una sartén a fuego medio. Agregue las migas de galletas y el azúcar demerara, y mezcle. Pase al molde y presione las migas sobre la base.

2 En un bol, bata hasta mezclar el queso crema, las yemas, 150 g de azúcar pulverizada y la vainilla. En otro bol, bata las claras a punto de nieve. Añada las claras a la mezcla de queso crema. Vierta en el molde y alise la superficie.

3 Lleve el molde al horno y cocine por 45 min hasta que el cheesecake cuaje. Retire el molde del horno y deje reposar por 10 min. En un bol, combine la crema agria y el azúcar restante, y bata bien. Esparza sobre el cheesecake y alise.

4 Aumente la temperatura a 475 °F (240 °C) y hornee el cheesecake por 5 min. Deje enfriar sobre una rejilla y luego refrigere durante al menos 6 horas. Al servir, adorne con rodajas de kiwi.

CHEESECAKE DE JENGIBRE

El jengibre da una calidez especial al suave relleno de esta particular versión.

Porciones 8-10
Preparación 40-45 min
Horneado 50-60 min
Enfriamiento 4 h
Por anticipado se puede hacer 3 días antes y mantenerlo en el refrigerador; el sabor será más suave

UTENSILIOS ESPECIALES

molde desmontable, redondo, de 23 cm

INGREDIENTES

1 base de galletas, ver Cheesecake de chocolate, página opuesta, paso 1

500 g de queso crema

125 g raíz de jengibre en almíbar, picada, y 3 cdas. de almíbar

cáscara rallada de 1 limón, más 2 cdtas. de jugo

250 ml de crema agria

150 g de azúcar granulada

1 cdta. de extracto de vainilla

4 huevos

150 ml de crema de leche espesa (opcional)

1 Precaliente el horno a 350 °F (180 °C). Bata el queso crema en un bol. Agregue el jengibre, salvo 2 cucharadas, el almíbar de jengibre, la ralladura y el jugo de limón, la crema agria, el azúcar y la vainilla. Bata hasta lograr una mezcla suave. Añada los huevos, uno a uno; bata después de cada adición.

2 Vierta el relleno sobre la base y agite para nivelar la superficie. Ponga el molde sobre una bandeja de hornear. Hornee de 50 a 60 min. Apague el horno y deje en el molde por 1½ horas. Refrigere por 4 horas.

3 Bata la crema (si la usa) a punto de nieve. Pase un cuchillo alrededor del cheesecake y desmolde. Cubra con remolinos de crema. Al servir, rocíe encima el jengibre reservado.

CONSEJO DEL PASTELERO

Al hornear un cheesecake, hay el riesgo de que la superficie se agriete. Para evitarlo, déjelo enfriar completamente en el horno; así se desinflará más lentamente y tendrá menos posibilidades de agrietarse.

CHEESECAKE ALEMÁN

El queso quark que se usa aquí es típico de la cocina alemana. Si no lo consigue, sustitúyalo con queso cottage bajo en grasa suavizado.

Porciones 8-12
Preparación 30 min
Enfriamiento 1 h
Horneado 85-95 min
Por anticipado la base de masa se puede hornear en ciego el día anterior y almacenar en un recipiente hermético
Almacenar el cheesecake se puede conservar en el refrigerador durante 2 días, aunque la masa se ablanda

UTENSILIOS ESPECIALES

molde desmontable, redondo, de 22 cm
y preferiblemente de 4 cm de profundidad
procesador de alimentos con cuchillas
pesos para hornear

INGREDIENTES

250 g de harina común
50 g de azúcar pulverizada
150 g de mantequilla sin sal, en cubos
1 yema de huevo

Para el relleno

750 g de queso quark, o queso cottage bajo en grasa procesado hasta suavizar
125 g de azúcar pulverizada
4 huevos separados
cáscara finamente rallada y jugo de 1 limón
2 cdtas. de extracto de vainilla

1 Recubra la base del molde con papel de horno. Bata la harina, el azúcar y la mantequilla en el procesador hasta formar migas. Añada la yema y 2 cucharadas de agua, e integre bien para formar una masa. Si la masa está un poco seca, agregue más agua, por cucharadas. Haga una bola suave, envuélvala en plástico adherente y refrigere por 30 min.

2 Precaliente el horno a 350 °F (180 °C). Cuando la masa haya reposado, estírela a un grosor de unos 5 mm y recubra el molde con ella. La masa debe colgar por los lados del molde. Corte un disco de papel de horno del tamaño de la base del molde y póngalo sobre la masa con pesos para hornear encima. Hornee por 20 min, luego retire los pesos y el papel, y hornee otros 5 min.

3 Entre tanto, mezcle el queso quark o el queso cottage procesado, el azúcar, las yemas, la ralladura y el jugo de limón y la vainilla, hasta lograr una mezcla suave. En otro bol, bata las claras a punto de nieve. Incorpore las claras con cuidado a la mezcla de queso crema. Vierta el relleno en la base de masa horneada.

4 Hornee entre 60 y 70 min más. El cheesecake estará listo cuando esté dorado y haya crecido. Apague el horno y abra la puerta; deje enfriar el cheesecake adentro durante al menos 30 min, antes de sacarlo y dejarlo enfriar del todo a temperatura ambiente por 1 hora (ver Consejo del pastelero). Para darle un acabado uniforme, recorte con un cuchillo los sobrantes de masa. Sirva a temperatura ambiente o ligeramente refrigerado.

CONSEJO DEL PASTELERO

Las claras batidas hacen que el relleno se infle durante la cocción. Es normal que se baje un poco al enfriar y es de esperar que la superficie del cheesecake se agriete. Estos daños se minimizan cuando se deja enfriar por completo el cheesecake en el horno.

CHEESECAKE DE LIMÓN

Este cheesecake en frío no necesita horneado, pues así produce
un resultado más ligero y delicado.

1 Cubra el molde con papel. Ponga las galletas
dentro de una bolsa y aplástelas con un rodillo.

2 Derrita la mantequilla y viértala sobre las
galletas trituradas; mezcle muy bien.

3 Con una cuchara de madera, presione la
mezcla de galletas contra la base del molde.

4 En un bol refractario, remoje la gelatina en
el jugo de limón por 5 min, para ablandarla.

5 Ponga el bol al baño María y revuelva hasta
derretir la gelatina. Deje enfriar.

6 Bata el queso, el azúcar y la ralladura de
limón hasta formar una mezcla suave.

7 En otro bol, bata la crema de leche hasta
que forme picos. No debe quedar muy firme.

8 Bata la mezcla de gelatina con la mezcla
de queso; revuelva bien.

9 Incorpore suavemente la crema batida a la
mezcla de queso. No debe perder volumen.

Porciones 8
Preparación 30 min
Enfriamiento 4 h o toda la noche
Almacenar el cheesecake se
puede preparar 2 días antes
y guardar en el refrigerador

UTENSILIOS ESPECIALES

molde desmontable, redondo,
de 22 cm

INGREDIENTES

250 g de galletas tipo María

100 g de mantequilla
sin sal, en cubos

4 hojas de gelatina,
cortadas en trozos

cáscara finamente rallada
y jugo de 2 limones

350 g de queso crema

200 g de azúcar pulverizada

300 ml de crema de leche
espesa

10 Vierta la mezcla de queso sobre la base
de galleta fría y extiéndala uniformemente.

11 Alise la superficie con una espátula mojada
o con el dorso de una cuchara mojada.

12 Refrigere por 4 horas o toda la noche. Pase
un cuchillo afilado y fino alrededor del borde.

13 Pase con cuidado el cheesecake a un plato
y asegúrese de retirarle el papel de horno antes
de cortarlo en porciones.

VARIACIONES DEL CHEESECAKE EN FRÍO

CONSEJO DEL PASTELERO

Pruebe con distintas bases de galletas para complementar su opción de relleno. Para el cheesecake de mermelada y jengibre utilicé galletas de jengibre (a la derecha); las Oreo y otras galletas de chocolate van bien con un relleno de chocolate, y las galletas de alfajor trituradas serían deliciosas aquí con las fresas.

CHEESECAKE DE FRESAS

Este cheesecake sin hornear se hace muy rápido y al agregarle queso mascarpone, se le da un toque delicioso.

Porciones 8-10
Preparación 15 min
Enfriamiento por lo menos 1 h
Por anticipado el cheesecake se puede hacer 1 día antes y refrigerar

UTENSILIOS ESPECIALES

molde desmontable para tartas, de 20 cm

INGREDIENTES

50 g de mantequilla sin sal

100 g de chocolate negro de calidad, en trozos

150 g de galletas tipo María, trituradas

400 g de queso mascarpone

cáscara rallada y jugo de 2 limones verdes

2-3 cdas. de azúcar glas, y algo extra para espolvorear

225 g de fresas sin tallitos y en mitades

1 Derrita la mantequilla y el chocolate en un bol, al baño María, revolviendo de vez en cuando. Agregue las migas de galleta. Pase la mezcla al molde y presione hacia abajo con una cuchara de madera.

2 Bata el queso mascarpone en un bol con la ralladura y el jugo de limón, reservando algo de ralladura para decorar. Agregue el azúcar, al gusto. Esparza la mezcla de queso sobre la base de galleta y refrigere al menos por 1 hora.

3 Para servir, disponga las fresas alrededor del borde del cheesecake y espolvoree en el centro la ralladura de limón reservada. Rocíe azúcar glas y corte en porciones.

CHEESECAKE DE MERMELADA Y JENGIBRE

Antiguo favorito con sabor renovado.

Porciones 8-10
Preparación 35 min
Enfriamiento por lo menos 4 h, o toda la noche
Por anticipado el cheesecake se puede hacer 2 días antes y refrigerar

UTENSILIOS ESPECIALES

molde desmontable, redondo, de 22 cm

INGREDIENTES

100 g de mantequilla sin sal, en cubos

250 g de galletas de jengibre trituradas

4 hojas de gelatina cortadas en trozos pequeños

cáscara finamente rallada y jugo de 2 naranjas

300 ml de crema de leche espesa

350 g de queso crema

200 g de azúcar pulverizada

2 cdas. de mermelada fina

1 trozo de jengibre en almíbar, escurrido y picado

1 Recubra el molde con papel de horno. Derrita la mantequilla y combínela con las galletas trituradas. Con una cuchara de madera, presione uniformemente la base de galleta contra el molde. Cubra y refrigere.

2 En una olla, remoje la gelatina en el jugo de naranja durante 5 min para ablandarla. Caliente a fuego lento el jugo y la gelatina, revolviendo hasta disolver la gelatina; no debe hervir. Deje enfriar.

3 Bata la crema de leche a punto de nieve. En otro bol, bata los ingredientes restantes, luego añada la gelatina e incorpore la crema batida. Vierta sobre la base de galleta y alise con una espátula húmeda o con el dorso de una cuchara. Refrigere por 4 horas o durante toda la noche.

4 Para servir, pase un cuchillo afilado por los lados del molde. Ponga el cheesecake con cuidado en un plato y retire el papel antes de cortar.

CHEESECAKE DE CEREZAS

Exquisito y engañosamente ligero, es un gran postre para cualquier época del año.

Porciones 6
Preparación 35 min
Enfriamiento por lo menos 2 h
Por anticipado el cheesecake se puede hacer 2 días antes y refrigerar

UTENSILIOS ESPECIALES

molde desmontable, redondo, de 20 cm

INGREDIENTES

75 g de mantequilla sin sal, y algo extra para engrasar

200 g de galletas tipo María, trituradas

500 g de queso ricotta

75 g de azúcar pulverizada dorada

cáscara finamente rallada y jugo de 4 limones

140 ml de crema de leche espesa

6 hojas de gelatina, cortadas en trozos pequeños

400 g de cerezas negras enlatadas o cerezas morello en jugo, escurridas, reservando el jugo

1 Engrase y recubra el molde. Derrita la mantequilla en una sartén, añada las galletas y revuelva hasta integrar bien. Pase la mezcla al molde y presione hacia abajo con el dorso de una cuchara.

2 Mezcle el queso, el azúcar y la ralladura. En otro bol, bata la crema a punto de nieve. Agréguela a la mezcla de ricotta y bata con una cuchara de madera hasta mezclar bien.

3 En una olla, remoje la gelatina en el jugo de limón por 5 min, para ablandarla. Caliente a fuego lento, sin hervir, revolviendo hasta disolverla. Deje enfriar. Agregue a la mezcla de ricotta y revuelva bien. Extienda la mezcla sobre las galletas, uniformemente. Refrigere por al menos 2 horas o hasta que el relleno esté firme.

4 Vierta el jugo de cereza en una olla y déjelo hervir a fuego lento hasta reducirse en unas tres cuartas partes. Deje enfriar; disponga las cerezas sobre el cheesecake, vierta encima la salsa y sirva.

CROSTATA DI RICOTTA

En este clásico italiano, el ricotta se mezcla con cáscaras de cítricos confitadas y almendras, y se hornea en una corteza de pasta de limón.

Porciones 8-10
Preparación 35-40 min
Enfriamiento 45-60 min
Horneado 1-1¼ h
Por anticipado la crostata se puede hacer 1 día antes y refrigerar, aunque la textura no será tan ligera

UTENSILIOS ESPECIALES

molde desmontable, redondo, de 23–25 cm

INGREDIENTES

175 g de mantequilla sin sal, y algo para engrasar

250 g de harina común, y algo para espolvorear

cáscara de 1 limón, finamente rallada

50 g de azúcar pulverizada

4 yemas de huevo

pizca de sal

1 huevo batido, para glasear

Para el relleno

1,25 kg de queso ricotta

100 g de azúcar pulverizada

1 cda. de harina común

pizca de sal

cáscara de 1 naranja, finamente rallada

2 cdas. de cáscara de naranja confitada, picada

1 cdta. de extracto de vainilla

45 g de pasas sultanas

30 g de almendras en hojuelas

4 yemas de huevo

1 Ponga la mantequilla entre dos hojas de papel de horno y golpéela con el rodillo para ablandarla. Tamice la harina sobre una superficie de trabajo y haga un hueco en el centro. Coloque dentro del hueco la cáscara de limón, el azúcar, la mantequilla, las yemas y la sal. Integre bien estos ingredientes con la yema de los dedos. Incorpore la harina y haga una bola.

2 Trabaje la masa de 1 a 2 min sobre una superficie enharinada, hasta que esté blanda. Forme una bola, envuélvala en plástico adherente y enfríe por 30 min. Engrase el molde. Enharine la superficie de trabajo, separe dos terceras partes de la masa y estírela para formar un círculo de 35-37 cm. Enrolle la masa en el rodillo y extiéndala sobre el molde. Presiónela contra el fondo y los lados del molde. Recorte el exceso. Enfríe la corteza con la masa restante y los recortes, por 15 min.

3 En un bol, bata el ricotta con el azúcar, la harina y la sal. Añada la ralladura de naranja, la cáscara confitada, la vainilla, las pasas, las almendras y las yemas. Bata bien la mezcla. Vierta el relleno dentro de la corteza del pastel. Golpee el molde en la superficie de trabajo para sacar el aire. Con el dorso de una cuchara de madera, alise la superficie del relleno.

4 Una los recortes al resto de la masa y estírela sobre una superficie enharinada, formando un círculo de 25 cm. Corte el círculo en tiras de 1 cm de ancho y dispóngalas encima del relleno, entrecruzadas. Recorte las puntas que cuelguen, de modo que las tiras queden a ras del borde de la corteza.

5 Humedezca los extremos de las tiras con glaseado de huevo y séllelas contra el borde de la corteza. Pincele el entramado con glaseado y enfríe entre 15 y 30 min, hasta que el pastel esté firme. Precaliente el horno a 350 °F (180 °C) y coloque una bandeja de hornear cerca del fondo.

6 Hornee el pastel sobre la bandeja entre 1 y 1¼ horas, hasta que la superficie esté firme y dorada. Deje en el molde hasta que enfríe un poco. Retire los lados del molde y deje enfriar bien. Pase a un plato, corte en porciones y sirva a temperatura ambiente.

CONSEJO DEL PASTELERO

Esta versión tradicional italiana del cheesecake usa
queso ricotta para lograr su textura y sabor ligeros.
El ricotta debe ser fresco y de la mejor calidad, luego
es mejor comprarlo en un delicatessen italiano.

TARTAS Y PASTELES DULCES

TARTA NORMANDA DE PERAS

Esta tarta de frutas rellena de frangipane es un plato insignia
de Normandía, Francia, tierra de deliciosas peras.

1 Tamice la harina sobre la superficie de trabajo y haga un hueco en el centro.

2 Ponga las yemas, el azúcar y la sal dentro del hueco. Golpee la mantequilla con el rodillo.

3 Añada la mantequilla y la vainilla al hueco. Mezcle los ingredientes con los dedos.

4 Integre la harina a los demás ingredientes hasta formar migas. Si está seca añada agua.

5 Enharine la superficie de trabajo y amase entre 1 y 2 min. Envuelva y refrigere por 30 min.

6 Engrase el molde. Estire la masa y forme un círculo 5 cm más grande que el molde.

7 Enrolle la masa en el rodillo, desenróllela sobre el molde engrasado y recúbralo con ella.

8 Pinche la base de la masa con un tenedor. Enfríe por al menos 15 min hasta que esté firme.

9 Precaliente el horno a 400 °F (200 °C). Procese las almendras para formar una «harina».

Porciones 6-8
Preparación 40-45 min
Enfriamiento 45 min
Horneado 37-45 min

UTENSILIOS ESPECIALES

molde para tarta, de 23–25 cm
procesador de alimentos con
  cuchillas

INGREDIENTES

175 g de harina común,
  y algo extra para espolvorear
3 yemas de huevo
60 g de azúcar
pizca de sal
75 g de mantequilla sin sal,
  y algo extra para engrasar

½ cdta. de extracto de vainilla
3-4 peras maduras
jugo de 1 limón

Para la frangipane

125 g de almendras
  enteras peladas
125 g de mantequilla sin sal,
  ablandada

100 g de azúcar pulverizada
1 huevo, más 1 yema adicional
1 cda. de kirsch
2 cdas. de harina común,
  tamizada

Para el glaseado

150 g de mermelada de albaricoque
2-3 cdas. de kirsch o agua

10 Con una batidora eléctrica, bata la
mantequilla y el azúcar hasta que esponjen.

11 Agregue poco a poco los huevos, batiendo
bien después de cada adición.

12 Agregue el kirsch. Incorpore suavemente
las almendras y la harina hasta mezclar bien.

13 Ya lista la frangipane, pele las peras, córtelas
en trozos y mézclelas con el jugo de limón.

14 Vierta la frangipane sobre la base de masa
y espárzala con una espátula.

15 Disponga las peras en forma de espiral.
Hornee de 12 a 15 min sobre una bandeja.

16 Reduzca el calor a 350 °F (180 °C). Hornee
25-30 min, hasta que la frangipane esté firme.

17 Para el glaseado, disuelva la mermelada
en el kirsch y luego pásela por un colador.

18 Deje enfriar la tarta y desmóldela; pincélela
con el glaseado. Ideal comerla el mismo día.

VARIACIONES DE LA TARTA FRANGIPANE

TARTA NORMANDA DE DURAZNO

Si las peras no están en temporada, prepare esta versión con duraznos muy maduros. El resultado es un postre increíblemente delicioso.

Porciones 6-8
Preparación 40-45 min
Enfriamiento 45 min
Horneado 37-45 min
Almacenar ideal comerla el mismo día, aunque se conserva por 2 días en un recipiente hermético

UTENSILIOS ESPECIALES

molde para tarta, desmontable, de 23-25 cm

procesador de alimentos con cuchillas

INGREDIENTES

1 base de masa dulce (p. 286, pasos 1-8)
125 g de almendras enteras peladas
125 g de mantequilla sin sal, a temperatura ambiente
100 g de azúcar pulverizada
1 huevo, más 1 yema adicional
1 cda. de kirsch, más 2-3 cdas. para glasear
2 cdas. de harina común tamizada
1 kg de duraznos maduros
150 g de mermelada de albaricoque

1 Prepare la base de masa. Precaliente el horno a 400 °F (200 °C). Caliente una bandeja de hornear en la parte baja del horno. Para la frangipane, procese las almendras para formar una «harina». Bata la mantequilla y el azúcar hasta que estén esponjosas. Añada el huevo y la yema, batiendo bien. Incorpore el kirsch y luego las almendras y la harina. Ponga la mezcla dentro de la base de masa.

2 Sumerja los duraznos en una olla con agua hirviendo, déjelos 10 min y páselos a un bol con agua fría. Córtelos por la mitad y quíteles el hueso y la piel. Rebane las mitades y dispóngalas sobre la frangipane.

3 Ponga el molde sobre la bandeja precalentada y hornee de 12 a 15 min. Reduzca el calor del horno a 350 °F (180 °C) y hornee entre 25 y 30 min más, hasta que la frangipane crezca y solidifique. Deje enfriar.

4 Haga un glaseado: disuelva la mermelada con el kirsch. Pase por un colador. Desmolde la tarta y pincélela con el glaseado.

CONSEJO DEL PASTELERO

La frangipane es un delicioso relleno y su sabor almendrado combina muy bien con algunas frutas. Si bien las frutas con hueso, como duraznos, cerezas, nectarinas y ciruelas, combinan muy bien con las almendras, intente agregar manzanas, frambuesas o grosellas.

TARTA DE CIRUELAS PASAS Y ALMENDRAS

Las ciruelas pasas con brandy son una combinación clásica de la cocina francesa y casan muy bien con los sabores almendrados de un relleno de frangipane.

Para 8
Preparación 20 min
Enfriamiento 30 min
Horneado 45 min
Almacenar ideal comerla el mismo día, aunque se conserva por 2 días en un recipiente hermético

UTENSILIOS ESPECIALES

molde para tarta, desmontable, de 23 cm

procesador de alimentos con cuchillas

pesos para hornear

INGREDIENTES

175 g de harina común, y algo para espolvorear
1 cda. de azúcar pulverizada
85 g de mantequilla sin sal, refrigerada
1 huevo pequeño

Para el relleno

200 g de ciruelas pasas deshuesadas
2 cdas. de brandy
100 g de almendras en hojuelas, tostadas
85 g de azúcar pulverizada
2 huevos, más 1 yema
1 cda. de cáscara de naranja finamente rallada
unas gotas de extracto de almendras
30 g de mantequilla sin sal, ablandada
120 ml de crema de leche espesa

1 En el procesador o con los dedos, mezcle la harina, el azúcar y la mantequilla hasta formar migas. Añada el huevo y homogeneice para formar una masa. Estire la masa sobre una superficie enharinada y recubra con ella el molde, recortando los sobrantes. Deje enfriar por al menos 30 min.

2 Precaliente el horno a 375 °F (190 °C). Cubra la base de la tarta con papel de horno y pesos para hornear. Hornee durante 10 min, retire el papel y los pesos, y hornee por 5 min más. Deje enfriar sobre una rejilla.

3 Reduzca la temperatura del horno a 350 °F (180 °C). Ponga las ciruelas en una olla, cúbralas con agua y añada el brandy. Lleve a fuego lento durante 5 min, apague el fuego y reserve. Procese la mitad de las almendras con el azúcar, hasta molerlas finamente. Añada los huevos, la yema, la ralladura de naranja, el extracto de almendra, la crema y la mantequilla y procese hasta obtener una mezcla suave.

4 Escurra las ciruelas y corte en dos las más grandes. Vierta la crema de almendras sobre la base de la tarta y extiéndala uniformemente. Disponga encima las ciruelas y esparza sobre ellas el resto de las almendras en hojuelas. Hornee por 30 min, o hasta que el relleno solidifique.

TARTA DE ALMENDRAS Y DURAZNO

Esta tarta de frangipane, fácil y elegante, es una opción ideal para una cena de verano.

Porciones 8
Preparación 20 min
Horneado 30 min
Almacenar ideal comerla el mismo día, aunque se conserva por 2 días en un recipiente hermético

UTENSILIOS ESPECIALES
molde para tarta, desmontable, de 12 x 36 cm

INGREDIENTES
300 g de masa quebrada dulce, comprada en tienda, o ver p. 290, paso 1

100 g de mantequilla sin sal, ablandada

100 g de azúcar pulverizada

2 huevos grandes

25 g de harina común, tamizada, y algo extra para espolvorear

100 g de almendras molidas

4 duraznos en mitades y deshuesados

azúcar glas, para espolvorear

1 Precaliente el horno a 400 °F (200 °C) y ponga a calentar una bandeja de hornear. Sobre una superficie ligeramente enharinada, estire la masa a un grosor de unos 5 mm y recubra el molde con ella. Recorte el exceso de masa.

2 En un bol, bata la mantequilla y el azúcar hasta lograr una mezcla ligera y esponjosa. Añada los huevos. Incorpore la harina y las almendras molidas. Cubra la base de masa con la mezcla. Disponga sobre la mezcla las mitades de durazno, con el lado cortado hacia abajo.

3 Ponga el molde sobre la bandeja y hornee por 30 min o hasta que la mezcla esté dorada y cocida.

4 Deje enfriar un poco en el molde, luego pase a una rejilla o sirva caliente, con azúcar glas espolvoreada.

TARTA BAKEWELL

Con su glasé de frangipane y su untuosa base, esta versión del clásico inglés para la hora del té se puede servir también como postre caliente.

Porciones 6-8
Preparación 30 min
Enfriamiento 1 h
Horneado 60-65 min
Por anticipado la base de masa sin relleno se puede preparar antes y almacenar por 3 días en un recipiente hermético, o congelar por 12 semanas
Almacenar la tarta horneada se conserva por 2 días en un recipiente hermético

UTENSILIOS ESPECIALES

molde para tarta, desmontable, de 22 cm

procesador de alimentos con cuchillas (opcional)

pesos para hornear

INGREDIENTES

150 g de harina común tamizada, y algo extra para espolvorear

100 g de mantequilla sin sal, refrigerada y cortada en cubos

50 g de azúcar pulverizada

cáscara de 1/2 limón, finamente rallada

1 yema de huevo

1/2 cdta. de extracto de vainilla

Para el relleno

125 g de mantequilla sin sal, ablandada

125 g de azúcar pulverizada

3 huevos grandes

1/2 cdta. de extracto de almendras

125 g de almendras molidas

150 g de mermelada de frambuesa de buena calidad

25 g de almendras en hojuelas

azúcar glas, para servir

1 Frote la harina y la mantequilla con las yemas de los dedos o procéselas para formar migas finas. Agregue el azúcar y la ralladura de limón. Bata la yema con el extracto de vainilla y mezcle con las migas hasta formar una masa suave; si es necesario, añada un poco de agua para homogeneizar. Envuelva la masa en plástico adherente y refrigere por 1 hora.

2 Precaliente el horno a 350 °F (180 °C). Estire la masa sobre una superficie enharinada hasta lograr un grosor de unos 3 mm. La masa es muy frágil; si se desmorona, júntela con sus manos y amásela suavemente para eliminar grumos. Recubra con ella el molde, dejando un borde sobrante de por lo menos 2 cm. Pinche toda la base con un tenedor, recúbrala con papel de horno y ponga encima los pesos para hornear.

3 Ponga el molde sobre una bandeja y hornee en ciego por 20 min. Retire los pesos y el papel, y si el centro se ve un poco crudo aún, hornee por 5 min más.

4 Para el relleno, mezcle la mantequilla y el azúcar hasta formar una mezcla pálida y esponjosa. Bata los huevos y el extracto de almendras hasta combinar bien. Añada las almendras molidas para formar una pasta espesa.

5 Esparza la mermelada sobre la base de tarta cocida. Coloque la frangipane sobre la capa de mermelada y extiéndala uniformemente con una espátula. Rocíe encima las almendras en hojuelas.

6 Hornee durante 40 min en el centro del horno, hasta dorar. Retire del horno y deje enfriar durante 5 min. Luego, con un cuchillo afilado pequeño, recorte la masa sobrante de los bordes de la tarta (ver Consejo del pastelero). Deje enfriar bien la tarta antes de espolvorear azúcar glas para servir.

CONSEJO DEL PASTELERO

Deje sobrantes en el borde de la masa para recortarlos después de hornear y así lograr un acabado limpio y profesional. Recorte hacia abajo y hacia afuera de la tarta, para que no caigan migas sobre ella.

TARTA DE FRESAS

Cuando domine los fundamentos de esta tarta de frutas frescas, puede reemplazar las fresas con otras frutas.

Porciones 6-8
Preparación 40 min
Enfriamiento 1 h
Horneado 25 min
Por anticipado la base de la tarta puede congelarse por 12 semanas
Almacenar ideal comerla el mismo día, pero se puede refrigerar 1 noche

UTENSILIOS ESPECIALES

molde para tarta, desmontable, de 22 cm

pesos para hornear

INGREDIENTES

150 g de harina común, y algo extra para espolvorear

100 g de mantequilla sin sal, refrigerada y cortada en cubos

50 g de azúcar pulverizada

1 yema de huevo

½ cdta. de extracto de vainilla

6 cdas. de jalea de grosellas rojas, para glasear

300 g de fresas, lavadas y tajadas gruesas

Para la crema pastelera

100 g de azúcar pulverizada

50 g de fécula de maíz

2 huevos

1 cdta. de extracto de vainilla

400 ml de leche entera

1 En un bol, frote la harina y la mantequilla hasta formar migas finas. Añada el azúcar.

2 Bata la yema con el extracto de vainilla y agréguelos a la mezcla de harina.

3 Forme una masa; si queda seca, añada agua. Envuelva en plástico adherente. Refrigere 1 h.

4 Precaliente el horno a 350 °F (180 °C). Estire la masa a un grosor de 3 mm.

5 Si la masa empieza a desmoronarse, amásela suavemente con sus manos.

6 Recubra el molde con la masa estirada, dejando un borde sobresaliente de 2 cm.

7 Con unas tijeras, recorte los sobrantes de masa que cuelguen demasiado.

8 Pinche la base de la masa con un tenedor, para que no se formen burbujas al hornear.

9 Recubra con cuidado la cubierta de masa con una hoja de papel de horno.

10 Disperse los pesos sobre el papel. Ponga en una bandeja y hornee por 20 min.

11 Retire los pesos y el papel, y hornee otros 5 min. Recorte los sobrantes de masa.

12 Disuelva la jalea con 1 cucharada de agua. Unte sobre la base de masa. Deje enfriar.

13 Para la crema, bata el azúcar, la harina de maíz, los huevos y el extracto de vainilla.

14 En una olla pesada, hierva la leche y retírela del fuego cuando empiece a burbujear.

15 Vierta la leche caliente en la mezcla de huevo, batiendo todo el tiempo.

continúa ▶

16 Regrese la crema a la olla y hierva a fuego medio, revolviendo constantemente.

17 Cuando la crema espese, reduzca el fuego a bajo y siga cocinando de 2 a 3 min.

18 Pase a un bol, cubra con plástico adherente y deje enfriar bien.

19 Bata la crema pastelera y espárzala sobre la base de masa. Cubra con las fresas.

20 Caliente otra vez el glaseado de jalea y pincélelo sobre las fresas. Deje secar.

21 Desmolde y sirva.

Tarta de fresas ▶

VARIACIONES DE LA TARTA DE CREMA PASTELERA

TARTA DE FRAMBUESA CON CREMA DE CHOCOLATE

Una tarta de frutas con un toque especial; el chocolate se hornea y pincela en la cubierta y la crema pastelera se enriquece con chocolate negro fundido, la pareja perfecta para las frambuesas frescas.

Porciones 6-8
Preparación 40 min
Enfriamiento 1 h
Horneado 20-25 min
Por anticipado puede congelarse por 12 semanas
Almacenar ideal comerla en el mismo día, pero se conserva en el refrigerador 1 noche

UTENSILIOS ESPECIALES

molde para tarta, desmontable, de 22 cm

pesos para hornear

INGREDIENTES

130 g de harina común, y algo extra para espolvorear

20 g de cocoa en polvo

100 g de mantequilla sin sal, refrigerada y cortada en cubos

150 g de azúcar pulverizada

1 yema de huevo, más 2 huevos

1½ cdtas. de extracto de vainilla

50 g de fécula de maíz, tamizada

450 ml de leche entera

175 g de chocolate negro de buena calidad, en trozos

400 g de frambuesas

azúcar glas, para espolvorear

1 Frote la harina, la cocoa y la mantequilla hasta formar migas. Incorpore 50 g de azúcar. Bata la yema con ½ cucharadita de vainilla y añada a la mezcla de harina, homogeneizando para formar una masa suave. Si la masa se siente dura, añada algo de agua fría. Envuelva en plástico adherente y refrigere por 1 hora.

2 Precaliente el horno a 350 °F (180 °C). Estire la masa a un grosor de 3 mm. Recubra con ella el molde, dejando sobresalir un borde de 2 cm; recorte la masa colgante con tijeras. Pinche la base con un tenedor.

3 Recubra la base con papel de horno y pesos para hornear. Ponga en una bandeja y hornee por 20 min. Retire los pesos y el papel, y hornee por 5 min más. Recorte los sobrantes de masa.

4 Para la crema pastelera, bata 100 g de azúcar, la fécula, los huevos y 1 cucharadita de extracto de vainilla. En una olla, ponga al fuego la leche y 100 g de chocolate; revuelva sin parar. Retire cuando empiece a hervir y vierta en la mezcla de huevo, batiendo.

5 Regrese la mezcla a la olla limpia y ponga a hervir a fuego medio, revolviendo. Cuando espese, baje el fuego al mínimo y cocine de 2 a 3 min, revolviendo. Pase a un bol, cúbralo con plástico adherente para que no se forme nata y deje enfriar.

6 Derrita el resto del chocolate en un bol al baño María. Pincele con él el interior de la base de la tarta. Deje reposar. Bata la crema pastelera fría con una cuchara de madera y viértala en la base. Cubra la crema con frambuesas, desmolde, espolvoree con azúcar glas y sirva.

TARTALETAS DE FRUTAS

Cualquier mezcla de frutas lucirá apetitosa;
use las de temporada.

Para 8
Preparación 40-45 min
Enfriamiento 1 h
Horneado 11-13 min
Por anticipado las bases pueden
congelarse por 12 semanas
Almacenar se conservarán por 2
días en un recipiente hermético
en el refrigerador

UTENSILIOS ESPECIALES
8 moldes para tartaleta,
   de 8 x 10 cm

INGREDIENTES
175 g de harina común, y algo
   para espolvorear

4 yemas de huevo

90 g de azúcar pulverizada

½ cdta. de sal

½ cdta. de extracto de vainilla

90 g de mantequilla sin sal, en
   cubos, y algo extra para
   engrasar

Para el relleno
375 ml de leche

1 vaina de vainilla abierta,
   o 2 cdtas. de extracto

5 yemas de huevo

60 g de azúcar pulverizada

30 g de harina común

500 g de fruta fresca mezclada,
   como kiwis, frambuesas, uvas,
   duraznos

175 g de mermelada de
   albaricoque o jalea de grosellas
   rojas, para glasear

1 Tamice la harina sobre una
superficie y haga un hueco en el
centro. Añada las yemas, el
azúcar, la sal, la vainilla y la
mantequilla. Mézclelos con los
dedos e integre la harina hasta
formar migas gruesas. Haga una
bola y amase de 1 a 2 min hasta
suavizar. Envuelva en plástico
adherente y refrigere por 30 min.

2 Para el relleno, ponga a hervir
la leche con la vainilla. Retire del
fuego, tape y deje reposar de 10 a
15 min. Bata las yemas, el azúcar

y la harina. Incorpore la leche
caliente. Ponga la mezcla en
una olla y cocine a fuego lento,
revolviendo siempre, hasta que
la crema espese. Hierva a fuego
lento por 2 min.

3 Pase la crema pastelera a un
bol y retire la vaina (si la usó).
Cubra la superficie con plástico
adherente para evitar que se
forme nata y deje enfriar.

4 Engrase los moldes. Enharine
una superficie y estire la masa a
un grosor de 3 mm. Ponga los
moldes juntos, con sus bordes
casi tocándose. Enrolle la masa
en el rodillo y extiéndala sobre
los moldes (que todos queden
cubiertos). Pase el rodillo por la
superficie de los moldes para
eliminar el exceso de masa y
empuje la masa dentro de cada
molde. Ponga los moldes en una
bandeja de hornear y pinche la
masa por todos lados con un
tenedor. Enfríe por unos 30 min.

5 Precaliente el horno a 400 °F
(200 °C). Recubra cada molde
con papel de aluminio,
presionando contra el molde.
Hornee 6-8 min; retire el papel
de aluminio y siga horneando
por 5 min. Páselos a una rejilla
para enfriar y desmóldelos.

6 Pele y corte las frutas.
Disuelva la mermelada o jalea
con 2-3 cucharadas de agua y
pase la mermelada por el colador.
Pincele el interior de cada molde
con el glaseado de mermelada o
jalea. Llene cada base hasta la
mitad con la crema pastelera
fría y alise la superficie con el
dorso de una cuchara. Ponga
la fruta encima y pincele con
glaseado de mermelada o jalea.

CONSEJO DEL PASTELERO
La crema pastelera es una de las recetas
dulces más útiles. Cuando domine su
preparación, úsela e impresione. Para un
acabado más ligero, incorpore unos 100 ml
de crema de leche batida en la crema
pastelera fría.

TARTA DE MANZANA

Este clásico francés utiliza dos tipos de manzanas: manzanas para cocinar, que se reducen a puré y manzanas de postre, que conservan su forma.

Porciones 8
Preparación 20 min
Enfriamiento 30 min
Horneado 50-55 min
Por anticipado la base de la tarta sin rellenar se puede preparar por adelantado y almacenar hasta por 3 días en un recipiente hermético, o congelar hasta por 12 semanas
Almacenar se conservará por 2 días en un recipiente hermético

UTENSILIOS ESPECIALES
molde para tarta, desmontable, de 22 cm
pesos para hornear

INGREDIENTES
375 g de masa dulce comprada en tienda, o ver p. 300, paso 1
harina común, para espolvorear
50 g de mantequilla sin sal
750 g de manzanas para cocinar, peladas, sin corazón y picadas
125 g de azúcar pulverizada
cáscara finamente rallada y jugo de ½ limón
2 cdas. de Calvados o brandy
2 manzanas para postre
2 cdas. de mermelada de albaricoque colada, para glasear

1 Estire la masa sobre una superficie enharinada, a un grosor de 3 mm y recubra con ella el molde, dejando sobresalir un borde de al menos 2 cm. Pinche la base de la masa con un tenedor. Deje enfriar por 30 min como mínimo.

2 Precaliente el horno a 400 °F (200 °C). Recubra la base de la tarta con papel de horno y llénela con pesos para hornear. Hornee por 15 min. Retire el papel y los pesos y hornee por 5 min más o hasta que la masa tome un color dorado claro.

3 Entre tanto, derrita la mantequilla en una sartén y añada las manzanas de cocinar. Tape y cocine a fuego lento, revolviendo ocasionalmente, durante 15 min o hasta que las manzanas estén blandas.

4 Pase por un colador, presionando la manzana cocida para producir un puré suave. Regrese el puré a la sartén. Reserve 1 cucharada de azúcar pulverizada y añada el resto al puré. Agregue la ralladura de limón y el Calvados o el brandy. Lleve la sartén de nuevo al fuego y cocine a fuego lento, revolviendo hasta que espese.

5 Vierta el puré dentro de la base de la tarta. Pele las manzanas para postre, quíteles el corazón, córtelas en rodajas finas y dispóngalas sobre el puré. Pincele con jugo de limón y espolvoree el azúcar pulverizada reservada.

6 Hornee de 30 a 35 min o hasta que las rodajas de manzana estén suaves y tomen un color dorado pálido. Con un cuchillo pequeño y afilado, corte la masa sobrante para lograr un borde uniforme (ver Consejo del pastelero, p. 291).

7 Caliente la mermelada de albaricoque y pincele las manzanas. Sirva en porciones.

CONSEJO DEL PASTELERO

El glaseado hace que cualquier tarta de frutas hecha en casa luzca tan apetitosa como la de una pastelería. La mermelada de albaricoque va bien con manzanas y peras; para una tarta de frutas rojas, use mermelada de grosella roja tibia. Antes de pincelar, pásela por un colador para eliminar sólidos.

PASTEL DE CALABAZA

Esta versión del postre clásico estadounidense produce un resultado delicado y fragante, con cálidos tonos de canela y especias mixtas.

Porciones 6-8
Preparación 30 min
Enfriamiento 1 h
Horneado 65-75 min
Por anticipado la base de masa sin rellenar se puede preparar y almacenar por 3 días en un recipiente hermético, o congelar por 12 semanas
Almacenar se conservará por 2 días en un recipiente hermético, en el refrigerador

UTENSILIOS ESPECIALES

molde para tarta, desmontable, de 22 cm

procesador de alimentos con cuchillas (opcional)

pesos para hornear

INGREDIENTES

150 g de harina común, y algo extra para espolvorear

100 g de mantequilla sin sal, refrigerada y cortada en cubos

50 g de azúcar pulverizada

1 yema de huevo

½ cdta. de extracto de vainilla

Para el relleno

3 huevos

100 g de azúcar morena clara

1 cdta. de canela

1 cdta. de mezcla de especias

200 ml de crema de leche espesa

425 g de calabaza enlatada y procesada, o 400 g de puré de calabaza asada

crema de leche espesa o helado de vainilla, para servir (opcional)

1 Para hacer la masa, frote la harina y la mantequilla o mezcle en el procesador para formar migas finas. Agregue el azúcar. Bata la yema y la vainilla, y mézclelas con los ingredientes secos, homogeneizando la mezcla para formar una masa suave; si es necesario, añada un poco de agua para ligar. Envuelva en plástico adherente y refrigere por 1 hora.

2 Precaliente el horno a 350 °F (180 °C). Estire la masa sobre una superficie enharinada hasta que tenga un grosor de 3 mm. Como es frágil, si empieza a desmoronarse, debe unirla con sus manos y amasar suavemente para deshacer los grumos. Recubra el molde con la masa, dejando un borde colgante de por lo menos 2 cm. Pinche toda la base de masa con un tenedor, recúbrala con papel de horno y esparza pesos para hornear por toda la superficie.

3 Ponga el molde sobre una bandeja de hornear y hornee la masa en ciego por 20 min. Retire los pesos y el papel, y hornee por 5 min más si el centro no está cocido.

4 En un bol grande, bata los huevos, el azúcar, las especias y la crema de leche. Cuando estén bien mezclados, incorpore la calabaza en lata o en puré para hacer un relleno suave. Saque un poco la parrilla central del horno y ponga el molde en ella. Vierta el relleno sobre la base de masa y deslice la parrilla hacia adentro del horno.

5 Hornee entre 45 y 50 min, hasta que el relleno esté bien firme, pero antes de que comience a burbujear en los bordes. Recorte los bordes sobrantes de masa con un cuchillo pequeño y afilado, mientras el pastel esté caliente (ver Consejo del pastelero, p. 291). Déjelo enfriar en el molde como mínimo 15 min, antes de desmoldarlo. Sirva caliente con crema de leche espesa o helado de vainilla.

CONSEJO DEL PASTELERO

Las latas de calabaza preparada facilitan la
elaboración de este delicado pastel. Sin embargo,
en casa, la calabaza fresca se puede asar hasta
ablandar y luego convertir en puré. Así es más
densa que la calabaza en conserva y se necesita
menor cantidad para darle al relleno una buena
consistencia.

TARTA DE ALMENDRA Y FRAMBUESA CON ENTRAMADO

Esta es la especialidad austriaca «Linzertorte» hecha con enrejado de pasta de almendras.

1 Tamice la harina en un bol. Añada los clavos, la canela y las almendras, y haga un hueco.

2 Frote la mantequilla con la yema, el azúcar, la sal, la ralladura y el jugo. Póngalos en el hueco.

3 Incorpore la harina y frote hasta formar migas gruesas. Haga una bola con la masa.

4 Amase de 1 a 2 min, hasta suavizar. Envuelva en plástico adherente. Enfríe de 1 a 2 horas.

5 En una olla, cocine el azúcar pulverizada y las frambuesas hasta que espesen. Deje enfriar.

6 Con ayuda de una cuchara de madera, pase la mitad de la pulpa de fruta por un colador.

7 Incorpore el resto de la pulpa. Engrase el molde y precaliente el horno a 375 °F (190 °C).

8 Enharine una superficie. Estire dos terceras partes de la masa y forme un círculo de 28 cm.

9 Recubra el molde con la masa; recorte los sobrantes que cuelgan por los lados.

Porciones 6-8
Preparación 30-35 min
Enfriamiento 1¼-2¼ h
Horneado 40-45 min
Almacenar la tarta se puede almacenar por 2 días en un recipiente hermético; el sabor será más suave

UTENSILIOS ESPECIALES
molde desmontable, de 23 cm
procesador de alimentos con cuchillas
rueda acanalada (opcional)

INGREDIENTES
125 g de harina común, y algo extra para espolvorear

pizca de clavos de olor
½ cdta. de canela
175 g de almendras molidas
125 g de mantequilla sin sal, ablandada y en cubos, y algo extra para engrasar
1 yema de huevo
100 g de azúcar pulverizada

¼ cdta. de sal
cáscara finamente rallada de 1 limón y jugo de ½ limón

Para el relleno
125 g de azúcar pulverizada
375 g de frambuesas
1-2 cdas. de azúcar glas, para espolvorear

10 Unte el relleno sobre la masa. Estire la masa restante y forme un rectángulo de 15 x 30 cm.

11 Con la rueda acanalada, corte la masa en tiras de 12 x 1 cm, para un borde decorativo.

12 Ponga la mitad de las tiras sobre la tarta, de izquierda a derecha y cada 2 cm. Gírela 45°.

13 Ponga encima las otras tiras en diagonal. Recorte los sobrantes, estírelos y corte 4 tiras.

14 Pincele el borde con agua y fije las tiras alrededor. Deje enfriar por 15 min.

15 Hornee por 15 min. Reduzca la temperatura a 350 °F (180 °C) y hornee de 25 a 30 min más.

16 Deje enfriar, desmolde, y unos 30 min antes de servir, espolvoree ligeramente con azúcar glas.

VARIACIONES DE TARTA Y PASTEL CON ENTRAMADO

PASTEL DE CEREZAS

Es el pastel estadounidense más famoso. El jugo de la fruta se espesa con harina para compactar el relleno y hacerlo más fácil de cortar.

Porciones 8
Preparación 40-45 min
Enfriamiento 45 min
Horneado 40-45 min
Almacenar ideal comerlo el mismo día; se conserva 2 días en un recipiente hermético

UTENSILIOS ESPECIALES
molde para pastel, de 23 cm

INGREDIENTES
250 g de harina común, y algo para espolvorear

½ cdta. de sal

125 g de manteca o grasa vegetal refrigeradas

75 g de mantequilla sin sal, refrigerada

Para el relleno y el glaseado
500 g de cerezas, sin hueso

200 g de azúcar pulverizada

45 g de harina común

¼ cdta. de extracto de almendras (opcional)

1 huevo

½ cdta. de sal

1 Tamice la harina y la sal en un bol. Corte la manteca y la mantequilla en cuadritos, y frote en la harina con los dedos hasta formar migas. Rocíe 3 cucharadas de agua y mezcle hasta hacer una bola. Envuelva en plástico adherente y refrigere por 30 min. Precaliente el horno a 400 °F (200 °C), con una bandeja de hornear dentro. Sobre una superficie enharinada, estire dos terceras partes de la masa y recubra con ella el molde, dejando un borde colgante. Presione la masa contra el molde y refrigere por 15 min.

2 Ponga las cerezas en un bol y agregue el azúcar, la harina y el extracto de almendra (si lo usa). Revuelva hasta mezclar bien y vierta sobre la base de masa.

3 Estire la masa restante, formando un rectángulo. Corte 8 tiras de 1 cm de ancho y dispóngalas encima del pastel, siguiendo un patrón de entramado; recorte los sobrantes. Bata el huevo y la sal, y use esta mezcla para glasear el entramado y fijar las tiras al borde del pastel. Hornee entre 40 y 45 min, hasta que la masa dore. Sirva a temperatura ambiente o refrigerado.

CROSTATA DI MARMELLATA

Esta tarta italiana se hace con unos cuantos elementos de la alacena.

Porciones 6-8
Preparación 30 min
Enfriamiento 1 h
Horneado 50 min
Por anticipado puede congelarse hasta por 12 semanas
Almacenar se conservará por 2 días en un recipiente hermético

UTENSILIOS ESPECIALES

molde para tarta, desmontable, de 22 cm

pesos para hornear

INGREDIENTES

175 g de harina común, y algo para espolvorear

100 g de mantequilla sin sal, refrigerada y en cubos

50 g de azúcar pulverizada

1 yema de huevo, y un huevo batido para glasear

2 cdas. de leche, y algo más si se necesita

½ cdta. de extracto de vainilla

450 g de mermelada de frambuesa, albaricoque o cereza, de buena calidad

1 En un bol, frote la harina y la mantequilla con los dedos, hasta formar migas finas. Agregue el azúcar. Bata la yema con la leche y el extracto de vainilla, y añada a los ingredientes secos, mezclando en una masa suave. Si la masa luce algo seca, añada 1 cucharada más de leche. Envuelva en plástico adherente y refrigere por 1 hora.

2 Precaliente el horno a 350 °F (180 °C). Sobre una superficie enharinada, estire la masa a un grosor de unos 3 mm. Si se desmorona, únala y amásela para eliminar grumos. Recubra el molde con la masa, dejando un borde saliente de 2 cm. Con tijeras, recorte los sobrantes de masa. Pinche la base con un tenedor. Enrolle el sobrante de masa y refrigere para más tarde.

3 Recubra la base de masa con papel de horno y esparza pesos para hornear encima. Ponga el molde en una bandeja y hornee en ciego por 20 min. Retire los pesos y el papel; hornee 5 min si el centro se ve crudo aún.

4 Aumente la temperatura del horno a 400 °F (200 °C). Esparza una capa de mermelada de 1 a 2 cm sobre la base del pastel. Con la masa sobrante, forme un cuadrado algo más grande que el pastel, de 3 mm de grosor. Córtelo en al menos 12 tiras de 1 cm de ancho. Cubra el pastel con ellas, siguiendo un diseño de entramado.

5 Use el huevo batido para fijar las tiras a los bordes del pastel y pincelar suavemente la trama. Regrese la tarta al horno y cocine entre 20 y 25 min, hasta que el entramado esté bien cocido y dorado. Deje enfriar por 10 min antes de comer. Sirva caliente o a temperatura ambiente.

PASTEL DE DURAZNO

Menos famoso que su primo de cereza, pero igual de sabroso, este clásico estadounidense es un exquisito postre. Elija jugosos duraznos maduros.

Porciones 8
Preparación 40-45 min
Enfriamiento 45 min
Horneado 40-45 min
Almacenar ideal comerlo el mismo día; se conserva 2 días en un recipiente hermético

UTENSILIOS ESPECIALES

molde para pastel, de 23 cm

INGREDIENTES

1 base de masa, ver Pastel de cerezas página opuesta, paso 1

4-5 duraznos maduros

30 g de harina común

150 g de azúcar granulada

pizca de sal

1-2 cdas. de jugo de limón, al gusto

Para el glaseado

1 huevo y ½ cdta. de sal

½ cdta. de sal

1 Remoje los duraznos en agua hirviendo 10 segundos y páselos a un bol con agua fría. Córtelos en mitades, retíreles hueso y piel. Corte las mitades en rodajas de 1 cm. Póngalas en un bol grande.

2 Rocíe sobre los duraznos con la harina, el azúcar, la sal y jugo de limón. Revuélvalos con cuidado y páselos con sus jugos a la base de pastel del molde.

3 Bata ligeramente el huevo y la sal, y glasee el pastel con esta mezcla.

4 Hornee entre 40 y 45 min, hasta que la base de masa esté dorada y los duraznos, blandos y burbujeando. Sirva caliente.

PASTEL DE PACANA

Este pastel dulce y crujiente es originario del sur de Estados Unidos, donde hay extensos cultivos de nuez pacana.

Porciones 6-8

Preparación 15 min

Enfriamiento 30 min

Horneado 1½ h

Por anticipado la base de masa sin rellenar se puede preparar y almacenar por 3 días en un recipiente hermético, o congelar hasta por 12 semanas

Almacenar se conservará por 2 días en un recipiente hermético

UTENSILIOS ESPECIALES

molde para tarta, desmontable, de 22 cm

procesador de alimentos con cuchillas (opcional)

pesos para hornear

INGREDIENTES

150 g de harina común, y algo extra para espolvorear

100 g de mantequilla sin sal, refrigerada y en cubos

50 g de azúcar pulverizada

1 yema de huevo

½ cdta. de extracto de vainilla

crema de leche batida, para servir (opcional)

Para el relleno

150 ml de miel de arce

60 g de mantequilla

175 g de azúcar morena clara

unas gotas de extracto de vainilla

pizca de sal

3 huevos

200 g de nueces pacanas

1 Frote la harina y la mantequilla con sus dedos o procéselas hasta formar migas finas. Agregue el azúcar. Bata la yema con la vainilla y mézclelas con los ingredientes secos, homogeneizando la mezcla para formar una masa suave; si es necesario, use un poco de agua. Envuelva en plástico adherente y refrigere por 1 hora. Precaliente el horno a 350 °F (180 °C).

2 En una superficie bien enharinada, estire la masa hasta que alcance 3 mm de grosor. La masa es frágil así que si comienza a desmoronarse, únala con las manos y amase suavemente para eliminar grumos. Recubra con ella el molde, dejando un borde saliente de por lo menos 2 cm. Pinche toda la base con un tenedor.

3 Recubra la base de masa con papel de horno y pise el papel con pesos para hornear. Ponga el molde sobre una bandeja de hornear y hornee en ciego por 20 min. Retire los pesos y el papel, y si el centro aún luce crudo, hornee otros 5 min.

4 Vierta la miel de arce en una olla y agregue la mantequilla, el azúcar, el extracto de vainilla y la sal. Ponga la olla a fuego lento y revuelva constantemente hasta derretir la mantequilla y disolver el azúcar. Retire la olla del fuego y deje enfriar la mezcla hasta que esté tibia; añada los huevos, uno a uno, batiendo. Agregue las nueces y luego vierta la mezcla en la base de masa.

5 Hornee entre 40 y 50 min o hasta que el relleno esté sólido. Si dora muy rápido, cubra con papel de aluminio. Retire el pastel del horno, páselo a una rejilla y déjelo enfriar de 15 a 20 min. Desmóldelo y sírvalo caliente o déjelo sobre la rejilla para que enfríe bien. Sirva con crema batida.

CONSEJO DEL PASTELERO

Trate de comprar las nueces frescas cuando las vaya
a usar. Compre en pequeñas cantidades para no
guardarlas por mucho tiempo. Las nueces se vuelven
rancias con bastante rapidez por su alto contenido
de aceite; una sola nuez rancia arruina el pastel.

TARTA DE MELAZA

Tarta inglesa clásica que aún está entre los favoritos de jóvenes y viejos. Intente esta versión más sofisticada, enriquecida con crema y huevos.

Porciones 6-8
Preparación 30 min
Enfriamiento 1 h
Horneado 50-55 min
Por anticipado la base de masa sin rellenar se puede preparar y guardar por 3 días en un recipiente hermético, o congelar por 12 semanas
Almacenar se conservará por 2 días en un recipiente hermético

UTENSILIOS ESPECIALES

molde para tarta, desmontable, de 22 cm

procesador de alimentos con cuchillas (opcional)

pesos para hornear

batidora de mano (opcional)

INGREDIENTES

150 g de harina común, y algo extra para espolvorear

100 g de mantequilla sin sal, refrigerada y en cubos

50 g de azúcar pulverizada

1 yema de huevo

½ cdta. de extracto de vainilla

Para el relleno

200 ml de almíbar dorado

200 ml de crema de leche espesa

2 huevos

cáscara de 1 naranja, finamente rallada

100 g de migas de brioche o croissant

crema de leche espesa o helado, para servir

1 Frote la harina y la mantequilla con sus dedos o procésela hasta formar migas finas. Agregue el azúcar. Bata la yema y el extracto de vainilla y mézclelos con los ingredientes secos, homogeneizando la mezcla para formar una masa suave. Si la siente seca, agregue un poco de agua. Envuelva la masa en plástico adherente y refrigere por 1 hora. Precaliente el horno a 350 °F (180 °C).

2 Estire la masa sobre una superficie enharinada hasta que alcance un grosor de 3 mm. La masa es frágil, así que si empieza a desmoronarse, únala con sus manos y amase suavemente para eliminar grumos. Recubra el molde con la masa estirada, dejando un borde saliente de por lo menos 2 cm. Pinche toda la base con un tenedor.

3 Recubra la base de masa con papel de horno y pise el papel con pesos para hornear. Ponga el molde sobre una bandeja de hornear y hornee en ciego por 20 min. Retire los pesos y el papel. Si el centro aún se ve crudo, hornee por 5 min más. Reduzca la temperatura a 340 °F (170 °C).

4 Mida el almíbar dorado en un jarro medidor grande. Mida la crema encima del almíbar (la densidad del almíbar los mantendrá separados, por lo que es fácil de medir). Añada los huevos y la ralladura de naranja y mézclelos con la batidora de mano hasta combinar bien. También puede pasarlos a un bol y batir. Incorpore suavemente las migas de brioche.

5 Ponga el molde sobre una bandeja de hornear, saque la parrilla central del horno y ponga en ella la bandeja. Vierta el relleno en la base de masa y deslice de nuevo la parrilla dentro del horno.

6 Hornee la tarta durante 30 min, hasta que el relleno esté sólido, pero antes de que comience a burbujear. Recorte los bordes de masa sobrantes con un cuchillo pequeño y afilado, mientras aún esté caliente (ver Consejo del pastelero, p. 291). Deje enfriar en el molde por al menos 15 min, antes de desmoldar. Sirva caliente con crema espesa o helado.

CONSEJO DEL PASTELERO

Las tartas de melaza tradicionales se hacen con masa, miel y miga de pan. Pero para una tarta más lujosa, aquí he usado crema de leche y huevos, con los cuales se logra un relleno más suave y ligero pues incorporan aire. Así resulta una tarta más esponjosa que la de la receta clásica.

TARTE TATIN

Debe su nombre a dos hermanas francesas que comercializaron la tarta de manzana favorita de su padre. La Tatin se puede servir con un poco del caramelo sobrante de la sartén y una cucharada de crema agria.

Porciones 8
Preparación 45-50 min
Enfriamiento 30 min
Horneado 35-50 min

UTENSILIOS ESPECIALES
sartén apta para horno, de 23-25 cm
  o molde para tarte Tatin

INGREDIENTES
175 g de harina común,
  y algo extra para espolvorear
2 yemas de huevo
1½ cdas. de azúcar pulverizada
pizca de sal
75 g de mantequilla sin sal, ablandada

Para el relleno
14-16 manzanas (2,4 kg)
1 limón
125 g de mantequilla sin sal
200 g de azúcar pulverizada
crema agria, para servir (opcional)

1 Para la masa, tamice la harina en un bol grande y haga un hueco en el centro.

2 Ponga las yemas, el azúcar y la sal en el hueco. Añada la mantequilla y 1 cucharada de agua.

3 Use sus dedos para integrar completamente los ingredientes en el hueco.

4 Incorpore la harina hasta formar migas gruesas. Haga una bola con la masa.

5 Enharine la superficie de trabajo y amase por 2 min, hasta que la masa esté blanda.

6 Haga una bola con la masa, envuélvala en plástico adherente y refrigere por unos 30 min.

7 Para el relleno, pele las manzanas, córtelas en mitades y elimine las semillas.

8 Corte el limón en dos y frótelo bien sobre las manzanas, para evitar su decoloración.

9 Derrita la mantequilla en la sartén a fuego medio. Añada el azúcar y revuelva.

10 Cocine, mezclando de vez en cuando, hasta que caramelice y tome un color dorado intenso.

11 Retire del calor. Cuando la mezcla esté tibia, cúbrala con manzanas en círculos concéntricos.

12 Cocine las manzanas a fuego alto hasta que caramelicen. Deles vuelta una vez.

13 Retire del calor. Enfríe por 15 min. Precaliente el horno a 375 °F (190 °C).

14 Estire la masa y forme un círculo 2,5 cm mayor que la sartén. Cubra con ella la sartén.

15 Doble los bordes hacia adentro alrededor de las manzanas. Hornee por 20 min o hasta dorar. Deje enfriar la tarta hasta que esté tibia, ponga un plato encima e invierta, sosteniendo con firmeza.

VARIACIONES DE LA TARTE TATIN

TARTE TATIN DE PERAS

Las peras son un buen sustituto de las manzanas, pero toman más tiempo para cocinar. Use peras maduras en perfecto estado (las Comice son una buena opción).

Porciones 8
Preparación 30 min
Enfriamiento 40-45 min
Horneado 40-55 min
Por anticipado se puede hornear entre 6 y 8 horas antes y calentar brevemente antes de desmoldar

UTENSILIOS ESPECIALES
sartén apta para horno, de 23-25 cm o molde para tarte Tatin

INGREDIENTES
Para la masa
175 g de harina común, y algo extra para espolvorear
2 yemas de huevo
1½ cdas. de azúcar pulverizada
pizca de sal
75 g de mantequilla sin sal, ablandada

Para el relleno
125 g de mantequilla sin sal
200 g de azúcar pulverizada
12–14 (2,4 kg) peras en mitades, sin piel ni semillas y frotadas con mitades de limón
crema agria, para servir (opcional)

1 Para la masa, tamice la harina en un bol grande y haga un hueco en el centro. Ponga en el hueco las yemas, el azúcar y la sal. Agregue la mantequilla y 1 cda. de agua. Con los dedos, mezcle bien los ingredientes en el hueco. Incorpore la harina a la mezcla hasta formar migas gruesas.

2 Haga una bola con la masa. Enharine una superficie y amase por 2 min, hasta suavizar. Envuelva en plástico adherente y refrigere por unos 30 min, hasta que la masa esté firme.

3 Para el relleno, derrita la mantequilla en la sartén. Añada el azúcar y mezcle. Cocine a fuego medio entre 3 y 5 min, removiendo, hasta que se caramelice y tome color dorado. Retire del fuego y deje enfriar.

4 Disponga las mitades de pera en la sartén, de lado y con los extremos puntudos hacia el centro. Cocine las peras a fuego alto entre 20 y 30 min, hasta que caramelicen. Deles vuelta una vez para que caramelicen por ambos lados. Las peras deben quedar blandas pero conservando su forma y con muy poco jugo.

5 Retire la sartén del fuego y deje enfriar por 15 min. Precaliente el horno a 375 °F (190 °C). Estire la masa y forme un círculo 2,5 cm más grande que la sartén. Cubra la sartén con la masa y doble los bordes alrededor de las peras. Hornee por 20-25 min.

6 Deje enfriar la tarta. Cuando esté tibia, ponga un plato sobre ella e inviértala, sosteniendo con firmeza. Báñela con un poco de caramelo. Sirva con crema agria.

CONSEJO DEL PASTELERO
Las peras suelen producir más líquido que las manzanas y tardar más en el caramelo hasta que el líquido se evapore. Debe quedar muy poco líquido o la Tatin quedará apelmazada.

TARTA DE BANANO Y CARAMELO

Aunque los puristas digan otra cosa, esta versión tropical de la tarte Tatin es tan rica y fácil de hacer que a todos les gusta, especialmente a los niños.

Porciones 6
Preparación 15 min
Horneado 30-35 min

UTENSILIOS ESPECIALES
molde para tarta, de 20 cm (no desmontable)

INGREDIENTES
75 g de mantequilla
150 g de almíbar dorado
4 bananos medianos, pelados y en rebanadas de 1 cm de grueso
200 g de masa de hojaldre comprada, o ver p. 178, pasos 1-9
harina común, para espolvorear
helado de vainilla o crema agria, para servir (opcional)

1 Precaliente el horno a 400 °F (200 °C). Caliente la mantequilla y el almíbar en una olla pequeña hasta que la mantequilla se derrita y la mezcla esté suave; luego, deje hervir por 1 min.

2 Vierta en el molde. Disponga las rodajas de banano sobre la mezcla de almíbar; esta será la cubierta de la tarta al invertirla. Ponga el molde sobre una bandeja de hornear y hornee por 10 min.

3 Mientras tanto, sobre una superficie ligeramente enharinada, extienda la masa y forme un círculo de unos 23 cm de diámetro y un grosor de unos 5 mm. Recorte los sobrantes de masa. Retire el molde del horno y coloque la masa encima de los bananos caramelizados. Con el mango de un cuchillo, doble el borde de la masa hacia abajo en el molde; tenga cuidado de no quemarse con el caramelo caliente.

4 Regrese la tarta al horno y cocine de 20 a 25 min o hasta que la masa esté dorada. Deje reposar entre 5 y 10 min. Ponga un plato encima del molde e invierta la tarta. Sirva de inmediato con helado de vainilla o crema agria.

TARTE TATIN DE DURAZNO

Esta tarte Tatin, menos común, es una buena opción como postre de verano. Elija duraznos firmes para que conserven su forma al cocinarse. También es deliciosa con tajadas de mango.

Porciones 6
Preparación 40-45 min
Enfriamiento 45 min
Horneado 20-25 min

UTENSILIOS ESPECIALES
plato de hornear, redondo, de 25 cm

INGREDIENTES
3 yemas de huevo
½ cdta. de extracto de vainilla
215 g de harina común, y algo extra para espolvorear
60 g de azúcar pulverizada
¼ de cdta. de sal
90 g de mantequilla sin sal, en cubos

Para el relleno
200 g de azúcar pulverizada
1 kg de duraznos

1 Mezcle las yemas con la vainilla en un bol. En otro bol, mezcle la harina, el azúcar y la sal. Añada la mantequilla y frote con los dedos para formar migas. Agregue la mezcla de huevo e integre para formar una masa. Amase hasta suavizar y deje enfriar por 30 min.

2 Para el relleno, ponga el azúcar en una olla y caliente a fuego suave hasta disolverla, revolviendo ocasionalmente. Hierva hasta que el caramelo comience a dorar en los bordes. No revuelva, pues podría cristalizarse. Baje el fuego y siga cociendo; mueva la sartén un par de veces para que el caramelo dore uniformemente. Debe tomar un dorado medio,

pues si queda muy oscuro, se volverá amargo al hornear.

3 Retire la sartén del fuego y póngala enseguida sobre un recipiente con agua fría hasta detener la cocción. Aléjese para evitar salpicaduras de caramelo caliente. Vierta el caramelo en el fondo del plato de hornear. Rápidamente, incline el plato para cubrir todo el fondo con una capa fina y uniforme.

4 Remoje los duraznos por 10 seg en una olla de agua hirviendo; luego, páselos a un bol con agua fría. Córtelos en mitades, pélelos y deshuéselos. Corte las mitades en dos, a lo largo. Disponga los gajos de durazno encima del caramelo frío, con el lado redondo hacia abajo y en círculos concéntricos.

5 En una superficie ligeramente enharinada, extienda la masa y forme un círculo de 28 cm. Enróllela en el rodillo y cubra el plato con ella. Doble el borde de la masa hacia abajo alrededor de los duraznos. Deje enfriar por 15 min. Precaliente el horno a 400 °F (200 °C).

6 Hornee de 30 a 35 min. Deje enfriar la tarta hasta que esté tibia. Para desmoldar, ponga un plato de servir sobre ella. Sosténgalo, presionando, e invierta; retire el plato de horno. Sirva de inmediato y corte en porciones.

TARTA DE CREMA INGLESA

El relleno de suave crema inglesa con huevo y nuez moscada produce una tarta sencilla y elegante.

1 En un bol, mezcle la mantequilla y la harina hasta formar migas finas. Añada el azúcar.

2 Bata las yemas con el extracto de vainilla y agréguelas a la mezcla de harina.

3 Integre para formar una masa. Envuelva en plástico adherente y refrigere por 1 hora.

4 Precaliente el horno a 350 °F (180 °C). Estire la masa a un grosor de 3 mm.

5 Como la masa es frágil, si se desmorona, únala con sus manos y amase suavemente.

6 Recubra el molde con la masa, dejando un borde saliente de al menos 2 cm.

7 Pinche la masa por todos lados con un tenedor; así no se forman burbujas al hornear.

8 Recubra con papel de horno y pesos para hornear. Hornee sobre una bandeja por 20 min.

9 Retire los pesos y el papel y hornee por 5 min. Recorte la masa colgante.

Porciones 8
Preparación 20 min
Enfriamiento 1 h
Horneado 45-50 min
Por anticipado la base puede congelarse por 12 semanas
Almacenar se conservará por 1 día en el refrigerador, en un recipiente hermético

UTENSILIOS ESPECIALES

molde para tarta, desmontable, de 22 cm

pesos para hornear

INGREDIENTES

170 g de harina común, y algo extra para espolvorear

100 g de mantequilla sin sal, refrigerada y en cubos

50 g de azúcar pulverizada

2 yemas de huevo

½ cdta. de extracto de vainilla

Para el relleno

225 ml de leche

150 ml de crema de leche espesa

2 huevos

30 g de azúcar pulverizada

½ cdta. de extracto de vainilla

¼ cdta. de nuez moscada recién rallada

10 Reduzca la temperatura a 340 °F (170 °C). Caliente la leche y la crema en una olla.

11 Entre tanto, bata los huevos, el azúcar, el extracto de vainilla y la nuez moscada.

12 Cuando la leche y la crema hayan hervido, viértalas sobre la mezcla de huevo, batiendo.

13 Coloque el molde sobre una bandeja de hornear; así será más fácil pasarlo al horno.

14 Pase el relleno a un jarro y viértalo sobre la base de masa. Lleve al tercio superior del horno.

15 Hornee de 20 a 25 min, hasta que el relleno esté sólido y con un leve temblor en el centro.

16 Retire la tarta del horno y déjela enfriar. Luego, desmóldela.

VARIACIONES DE LA TARTA DE CREMA INGLESA

PASTÉIS DE NATA

Estos pastelillos son los favoritos de los portugueses.

Para 16

Preparación 30 min

Por anticipado tanto la crema como las bases de las tartas se pueden preparar y guardar en el refrigerador por separado durante 1 noche

Horneado 20-25 min

Almacenar las tartas terminadas se conservan por 1 día en un recipiente hermético

UTENSILIOS ESPECIALES

molde para 16 muffins

INGREDIENTES

30 g de harina común, y algo extra para espolvorear

500 g de masa de hojaldre comprada, o ver p. 178, pasos 1-9

500 ml de leche

1 astilla de canela

1 trozo grande de cáscara de limón

4 yemas de huevo

100 g de azúcar pulverizada

1 cda. de fécula de maíz

1 Precaliente el horno a 425 °F (220 °C). Sobre una superficie enharinada, extienda la masa de hojaldre y forme un rectángulo de 40 x 30 cm. Haga un rollo de masa, comenzando por el lado largo más cercano a usted. Recorte los extremos. Corte la masa en 16 trozos iguales.

2 Tome un trozo de masa enrollada, doble el lado suelto hacia adentro y póngalo hacia abajo. Estire la masa y forme un círculo delgado, de unos 10 cm de diámetro. Dele vuelta una sola vez para que la tarta terminada describa una curva natural. La base de masa debe quedar con la forma de un pequeño bol. Lleve la masa a uno de los moldes y presiónela con sus pulgares contra el fondo y las paredes. Pinche el fondo con un tenedor. Repita el proceso con los otros trozos de masa. Lleve al refrigerador mientras prepara el relleno.

3 En una cacerola de fondo grueso, caliente la leche, la canela y la ralladura de limón. Retire del fuego al empezar a hervir la leche.

4 En un bol, bata las yemas, el azúcar, la harina y la fécula hasta formar una pasta espesa. Retire la canela y la cáscara de limón de la leche caliente y viértala poco a poco sobre la mezcla de yema de huevo, batiendo todo el tiempo. Regrese la crema a la cacerola limpia y cocine a fuego medio, revolviendo constantemente. Retire del fuego en cuanto espese.

5 Llene con la crema las dos terceras partes de cada base de tarta y hornee en la parte alta del horno entre 20 y 25 min, hasta que la superficie de los rellenos se infle y oscurezca por partes. Retire del horno y deje enfriar. Los rellenos se desinflan un poco, pero esto es normal. Deje pasar al menos 10 o 15 min antes de comer las tartas calientes o frías.

FLAN NATURE

Este clásico manjar francés es mejor si se sirve frío.

Porciones 6-8
Preparación 20 min
Enfriamiento 1 h
Horneado 75-85 min
Por anticipado la base de la tarta puede congelarse por 12 semanas
Almacenar se conservará por 2 días en un recipiente hermético, en el refrigerador

UTENSILIOS ESPECIALES

molde para tarta, desmontable, de 18 cm

pesos para hornear

INGREDIENTES

1 base de masa dulce, ver p. 314, pasos 1-9
125 g de harina común
125 g de azúcar pulverizada
3 huevos
50 g de mantequilla sin sal, derretida y enfriada
½ cdta. de extracto de vainilla
500 ml de leche

1 Haga la base de masa. Precaliente el horno a 300 °F (150 °C). En un bol, mezcle la harina, el azúcar, los huevos, la mantequilla y la vainilla hasta obtener una masa espesa y suave. Agregue la leche y pase la mezcla a un jarro.

2 Ponga el molde con la base de masa sobre una bandeja de hornear. Coloque la bandeja en el borde de la parrilla central del horno; sosténgala con una mano, y con la otra mano vierta el relleno en la base de la tarta. Cuando esté lo más llena posible, pero sin desbordarse, empuje suavemente el molde en la parrilla y cierre la puerta.

3 Hornee de 50 a 60 min, hasta que el relleno tome consistencia, sin inflarse, y la superficie esté dorada. Con un cuchillo afilado, recorte el exceso de masa de los lados del molde. Deje enfriar bien en el molde antes de servir.

TARTA DE UCHUVA

En este manjar de temporada las uchuvas tiemblan en la crema, dentro de una corteza de masa dulce.

Porciones 6-8
Preparación 30 min
Enfriamiento 30 min
Horneado 1 h
Por anticipado la base de la tarta puede congelarse por 12 semanas

UTENSILIOS ESPECIALES

molde desmontable de 24 cm para tartas

pesos para hornear

INGREDIENTES

170 g de harina común
75 g de mantequilla
25 g de azúcar pulverizada
2 yemas de huevo

Para el relleno
250 ml de crema de leche espesa
2 huevos
50 g de azúcar pulverizada
400 g de uchuvas, despuntadas y sin tallito
crema de leche espesa, para servir (opcional)

1 En un bol grande, mezcle la harina y la mantequilla con los dedos hasta formar migas finas. Agregue el azúcar, añada las yemas. Integre bien para formar una masa. Envuelva en plástico adherente y refrigere por 30 min.

2 Precaliente el horno a 350 °F (180 °C). Para el relleno de crema, bata la crema de leche, los huevos y el azúcar en un bol. Lleve al refrigerador.

3 Estire la masa y forme un círculo un poco más grande que el molde. Cubra el molde con la masa. Recubra la base de masa con papel de horno y pesos para hornear, y hornee en ciego por 20 min. Retire los pesos y el papel, y hornee por 5 min más, hasta cocer pero sin dorar aún.

4 Retire del horno y ponga una capa de uchuvas en la base de la tarta. Vierta encima el relleno de crema y hornee por otros 35 min, hasta que la crema esté firme y dorada. Con un cuchillo afilado, recorte los sobrantes de masa del borde. Deje enfriar un poco antes de sacarla del molde; sirva con crema espesa. Deliciosa cuando se come el mismo día.

TARTE AU CITRON

Con una masa que se deshace en la boca y un relleno cremoso cortado por la acidez del limón, este clásico francés es rico y refrescante.

Porciones 6-8
Preparación 35 min
Enfriamiento 1½ h
Horneado 45 min
Por anticipado la base de la tarta sin rellenar se puede preparar y almacenar por 3 días en un recipiente hermético, o congelar hasta por 12 semanas
Almacenar se conservará en un recipiente hermético por 2 días

UTENSILIOS ESPECIALES

procesador de alimentos con cuchillas (opcional)

molde para tarta, desmontable, de 24 cm

pesos para hornear

INGREDIENTES

175 g de harina común, y algo extra para espolvorear

85 g de mantequilla refrigerada

45 g de azúcar pulverizada

1 huevo

Para el relleno

5 huevos

200 g de azúcar pulverizada

cáscara finamente rallada y jugo de 4 limones

250 ml de crema de leche espesa

azúcar glas, para servir

ralladura de limón, para servir

1 Para hacer la masa, mezcle con los dedos o procese la harina y la mantequilla, hasta formar migas finas. Añada el huevo e integre para formar una bola de masa. Sobre una superficie ligeramente enharinada, extienda la masa y forme un gran círculo. Cubra el molde con ella y refrigere por al menos 30 min.

2 Bata los huevos y el azúcar. Agregue la ralladura de limón y el jugo, y luego la crema de leche. Refrigere por 1 hora.

3 Precaliente el horno a 375 °F (190 °C). Recubra la base de la tarta con papel de horno, cubra con pesos para hornear y hornee en ciego por 10 min. Retire el papel y los pesos y hornee por 5 min más o hasta que la base de masa esté crujiente.

4 Reduzca la temperatura a 275 °F (140 °C). Ponga el molde de la tarta sobre una bandeja de hornear. Vierta el relleno de limón dentro de la base de tarta, cuidando de no derramarlo por los bordes. Hornee por 30 min o hasta que el relleno esté firme.

5 Retire del horno y deje enfriar. Desmolde la tarta y sírvala espolvoreada con azúcar glas y con ralladura de limón.

CONSEJO DEL PASTELERO

Cuando hornee con limón, busque limones sin cera, sobre todo si va a usar la ralladura de la cáscara. Si no consigue limones sin cera, frótelos para eliminar la cera. Elija limones pesados para su tamaño, pues esto indica que son muy jugosos.

PIE DE LIMÓN DE LOS CAYOS

Este pastel debe su nombre a los limones pequeños que crecen en los cayos de Florida, donde se originó la receta.

Porciones 8
Preparación 20-30 min
Horneado 15-20 min
Almacenar se conservará por 2 días en un recipiente hermético, en el refrigerador

UTENSILIOS ESPECIALES
molde para tarta, desmontable, de 23 cm
zester o rallador para tiras finas (opcional)

INGREDIENTES
100 g de mantequilla sin sal
225 g de galletas tipo María, trituradas
5 limones verdes
3 yemas de huevo grandes
1 lata de 400 g de leche condensada
crema de leche líquida, para servir (opcional)

1 Precaliente el horno a 350 °F (180 °C). Derrita la mantequilla en una sartén a fuego lento. Agregue las migas de galleta y mezcle bien. Retire del fuego y pase la mezcla al molde. Con una cuchara, presione la mezcla contra el fondo y los lados del molde, de manera uniforme y con firmeza. Ponga sobre una bandeja de hornear y lleve al horno de 5 a 10 min.

2 Entre tanto, ralle en un bol la cáscara de 3 limones y, si lo desea, utilice un zester para rallar en tiras largas la cáscara de un cuarto limón, para decorar. Exprima los 5 limones y reserve el jugo.

3 Ponga las yemas en el bol con la ralladura de limón y mezcle con una batidora eléctrica hasta que el huevo espese. Vierta la leche condensada y bata por 5 min más. Añada el jugo de limón y bata de nuevo hasta incorporarlo. Vierta la mezcla en el molde y hornee entre 15 y 20 min o hasta que el relleno esté firme pero con un leve temblor en el centro.

4 Retire el pie del horno y déjelo enfriar bien. Sírvalo decorado con las tiras finas de cáscara de limón, si las usa, y acompañe con crema líquida.

CONSEJO DEL PASTELERO

Un error común al hornear tartas dulces con relleno grueso es cocerlas demasiado. Sáquelas del horno cuando aún tengan un ligero temblor en el centro. Así, al enfriar, toman una textura untuosa y cremosa. La cocción excesiva produce una tarta con una desagradable textura «de goma».

TARTA DE CHOCOLATE

Esta tarta de chocolate negro es deliciosa si se sirve aún caliente, con abundante crema espesa y fría.

Porciones 8-10
Preparación 30 min
Enfriamiento 1 h
Horneado 35-40 min
Por anticipado la tarta se puede congelar por 12 semanas
Almacenar conserve refrigerado por 2 días en un recipiente cerrado

UTENSILIOS ESPECIALES

molde para tarta, desmontable, de 22 cm

pesos para hornear

INGREDIENTES

150 g de harina común

100 g de mantequilla sin sal, refrigerada y en cubos

50 g de azúcar pulverizada

1 yema de huevo

½ cdta. de extracto de vainilla

Para el relleno

150 g de mantequilla sin sal, en cubos

200 g de chocolate negro de buena calidad, en trozos

3 huevos

30 g de azúcar pulverizada

100 ml de crema de leche espesa

1 En un bol, frote con los dedos la harina y la mantequilla hasta formar migas finas.

2 Añada el azúcar a la mezcla de miga y revuelva para combinar.

3 Bata la yema de huevo con la vainilla y añada luego a los ingredientes secos.

4 Forme una masa; añada agua si está seca. Envuelva en plástico adherente. Refrigere 1 hora.

5 Precaliente el horno a 350 °F (180 °C). Estire la masa a un grosor de 3 mm.

6 Si la masa comienza a desmoronarse, júntela con las manos y amase suavemente.

7 Cubra el molde con la masa, deje un borde colgante de 2 cm.

8 Con unas tijeras, recorte los excedentes de masa que cuelguen más de 2 cm.

9 Pinche la base de masa con un tenedor para evitar que se formen burbujas al hornear.

10 Recubra la base de masa con un poco de papel de horno.

11 Esparza pesos para hornear sobre el papel. Hornee por 20 min sobre una bandeja.

12 Retire los pesos y el papel y hornee por 5 min más. Recorte los excedentes de masa.

13 Derrita la mantequilla y el chocolate en un bol al baño María.

14 Justo cuando el chocolate derrita, retire el bol del calor y deje enfriar.

15 Bata los huevos y el azúcar pulverizada hasta mezclar bien.

continúa ▶

16 Vierta la mezcla de chocolate frío y bata suavemente hasta combinar bien.

17 Por último, incorpore la crema de leche. Vierta la mezcla en un jarro.

18 Ponga el molde sobre una bandeja de hornear, para que sea fácil llevarlo al horno.

19 Vierta el relleno sobre la base de masa e introduzca el molde en la parte alta del horno.

20 Hornee de 10 a 15 min hasta que el relleno esté firme. Deje enfriar 5 min; endurecerá más.

21 Pase a un plato.

Tarta de chocolate ▶

VARIACIONES DE LA TARTA DE CHOCOLATE

CONSEJO DEL PASTELERO

Al tostar las nueces, se intensifica su sabor y su textura crujiente. Se puede decir que están tostadas cuando su piel se empieza a desprender y su olor es fragante. Aunque en esta receta no se les quita la piel, al tostarlas, es más fácil retirar las finas pieles.

TARTA DE CHOCOLATE CON TRUFAS Y NUECES

La «pasta frolla», masa dulce italiana, sirve como recipiente para el relleno. La cocoa tamizada sobre la tarta parece una cubierta de trufas de chocolate.

Porciones 6-8
Preparación 45-50 min
Enfriamiento 45 min
Por anticipado la masa se puede preparar 2 días antes y conservar bien envuelta en el refrigerador
Horneado 35-40 min
Almacenar la tarta horneada se conservará por 2 días en un recipiente hermético; su sabor madurará. Añada el glaseado 4 horas antes de servir, como máximo

UTENSILIOS ESPECIALES

molde para tarta, desmontable, de 23 cm

procesador de alimentos con cuchillas

INGREDIENTES

150 g de harina común, y algo para espolvorear
75 g de mantequilla sin sal, y algo para engrasar
50 g de azúcar pulverizada
¼ cdta. de sal
1 huevo

Para el relleno

150 g de nueces
100 g de azúcar pulverizada
60 g de chocolate negro de buena calidad, finamente picado
150 g de mantequilla sin sal
2 cdtas. de harina común
2 yemas de huevo y 1 huevo entero
1 cdta. de extracto de vainilla

Para el glaseado de chocolate

175 g de chocolate negro de buena calidad, en trozos
75 g de mantequilla sin sal
2 cdtas. de Grand Marnier
cocoa en polvo, para espolvorear

1 Tamice la harina sobre una superficie y haga un hueco en el centro. Ablande la mantequilla con un rodillo y póngala en el hueco con el azúcar, la sal y el huevo. Mezcle. Incorpore la harina y frote hasta formar migas gruesas. Haga una bola con la masa. Amase de 1 a 2 min, envuelva en plástico adherente y refrigere por 30 min.

2 Engrase el molde. Estire la masa en una superficie enharinada y forme un círculo de 28 cm. Enróllela en el rodillo y cubra el molde con ella. Selle las grietas. Pinche el fondo con un tenedor. Enfríe por 15 min, hasta que la masa esté firme.

3 Precaliente el horno a 350 °F (180 °C). Esparza las nueces en la bandeja de hornear y tuéstelas de 5 a 10 min, hasta que estén un poco doradas. Deje enfriar. Reserve 8 mitades de nueces y muela en el procesador las nueces restantes con el azúcar.

4 Bata la mantequilla hasta que esté cremosa. Añada la harina y la mezcla de nueces. Bata de 2 a 3 min hasta que la mezcla esponje. Incorpore una a una las yemas y el huevo, batiendo. Añada el chocolate y la vainilla.

5 Extienda el relleno sobre la masa y alise la superficie. Hornee entre 35 y 40 min. Deje enfriar.

6 Derrita el chocolate para el glaseado al baño María. Sumerja las nueces reservadas en el chocolate. Deje enfriar. Corte la mantequilla en trozos y agréguelos al chocolate. Añada el Grand Marnier. Deje enfriar.

7 Retire la tarta del molde y esparza el glaseado sobre el relleno. Deje enfriar. Antes de servir, tamice la cocoa en polvo y reparta las nueces. Sirva a temperatura ambiente.

TARTA DE FRAMBUESA CON DOBLE CHOCOLATE

Este postre se hace aún más rápido con base de masa comprada.

Porciones 6-8
Preparación 40 min
Enfriamiento 1 h
Horneado 25 min
Por anticipado se conservará por 2 días en un recipiente hermético, en el refrigerador
Almacenar la base de masa cocida sin rellenar se conservará por 3 días en un recipiente hermético, o por 12 semanas congelada

UTENSILIOS ESPECIALES

molde para tarta, desmontable, de 22 cm

pesos para hornear

INGREDIENTES

1 base de masa de chocolate comprada en tienda, o ver pp. 322-323, pasos 1-12, reduciendo la harina común a 130 g y agregando 20 g de cocoa

Para el relleno

100 g de chocolate blanco de buena calidad, en trozos
75 g de chocolate negro de buena calidad, en trozos
250 ml de crema de leche espesa
400 g de frambuesas
azúcar glas, para espolvorear

1 Derrita el chocolate blanco en un bol refractario, al baño María. Deje enfriar.

2 Derrita el chocolate negro de la misma manera y pincele el interior de la base de masa con una capa de chocolate, para que la base no se empape cuando se vierta el relleno. Deje asentar.

3 Bata la crema de leche hasta que forme picos. Incorpore el chocolate blanco. Machaque la mitad de las frambuesas y añádalas a la mezcla de crema. Vierta uniformemente el relleno en la base de masa. Decore con el resto de las frambuesas, espolvoree azúcar glas y sirva.

TARTA BANOFFEE

Esta versión del clásico moderno es increíblemente rica y dulce, como debe ser. Ideal para fiestas, pues rinde mucho.

Porciones 6-8
Preparación 20 min
Enfriamiento 1 h
Almacenar se conservará por 2 días refrigerada, en un recipiente hermético, o congelada por 8 semanas

UTENSILIOS ESPECIALES
molde desmontable redondo para tarta o para pastel, de 22 cm

INGREDIENTES
250 g de galletas tipo María
100 g de mantequilla sin sal, derretida y enfriada

Para el caramelo
50 g de mantequilla sin sal
50 g de azúcar morena clara
lata de 400 g de leche condensada

Para la cubierta
2 bananos grandes maduros
250 ml de crema de leche espesa, batida
un poco de chocolate negro, para rallar

1 Recubra el molde con papel de horno. Ponga las galletas dentro de una bolsa de plástico y tritúrelas con el rodillo. Mézclelas con la mantequilla derretida y páselas al molde. Presione hacia abajo para formar una capa compacta. Cubra y refrigere.

2 Para hacer el caramelo, derrita la mantequilla y el azúcar en una sartén a fuego medio. Añada la leche condensada y deje hervir. Reduzca el fuego y cocine entre 2 y 3 min, revolviendo constantemente. La mezcla espesará y tomará un color caramelo claro. Vierta el caramelo sobre la base de galleta y deje asentar.

3 Retire la base de galleta con caramelo del molde y pásela a un plato. Corte los bananos en rebanadas de 5 mm, ligeramente diagonales, y cubra con ellos la superficie del caramelo.

4 Con una espátula, esparza la crema sobre los bananos. Decore la crema con chocolate finamente rallado y en virutas largas, que se hacen rallando el chocolate con un pelador de verduras.

CONSEJO DEL PASTELERO

Este postre, favorito de niños y adultos, no necesita hornearse. Refrigere la base con las capas de caramelo para que queden firmes, pero retírelas del refrigerador 30 min antes de servir, para cubrir con bananos y crema. Así, la base de galleta y caramelo será más fácil de cortar.

PASTEL DE MANZANA

Este pastel de otoño, tal vez el más fácil de hacer en casa, es delicioso caliente y con helado de vainilla.

Porciones 6-8
Preparación 30-35 min
Enfriamiento 1 h 15 min
Horneado 50-55 min

UTENSILIOS ESPECIALES
molde para pastel, de 23 cm

INGREDIENTES
330 g de harina común,
  y algo extra para espolvorear
½ cdta. de sal
150 g de manteca o grasa vegetal
  blanca, y algo extra para engrasar
2 cdas. de azúcar pulverizada,
  y algo extra para espolvorear
1 cda. de leche, para glasear

Para el relleno
1 kg de manzanas para tarta
jugo de 1 limón
2 cdas. de harina común
½ cdta. de canela molida, o al gusto
¼ cdta. de nuez moscada, o al gusto
100 g de azúcar pulverizada

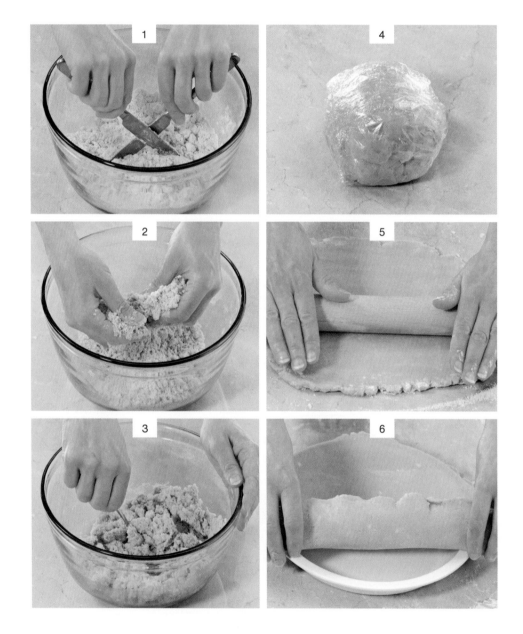

1 Tamice la harina y la sal en un bol. Añada la grasa y córtela con 2 cuchillos de mesa.

2 Con los dedos, frote la grasa en la harina y forme migas. Levante la mezcla para airearla.

3 Añada el azúcar. Rocíe 6 a 7 cucharadas de agua fría. Mezcle con un tenedor.

4 Haga una bola con las migas, envuélvala y refrigere por 30 min. Engrase el molde.

5 Estire dos terceras partes de la masa y forme un círculo 5 cm más grande que el molde.

6 Con el rodillo, cubra el molde con la masa y presione suavemente el contorno.

7 Recorte los sobrantes de masa. Refrigere por 15 min hasta que la masa esté firme.

8 Pele las manzanas, córtelas en cuartos y elimine las semillas de cada cuarto.

9 Ponga los cuartos sobre una tabla de cortar, con el corte hacia abajo, y rebánelos.

10 Ponga las rebanadas de manzana en un bol y vierta el jugo de limón. Revuelva.

11 Rocíe la harina, la canela, la nuez moscada y el azúcar. Revuelva para cubrir las manzanas.

12 Ponga las manzanas en el molde y amontónelas un poco en el centro.

13 Pincele el borde de la masa con agua. Estire el resto de la masa y forme un círculo de 28 cm.

14 Enróllelo en el rodillo y extiéndalo sobre el relleno. Recorte sobrantes de la corteza superior.

15 Presione los bordes juntos para sellarlos, haciendo ondas con el dorso del cuchillo.

continúa ▶

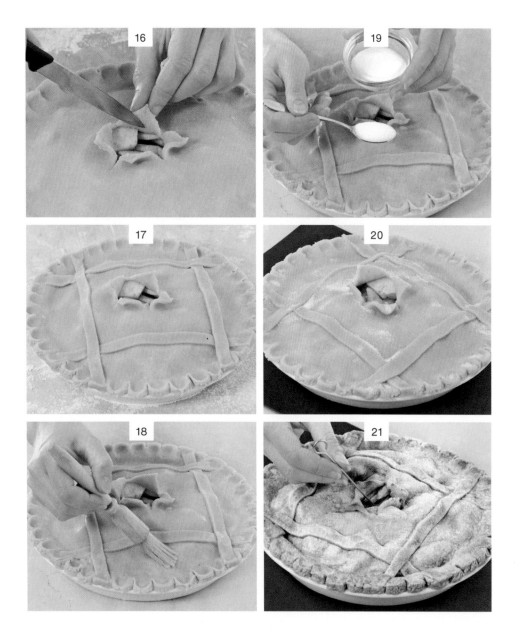

16 Corte una «x» sobre la corteza. Pliegue hacia atrás las 4 puntas: se verá el relleno.

17 Estire los recortes, corte tiras y humedezca para hacer con ellas un diseño cruzado.

18 Con un pincel, glasee la superficie del pastel con leche para que dore al hornear.

19 Espolvoree azúcar y refrigere por 30 min. Precaliente el horno a 425 °F (220 °C).

20 Hornee durante 20 min. Reduzca el calor a 350 °F (180 °C) y hornee de 30 a 35 min más.

21 Inserte un pincho por el orificio para revisar si las manzanas están blandas. Sirva caliente.

Pastel de manzana ▶

VARIACIONES DEL PASTEL DE FRUTAS

PASTEL DE MORA Y MANZANA

Se usan manzanas de cocinar, pero yo prefiero las dulces Granny Smith.

Porciones 4-6
Preparación 35-40 min
Enfriamiento 45 min
Por anticipado la masa se puede hacer 2 días antes y mantener en el refrigerador, envuelta en plástico adherente
Horneado 50-60 min

UTENSILIOS ESPECIALES

molde en cerámica para pastel, de 1 litro

embudo de boca ancha para pasteles

INGREDIENTES

215 g de harina común, y algo para espolvorear

1½ cdas. de azúcar pulverizada

¼ cdta. de sal

45 g de manteca o grasa vegetal blanca, refrigerada y en cubos

60 g de mantequilla sin sal, refrigerada, en cubos

Para el relleno

875 g de manzanas Granny Smith, peladas, sin corazón y en rebanadas

jugo de 1 limón

150 g de azúcar pulverizada, o al gusto

500 g de moras

1 Tamice los ingredientes secos en un bol. Añada la manteca y la mantequilla, y frote con los dedos hasta formar migas. Rocíe agua por cucharadas y deténgase en cuanto se formen grumos; el exceso de agua endurece la masa. Estruje la masa con las manos, forme una bola y envuélvala en plástico adherente. Refrigere por 30 min.

2 Ponga las manzanas en un bol, añada el jugo de limón y el azúcar (salvo 2 cdas.) y revuelva. Añada las moras y mezcle.

3 Estire la masa y forme un círculo 7,5 cm más grande que el extremo alto del molde. Voltee el molde sobre la masa. Corte una tira de masa de 2 cm, deje un borde de 4 cm alrededor del molde. Ponga el embudo en el centro y vierta la fruta alrededor.

4 Humedezca el borde del molde con agua y cúbralo con la tira de masa, presionando con firmeza. Unte la tira con agua y cubra con la tapa de masa, presionando para sellar. Corte un orificio sobre el embudo y recorte los bordes. Refrigere por 15 min. Precaliente el horno a 375 °F (190 °C). Hornee de 50 a 60 min hasta que el pastel esté dorado y crujiente. Espolvoree azúcar y sirva caliente o tibio.

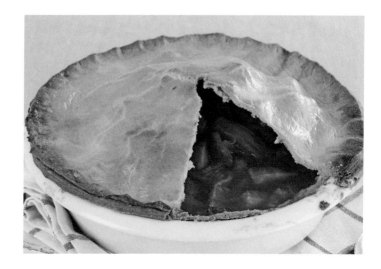

PASTEL DE CEREZA

Este pastel es sensacional con cerezas maduras y dulces.

Porciones 4-6
Preparación 30 min
Enfriamiento 1 h
Por anticipado el relleno se puede preparar 3 días antes y refrigerar; la base de masa, solo 1 día antes
Horneado 45-50 min
Almacenar este pastel se conservará por 1 día en un recipiente hermético

UTENSILIOS ESPECIALES

molde de metal con borde para pastel, de 20 cm

INGREDIENTES

200 g de harina común, y algo para espolvorear

125 g de mantequilla sin sal, refrigerada, en cubos

50 g de azúcar pulverizada

2 cdas. de leche

Para el relleno

50 g de azúcar pulverizada

500 g de cerezas frescas, sin hueso

jugo de 1 limón pequeño o ½ limón grande

1 cda. de fécula de maíz

1 huevo batido

1 Para hacer la masa, frote la harina y la mantequilla con los dedos para formar migas. Añada el azúcar, luego la leche y mezcle hasta lograr una masa. Envuelva en plástico adherente y refrigere por 1 hora. Precaliente el horno a 350 °F (180 °C).

2 Para el relleno, en una sartén, disuelva el azúcar en 3½ cdas. de agua. Añada las cerezas y el limón. Ponga a hervir, tape y cocine a fuego lento por 5 min. Mezcle la fécula con 1 cda. de agua para hacer una pasta. Añádala a las cerezas. Continúe la cocción hasta que la mezcla espese. Deje enfriar.

3 En una superficie enharinada, estire la masa a un grosor de 3 a 5 mm, para cubrir el fondo y los lados del plato. Con unas tijeras, recorte el excedente de masa, dejando un borde saliente de 2 cm. Pincele el borde con huevo batido.

4 Junte los sobrantes de masa para formar una bola. Estírela de nuevo y haga un círculo del tamaño del plato. Rellene la base de masa del plato con cerezas y cubra con el círculo de masa, presionando alrededor de los bordes para sellar. Retire el sobrante con un cuchillo afilado y pincele con huevo batido. Corte dos ranuras en la superficie del pastel para que salga el vapor.

4 Cocine en la parte alta del horno 45-50 min, hasta que dore en la superficie. Deje enfriar 10-15 min. Sirva aún caliente.

PASTEL DE RUIBARBO Y FRESA

Este pastel es ideal para preparar a principios del verano, época en que coinciden las cosechas de fresa y ruibarbo.

Porciones 6-8
Preparación 30-35 min
Enfriamiento 45 min
Por anticipado la masa se puede hacer 2 días antes y mantener en el refrigerador
Horneado 50-55 min

UTENSILIOS ESPECIALES

molde en cerámica para pastel, de 23 cm

INGREDIENTES

1 base de masa para pastel, sin hornear, y masa para cubrir (p. 330-331, pasos 1-7)

Para el relleno

1 kg de ruibarbo en rodajas

1 cáscara de naranja finamente rallada

250 g de azúcar pulverizada, más 1 cda. para glasear

¼ cdta. de sal

30 g de harina común

375 g de fresas, sin tallito, en mitades o en cuartos

15 g de mantequilla sin sal

1 cda. de leche, para glasear

1 En un bol, combine el ruibarbo, la cáscara de naranja, el azúcar, la sal y la harina. Mezcle bien. Añada las fresas y siga mezclando. Vierta la mezcla de fruta en el molde recubierto con masa, formando una ligera cúpula. Corte la mantequilla en trozos pequeños y distribúyalos sobre el relleno.

2 Unte con agua fría los bordes de la base de masa. Estire la masa restante en un círculo de 28 cm. Cubra con ella el relleno, recórtela a ras con la base del pastel y presione los bordes para sellar.

3 Corte un orificio de salida para el vapor en el centro del pastel. Pincele con leche y espolvoree con azúcar. Deje enfriar por 15 min. Precaliente el horno a 425 °F (220 °C) con una bandeja de hornear dentro, en la parte central.

4 Hornee sobre la bandeja por 20 min. Baje la temperatura a 350 °F (180 °C) y hornee de 30 a 35 min más, hasta que la corteza dore. Haga la prueba del pincho con la fruta; si le falta cocción, cubra con papel de aluminio y hornee otro poco. Desmolde sobre una rejilla y deje enfriar.

MINCE PIES

En esta receta el picadillo de frutas no requiere maduración, lo que hace de los mince pies un manjar navideño fácil y rápido de preparar.

Para 18

Preparación 20 min

Por anticipado puede preparar la base de masa 2 días antes y guardarla en el refrigerador, envuelta en plástico adherente, o congelarla por 8 semanas

Enfriamiento 10 min

Horneado 10-12 min

Almacenar se conservarán por 3 días en un recipiente hermético

UTENSILIOS ESPECIALES

un cortador de masa redondo de 7,5 cm y otro redondo o de figuras de 6 cm

moldes para cupcake

INGREDIENTES

1 manzana para cocinar pequeña

30 g de mantequilla derretida

85 g de pasas sultanas

85 g de uvas pasas

55 g de pasas de Corinto

45 g de mezcla de cáscaras picadas

45 g de almendras o nueces picadas

cáscara de 1 limón finamente rallada

1 cdta. de mezcla de especias (canela, nuez moscada y pimienta de Jamaica)

1 cda. de brandy o whisky

30 g de azúcar mascabada oscura

1 banano pequeño, finamente picado

500 g de masa quebrada (o masa brisé), comprada en tienda, o ver p. 330, pasos 1-4

harina común, para espolvorear

azúcar glas, para espolvorear

1 Precaliente el horno a 375 °F (190 °C). Para hacer el picadillo, ralle la manzana (con la cáscara) en un bol grande. Añada la mantequilla derretida, las pasas sultanas, las uvas pasas, las pasas de Corinto, la mezcla de cáscaras, las almendras o nueces, la cáscara de limón, las especias, el brandy o whisky y el azúcar. Mezcle bien. Añada el banano y mezcle de nuevo.

2 Sobre una superficie enharinada, estire la masa a un grosor de 2 mm y corte 18 círculos de 7,5 cm. Estire de nuevo la masa y corte 18 círculos de 6 cm o figuras, como estrellas.

3 Recubra los moldes con los círculos de masa grandes y ponga una cucharadita de picadillo en cada uno. Cubra con los círculos pequeños o las figuras.

4 Deje enfriar por 10 min y hornee entre 10 y 12 min más o hasta que la masa dore. Desmolde y enfríe sobre una rejilla. Espolvoree azúcar glas y sirva.

CONSEJO DEL PASTELERO

El picadillo de frutas hecho en casa sabe mucho mejor que cualquiera comprado en tienda. Puede que el banano picado que se usa en esta receta no sea un ingrediente muy ortodoxo, pero le da una textura rica.

GALETTE DES ROIS

Tradicionalmente, este clásico francés lleva licor en el frangipane, pero se puede usar leche para preparar una versión amiga de los niños.

Porciones 6-8

Preparación 25 min

Por anticipado el frangipane se puede preparar con 3 días de anticipación y guardar en el refrigerador

Horneado 30 min

Almacenar la galette se conservará por 3 días en un recipiente hermético

INGREDIENTES

100 g de azúcar pulverizada

100 g de mantequilla sin sal, ablandada

1 huevo, más 1 huevo batido, para glasear

100 g de almendras molidas

1 cdta. de extracto de almendra

1 cda. de brandy, ron o leche

harina común, para espolvorear

500 g de masa de hojaldre, comprada en tienda, o ver p. 178, pasos 1-9

1 Precaliente el horno a 400 °F (200 °C). Para el frangipane, mezcle en un bol el azúcar y la mantequilla, con una batidora eléctrica. Agregue el huevo y bata hasta mezclar bien.

2 Añada las almendras molidas, el extracto de almendra y el ron, brandy o leche, para formar una pasta espesa.

3 Sobre una superficie bien enharinada, extienda la masa, formando un rectángulo de 50 x 25 cm. Aunque estas medidas no tienen que ser exactas, la masa debe tener un grosor de 3 a 5 mm.

4 Doble la masa por la mitad y use un plato de unos 25 cm para cortar 2 círculos. Ponga un círculo sobre una bandeja de hornear antiadherente. Pincélelo por todo el borde con un poco de huevo batido. Vierta el frangipane en el centro y espárzalo, dejando un margen de 1 cm en el borde.

5 Ponga el otro círculo de masa encima del relleno, y con sus dedos o con el dorso de un tenedor, presione los bordes para sellar los dos círculos. Con un cuchillo pequeño y afilado, marque en la superficie una serie de tajadas delgadas, distribuidas en espiral, cuidando de que no se unan en el centro para que la masa no se separe al cocinar. Si tiene inclinaciones artísticas, antes de hornear, pruebe a hacerle bordes festoneados a la gallete.

6 Pincele la superficie de la masa con huevo batido y cocine la galette en la parte alta del horno durante 30 minutos, hasta que dore y esponje. Déjela enfriar durante 5 min en la bandeja, antes de pasarla a una rejilla. Sírvala caliente o fría.

CONSEJO DEL PASTELERO

En Francia, este pastel relleno de frangipane
se come el 6 de enero para celebrar la Epifanía
o Día de Reyes. Pero es tan sencillo y delicioso
que se puede comer más de una vez al año, de
hecho, es ideal para pícnics.

STRUDEL DE CEREZA

No se asuste al preparar esta masa ultradelgada;
el truco es amasarla bien para que quede elástica.

Porciones 6-8
Preparación 45-50 min
Horneado 30-40 min
Almacenar se puede recalentar
en el horno al día siguiente

INGREDIENTES

250 g de harina común,
 y algo extra para espolvorear
1 huevo
½ cdta. de jugo de limón
pizca de sal
125 g de mantequilla sin sal,
 y algo extra para engrasar

Para el relleno
500 g de cerezas
1 limón
75 g de nueces
100 g de azúcar morena clara
1 cdta. de canela molida
azúcar glas, para espolvorear
crema agria, para servir (opcional)

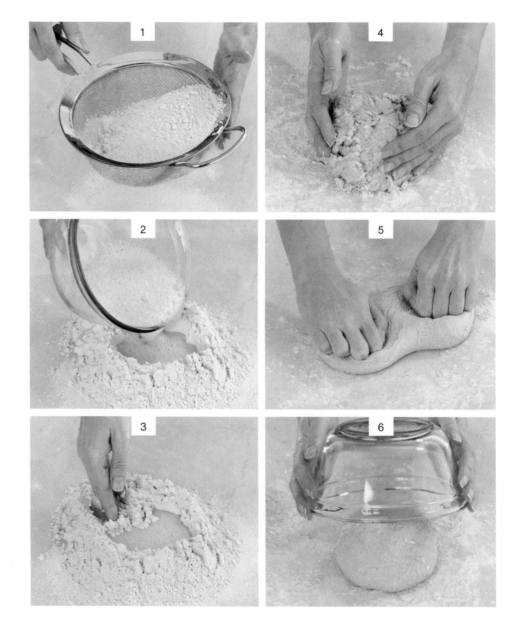

1 Sobre la superficie de trabajo, tamice la
harina y hágale un hueco en el centro.

2 En un bol, bata el huevo con 125 ml de agua,
el jugo de limón y la sal. Vierta en el hueco.

3 Trabaje los ingredientes del hueco con sus
dedos, integrando la harina poco a poco.

4 Amase la harina hasta formar una bola
de masa muy suave.

5 Sobre una superficie enharinada, amase por
10 min, hasta lograr una masa brillante y suave.

6 Forme una bola con la masa, cúbrala con
un bol y déjela reposar durante 30 minutos.

7 Deshuese las cerezas. Ralle la cáscara del limón sobre un plato, para conservar sus aceites.

8 Pique las nueces de tamaño uniforme, pero deje algunos trozos más grandes y sepárelos.

9 Cubra la mesa de trabajo con una sábana vieja y limpia. Enharínela uniformemente.

10 Estire la masa y forme un cuadrado grande. Cubra con paños húmedos y espere 15 min.

11 Precaliente el horno a 375 °F (190 °C). Engrase una bandeja. Derrita la mantequilla.

12 Enharine sus manos y estire la masa, del centro y hacia los lados.

13 Continúe estirando la masa hasta que quede lo más fina posible; debe ser translúcida.

14 De inmediato, pincélela con tres cuartas partes de la mantequilla derretida.

15 Esparza las cerezas, las nueces, el azúcar, la cáscara y la canela sobre la masa engrasada.

continúa ▶

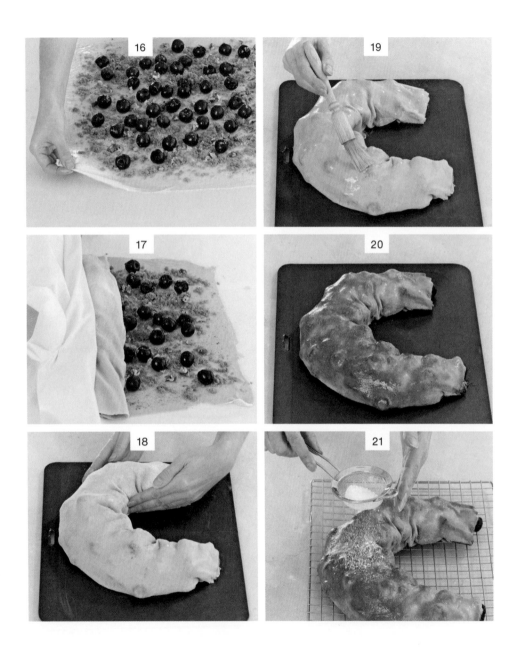

16 Elimine los bordes gruesos, tirándolos hacia afuera y pellizcándolos con sus dedos.

17 Enrolle con suavidad el strudel. Ayúdese con papel de horno y ejerza una presión uniforme.

18 Pase el rollo a la bandeja de hornear y forme una medialuna o un círculo abierto.

19 Unte con el resto de la mantequilla y hornee de 30 a 40 min, hasta que el strudel tueste.

20 Déjelo en la bandeja unos minutos antes de pasarlo a una rejilla con una pala de cocina.

21 Espolvoree con azúcar glas y sirva caliente con crema agria.

Strudel de cereza ▶

VARIACIONES DEL STRUDEL

STRUDEL DE MANZANA

Esta especialidad vienesa es deliciosa caliente o fría.

Porciones 10-12

Preparación 50 min

Por anticipado el strudel sin cocer se puede guardar, cubierto, en el refrigerador unas horas antes de hornear

Horneado 40 min

Almacenar el strudel cocido se puede calentar en el horno al día siguiente

INGREDIENTES

60 g de mantequilla sin sal, derretida, y algo extra para engrasar

1 kg de manzanas, como Cox o Braeburn, peladas, sin corazón y cortadas en cubos

ralladura de ½ cáscara de limón

3 cdas. de ron

60 g de uvas pasas

100 g de azúcar pulverizada

unas gotas de extracto de vainilla

60 g de almendras peladas y picadas

1 porción de masa para strudel (pp. 340-341, pasos 1-6 y 9-14), o 4 hojas de masa filo, de unos 25 x 45 cm

60-85 g de migas de pan fresco

azúcar glas, para espolvorear

1 Precaliente el horno a 350 °F (180 °C). Engrase una bandeja de hornear. Ponga las manzanas en un bol y mézclalas con la cáscara de limón, el ron, las uvas pasas, el azúcar pulverizada, el extracto de vainilla y las almendras. Si usa masa filo, ponga una hoja sobre una superficie enharinada y unte con la mantequilla derretida. Ponga otra capa encima y unte más mantequilla. Repita con el resto de las hojas de masa.

2 Esparza las migas de pan sobre la masa, dejando un margen de 2 cm sin cubrir. Vierta el relleno sobre las migas y doble sobre él los lados cortos, que quedaron sin cubrir. Enrolle la masa, empezando por uno de los lados largos, y presionando los bordes con firmeza. Pase a la bandeja y pincele con mantequilla.

3 Hornee entre 30 y 40 min, y unte la mantequilla restante después de 20 min. Deje enfriar en la bandeja, espolvoree con azúcar glas y sirva caliente o frío.

STRUDEL DE CALABAZA Y QUESO DE CABRA

Buena alternativa vegetariana para una reunión navideña.

Para 4 strudels
Preparación 15 min
Por anticipado el strudel sin cocer se puede guardar, cubierto, en el refrigerador unas horas antes de hornear
Horneado 20-25 min
Almacenar el strudel cocido se puede calentar en el horno al día siguiente

INGREDIENTES

2 cdas. de aceite de oliva

3 cebollas rojas, en rodajas finas

2 cdas. de vinagre balsámico

pizca de azúcar

sal marina y pimienta negra recién molida

harina común, para espolvorear

1 porción de masa para strudel (p. 340-341, pasos 1-6 y 9-14), o 16 hojas de masa filo de unos 25 x 25 cm

50 g de mantequilla sin sal, derretida

500 g de calabaza, pelada, sin semillas y rallada gruesa

2 cdas. de hojas de salvia finamente picadas

250 g de queso blando de cabra, en trozos

1 Precaliente el horno a 400 °F (200 °C). Caliente el aceite de oliva en una sartén a fuego medio, añada las cebollas y cocine por unos 5 min, hasta que ablanden. Añada el vinagre, el azúcar y una generosa cantidad de sal y pimienta, y cocine a fuego lento por 5 min más.

2 Si usa masa filo, ponga 4 hojas, una para cada strudel, sobre una superficie enharinada. Unte una hoja con mantequilla derretida; cubra con otra hoja y unte de nuevo. Repita con el resto de las hojas de masa. Unte la última capa con mantequilla, comenzando por los bordes (esto ayudará a sellar el strudel).

3 Reparta equitativamente la calabaza sobre las bases del strudel, dejando unos 2 cm en todos los bordes, salvo en los que están cerca a usted. Esparza las cebollas encima y luego la salvia. Por último, añada el queso y sazone con sal y pimienta.

4 Doble hacia adentro los dos lados de cada strudel que están sin relleno. Enrolle, empezando por el borde más cercano a usted y metiendo los lados a medida que avanza. Finalice con las uniones dobladas hacia abajo. Pase los strudels a una bandeja de hornear antiadherente y unte sus superficies con mantequilla.

5 Hornee en la parte alta del horno entre 20 y 25 min, hasta que doren y tuesten. Si los sirve calientes, déjelos enfriar por al menos 10 min; también son deliciosos fríos.

CONSEJO DEL PASTELERO

Si compra masa filo, podrá preparar estos strudel vegetarianos en pocos minutos. La calabaza rallada les da una agradable textura y si tiene un procesador de alimentos con disco rallador, los podrá hacer aun más rápidamente.

STRUDEL DE FRUTAS SECAS

Ideal para los meses más fríos, cuando muchas frutas frescas están fuera de temporada; es una deliciosa alternativa como postre de Navidad.

Porciones 6-8
Preparación 45-50 min
Por anticipado el strudel sin cocer se puede guardar, cubierto, en el refrigerador unas horas antes de hornear
Horneado 30-40 min
Almacenar el strudel cocido se puede calentar en el horno al día siguiente

INGREDIENTES

500 g de mezcla de frutas secas (albaricoques, ciruelas, dátiles, uvas pasas, higos)

125 ml de ron oscuro

125 g de mantequilla sin sal, derretida, y algo extra para engrasar

1 porción de masa para strudel (p. 340-341, pasos 1-6 y 9-14), o 4 hojas de masa filo, de unos 25 x 45 cm

75 g de nueces picadas groseramente

100 g de azúcar morena clara

1 cdta. de canela molida

azúcar glas, para espolvorear

1 Ponga las frutas secas en una sartén con el ron y 125 ml de agua. Deje a fuego lento por 5 min, revolviendo. Retire del fuego y deje enfriar. La fruta se inflará. Engrase una bandeja de hornear y precaliente el horno a 375 °F (190 °C).

2 Si usa masa filo, ponga una hoja de esta sobre una superficie enharinada y unte con la mantequilla derretida. Ponga otra capa encima y unte más mantequilla. Repita con el resto de las hojas de masa.

3 Escurra las frutas secas y espárzalas sobre la masa filo o de strudel, dejando un margen de 2 cm por el borde. Esparza las nueces, el azúcar morena y la canela sobre ellas.

4 Enrolle la masa, comenzando por uno de los lados largos. Presione los bordes. Pase el strudel a la bandeja y pincélelo con mantequilla.

5 Hornéelo de 30 a 40 min, hasta que dore y esté crujiente. Deje enfriar antes de pasar, con una pala de cocina, a una rejilla. Rocíe azúcar pulverizada y sirva caliente.

BAKLAVA

Relleno de nueces picadas y especias, y bañado en almíbar, este crujiente postre de Oriente Medio siempre ha sido un favorito.

Para 36
Preparación 50-55 min
Horneado 1$\frac{1}{4}$-1$\frac{1}{2}$ h
Almacenar se pueden hacer 5 días antes de servir y guardar en un recipiente hermético; su sabor será suave

UTENSILIOS ESPECIALES

molde hondo, de 30 x 40 cm
termómetro de azúcar (opcional)

INGREDIENTES

250 g de pistachos sin sal, sin cáscara y picados
250 g de nueces picadas en trozos gruesos
250 g de azúcar pulverizada
2 cdtas. de canela molida
pizca grande de clavos de olor molidos
1 paquete de 500 g de masa filo
250 g de mantequilla sin sal
250 ml de miel
jugo de 1 limón
3 cdas. de agua de flor de azahar

1 Separe 3 a 4 cucharadas de pistachos picados para decorar. Ponga el resto en un bol con las nueces, 50 g de azúcar, la canela y el clavo. Revuelva para mezclar.

2 Precaliente el horno a 350 °F (180 °C). Desenrolle las hojas de masa filo sobre un paño de cocina y cúbralas con otro paño húmedo. Derrita la mantequilla en una sartén. Pincele el molde con algo de mantequilla y recúbralo con una hoja de filo, doblándole un extremo para que quepa.

3 Pincele la masa con mantequilla y presiónela suavemente contra las esquinas y lados del molde. Ponga otra capa encima, úntela con mantequilla y presiónela contra el molde como la anterior. Siga colocando capas de filo y untando mantequilla, hasta usar la tercera parte de las hojas. Esparza la mitad del relleno de nueces encima.

4 Haga otra capa con un segundo tercio de hojas de filo, montadas como las anteriores, y esparza el resto del relleno encima. Monte del mismo modo el tercio restante de hojas. Recorte los excedentes con un cuchillo. Unte la superficie con mantequilla y si queda un poco, viértala toda encima. Con un cuchillo pequeño, haga cortes diagonales de 1 cm de profundidad sobre la masa, para formar rombos de 4 cm. No haga presión hacia abajo cuando corte.

5 Lleve a la parte baja del horno por 1$\frac{1}{4}$-1$\frac{1}{2}$ horas hasta dorar. Al insertar un pincho en el centro, debe salir limpio.

6 Para el almíbar, ponga el azúcar restante con 250 ml de agua en una olla y caliente hasta disolverla. Revuelva ocasionalmente. Añada la miel y mezcle. Deje hervir por unos 25 min, sin revolver, hasta que el almíbar tome consistencia de bola blanda, a 239 °F (115 °C) en el termómetro de azúcar. Si no tiene termómetro, retire la sartén del fuego, saque un poco de almíbar con una cucharita, déjelo enfriar por segundos y tome un poco entre su pulgar e índice; debe formar una bola suave.

7 Cuando el almíbar esté tibio, añada el jugo de limón y el agua de azahar. Retire el molde del horno y vierta el almíbar sobre la baklava. Con un cuchillo afilado, corte a través de las líneas marcadas, casi hasta el fondo (ver Consejo del pastelero). Deje enfriar.

8 Corte hasta el fondo a través de las líneas. Levante con una espátula cada pastel y sírvalo en un plato de postre. Esparza pistachos sobre cada uno.

CONSEJO DEL PASTELERO

La masa filo es delicada y se desmorona fácilmente al cortar. El almíbar en esta receta ayuda a evitar que esto pase, aunque no del todo. Use un cuchillo delgado y afilado para cortar el baklava y no olvide hacerle cortes, como dice la receta, para obtener un mejor acabado.

COBBLER DE ARÁNDANOS

Budín clásico estadounidense con frutas de verano,
fácil de hacer e ideal para una familia hambrienta.

Porciones 6-8
Preparación 15 min
Horneado 30 min

UTENSILIOS ESPECIALES
plato hondo refractario

INGREDIENTES
Para el relleno
450 g de arándanos
2 manzanas para postre
  o 2 duraznos grandes, en rodajas
2 cdas. de azúcar pulverizada
ralladura de ½ limón

Para el cobbler
225 g de harina leudante
2 cdtas. de polvo de hornear
75 g de azúcar pulverizada,
  más 1 cda. para espolvorear
pizca de sal
75 g de mantequilla sin sal,
  refrigerada y en cubos
100 ml de suero de mantequilla
1 huevo
1 puñado de almendras en hojuelas
crema pastelera, o crema de leche
  espesa, para servir (opcional)

1 Precaliente el horno a 375 °F (190 °C). Ponga la fruta en el plato y añada el azúcar y la ralladura.

2 Para la cubierta del cobbler, tamice la harina, el polvo de hornear, el azúcar y la sal en un bol.

3 Añada la mantequilla y mezcle con los dedos para formar migas.

4 Bata la mantequilla y el huevo, y mezcle con los ingredientes secos para hacer una masa.

5 Ponga sobre la fruta cucharadas colmadas de masa. Deje espacio para que la masa crezca.

6 Presione las bolas de mezcla para que se combinen con la fruta.

7 Esparza encima las almendras en hojuelas y la cucharada de azúcar restante.

8 Hornee 30 min hasta que dore y burbujee. Si dora pronto, cubra con papel de aluminio.

9 Inserte un pincho en el centro del cobbler. Debe salir limpio.

10 Si el pincho tiene residuos de mezcla cruda, hornee durante 5 minutos más, luego retire el cobbler del horno y vuelva a probar. Déjelo enfriar un poco antes de servirlo directamente del plato, con bastante crema pastelera o crema de leche. Lo ideal es comerlo el mismo día.

VARIACIONES DEL COBBLER

COBBLER DE DURAZNO

Al blanquearlos por unos minutos, los duraznos se deshacen en una agradable masa pegajosa al hornear. Los duraznos bien maduros no necesitan blanquearse.

Porciones 6-8
Preparación 20 min
Horneado 30-35 min

UTENSILIOS ESPECIALES
plato hondo refractario

INGREDIENTES
Para el relleno
50 g de azúcar pulverizada
8 duraznos maduros, sin piel y sin hueso, cortados en cuartos
1 cdta. de fécula de maíz
jugo de ½ limón

Para el cobbler
225 g de harina leudante
2 cdtas. de polvo de hornear
75 g de azúcar pulverizada
pizca de sal
½-¾ cdta. de canela molida, al gusto
75 g de mantequilla sin sal
1 huevo
100 ml de suero de mantequilla
1 cda. de azúcar morena clara
helado, crema pastelera o de leche, para servir (opcional)

1 Precaliente el horno a 375 °F (190 °C). Caliente el azúcar con 3 o 4 cucharadas de agua en una olla grande y pesada. Cuando haya disuelto, añada los duraznos, tape y cocine a fuego medio de 2 a 3 min.

2 Mezcle la fécula con el jugo de limón para hacer una pasta. Añádala a los duraznos. Cocine a fuego lento, sin tapar, hasta que el líquido espese. Pase los duraznos con el almíbar al plato.

3 Para el cobbler, tamice la harina, el polvo de hornear, el azúcar pulverizada, la sal y la canela en un bol. Agregue la mantequilla y frote hasta formar migas. Añada el huevo y el suero. Integre el líquido a los ingredientes secos para formar una masa suave y pegajosa.

4 Ponga cucharadas colmadas de masa sobre la fruta, dejando un pequeño espacio entre ellas. Espolvoree azúcar morena. Cocine en la parte alta del horno entre 25 y 30 min o hasta que el cobbler esté dorado y burbujeante. Estará listo cuando al insertar un pincho en el centro de la cubierta, este salga limpio. Deje enfriar por 5 min, antes de servir con helado, crema pastelera o crema de leche.

COBBLER DE MANZANA Y MORA

La combinación de mora y manzana, clásica del otoño, recibe aquí un toque especial con la cubierta de cobbler, que reemplaza a la base de tarta y a la cubierta de crumble.

Porciones 6-8
Preparación 20 min
Horneado 30 min

UTENSILIOS ESPECIALES
plato hondo refractario

INGREDIENTES
Para el relleno
1 kg de manzanas, sin piel ni semillas, y picadas
250 g de moras
jugo de ½ limón
2 cdas. de azúcar pulverizada
2 cdas. de azúcar morena clara
25 g de mantequilla sin sal, refrigerada y en cubos

Para el cobbler
225 g de harina leudante
2 cdtas. de polvo de hornear
75 g de azúcar pulverizada
pizca de sal
½-¾ cda. de canela molida, al gusto
75 g de mantequilla sin sal
1 huevo
100 ml de suero de mantequilla
1 cda. de azúcar morena clara
helado, crema pastelera o crema de leche, para servir (opcional)

1 Precaliente el horno a 375 °F (190 °C). Mezcle las manzanas y las moras con el jugo de limón e incorpore los dos tipos de azúcar. Ponga la fruta en el plato y cúbrala con cubos de mantequilla.

2 Para hacer el cobbler, tamice la harina, el polvo de hornear, el azúcar pulverizada, la sal y la canela en un bol. Frótelas con la mantequilla para formar migas finas. Incorpore el huevo y el suero de mantequilla. Integre el líquido a los ingredientes secos para formar una masa suave y pegajosa.

3 Ponga cucharadas colmadas de masa sobre la fruta, dejando un pequeño espacio entre ellas. Espolvoree azúcar morena.

4 Cocine en el centro del horno por 30 min o hasta que el cobbler esté dorado y burbujeante. Estará listo cuando al insertar un pincho en el centro de la cubierta, este salga limpio. Deje enfriar por al menos 5 min antes de servir con helado, crema pastelera o crema de leche.

COBBLER DE CANELA Y CIRUELA

Use azúcar morena y canela para darles a las ciruelas maduras un sabor dulce, oculto y picante. Si bien los cobblers son rápidos de hacer, puede ganar tiempo si usa un procesador para obtener las migas de la masa.

Porciones 6-8
Preparación 20 min
Horneado 30 min

UTENSILIOS ESPECIALES
plato hondo refractario

INGREDIENTES
Para el relleno
1 kg de ciruelas, sin hueso y cortadas en mitades
50 g de azúcar morena clara
1 cdta. de canela
25 g de mantequilla sin sal, refrigerada y en cubos

Para el cobbler
225 g de harina leudante
2 cdtas. de polvo de hornear
75 g de azúcar pulverizada
pizca de sal
½–¾ cdta. de canela molida, al gusto
75 g de mantequilla sin sal
1 huevo
100 ml de suero de mantequilla
1 cda. de azúcar morena clara
helado, crema pastelera o de leche, para servir (opcional)

1 Precaliente el horno a 375 °F (190 °C). Mezcle las ciruelas con el azúcar y la canela. Póngalas en el plato y salpíquelas con mantequilla.

2 Para el cobbler, tamice la harina, el polvo de hornear, el azúcar pulverizada, la sal y la canela en un bol. Frote con la mantequilla para formar migas finas. Añada el huevo y el suero de mantequilla. Integre el líquido a los ingredientes secos hasta formar una masa suave y pegajosa.

3 Ponga cucharadas colmadas de masa sobre la fruta, dejando un pequeño espacio entre ellas. Espolvoree con azúcar morena.

4 Cocine en el centro del horno durante 30 min o hasta que el cobbler esté dorado y burbujeante. Estará listo cuando al insertar un pincho en el centro de la cubierta, este salga limpio. Deje enfriar por al menos 5 min antes de servir con helado, crema pastelera o crema de leche.

CONSEJO DEL PASTELERO
Cuando domine el arte de las cubiertas de cobbler, puede darle un rápido toque final a todo tipo de frutas frescas. Quizás haya que blanquear las más duras, pero casi todas se pueden combinar con azúcar y especias antes de cubrirlas con la mezcla cobbler.

CRUMBLE DE CIRUELA

Este delicioso postre es fácil y rápido de hacer,
y viene bien en cualquier ocasión.

Porciones 4
Preparación 10 min
Por anticipado la mezcla
del crumble se puede hacer un
mes antes y conservar congelada
hasta cuando la vaya a usar
Horneado 30-40 min

INGREDIENTES

Para la cubierta del crumble

150 g de harina común

100 g de mantequilla sin sal,
  refrigerada, en cubos

75 g de azúcar morena clara

60 g de avena en hojuelas

Para el relleno

600 g de ciruelas, sin hueso
  y cortadas en mitades

miel de arce o de abejas,
  para rociar

1 Precaliente el horno a 400 °F
(200 °C). Para la cubierta del
crumble, ponga la harina en un
bol grande. Añada la mantequilla
y frote con los dedos para formar
migas. Cuide que las migas no
sean muy finas o su crumble
quedará con la cubierta
apelmazada. Agregue el azúcar
y la avena, y revuelva.

2 Ponga las ciruelas en un plato
hondo refractario y mediano,
rocíelas con la miel de arce o de
abejas, y cúbralas con la mezcla
del crumble.

3 Hornee de 30 a 40 min o
hasta que la superficie esté
dorada y los jugos de ciruela
hagan burbujas.

CONSEJO DEL PASTELERO

Si bien es un postre casero, el crumble es siempre
bienvenido en cualquier mesa. Para prepararlo use
siempre una receta, pues aunque parezca un juego
de niños, si se excede en la grasa, el resultado
puede ser una cubierta que se funde al hornear
y si falta grasa, el crumble queda muy seco.

BROWN BETTY DE MANZANA

Este postre estadounidense cubierto con migas de pan en mantequilla es todo un ejemplo de simplicidad de elaboración.

Porciones 4
Preparación 15 min
Horneado 35-45 min

UTENSILIOS ESPECIALES
bandeja refractaria de 1,2 litros

INGREDIENTES
85 g de mantequilla sin sal
175 g de migas de pan fresco
900 g de manzanas, como
   Bramley, Granny Smith
   o Golden Delicious
85 g de azúcar morena suave
1 cdta. de canela
½ cdta. de mezcla de especias
   (canela, nuez moscada y
   pimienta de Jamaica)
cáscara finamente rallada
   de 1 limón
2 cdas. de jugo de limón
1 cdta. de extracto de vainilla

1 Precaliente el horno a 350 °F (180 °C). Derrita la mantequilla en una sartén, agregue las migas y mezcle bien.

2 Pele las manzanas, córtelas en cuartos y retíreles el corazón. Corte cada cuarto en rebanadas y póngalas en un bol. Agregue el azúcar, la canela, la mezcla de especias, la ralladura, el jugo de limón y el extracto de vainilla, y mezcle bien.

3 Disponga la mitad de la mezcla de manzana en la bandeja refractaria y cúbrala con la mitad de las migas, luego ponga encima el resto de las manzanas y cúbralas con las migas restantes.

4 Hornee entre 35 y 45 min. Pasados 35 min, revise el pastel. Si se está dorando demasiado, reduzca la temperatura a 325 °F (160 °C) y cúbralo con papel de horno. Estará listo cuando las migas estén doradas y las manzanas blandas. Sirva de inmediato.

CONSEJO DEL PASTELERO

Esta receta se adapta a todo tipo de frutas, aunque las de huerto son las mejores. Puede cambiar las especias según su gusto. Sea creativo: pruebe a usar tomillo limonero con peras o anís estrellado o cardamomo con ciruelas.

TARTAS Y PASTELES SALADOS

TARTA DE ACELGA Y QUESO GRUYÈRE

Si no consigue acelgas, use espinacas; agréguelas a la olla en el paso 14, pero cocine por menor tiempo.

Porciones 6-8
Preparación 20 min
Enfriamiento 1 h
Horneado 55-70 min
Por anticipado haga la masa 2 días antes, envuelva en plástico adherente; refrigere.
Almacenar la tarta terminada se puede conservar refrigerada por 1 día o congelada por 8 semanas

UTENSILIOS ESPECIALES

molde para tarta, desmontable, de 22 cm

pesos para hornear

Para la masa

150 g de harina común, y algo extra

75 g de mantequilla sin sal, refrigerada y en cubos

1 yema de huevo

Para el relleno

1 cda. de aceite de oliva

1 cebolla finamente picada

sal marina

2 dientes de ajo, finamente picados

hojas de romero fresco picadas

250 g de acelga sin tallos

125 g de queso gruyère rallado

125 g de queso feta en cubos

pimienta negra recién molida

2 huevos ligeramente batidos

200 ml de crema de leche espesa o para batir

1 Para la masa, frote la harina y la mantequilla hasta formar migas finas.

2 Bata ligeramente la yema de huevo con 1 cucharada de agua fría.

3 Intégrela con las migas para formar una masa. Si está muy seca, añada más agua.

4 Envuelva en plástico adherente y refrigere por 1 hora. Precaliente el horno a 350 °F (180 °C).

5 Sobre la mesa enharinada, estire la masa y forme un círculo grande, de 3 mm de grosor.

6 Use el rodillo para levantar la masa con cuidado y ponerla sobre el molde.

7 Presione la masa contra el molde. Debe sobresalir de los bordes en al menos 2 cm.

8 Pinche todo el fondo con un tenedor, y recubra con papel de horno.

9 Fije el papel con pesos para hornear. Ponga el molde sobre una bandeja de hornear.

10 Cocine de 20 a 25 min en el centro del horno. Retire los pesos y el papel.

11 Hornee por 5 min más; el fondo debe quedar crujiente. Deje enfriar. Corte los excedentes.

12 En este punto, la masa se puede envolver y refrigerar por 2 días antes de usarla.

13 Caliente el aceite en una olla a fuego bajo. Agregue la cebolla y una pizca de sal.

14 Sofría la cebolla hasta que ablande. Añada el ajo y el romero y cocine por unos segundos.

15 Pique las acelgas y añádalas a la olla. Revuelva por unos 5 min, hasta que marchite.

continúa ▶

16 Ponga el molde sobre la bandeja y vierta la mezcla de cebolla y acelga en la base de masa.

17 Rocíe encima el queso gruyère y esparza el feta. Sazone bien.

18 En un jarro, mezcle la crema de leche y los huevos con un tenedor, hasta combinar bien.

19 Vierta con cuidado la mezcla sobre el relleno de la tarta.

20 Hornee por 30 o 40 min, hasta dorar. Deje enfriar antes de desmoldar.

21 Sirva caliente o a temperatura ambiente. Es mejor si se come el mismo día.

Tarta de acelga y queso gruyère ▶

VARIACIONES DE TARTAS SALADAS

TARTA DE CEBOLLA

Uno de mis platos favoritos es una tarta rellena de cebolla. Es asombroso cómo un simple relleno de cebollas, crema de leche y huevos puede producir una delicia semejante.

Porciones 6-8
Preparación 25 min
Enfriamiento 1 h
Horneado 80-85 min
Por anticipado haga la masa 2 días antes, envuelva en plástico adherente; refrigere.
Almacenar la tarta terminada se puede conservar refrigerada por 1 día o congelada por 8 semanas; recaliéntela a temperatura media en el horno.

UTENSILIOS ESPECIALES

molde para tarta, desmontable, de 22 cm

INGREDIENTES

1 base de masa (pp. 358-359, pasos 1-11)

Para el relleno

2 cdas. de aceite de oliva

25 g de mantequilla

500 g de cebollas en rebanadas finas

sal marina y pimienta negra recién molida

200 ml de crema de leche espesa

1 huevo grande y 1 yema de huevo

1 En una sartén, caliente el aceite de oliva y la mantequilla y añada la cebolla. Sazone bien y cuando comience a crepitar, reduzca el fuego. Tape y cocine a fuego lento por 20 min, revolviendo de vez en cuando, hasta que las cebollas ablanden, sin dorar. Retire la tapa, aumente el calor y cocine entre 5 y 10 min para que el agua se seque.

2 Esparza las cebollas sobre la base de masa. Mezcle la crema, el huevo, la yema y los condimentos. Ponga la tarta sobre una bandeja de hornear y vierta la mezcla de crema sobre la cebolla. Con un tenedor, distribuya bien la crema, empujando un poco las cebollas de un lado a otro.

3 Cocine por 30 min en el centro del horno, hasta que el relleno esté firme, ligeramente dorado y abultado en la superficie. Retire del horno, recorte los sobrantes de masa y deje enfriar por 10 min antes de comer.

TARTALETAS DE TRUCHA AHUMADA

Estas tartaletas son perfectas para llevar a un pícnic o como parte de un buffet; también son muy buenas como plato principal o para una cena ligera.

Para 6
Preparación 30 min
Enfriamiento 30 min
Horneado 25-30 min
Por anticipado haga la masa 2 días antes, envuelva en plástico adherente; refrigere.
Almacenar la tarta terminada se puede conservar refrigerada por 1 día o congelada por 8 semanas; recaliéntela a temperatura media en el horno

UTENSILIOS ESPECIALES

6 moldes para tartaleta de 10 cm

pesos para hornear

INGREDIENTES

125 g de harina común, y algo para espolvorear

75 g de mantequilla sin sal, refrigerada y en cubos

pizca de sal

1 huevo pequeño

Para el relleno

115 ml de crema agria

1 cdta. de crema de rábano picante

½ cdta. de jugo de limón

cáscara finamente rallada de ½ limón

1 cdta. de alcaparras, enjuagadas y picadas

sal marina y pimienta negra recién molida, al gusto

4 yemas de huevo batidas

200 g de trucha ahumada

manojo de eneldo, picado

1 Para la masa, ponga en un bol la harina, la mantequilla y la sal, y mezcle con sus dedos hasta formar migas. Añada el huevo e integre las migas para formar una masa.

2 Estire la masa sobre una superficie bien enharinada y recubra con ella los moldes. Recubra las bases de masa con papel de horno y llénelas con pesos para hornear. Refrigere por 30 min.

3 Precaliente el horno a 400 °F (200 °C). Hornee en ciego las bases de masa durante 10 min, retire los pesos y el papel, y hornee por 5 min más.

4 En un bol, mezcle la crema, el rábano, el jugo y la ralladura de limón y las alcaparras. Sazone con sal y pimienta. Incorpore las yemas de huevo, el pescado y las hierbas.

5 Reparta la mezcla entre las bases de masa y hornee de 10 a 15 min o hasta que el relleno esté firme. Deje enfriar por 5 min antes de retirarlas de los moldes y servir.

QUICHE LORRAINE

Este pastel con huevo y tocino es el quiche clásico francés.

Porciones 4-6
Preparación 35 min
Enfriamiento 30 min
Horneado 47-52 min
Almacenar cocine hasta 48 horas antes, deje enfriar y refrigere. Recaliente en el horno a temperatura media

UTENSILIOS ESPECIALES
molde hondo para tarta, de 23 x 4 cm
pesos para hornear

INGREDIENTES
225 g de harina común, y algo para espolvorear
115 g de mantequilla sin sal, en cubos
1 yema de huevo

Para el relleno
200 g de lonjas de tocino
1 cebolla finamente picada
75 g de queso gruyère rallado
4 huevos grandes, ligeramente batidos
150 ml de crema de leche espesa
150 ml de leche
pimienta negra recién molida

1 Para hacer la masa, ponga la harina y la mantequilla en un bol grande y frote con los dedos para formar migas finas. Luego, añada la yema de huevo y 3 o 4 cucharadas de agua fría, y mezcle hasta formar una masa blanda. Amase brevemente sobre una superficie enharinada. Envuelva en plástico adherente y refrigere por 30 min. Precaliente el horno a 375 °F (190 °C).

2 En una superficie ligeramente enharinada, extienda la masa y recubra el molde con ella, presionando en los lados. Pinche la base con un tenedor. Recubra la masa con papel de horno y esparza encima pesos para hornear. Hornee en ciego durante 12 min, retire el papel y los pesos, y hornee por 10 min más o hasta que la masa tome un dorado claro.

3 Caliente una sartén y fría en seco el tocino por 3 o 4 min, hasta que empiece a liberar grasa. Agregue la cebolla y fría por 2 o 3 min más. Esparza la cebolla con tocino sobre la base de masa. Añada el queso.

4 Bata los huevos, la crema de leche, la leche y la pimienta, y vierta la mezcla sobre la base de masa. Ponga el molde sobre una bandeja de hornear y hornee de 25 a 30 min o hasta que el relleno esté firme y dorado. Deje reposar, corte y sirva aún caliente.

CONSEJO DEL PASTELERO

Un buen quiche o tarta salada es una simple combinación de masa con mantequilla, crema de leche, huevos, y por supuesto, relleno. Siempre horneo en ciego las bases para este tipo de tartas antes de rellenarlas, así la masa queda crujiente en el fondo, incluso después del contacto con el relleno cremoso.

VARIACIONES DE TARTAS SALADAS

TARTA DE ESPINACA Y QUESO DE CABRA

Ya es un clásico moderno; los vegetarianos pueden obviar el tocino.

Porciones 6-8
Preparación 20 min
Enfriamiento 1 h
Horneado 55-65 min
Por anticipado la base de masa se puede preparar 2 días antes y refrigerar envuelta en plástico adherente
Almacenar la tarta se puede refrigerar durante la noche o congelar por 8 semanas y recalentar en un horno a temperatura media

UTENSILIOS ESPECIALES

molde para tarta, desmontable, de 22 cm
pesos para hornear

INGREDIENTES

1 base de masa (pp. 358-359, pasos 1-11)

Para el relleno

150 g de tocino en cubos
1 cda. de aceite de oliva
150 g de espinaca baby, lavada
100 g de queso de cabra
sal marina y pimienta negra recién molida
300 ml de crema de leche espesa
2 huevos

1 En una sartén, fría el tocino en el aceite de oliva durante 5 min, hasta que dore. Añada la espinaca y cocine por unos minutos, hasta que se marchite. Escurra el agua. Deje enfriar.

2 Esparza la mezcla de tocino y espinaca sobre la base de masa. Corte en cubos o desmenuce el queso de cabra y extiéndalo sobre la espinaca. Sazone con un poco de sal (el tocino es salado) y pimienta negra.

3 Mezcle la crema de leche y los huevos. Ponga el molde con la base de masa sobre una bandeja de hornear. Abra la puerta del horno y deslice la mitad de la bandeja sobre la parrilla central. Sostenga la bandeja con una mano y con la otra vierta la mezcla de huevo y crema sobre la tarta. Luego, deslícela del todo en el horno.

4 Hornee de 30 a 35 min, hasta que el relleno dore y crezca. Retire del horno y deje enfriar durante 10 min. Recorte la masa sobrante y retire la tarta del molde. Esta tarta es deliciosa recién salida del horno, pero se puede servir fría.

TARTA DE CANGREJO Y LANGOSTINOS CON AZAFRÁN

Una tarta para impresionar. Los delicados sabores del cangrejo y los langostinos entran en perfecto equilibrio con el sabor picante y almizclado del azafrán, tonificado con la fresca sazón de las hierbas.

Porciones 2-4
Preparación 20 min
Enfriamiento 1 h
Horneado 50-65 min
Por anticipado la base de masa se puede preparar 2 días antes y refrigerar hasta su uso, envuelta en plástico adherente.
Almacenar la tarta se puede mantener congelada hasta por 8 semanas

UTENSILIOS ESPECIALES
molde desmontable para tarta, de 15 cm
pesos para hornear

INGREDIENTES
100 g de harina común, y algo extra para espolvorear
50 g de mantequilla sin sal, refrigerada y en cubos
1 yema de huevo

Para el relleno
pizca de azafrán
125 g de carne blanca de cangrejo
100 g de langostinos pequeños de agua fría
200 ml de crema de leche espesa
1 huevo

1 cda. de estragón o perifollo finamente picados
sal marina
pimienta negra recién molida

1 Frote la mantequilla con la harina hasta formar migas finas. Añada la yema de huevo y 1 cucharada de agua fría, e integre la mezcla para formar una masa suave. Si la mezcla está muy seca como para formar fácilmente una masa, añada otro poco de agua. Envuelva en plástico adherente y refrigere por 1 hora.

2 Precaliente el horno a 350 °F (180 °C). Sobre una superficie enharinada, extienda la masa y forme un círculo grande, de unos 3 mm de grosor. Levántela con cuidado ayudándose con el rodillo y cubra con ella el molde de la tarta, de manera que cuelgue por los lados. Con unas tijeras, recorte la masa colgante, hasta dejar un borde de 2 cm. Use los dedos para presionar la masa contra el molde. Pinche el fondo con un tenedor, recubra la base con papel de horno y llénela con pesos para hornear. Ponga el molde sobre una bandeja de hornear.

3 Hornee la base de masa en ciego entre 20 y 25 min, en el centro del horno. Retire los pesos y el papel y hornee por 5 min más, si es necesario, hasta que el fondo esté tostado. Deje enfriar.

4 Para que el azafrán desarrolle el color, póngalo en un bol pequeño y rocíe sobre él 1 cucharada de agua recién hervida. Ponga la carne de cangrejo y los langostinos en un colador y presiónelos contra la malla, sobre un sifón, para eliminar el exceso de líquido y evitar así que la tarta quede muy húmeda. Con sus dedos, mezcle el cangrejo con los langostinos, y espárzalos luego sobre la base de la tarta.

5 Mezcle en un jarro la crema de leche y el huevo. Añada las hierbas, el azafrán con su agua de remojo y los condimentos. Revuelva. Ponga el molde sobre una bandeja de hornear. Abra la puerta del horno y deslice la mitad de la bandeja sobre la parrilla central. Sostenga la bandeja con una mano y con la otra vierta la mezcla de huevo y crema en la base de la tarta. Luego, deslícela del todo dentro del horno.

6 Hornee de 30 a 35 min, hasta que el relleno crezca y dore parcialmente. Retire del horno y deje enfriar por 10 min. Recorte la masa sobrante y retire la tarta del molde. Sírvala caliente o fría.

CONSEJO DEL PASTELERO

Es posible que usted note que con muy poca carne de cangrejo basta para hacer una tarta suave. Si desea un sabor más fuerte, cambie el peso total de carne blanca de cangrejo y langostinos por una mezcla de carne de cangrejo blanca y marrón.

FLAMICHE

Este pastel es un clásico de la región de Picardy, al norte de Francia. Si bien no forma parte de la receta original, el queso azul le da un toque picante.

Porciones 4-6
Preparación 20 min
Horneado 40-45 min
Almacenar el flamiche se conservará por una noche, cubierto y refrigerado; recaliéntelo un poco o déjelo regresar a temperatura ambiente antes de servir

UTENSILIOS ESPECIALES

molde para torta, desmontable, de 18 cm

INGREDIENTES

50 g de mantequilla sin sal

2 cdas. de aceite de oliva, y algo extra para aceitar

500 g de puerros lavados, sin tallos y finamente desmenuzados

sal marina y pimienta negra recién molida

1 nuez moscada entera, para rallar

2 cdas. de harina común, y algo extra para espolvorear

250 ml de leche

100 g de queso azul, como el Stilton (opcional)

500 g de masa de hojaldre comprada en tienda (o ver p. 178, pasos 1-9)

1 huevo batido, para glasear

1 Precaliente el horno a 400 °F (200 °C). En una sartén grande, derrita la mantequilla y el aceite. Añada los puerros y cocine a fuego lento por 10 min, revolviendo de vez en cuando, hasta que estén bien blandos, pero no dorados. Sazone con sal, pimienta y un poco de nuez moscada rallada. Esparza la harina sobre los puerros y revuelva bien.

2 Vierta poco a poco la leche sobre los puerros, sin parar de revolver. Inicialmente la mezcla espesará, pero a medida que se incorpore la leche, irá suavizando poco a poco. Deje hervir, reduzca el fuego y cocine de 3 a 5 min, hasta que espese. Retire del fuego y agregue el queso (si lo utiliza).

3 En una superficie enharinada, estire la masa de hojaldre y forme un rectángulo de 20 x 40 cm y de 3 a 5 mm de grosor. Sitúe el molde sobre la masa, junto a uno de los bordes cortos, y úselo como plantilla para cortar la cubierta del pastel; la masa restante debe ser lo suficientemente grande como para cubrir el fondo del molde.

4 Aceite el molde, corte la masa restante y úsela para recubrirlo, dejando que cuelgue un poco por los lados. Pincele la masa del interior del molde con un poco de huevo batido y deje secar por 5 min; esto puede parecer extraño, pero el huevo batido seco crea una especie de barniz que impide que la masa se empape con el relleno.

5 Rellene la base del pastel con la mezcla de puerros y unte un poco de huevo batido por los bordes de la masa. Cubra con el círculo de masa y presione los bordes para sellarlos. Pincele la superficie del flamiche con el huevo batido y corte dos ranuras pequeñas encima para dejarle escape al vapor.

6 Hornee entre 25 y 30 min, en el tercio superior del horno, hasta que el flamiche crezca y dore. Retírelo del horno, recorte la masa sobrante, y déjelo enfriar por al menos 10 min, antes de servir caliente o frío.

CONSEJO DEL PASTELERO

Tradicionalmente, el flamiche se decora con un diseño de líneas entrecruzadas en la cubierta de masa cruda. Pero a partir de mi experiencia, advierto que esas líneas pueden hacer que el pastel se divida. Use un cuchillo bien afilado para dibujar líneas que salgan del centro, como los radios de una rueda.

ZWEIBELKUCHEN

La crema agria con semillas de alcaravea contrasta con las cebollas dulces y blandas de la cubierta de esta tarta tradicional alemana.

Porciones 8
Preparación 30 min
Crecimiento y leudado 1½-2½ h
Horneado 60-65 min
Almacenar cubra y refrigere durante la noche

UTENSILIOS ESPECIALES
bandeja de hornear honda, de 26 x 32 cm

INGREDIENTES

4 cdtas. de levadura seca

3 cdas. de aceite de oliva, y algo extra para engrasar

400 g de harina de fuerza para pan blanco, y algo extra para espolvorear

1 cdta. de sal

Para el relleno

50 g de mantequilla sin sal

2 cdas. de aceite de oliva

600 g de cebollas finamente rebanadas

½ cdta. de semillas de alcaravea

sal marina y pimienta negra recién molida

300 ml de crema agria

3 huevos

1 cda. de harina común

75 g de tocino ahumado, picado

1 Para la base de masa, disuelva la levadura en 225 ml de agua tibia. Añada el aceite de oliva y reserve. En un bol grande, tamice la harina y la sal. Haga un hueco en el centro de la mezcla de harina y vierta los ingredientes líquidos, sin dejar de revolver. Integre la mezcla con las manos y forme una masa suave. Pásela a una superficie enharinada y amase durante 10 min, hasta que esté suave, lisa y elástica.

2 Ponga la masa en un bol grande ligeramente aceitado, cúbrala con plástico adherente y déjela en reposo en un lugar cálido entre 1 y 2 horas, hasta que doble su tamaño.

3 Para el relleno, caliente la mantequilla y el aceite de oliva en una sartén grande y pesada. Añada la cebolla y las semillas de alcaravea, y sazone con sal y pimienta. Tape y cocine a fuego lento durante unos 20 min, hasta que la cebolla esté suave pero no dorada. Retire la tapa y cocine por 5 min más, hasta que se evapore el exceso de agua.

4 En otro bol, mezcle la crema agria, los huevos y la harina, y sazone bien. Agregue la cebolla cocida, mezcle y deje enfriar.

5 Cuando la masa haya crecido, pásela a una superficie enharinada y presiónela suavemente con los nudillos para asentarla. Engrase ligeramente la bandeja de hornear. Estire la masa al tamaño de la bandeja y recubra la bandeja con ella, asegurándose de que el borde del pastel quede levantado. Si es necesario, use sus dedos para que la masa tome su posición. Cubra con plástico adherente algo aceitado y deje reposar en un lugar cálido durante 30 min, hasta que la masa se infle en algunas partes.

6 Presione suavemente la masa si ha crecido mucho en los bordes de la bandeja. Esparza el relleno sobre la base de masa y rocíe encima el tocino picado.

7 Lleve la bandeja a la parrilla superior del horno y cocine entre 35 y 40 minutos, hasta dorar. Retire del horno y deje enfriar por al menos 5 min. Sirva caliente o frío.

CONSEJO DEL PASTELERO

Esta deliciosa tarta de cebolla y crema agria
parece un cruce entre pizza y quiche, y se hace
con una base de masa para pizza. No es muy
conocida fuera de su Alemania natal, pero vale
la pena hacerla. Se sirve tradicionalmente durante
el tiempo de la vendimia.

PASTEL DE CARNE Y CHAMPIÑONES SILVESTRES

Una receta de hojaldre rápida y muy útil para incluir en su repertorio.
Si el tiempo apremia, use masa comprada.

1 Precaliente el horno a 350 °F (180 °C) y rebane los champiñones.

2 Para el relleno, sazone la harina con sal y pimienta. Añada la carne y cúbrala de harina.

3 Ponga la carne, los champiñones y los chalotes en una olla. Añada el caldo y mezcle.

4 Cocine hasta que hierva. Cubra y lleve al horno por 2 o 2¼ horas, hasta ablandar.

5 Para la masa, tamice la harina y la sal en un bol. Incorpore ⅓ de la mantequilla.

6 Agregue 100 ml de agua y homogeneice para hacer una masa. Refrigere por 15 min.

7 Sobre una superficie enharinada, estire la masa y forme un rectángulo de 15 x 38 cm.

8 Esparza la mantequilla restante sobre ²/₃ de la masa y doble sobre ellos el otro tercio.

9 Doble la masa de nuevo, de forma que la mantequilla quede envuelta en masa.

Porciones 4-6
Preparación 50-55 min
Enfriamiento 1 h
Por anticipado el relleno se puede hacer 2 o 3 días antes
Cocinado 2½-3 h

UTENSILIOS ESPECIALES
molde para pastel, de 2 litros

INGREDIENTES
500 g de champiñones silvestres frescos, o 75 g de champiñones silvestres secos, remojados por 30 min y escurridos

35 g de harina común

sal y pimienta negra recién molida

1 kg de carne para estofar, cortada en cubos de 2,5 cm.

4 chalotes (cebolla escalonia)

6 ramitas de perejil, hojas finamente picadas

900 ml de caldo de carne o agua, y algo extra si se necesita

Para la masa rápida de hojaldre
250 g de harina común, y algo extra para espolvorear

½ cdta. de sal fina

175 g de mantequilla sin sal, en cubos

1 huevo batido, para glasear

10 Dele vuelta y estire los bordes. Envuélvala en plástico adherente y refrigere por 15 min.

11 Estírela a 15 x 45 cm, dóblela en tres y dele un giro de 90°. Séllela. Refrigere por 15 min.

12 Repita tres veces el paso 11, refrigerando 15 min cada vez.

13 Añada el perejil a la carne y sazone al gusto. Pase al molde.

14 Aumente la temperatura del horno a 425 °F. (220 °C). Enharine una superficie y estire la masa.

15 Corte una tira del borde. Humedezca el borde del molde y presione la tira sobre él.

16 Ponga la masa estirada sobre el pastel. Presione para sellar contra el marco del molde.

17 Pincele con huevo batido. Haga un hoyo en la cubierta para que salga el vapor.

18 Refrigere el pastel por 15 min. Hornee de 25 a 35 min, hasta que dore. Si dora pronto, cúbralo con papel de aluminio.

VARIACIONES DE PASTELES SALADOS

PASTEL DE PESCADO

Para este plato procure usar langostinos de agua fría; son más sabrosos y es más probable que sean cultivados, lo cual los hace más sostenibles.

Porciones 4
Preparación 20 min
Horneado 20-25 min
Almacenar ideal comer el mismo día, pero se puede refrigerar durante la noche y recalentar

UTENSILIOS ESPECIALES
molde para pastel, de 18 cm

INGREDIENTES
300 g de filete de salmón y 200 g de filete de abadejo ahumado, sin piel y sin espinas
50 g de mantequilla sin sal
5 cdas. de harina común, y algo para espolvorear
350 ml de leche
sal marina y pimienta negra recién molida
pizca de nuez moscada recién rallada
200 g de langostinos
100 g de espinaca baby lavada
250 g de masa de hojaldre comprada, o ver pp. 370-371, pasos 5-12, reduciendo las cantidades en una tercera parte
1 huevo batido, para glasear

1 Precaliente el horno a 400 °F (200 °C). Escalfe el salmón y el abadejo en agua hirviendo a fuego lento por 5 min, hasta que estén apenas cocidos. Escurra y deje enfriar. Derrita la mantequilla en una sartén. Retire del fuego e incorpore la harina para obtener una pasta. Añada la leche poco a poco y batiendo, para evitar los grumos. Sazone y añada la nuez moscada. Lleve a ebullición, revolviendo. Baje el fuego y cocine por 5 min, sin dejar de revolver.

2 Desmenuce el pescado. Añada los langostinos. Esparza encima la espinaca y vierta la salsa caliente. Sazone al gusto. Cuando la espinaca se marchite, mezcle el relleno y páselo al molde.

3 En una superficie enharinada, estire la masa y forme un círculo más grande que el molde, de 3 a 5 mm de grosor. Corte un círculo del tamaño del pastel y forme tiras con los recortes. Unte con huevo el borde del molde y presione las tiras sobre él.

4 Pincele las tiras con huevo y cubra con el círculo de masa. Presione para sellar la cubierta y corte los sobrantes. Unte la superficie con huevo y corte dos ranuras. Hornee de 20 a 25 min en lo alto del horno, hasta dorar. Deje enfriar por 5 min y sirva.

PASTEL DE POLLO

Con masa comprada, es una buena opción para el fin de semana.

Porciones 4
Preparación 20 min
Horneado 20-25 min

UTENSILIOS ESPECIALES
molde para pastel, de 18 cm

INGREDIENTES
1 cebolla finamente picada
3 cdas. de aceite de oliva
50 g de tocino en cubos
2 puerros de unos 200 g, en rebanadas de 1 cm
150 g de champiñones, lavados, cortados en mitades o cuartos si es necesario
2 pechugas de pollo (400 g) en trozos de 2,5 cm
1 cda. de tomillo picado
1 cda. de perejil de hoja plana, picado
1 cda. de harina común, y algo para espolvorear
300 ml de crema de leche líquida
1 cda. de mostaza Dijon
sal marina y pimienta negra recién molida
250 g de masa de hojaldre comprada, o ver pp. 370-371, pasos 5-12, reduciendo las cantidades en una tercera parte
1 huevo batido, para glasear

1 Precaliente el horno a 400 °F (200 °C). En una sartén, fría la cebolla en 2 cucharadas de aceite de oliva durante 5 min, hasta que ablande, pero sin dorar. Agregue el tocino y cocine por 2 min. Añada los puerros y los champiñones y cocine de 3 a 5 min, hasta que el tocino esté crujiente.

2 Agregue el resto del aceite de oliva a la sartén y añada el pollo y las hierbas. Fría a fuego alto de 3 a 4 min, hasta que el pollo tome un color uniforme por todos lados. Espolvoree la harina y revuelva bien. Vierta la crema, añada la mostaza y los condimentos y lleve a ebullición, revolviendo. La mezcla debe espesar al calentar. Siga cocinando a fuego lento por 5 min, hasta que el líquido se reduzca. Pase el relleno al molde de pastel.

3 Estire la masa, cubra con ella el pastel y hornee como se indica para el Pastel de pescado, pasos 3-4 (izquierda).

PASTEL DE CARNE Y RIÑÓN

La corteza con sebo da a este pastel un terminado crujiente.

Porciones 4

Preparación 30 min

Por anticipado puede hacer el relleno 2 días antes y refrigerarlo hasta su uso; no agregue los riñones cocinados hasta que el pastel esté listo para hornear

Horneado 2³/₄-3¹/₄ h

Almacenar es mejor consumirlo el día que se hace, pero se puede refrigerar durante la noche; recaliente bien antes de comer

UTENSILIOS ESPECIALES

molde para pastel, 18 cm

INGREDIENTES

Para el relleno

4 cdas. de aceite de oliva, y algo para engrasar

2 cebollas finamente picadas

100 g de champiñones lavados, cortados en mitades o en cuartos si es necesario

600 g de carne para estofar, como aguja, cortada en trozos de 3 cm

sal marina y pimienta negra recién molida

4 cdas. de harina común

600 ml de caldo de carne

1 rama grande de tomillo

30 g de mantequilla sin sal, ablandada

4 riñones frescos de cordero, cerca de 200 g

Para la corteza con sebo

300 g de harina leudante

150 g de sebo de res o vegetal

¹/₂ cdta. de sal

1 huevo batido, para glasear

1 En una olla, caliente 2 cdas. de aceite y fría la cebolla por 5 min, hasta que ablande, pero sin dorar. Añada los champiñones y fría de 3 a 4 min, hasta que empiecen a tomar color por partes. Retire las verduras con una espumadera y reserve.

2 Dé vueltas a los trozos de carne sobre 2 cucharadas de harina sazonada. Caliente el aceite de la olla a fuego alto y fría la carne hasta dorarla. No llene mucho la olla pues no dorará. Retírela a medida que esté lista y agréguela a los vegetales.

3 Cuando toda la carne haya dorado, regrésela a la olla junto con los vegetales. Cubra con el caldo de carne. Sazone, agregue el tomillo y ponga a hervir. Cuando hierva, reduzca el fuego a bajo, cubra y cocine de 2- 2¹/₂, horas hasta ablandar.

4 Para la corteza, frote la harina y el sebo hasta formar migas. Agregue la sal y agua fría para hacer una masa suave. Envuelva en plástico adherente. Deje reposar la masa por al menos 1 hora.

5 Haga una pasta con 2 cdas. de harina mezcladas con la mantequilla. Destape la olla y aumente el calor. Cuando hierva, añada poco a poco la mezcla de harina, revolviendo. Baje el calor y cocine a fuego lento por 30 min, hasta que espese.

6 Precaliente el horno a 350 °F (180 °C). Elimine la piel y los conductos de los riñones, y córtelos en trozos. Añádalos a la olla. Estire la masa sobre una superficie enharinada y forme un rectángulo de 20 x 40 cm, con un grosor de 3 a 5 mm. Sitúe el molde sobre la masa, junto a uno de los bordes cortos, y úselo como plantilla para cortar la cubierta.

7 Engrase el molde, estire la masa restante y úsela para recubrir el molde, dejando un sobrante en los bordes. Llene la base del pastel con el relleno y pincele con huevo los bordes de la masa. Ponga la cubierta y presione alrededor de los bordes para sellar.

8 Pincele la cubierta del pastel con huevo y corte dos pequeñas ranuras para dejarle escape al vapor. Hornee de 40 a 45 min en el centro del horno, hasta dorar. Retire el pastel del horno y deje enfriar por al menos 5 min antes de servir.

COBBLER DE CARNE Y CERVEZA

Ideal para alimentar a una multitud. El relleno se puede preparar días antes y una vez el pastel entra al horno no requiere mayor atención.

Porciones 4

Preparación 40 min

Por anticipado prepare el relleno 2 días antes y refrigere antes de cubrir con el cobbler y hornear

Horneado 2½-3¼ h

Almacenar el cobbler cocido se puede refrigerar durante la noche y recalentar antes de comer

UTENSILIOS ESPECIALES

cortador de masa, de 5 cm

INGREDIENTES

Para el relleno

4 cdas. de aceite de oliva

2 cebollas finamente picadas

1 tallo de apio finamente picado

1 puerro sin raíces y finamente rebanado

150 g de champiñones lavados, cortados en mitades o en cuartos, de ser necesario

600 g de carne para estofar, en trozos de 3 cm

2 cdas. de harina común

sal marina y pimienta negra recién molida

500 ml de cerveza negra, como stout o porter

1 cubo de caldo de carne

1 ramillete de hierbas

1 cda. de azúcar

2 zanahorias grandes, en trozos de 2 cm

Para el cobbler

300 g de harina leudante, y algo extra para espolvorear

1 cdta. de polvo de hornear

½ cdta. de sal

125 g de mantequilla sin sal, refrigerada y en cubos

1 cda. de perejil finamente picado

3 cdas. de salsa o crema de rábano picante

2-4 cdas. de leche

1 huevo batido, para glasear

1 En una cazuela refractaria, caliente 2 cucharadas de aceite de oliva y fría la cebolla, el apio y el puerro durante 5 min, hasta que ablanden, pero sin dorar. Añada los champiñones y fría de 3 a 4 min hasta que empiecen a dorar por partes. Retire las verduras con una espumadera y reserve.

2 Dele vueltas a la carne sobre 2 cucharadas de harina sazonada. Caliente el aceite restante en la cazuela y fríala por tandas, hasta que dore bien por todos lados. No llene mucho la cazuela pues la carne no dorará. Retírela a medida que esté lista y agréguela a los vegetales.

3 Regrese la carne a la cazuela con los vegetales y cubra con la cerveza. Desmenuce encima el cubito de caldo, añada 300 ml de agua hirviendo, el ramillete de hierbas, el azúcar y las zanahorias. Compruebe la sazón y hierva. Reduzca el fuego a bajo, tape y cocine entre 2 y 2½ horas, hasta que la carne esté tierna. Revise de vez en cuando y añada un poco de agua si se está secando.

4 Precaliente el horno a 400 °F (200 °C). Tamice juntos la harina, el polvo de hornear y la sal. Añada la mantequilla y frote con los dedos para formar migas finas. Agregue el perejil. Bata la salsa de rábano picante con la leche, y use el líquido para ligar los ingredientes secos hasta formar una masa.

5 Sobre una superficie enharinada, estire la masa a un grosor de 2 cm y haga círculos con el cortador. Estire los recortes y haga más círculos, hasta agotar la masa. Cuando el estofado esté listo, retire las hierbas y cubra con los círculos de masa cobbler, de modo que queden espacios que permitan ver el relleno.

6 Pincele las superficies con huevo batido y cocine de 30 a 40 min en el centro del horno, hasta que el cobbler crezca y dore. Retire del horno, deje enfriar por 5 min y sirva.

CONSEJO DEL PASTELERO

La cubierta cobbler es más fácil de hacer que las masas con relleno o los pasteles y puede convertir cualquier estofado de carne o vegetales en una deliciosa comida completa. Procure añadir a la mezcla mostaza, rábano picante, hierbas o especias, para complementar el relleno.

PASTELES DE POLLO CON CORTEZA DE HIERBAS

Una receta deliciosa y reconfortante, cubierta con un sabroso scone.
Se sirve con un poco de vegetales verdes al vapor.

Porciones 6
Preparación 25-35 min
Por anticipado prepare el relleno 1 día antes y refrigérelo cubierto; lleve a temperatura ambiente antes de hornear
Horneado 22-25 min

UTENSILIOS ESPECIALES
cortador de masa de 8,5 cm
6 moldes individuales de cerámica, altos

INGREDIENTES
1 litro de caldo de pollo
3 zanahorias rebanadas
750 g de papas grandes picadas
3 tallos de apio finamente rebanados
175 g de arvejas
500 g de pollo cocido, sin piel y deshuesado
60 g de mantequilla sin sal
1 cebolla picada
30 g de harina común
175 ml de crema de leche espesa
1 nuez moscada entera, para rallar
sal marina y pimienta negra recién molida
hojas de 1 manojo pequeño de perejil, picadas
1 huevo

Para la cubierta
250 g de harina común, y algo extra para espolvorear
1 cda. de polvo de hornear
1 cdta. de sal
60 g de mantequilla sin sal, en cubos
hojas de 1 manojo pequeño de perejil, picadas
150 ml de leche, y algo extra si se necesita

1 Hierva el caldo en una cacerola grande. Agregue las zanahorias, las papas y el apio, y cocine a fuego lento por 3 min. Añada las arvejas y deje cocer otros 5 min, hasta que los vegetales estén blandos. Escurra y reserve el caldo. Corte el pollo en lonchas y póngalas en un bol. Añada las verduras.

2 Derrita la mantequilla en una sartén pequeña a fuego medio. Añada la cebolla y cocine de 3 a 5 min, hasta que ablande, pero sin dorar. Espolvoree la harina sobre la cebolla y cocine de 1 a 2 min, revolviendo. Añada 500 ml de caldo y caliente, revolviendo, hasta que la salsa hierva y espese. Cocine a fuego lento por 2 min, agregue la crema de leche y la ralladura de nuez moscada, y salpimiente. Vierta la salsa sobre el pollo y las verduras, añada el perejil y mezcle suavemente.

3 Tamice la harina en un bol grande con el polvo de hornear y la sal. Haga un hueco en el centro y añada la mantequilla. Frote con los dedos para formar migas. Añada el perejil, haga un hueco de nuevo y vierta la leche en él, cortando rápidamente con un cuchillo para formar migas gruesas. Si la mezcla está seca, añada otro poco de leche. Integre con los dedos y forme una masa.

4 Trabaje un poco la masa en una superficie enharinada, hasta suavizarla. Adelgácela con palmaditas a un grosor de 1 cm y, con el cortador, haga círculos de masa para los scones. Adelgace los recortes y haga más, hasta completar 6.

5 Precaliente el horno a 425 °F (220 °C). Reparta el relleno entre los 6 moldes. Ponga un scone sobre cada pastel; procurando que se vea algo del relleno cremoso. Bata el huevo con una pizca de sal y pincele los scones.

6 Hornee por 15 min. Reduzca el calor a 350 °F (180 °C) y hornee hasta que la masa dore y el relleno burbujee. Esto puede tomar de 7 a 10 min más. Si hay riesgo de que los scones se quemen por encima, cúbralos con papel de aluminio.

CONSEJO DEL PASTELERO

Aunque esta cubierta de scones es muy fácil de
hacer, también puede usar una de masa de hojaldre
(ver pp. 370-371, pasos 5-12) o masa quebrada (ver
p. 358, pasos 1-5). Intente también experimentar con
el relleno, agregando diferentes hierbas; el estragón
es una buena opción.

PASTEL GRUESO DE POLLO Y JAMÓN

Estupendo para llevar a un pícnic y servirlo con chutney
y una ensalada verde crocante.

1 En un bol, tamice la harina y la sal, y frótelas con mantequilla y manteca para formar migas.

2 Haga un hueco, vierta 150 ml de agua y corte con un cuchillo para formar migas.

3 Trabaje la mezcla con las manos para formar una masa hasta que esté suave. Póngala en un bol engrasado y cubra con un paño húmedo. Refrigere por 30 min.

4 Ponga 6 huevos en una olla y déjelos hervir por 7 min a fuego lento. Escurra, enfríe y pele.

5 Corte en trozos 2 pechugas de pollo y el cerdo. Muela o procese, no muy fino.

6 En un bol, añada a las carnes la ralladura, el tomillo, la salvia, la nuez moscada. Salpimiente.

7 Añada 2 huevos batidos a la carne. Bata el relleno hasta que se desprenda por los lados.

8 Corte las pechugas restantes y el jamón en cubos de 2 cm, e incorpórelos en el relleno.

9 Engrase el molde. Haga una bola con tres cuartas partes de la masa y cubra el resto.

Porciones 8-10
Preparación 50-60 min
Horneado 1½ h
Almacenar se conservará por 3 días en el refrigerador

UTENSILIOS ESPECIALES
molde para tarta, desmontable, de 20-23 cm

picadora o procesador de alimentos con cuchillas

INGREDIENTES
Para la masa
500 g de harina común, y algo extra para espolvorear
75 g de mantequilla refrigerada, en cubos, y algo para engrasar

2 cdtas. de sal
75 g de manteca, refrigerada y en cubos

Para el relleno
9 huevos
4 pechugas de pollo sin piel y sin huesos, con un total de 750 g
375 g de carne de cerdo magra y sin hueso

cáscara de ½ limón finamente rallada
1 cdta. de tomillo seco
1 cdta. de salvia seca
pizca grande de nuez moscada molida
sal marina y pimienta negra recién molida
375 g de jamón magro cocido

10 Sobre una superficie enharinada, estire la masa y cubra el molde, dejando colgar 2 cm.

11 Precaliente el horno a 400 °F (200 °C). Ponga la mitad del relleno y los huevos sobre la masa.

12 Hunda los huevos en el relleno y doble hacia adentro la masa colgante.

13 Bata los huevos restantes con una pizca de sal y glasee con huevo los bordes de masa.

14 Estire la masa restante a un grosor de 5 mm. Cubra con ella el pastel, presione, selle y recorte.

15 Haga un hoyo e inserte un rollo de papel de aluminio, a manera de chimenea.

16 Forme hojas de 2,5 cm de ancho con los recortes y marque las venas con un cuchillo.

17 Disponga las hojas en el centro, glasee y hornee por 1 hora. Baje el calor a 350 °F (180 °C).

18 Hornee por 30 min más. Deseche el rollo de aluminio y refrigere antes de desmoldar. Sirva a temperatura ambiente.

VARIACIONES DE PASTELES GRUESOS

PASTEL DE CAZA

Este pastel grueso tradicional puede hacer un gran papel como plato central de un buffet de verano y se conserva unos días en el refrigerador.

Porciones 8
Preparación 30 min
Horneado 1³/₄ h
Enfriamiento durante la noche
Almacenar se conservará por 3 días en un recipiente hermético, en el refrigerador

UTENSILIOS ESPECIALES
molde para barra de pan, de 900 g
embudo pequeño

INGREDIENTES

Para la masa de agua caliente
400 g de harina común, y algo extra para espolvorear
½ cdta. de sal fina
150 g de manteca de cerdo o de res, en cubos
1 huevo batido, para glasear

Para el relleno
150 g de hombro de cerdo, en trozos de 1 cm
150 g de panza de cerdo, limpia y en trozos de 1 cm
250 g de venado en trozos de 1 cm
2 pechugas de faisán, en rebanadas de 1 cm
sal marina y pimienta negra recién molida

Para la gelatina
4 láminas de gelatina de hoja, en trozos
350 ml de caldo de pollo

1 Precaliente el horno a 400 °F (200 °C). Para hacer la masa de agua caliente, ponga la harina y la sal en un bol y haga un hueco en el centro. Mida 150 ml de agua hirviendo en un jarro. Agregue la manteca al agua y revuelva hasta derretir la grasa. Esto reduce la temperatura del agua y la masa será más fácil de manejar.

2 Vierta el líquido en el centro de la harina y mezcle con una cuchara de madera. Termine integrando la mezcla con sus manos, hasta obtener una masa suave. Tenga cuidado, pues la mezcla estará caliente. Corte una cuarta parte de la masa, envuélvala en un paño de cocina limpio y póngala en un lugar cálido para usarla luego.

3 Trabajando rápidamente, pues la masa se endurece al enfriar, pase la masa a una superficie enharinada y estírela a un grosor de 5 mm. Use el rodillo para pasarla con cuidado al molde. Presione la masa contra el fondo y los lados del molde. Recorte los excedentes, dejando un borde colgante de 2 cm.

4 Rellene la base de masa con capas de carne de cerdo, venado y faisán, sazonando bien entre cada capa. Pincele los bordes de la masa con huevo batido. Luego, estire la masa reservada y cubra con ella el pastel. Para sellar, presione firmemente con sus dedos los bordes alrededor del molde y recorte los excedentes. Si desea, decore el pastel con hojas de masa hechas de recortes y pincele con un poco de huevo batido. Con un palillo u otro instrumento, haga un agujero encima del pastel, para rellenar con gelatina después de cocinar.

5 Cocine el pastel por 30 min en el centro del horno. Baje el calor a 325 °F (160 °C) y hornee por 1¼ horas hasta dorar. Retire el pastel del horno y déjelo enfriar en el molde.

6 Remoje la gelatina por 5 min en un poco de agua fría, hasta que ablande. Caliente el caldo de pollo y añada la gelatina ablandada, revolviendo hasta disolverla. Deje enfriar. Cuando el líquido empiece a espesar, pero aún sin solidificar, viértalo

poco a poco con el embudo por el agujero de la cubierta del pastel. Si el agujero se cerró al hornear, hágalo de nuevo. Refrigere durante la noche para que la gelatina esté firme a la hora de comer.

CONSEJO DEL PASTELERO
La masa de agua caliente tiene fama de ser difícil de manejar. Hay que usarla rápidamente, antes de que comience a enfriar y endurecer, pero es muy flexible y se puede estirar y darle forma para que encaje en el molde, más fácilmente que otras masas. Es muy resistente y se conserva fresca por varios días.

PASTELES DE CERDO

Pruebe a hacer estos pasteles individuales de carne de cerdo como algo especial para un pícnic.

Para 12
Preparación 40 min
Horneado 1 h
Enfriamiento durante la noche
Almacenar se conservarán por 3 días en un recipiente hermético, en el refrigerador

UTENSILIOS ESPECIALES
procesador de alimentos con cuchillas (opcional)
bandeja para 12 muffins
embudo pequeño (opcional)

INGREDIENTES
Para el relleno
200 g de panza de cerdo sin grasa ni piel, cortada en cubos
200 g de hombro de cerdo, limpio y en cubos
50 g de lomo de cerdo o tocino, en cubos
10 hojas de salvia, finamente picadas
sal marina y pimienta negra recién molida
¼ cdta. de nuez moscada
¼ cdta. de pimienta de Jamaica

Para la masa de agua caliente
400 g de harina común, y algo para espolvorear
½ cdta. de sal fina
150 g de manteca de cerdo o de res, en cubos
1 huevo batido, para glasear

Para la gelatina (opcional)
2 láminas de gelatina de hoja, cortadas en trozos
250 ml de caldo de pollo

1 Precaliente el horno a 400 °F (200 °C). Procese la panza y el lomo de cerdo o tocino con la salvia, los condimentos y las especias, hasta picar la carne, sin deshacerla. Si no tiene procesador, corte la carne en cubos de 5 mm y luego mézclela con los demás ingredientes.

2 Para la masa de agua caliente, ponga la harina y la sal en un bol y haga un hueco en el centro. Mida 150 ml de agua hirviendo en un jarro. Agregue la manteca al agua, y revuelva hasta derretir la grasa. Esto reduce la temperatura del agua y la masa será más fácil de manipular.

3 Vierta el líquido en el centro de la harina y mezcle con una cuchara de madera. Termine integrando la mezcla con sus manos, hasta obtener una masa suave. Tenga cuidado, estará caliente. Corte una cuarta parte de la masa, envuélvala en un paño de cocina limpio y póngala en un lugar cálido para usarla luego.

4 Trabajando rápidamente, pues la masa se endurece al enfriar, pase la masa a una superficie enharinada y estírela a un grosor de 5 mm. Corte 12 círculos para recubrir los moldes de muffins, dejando que la masa sobresalga un poco por los bordes. Llene cada una de las bases con el relleno de cerdo y unte un poco de huevo batido alrededor de los bordes.

5 Estire la masa restante. Recorte 12 tapas para las bases de los moldes de muffins. Cubra el relleno con las tapas y presione por los lados para sellar. Pincele la superficie con huevo. Con un palillo u otro instrumento, haga un agujero en cada pastel, si lo va a llenar con gelatina, o corte dos ranuras para que salga el vapor.

6 Cocine los pasteles por 30 min en el centro del horno. Reduzca la temperatura a 325 °F (180 °C) y hornee por otros 30 min, hasta dorar. Retire los pasteles del horno y déjelos enfriar en el molde por 10 min, antes de desmoldar. En este momento se pueden comer calientes o fríos, o se pueden rellenar con gelatina una vez fríos.

7 Para hacer la gelatina (si la usa), remoje las hojas en agua fría por 5 min, hasta ablandar. Caliente el caldo de pollo y añada la gelatina ablandada, revolviendo hasta disolverla. Deje enfriar. Cuando el líquido empiece a espesar, pero aún sin solidificar, viértalo poco a poco con el embudo por el agujero de cada pastel. Si los agujeros se cerraron al hornear, hágalos de nuevo. Cada pastel necesita 2 o 3 cucharadas de gelatina. Refrigere durante la noche para que la gelatina esté firme a la hora de comer.

BOEUF EN CROÛTE

Este rico y lujoso plato, también llamado Beef Wellington,
es fácil de hacer y servir, ideal para un agasajo.

Porciones 6
Preparación 45 min
Horneado 42-60 min

INGREDIENTES

1 kg de lomo de res, cortado del
extremo grueso, sin grasa

sal marina y pimienta negra recién
molida

2 cdas. de aceite de girasol

45 g de mantequilla sin sal

2 chalotes (cebolla escalonia),
finamente picados

1 diente de ajo, machacado

250 g de champiñones silvestres
mezclados, finamente picados

1 cda. de brandy o Madeira

500 g de masa de hojaldre comprada,
o ver pp. 370-371, pasos 5-12

huevo batido, para glasear

1 Precaliente el horno a 425 °F (220 °C).
Salpimiente la carne.

2 Caliente el aceite en una sartén grande y
fría la carne hasta dorarla por todos lados.

3 Ponga la carne en un molde para asar
y hornéela por 10 min. Retire y deje enfriar.

4 Derrita la mantequilla. Fría los chalotes y el ajo
de 2 a 3 min, revolviendo, hasta que ablanden.

5 Añada los champiñones; cocine de 4 a 5 min,
revolviendo, hasta que los jugos se evaporen.

6 Agregue el brandy. Déjelo burbujear por
30 segundos. Retire del fuego y deje enfriar.

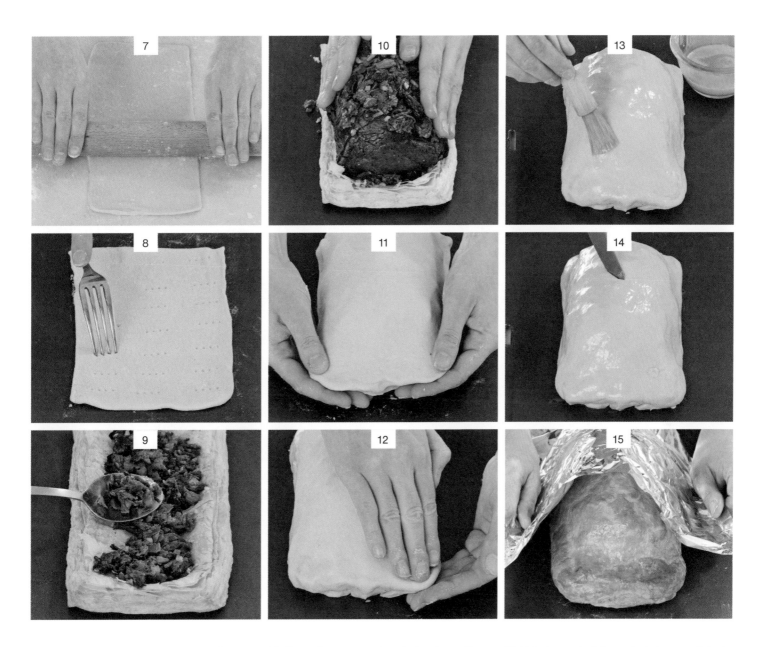

7 Estire la tercera parte de la masa y forme un rectángulo 5 cm más grande que la carne.

8 Llévela a una bandeja de hornear y pínchela con un tenedor. Hornee de 12 a 15 min.

9 Esparza la tercera parte de la mezcla de champiñones sobre la masa cocida ya fría.

10 Ponga la carne encima de los champiñones y cúbrala con el resto de la mezcla.

11 Estire el resto de masa, cubra la carne con ella y doble los bordes hacia adentro.

12 Pincele los bordes con huevo batido y presione la masa cruda para sellar.

13 Unte huevo batido por toda la superficie de la masa cruda, para glasear.

14 Haga un corte para el vapor. Hornee 30 min (carne roja) o 45 min (bien cocida).

15 Si la masa empieza a dorar mucho, cúbrala con papel de aluminio. Retire del horno y deje reposar por 10 min antes de servir. Use un cuchillo muy afilado para servir.

VARIACIONES DE HOJALDRADOS

SALMÓN EN HOJALDRE

El salmón horneado en hojaldre se conserva
húmedo y suculento.

Porciones 4
Preparación 25 min
Por anticipado el plato completo
se puede preparar hasta 12 h
antes de hornear; cubra con
plástico adherente y refrigere
hasta el momento de la cocción
Horneado 30 min

INGREDIENTES

85 g de berros, sin los tallos
   gruesos
115 g de queso crema
sal marina y pimienta negra
   recién molida
600 g de filete de salmón sin piel
250 g de masa de hojaldre
   comprada, o vea pp. 370-371,
   pasos 5-12, reduciendo las
   cantidades en una tercera parte
harina común, para espolvorear
mantequilla sin sal, para engrasar
1 huevo batido o leche, para glasear

1 Precaliente el horno a 400 °F
(200 °C). Pique finamente los
berros, póngalos en un bol,
añada el queso, salpimiente y
mezcle.

2 Corte el filete de salmón en
2 piezas. Sobre una superficie
ligeramente enharinada, estire la
masa hasta un grosor de 3 mm.
A lo largo debe tener unos
7,5 cm más que las piezas de
salmón, y a lo ancho, un poco
más del doble. Recorte los bordes
rectos. Pase a una bandeja de
hornear ligeramente engrasada.

3 Ponga una pieza del salmón
en el centro de la masa. Esparza
berros sobre ella y cubra con la
otra pieza. Pincele ligeramente
con agua los bordes de la masa.
Doble los extremos superior e
inferior sobre el salmón y los
lados hacia adentro, de forma
que se superpongan ligeramente.
Presione para sellar. Estire los
recortes y úselos para decorar
la corteza del pastel, si lo desea.
Pincele la superficie con el
huevo batido y, con un pincho,
haga 2 o 3 agujeros para dejarle
escapar el vapor.

4 Hornee por 30 min o hasta
que el hojaldre haya crecido y
dorado bien. Para verificar si el
salmón está cocido, inserte un
pincho por la parte más gruesa
del pastel y déjelo de 4 a 5
segundos; al sacarlo, se debe
sentir caliente.

5 Retire del horno y deje reposar
unos minutos, luego, corte y sirva.

WELLINGTONS DE VENADO

Para una ocasión especial o una cena con invitados.

Porciones 4
Preparación 40 min
Horneado 20-25 min

INGREDIENTES

10 g de champiñones silvestres secos (opcional)

2 cdas. de aceite de oliva

4 filetes de lomo de venado, cada uno de 120-150 g

sal marina y pimienta negra recién molida

30 g de mantequilla sin sal

2 chalotes (cebollas escalonia), finamente picadas

1 diente de ajo, finamente picado

200 g de champiñones mezclados, que incluyan champiñones silvestres si es posible

1 cda. de hojas de tomillo

1 cda. de brandy o Madeira

500 g de masa de hojaldre comprada, o ver pp. 370-371, pasos 5-12

1 huevo batido, para glasear

1 Precaliente el horno a 400 °F (200 °C). Si no tiene champiñones silvestres frescos, hidrate los champiñones secos con agua hirviendo, por al menos 15 min.

2 Caliente el aceite de oliva en una sartén. Salpimiente por todos lados los filetes de venado y fríalos por pares, durante 2 min por cada lado, hasta dorarlos. Retírelos de la sartén y déjelos enfriar completamente.

3 Derrita la mantequilla en la misma sartén. Añada el chalote y cocine por 5 min a fuego medio hasta que ablande, sin dorar. Agregue el ajo y cocine 1-2 min.

4 Pique los champiñones y agréguelos a la sartén con el tomillo. Sazone y cocine por 5 min hasta que ablanden y los jugos se evaporen. Añada el brandy y cocine a fuego alto hasta que se evapore. Retire del fuego y deje enfriar. Si usa champiñones secos, escúrralos, píquelos y añádalos a la mezcla.

5 Divida la masa en cuatro partes iguales y estírelas en rectángulos de 5 mm de grosor y lo bastante grandes para envolver alrededor de cada filete. Seque los filetes golpeándolos suavemente con papel de cocina.

6 Adapte cada rectángulo de masa a la forma de cada filete. Ponga una cuarta parte del relleno de champiñones sobre cada rectángulo, dejando un borde libre de unos 2 cm. Aplane los champiñones y ponga un filete encima. Pincele los bordes de la masa con huevo batido y dóblela sobre la carne. Presione los bordes con firmeza para sellar. Ondúlelos para un acabado atractivo. Repita con los demás filetes y masas. Corte pequeñas ranuras en la parte de arriba de los wellingtons, para que escape el vapor, y pincele las superficies con huevo batido.

7 Disponga los pasteles sobre una bandeja de hornear con marco y cocine en la parte superior del horno entre 20 y 25 min o hasta que los wellingtons crezcan y doren. Cuanto mayor sea el tiempo de horneado, más cocida quedará la carne. Retire del horno y deje enfriar por 5 min antes de servir.

ROLLOS DE SALCHICHA

Los rollos de salchicha, canapés clásicos para pícnics y fiestas, son tan fáciles de preparar que nunca volverá a comprarlos hechos.

Para 24
Preparación 30 min
Enfriamiento 30 min
Por anticipado sin hornear, se congelan por 12 semanas
Horneado 10-12 min
Almacenar guarde los rollos por 2 días en un recipiente hermético, en el refrigerador

INGREDIENTES

250 g de masa de hojaldre comprada, o ver pp. 370-371, pasos 5-12, reduciendo las cantidades en una tercera parte

675 g de carne de salchicha

1 cebolla pequeña picada fina

1 cda. de hojas de tomillo

1 cda. de cáscara de limón finamente rallada

1 cdta. de mostaza Dijon

1 yema de huevo

sal marina y pimienta negra

harina común, para espolvorear

1 huevo batido, para glasear

1 Precaliente el horno a 400 °F (200 °C). Recubra una bandeja de hornear y refrigérela. Corte la masa en dos, a lo largo, y forme dos rectángulos de 30 x 15 cm. Cubra con plástico adherente y refrigere por 30 min. Mezcle la carne de salchicha con la cebolla, el tomillo, la ralladura, la mostaza y la yema. Salpimiente y haga dos cilindros.

2 Ponga los rectángulos de masa sobre una superficie enharinada y coloque un cilindro de mezcla de salchicha en el centro de cada uno. Unte el interior de la masa con huevo, enróllela sobre la mezcla y presione para sellar. Corte cada rollo en 12 porciones.

3 Disponga los rollos en la bandeja y hágales dos cortes encima con unas tijeras. Pincele con huevo. Hornee de 10 a 12 min o hasta que la masa esté dorada y laminada. Sirva caliente o deje enfriar sobre una rejilla.

PASTEL DE FILO CON QUESO FETA

La masa de este clásico del Medio Oriente encierra una
deliciosa mezcla de espinacas, queso feta y piñones.

Porciones 6
Preparación 30 min
Horneado 35-40 min

UTENSILIOS ESPECIALES
molde para tarta, desmontable,
  de 20 cm

INGREDIENTES
900 g de hojas de espinaca fresca
100 g de mantequilla sin sal, y algo
  extra para engrasar
1 cdta. de comino molido
1 cdta. de cilantro molido
1 cdta. de canela molida
2 cebollas rojas, finamente picadas
60 g de albaricoques secos, picados
60 g de piñones tostados
6 hojas de masa filo de 40 x 30 cm,
  descongeladas si es necesario
sal marina
pimienta negra recién molida
300 g de queso feta desmenuzado

1 Lave las hojas de espinaca, sacuda el agua
y póngalas en una sartén grande.

2 Tape y cocine a fuego medio de 8 a 10 min,
volteando las hojas hasta que marchiten.

3 Escurra en un colador, presionando contra
los lados para extraer toda el agua posible.

4 Deje enfriar un poco. Luego exprima las
hojas con las manos para extraer más agua.

5 Entre tanto, en una sartén, derrita 25 g de
mantequilla hasta que empiece a burbujear.

6 Sofría a fuego lento las especias con las
cebollas, revolviendo de vez en cuando.

7 Fría de 7 a 8 min, hasta que las cebollas ablanden, sin dorar.

8 Incorpore los albaricoques y los piñones; deje a un lado para enfriar un poco.

9 Precaliente el horno a 400 °F (200 °C). Engrase y recubra el molde con papel de horno.

10 Derrita la mantequilla restante y unte el molde con una brocha de cocina pequeña.

11 Cubra el molde con una hoja de masa filo, dejando bordes colgantes.

12 Pincele mantequilla derretida sobre la hoja de masa, incluido el colgante.

13 Ponga 5 capas más de hojas; unte cada una con mantequilla y deje bordes colgantes.

14 Seque las espinacas con papel de cocina para absorber la humedad. Pique finamente.

15 Agregue las espinacas a la mezcla de cebolla cocida, revuelva y salpimiente.

continúa ▶

16 Cubra la base de masa con la mitad de la mezcla de espinacas.

17 Esparza encima el queso feta y cubra con la mezcla de espinacas restante.

18 Doble la masa colgante, pieza por pieza, sobre la espinaca, pincelando con mantequilla.

19 Pincele la superficie con mantequilla y ponga el molde sobre una bandeja de hornear.

20 Hornee de 35 a 40 min hasta que la masa dore y esté crujiente. Deje enfriar por 10 min.

21 Retire del molde y sirva el pastel caliente o tibio, cortado en porciones.

Pastel de filo con queso feta ▶

VARIACIONES DE PASTELES DE MASA FILO

PASTEL DE FILO CON PAPAS Y QUESO AZUL

Se puede guardar preparado, para una comida de mitad de semana.

Porciones 6
Preparación 35-40 min
Por anticipado puede prepararse hasta el punto de hornear, y refrigerar por 2 días, envuelto en plástico adherente
Horneado 45-55 min

UTENSILIOS ESPECIALES

molde para tarta, desmontable, de 28 cm

INGREDIENTES

190 g de mantequilla sin sal

125 g de tocino cortado en tiras

1 paquete de 500 g de masa filo

1 kg de papas finamente rebanadas

125 g de queso azul desmenuzado

4 chalotes (cebolla escalonia) finamente picados

4-5 manojos de perejil, estragón y perifollo; hojas picadas finas

sal marina y pimienta negra molida

3-4 cdas. de crema agria

1 Precaliente el horno a 350 °F (180 °C). Derrita 15 g de mantequilla en una sartén y fría el tocino por unos 5 min, hasta dorarlo. Escúrralo en papel de cocina. Derrita el resto de la mantequilla en otra sartén. Unte el molde con mantequilla.

Ponga un paño de cocina húmedo sobre la superficie de trabajo y desenrolle las hojas de filo sobre él.

2 Use el molde como guía para cortar la masa, dejando un borde de 7,5 cm en el contorno. Cubra con otra toalla húmeda.

3 Ponga una hoja de filo sobre una tercera toalla húmeda y pincélela con mantequilla; pásela al molde, presionándola por los lados. Haga lo mismo con otra hoja, y póngala en ángulo recto con la primera. Continúe hasta usar la mitad de la masa.

4 Ponga la mitad de las papas en el molde. Esparza encima la mitad del queso, la cebolla y las hierbas. Salpimiente. Repita con el resto de los ingredientes. Cubra el pastel con la masa restante, hoja por hoja, untadas de mantequilla. Deje en el centro un agujero de 7,5 cm de diámetro, para que se vea el relleno. Hornee 45-55 min, hasta dorar. Vierta la crema agria en el centro del pastel aún caliente y sirva en porciones.

PASTEL PICANTE DE FILO CON COL Y SALCHICHA

En su nativa Grecia, los pasteles de masa filo se hacen con una mezcla de hojas verdes amargas, pero cualquier verdura de hoja va bien si tiene un sabor algo amargo. Puede sustituir la col rizada por hojas verdes o espinacas.

Porciones 6

Preparación 35-40 min

Por anticipado este pastel se puede preparar hasta el punto de hornear, y refrigerar por 2 días, envuelto en plástico adherente, o congelarse por 8 semanas

Horneado 45-55 min

UTENSILIOS ESPECIALES

molde para tarta, desmontable, de 28 cm

INGREDIENTES

200 g de mantequilla sin sal

250 g de carne de salchicha

3 cebollas finamente picadas

1 paquete de 500 g de masa filo

750 g de col rizada (repollo crespo), lavada y rallada

½ cdta. de pimienta de Jamaica molida

sal marina

pimienta negra recién molida

2 huevos batidos

1 Caliente 30 g de mantequilla en una sartén, añada la carne de salchicha y cocine, revolviendo, hasta que se desmorone y dore. Pásela a un bol, con una cuchara ranurada para que escurra la grasa. Añada la cebolla a la sartén y cocine, revolviendo, hasta que ablande. Agregue la col, tape y cocine a fuego lento hasta que esta ablande. Retire la tapa y cocine por 5 min, revolviendo todo el tiempo hasta que se evapore la humedad.

2 Regrese la carne a la sartén, agregue la pimienta de Jamaica y revuelva con la mezcla de repollo. Sazone al gusto. Retire del fuego y deje enfriar. Añada los huevos.

3 Precaliente el horno a 350 °F (180 °C). Derrita la mantequilla restante en una sartén; use un poco para engrasar el molde.

4 Ponga un paño húmedo doblado sobre la superficie de trabajo y desenrolle las hojas de filo sobre él. Use el molde como guía para cortar las hojas de masa, dejando un borde de unos 7,5 cm en el contorno. Cubra la masa con otro paño húmedo doblado.

5 Ponga una hoja de masa filo sobre un tercer paño húmedo y pincélela con mantequilla. Pásela al molde, presionándola por los lados. Unte otra hoja de filo con mantequilla y póngala en ángulo recto con la primera. Repita el proceso hasta usar la mitad de la masa filo, alternando capas en ángulo recto.

6 Vierta en la base el relleno de col y carne de salchicha. Unte otra hoja de filo con mantequilla y cubra el relleno con ella. Cubra con las demás hojas de filo, pincelando cada una, incluida la de encima, con mantequilla derretida; doble la masa colgante sobre esta última y rocíe el resto de la mantequilla.

7 Hornee el pastel entre 45 y 55 min, hasta que dore. Deje enfriar un poco y córtelo en porciones. Sirva caliente o a temperatura ambiente.

EMPANADAS DE CORNUALLES

Aunque no es lo tradicional, me parece que un toque de salsa
inglesa le da un sabor más profundo al relleno.

1 Frote la manteca y la mantequilla con la harina hasta formar migas finas.

2 Agregue la sal y suficiente agua fría para hacer una masa suave.

3 Amase sobre una superficie enharinada. Envuelva en plástico adherente y refrigere.

4 Precaliente el horno a 375 °F (180 °C). Mezcle todos los ingredientes del relleno y sazone bien.

5 Sobre una superficie enharinada, estire la masa a un grosor de 5 mm.

6 Con un plato pequeño (16 cm), corte 4 círculos de masa. Una y estire los recortes.

7 Doble los círculos en dos y luego desdóblelos para marcar el centro.

8 Ponga una cuarta parte del relleno en cada círculo, dejando un borde de 2 cm alrededor.

9 Pincele el borde de la masa con un poco de huevo batido.

Para 4
Preparación 20 min
Enfriamiento 1 h
Horneado 40-45 min
Almacenar las empanadas se conservan por 2 días en el refrigerador

INGREDIENTES
100 g de manteca refrigerada y en cubos
50 g de mantequilla sin sal, refrigerada y en cubos
300 g de harina común, y algo extra para espolvorear
½ cdta. de sal
1 huevo batido, para glasear

Para el relleno
250 g de falda de res cortada en cubos de 1 cm
80 g de colinabo pelado y cortado en cubos de 5 mm
100 g de papas que no se deshagan al cocer, peladas, en cubos de 5 mm
1 cebolla grande, picada fina

1 toque de salsa inglesa
1 cdta. de harina común
sal marina
pimienta negra recién molida

10 Selle bien golpeando suavemente alrededor de los bordes con un cuchillo afilado.

11 Ondule con sus dedos los bordes sellados, para decorar la empanada.

12 Unte las empanadas terminadas con un poco de huevo batido.

13 Cocine entre 40 y 45 min en el centro del horno, hasta dorar. Retire las empanadas del horno y déjelas enfriar por al menos 15 min, antes de comerlas calientes o frías.

VARIACIONES DE LAS EMPANADAS

EMPANADAS DE POLLO

Estas empanadas de pollo, un almuerzo completo envuelto en masa, constituyen una alternativa más ligera a las empanadas tradicionales de carne; los niños las adoran.

Para 4
Preparación 30 min
Enfriamiento 20 min
Horneado 35 min
Almacenar se conservarán por 2 días en el refrigerador

INGREDIENTES

1 porción de masa para empanadas (p. 392, pasos 1-3)

1 huevo batido, para glasear

Para el relleno

115 g de queso crema

6 cebollas puerro (cebolla larga) rebanadas

2 cdas. de perejil picado

sal marina

pimienta negra recién molida

2-3 pechugas de pollo, unos 350 g, en trozos de 2 cm

150 g de papas en cubos de 1 cm

150 g de batatas en cubos de 1 cm

1 En un bol, mezcle el queso crema, la cebolla y el perejil, y salpimiente al gusto. Agregue el pollo, la papa y la batata.

2 Precaliente el horno a 400 °F (200 °C). Divida la masa en 4 porciones. Estire cada porción sobre una superficie enharinada y use un plato pequeño como guía para cortar un círculo de 20 cm. Ponga una cuarta parte del relleno en el centro de cada círculo. Pincele los bordes con agua, únalos para sellar y luego ondúlelos con los dedos para un terminado decorativo.

3 Disponga las empanadas en una bandeja de hornear, pincélelas con huevo batido y hágales una ranura encima. Hornee por 10 min; reduzca la temperatura a 350 °F (180 °C) y hornee entre 25 y 30 min más o hasta que al insertar en el centro un cuchillo delgado, salga limpio. Retire las empanadas del horno y sírvalas calientes o frías.

EMPANADAS

Estos bocaditos salados originarios de España y Portugal, cuyo nombre significa «envuelto en pan», son ideales para un buffet o un pícnic y también se pueden servir como entradas o como canapés.

Para 24
Preparación 45 min
Enfriamiento 30 min
Horneado 40-50 min
Almacenar se conservarán por 2 días en el refrigerador

UTENSILIOS ESPECIALES

cortador de masa, redondo, de 9 cm

INGREDIENTES

450 g de harina común, y algo para espolvorear

sal marina

85 g de mantequilla sin sal, en cubos

2 huevos batidos, y algo extra para glasear

Para el relleno

1 cda. de aceite de oliva, y algo para engrasar

1 cebolla finamente picada

120 g de tomates enlatados, escurridos

2 cdtas. de puré de tomate

140 g de atún enlatado, escurrido

2 cdas. de perejil finamente picado

pimienta negra recién molida

1 Para la masa, tamice la harina en un bol grande con 1/2 cdta. de sal. Añada la mantequilla y frote con los dedos hasta formar migas finas. Agregue los huevos batidos con 4-6 cucharadas de agua y mezcle para formar una masa. Envuelva en plástico adherente y refrigere por 30 min.

2 Mientras tanto, caliente el aceite en una sartén, agregue la cebolla y fría a fuego medio, revolviendo con frecuencia, entre 5 y 8 min o hasta que esté transparente. Añada los tomates, el puré de tomate, el atún y el perejil y salpimiente al gusto. Baje el fuego y cocine a fuego lento durante 10 o 12 min, revolviendo ocasionalmente. Deje enfriar por completo.

3 Precaliente el horno a 375 °F (190 °C). Estire la masa a un grosor de 3 mm. Recorte 24 círculos con el cortador. Ponga una cucharadita de relleno en el centro de cada uno y pincele los bordes con agua. Una los bordes y pellízquelos para sellar.

4 Ponga las empanadas en una bandeja de hornear engrasada y pincele con huevo. Hornee por 25 o 30 min, o hasta que estén doradas. Sírvalas calientes.

FORFAR BRIDIE

Estas sencillas empanadas saladas
son un plato clásico de Escocia.

Para 4
Preparación 15 min
Enfriamiento 1 h
Horneado 20-25 min
Almacenar se conservarán por
2 días en el refrigerador

INGREDIENTES

150 g de manteca refrigerada
 y en cubos

200 g de harina leudante, y algo
 extra para espolvorear

100 g de harina común

½ cdta. de sal

Para el relleno

300 g de falda o filete de res
 finamente picado

1 cebolla finamente picada

1 toque de salsa inglesa

sal marina

pimienta negra recién molida

1 huevo batido, para glasear

1 Para la masa, frote la manteca
con las harinas hasta formar
migas. Agregue la sal y suficiente
agua fría para hacer una masa
suave. Amase. Envuelva la masa
en plástico adherente y refrigere
por 1 hora. Precaliente el horno
a 400 °F (200 °C).

2 Mezcle la carne, la cebolla, la
salsa inglesa y los condimentos.
Reserve. Sobre una superficie
enharinada, estire la masa a un
grosor de 5 mm. Con un plato
pequeño, corte 4 círculos de
masa. Puede que tenga que volver
a estirar los recortes de masa
para hacerlos todos. Si la masa
se agrieta al estirarla, únala y
empiece otra vez; al estirarla de
nuevo, será más sólida. Doble los
círculos en dos, recorte los lados
para que tengan una forma más
rectangular y luego desdoble.

3 Ponga una cuarta parte del
relleno en el centro de cada
círculo de masa, dejando un
borde de 2 cm. Pincele los bordes
con huevo batido. Luego, doble
la masa sobre el relleno, una los
bordes y séllelos. Pincele las
bridies terminadas con huevo
batido y haga una ranura sobre
cada una para que escape el
vapor.

4 Cocine de 20 a 25 min en el
centro del horno, hasta dorar.
Retire las bridies del horno y
déjelas enfriar por al menos
10 min antes de comerlas.

CONSEJO DEL PASTELERO

Este tradicional pastel escocés es muy cercano
a la empanada de Cornualles, aunque vienen de
extremos opuestos de Gran Bretaña. En esta
receta se cocina un relleno sencillo de carne y
cebolla picada dentro de una masa quebradiza.
Como los ingredientes son pocos, es mejor usar
buena carne, como falda de res picada.

PANES CLÁSICOS Y ARTESANALES

PAN DE CAMPO ARTESANAL

La capacidad de absorción de la harina integral es variable
y usted puede necesitar más o menos harina y agua.

Para 2 panes
Preparación 35-40 min
Crecimiento y leudado 1¾-2¼ h
Horneado 40-45 min
Almacenar los panes se pueden
congelar por 8 semanas

INGREDIENTES

60 g de mantequilla sin sal, y algo
   extra para engrasar

3 cdas. de miel de abejas

3 cdtas. de levadura seca

1 cda. de sal

625 g de harina de fuerza integral
   para pan

125 g de harina de fuerza para pan
   blanco, y algo extra para
   espolvorear

1 Derrita la mantequilla. En un bol, mezcle
1 cucharada de miel y 4 de agua tibia.

2 Rocíe la levadura sobre la mezcla de miel.
Déjela disolver, revolviendo una sola vez.

3 Mezcle la mantequilla, la levadura, la sal,
la miel restante y 400 ml de agua tibia.

4 Añada la mitad de la harina integral y toda
la harina blanca, y mezcle con las manos.

5 Añada la harina integral restante, por tandas
de 125 g, mezclando luego de cada adición.

6 La masa debe quedar suave y algo pegajosa,
pero despegada de los lados del bol.

7 Pase la masa a una superficie enharinada, y espolvoréela con la harina blanca.

8 Amásela por 10 min, hasta que esté muy blanda y elástica, y forme una bola.

9 Unte un bol con mantequilla, ponga en él la masa y dele vuelta para engrasarla un poco.

10 Cubra con un paño húmedo. Deje en un lugar cálido por 1-1½ horas, hasta que crezca.

11 Engrase una bandeja. Sobre una superficie enharinada, sáquele el aire a la masa.

12 Cubra y deje reposar por 5 min. Corte en 3 piezas iguales, luego corte una pieza en dos.

13 Cubra con un paño una porción grande y una pequeña de masa, y dé forma al resto.

14 Haga una bola con una pieza grande. Presione los lados, voltee y apriete la bola.

15 Ponga la bola de masa, con el revés hacia abajo, en la bandeja de hornear.

continúa ▶

16 Haga una bola con una pieza pequeña y póngala sobre la otra, con el revés para abajo.

17 Introduzca su dedo índice en el centro de las bolas hasta tocar la bandeja de hornear.

18 Repita con las otras 2 bolas, para dar forma al segundo pan.

19 Cubra ambos panes con paños. Déjelos en un lugar cálido por 45 min, hasta que crezcan.

20 Precaliente el horno a 375 °F (190 °C). Hornee de 40 a 45 min hasta que doren bien.

21 Los panes deben sonar hueco al golpearlos en la base. Déjelos enfriar sobre una rejilla.

Pan de campo artesanal ▶

VARIACIONES DE BARRA DE PAN CLÁSICA

CONSEJO DEL PASTELERO

Aunque es tentador probar el pan tan pronto como sale del horno, déjelo enfriar por al menos 30 min antes de cortarlo. Esto mejorará en gran medida el sabor y la textura del pan terminado.

PAN BLANCO

El dominio de la barra clásica de pan blanco debería ser un rito de iniciación para todos los panaderos aficionados. Nada mejor que el pan blanco crujiente, recién horneado.

Para 1 pan
Preparación 20 min
Crecimiento y leudado 2-3 h
Horneado 40-45 min
Almacenar es delicioso el día en que se hace; puede guardarlo durante la noche en un recipiente hermético, envuelto en papel, o congelarlo por 4 semanas

INGREDIENTES

500 g de harina muy fuerte (muy rica en gluten) para pan blanco, y algo para espolvorear
1 cdta. de sal fina
2 cdtas. de levadura seca
1 cda. de aceite de girasol, y algo para engrasar

1 Ponga la harina y la sal en un bol. Aparte, disuelva la levadura seca en 300 ml de agua caliente. Una vez disuelta, añada el aceite. Haga un hueco en el centro de la harina. Vierta el líquido, revolviendo hasta formar una masa áspera. Homogeneice la masa con sus manos.

2 En una superficie enharinada, amase por 10 min y cuando la masa esté brillante, blanda y elástica, pásela a un bol aceitado. Cubra con plástico adherente y deje reposar en un lugar cálido por 2 horas, hasta que la masa doble su tamaño.

3 En una superficie enharinada, golpee la masa crecida, hasta que regrese a su tamaño original. Amase y dele la forma deseada; yo prefiero una forma alargada, rectangular y curva por encima. Ponga la masa sobre una bandeja de hornear, cubra con plástico adherente y con un paño de cocina, y déjela en un lugar cálido hasta que doble su tamaño. Esto puede tardar entre 30 min y 1 hora. El pan estará listo para hornear cuando esté firme, haya crecido bien, y al hundir un dedo en la masa, la huella desaparezca rápidamente.

4 Precaliente el horno a 425 °F (220 °C). Acomode una parrilla en el centro del horno y otra abajo, cerca del fondo. Hierva agua. Con un cuchillo, haga 2 o 3 cortes diagonales en la superficie de la barra de pan. Así el pan seguirá creciendo en el horno. Espolvoréele harina encima y métalo al horno, sobre la parrilla central. Ponga una lata de asar en la parrilla de abajo, vierta rápidamente en ella el agua hirviendo y cierre la puerta. El vapor que se forma contribuirá al crecimiento del pan.

5 Hornee el pan por 10 min, baje la temperatura a 375 °F (190 °C) y hornee por 30 o 35 min más, hasta que la masa esté dorada y la base del pan suene hueco al golpearla. Si dora muy rápido, reduzca la temperatura a 350 °F (180 °C). Retire el pan del horno y déjelo enfriar sobre una rejilla.

PAN DE NUECES Y ROMERO

Perfecta combinación de sabores; la textura de las nueces es maravillosa.

Para 2 panes
Preparación 20 min
Leudado 2 h
Horneado 30-40 min
Almacenar se conservarán por 1 día, envueltos en papel, o congelados por 12 semanas

INGREDIENTES

3 cdtas. de levadura seca

1 cdta. de azúcar granulada

3 cdas. de aceite de oliva, más 2 cdtas. adicionales para aceitar y glasear

450 g de harina de fuerza para pan blanco, y algo extra para espolvorear

1 cdta. de sal

175 g de nueces picadas

3 cdas. de hojas de romero finamente picadas

1 Mezcle la levadura y el azúcar en un bol, y agregue 100 ml de agua tibia. Deje entre 10 y 15 min o hasta que la mezcla esté cremosa. Engrase un bol grande.

2 Ponga la harina en un bol con una pizca de sal y el aceite de oliva; añada la mezcla de levadura y 200 ml de agua tibia. Integre para formar una masa. Amase por 15 min sobre una superficie enharinada. Incorpore las nueces y el romero, pase la masa al bol engrasado y cúbrala con un paño de cocina. Déjela en un lugar cálido por 1¹/₂ horas, hasta que doble su tamaño.

3 Golpee la masa para sacarle el aire y amase otro poco. Divídala en dos y forme un pan redondo de 15 cm con cada mitad. Cubra con un paño de cocina y deje crecer por 30 min. Precaliente el horno a 450 °F (230 °C) y engrase una bandeja de hornear.

4 Cuando la masa doble su tamaño, úntela con aceite y póngala en la bandeja. Hornee en la parrilla central por 30 o 40 min, hasta que los panes suenen hueco al golpear sus bases. Deje enfriar en una rejilla.

PANE DI PATATE

Este pan de papa tiene una corteza suave y una miga húmeda. En esta receta, la masa se cubre con mantequilla y se hornea en un molde de anillo.

Para 1 pan

Preparación 50-55 min

Crecimiento y leudado 1½-2¼ h

Por anticipado la masa se puede hacer, amasar y dejar crecer en el refrigerador durante la noche; dele forma, espere a que esté a temperatura ambiente y hornee como se indica

Horneado 40-45 min

Almacenar este pan es delicioso recién salido del horno, pero se puede envolver en papel y conservar por 2-3 días, o congelarse por 8 semanas

UTENSILIOS ESPECIALES

molde de anillo de 1,75 litros, o molde redondo para tarta, de 25 cm; un molde individual de cerámica, de 250 ml

INGREDIENTES

250 g de papas, peladas y cortadas en 2 o 3 trozos

2½ cdtas. de levadura seca

125 g de mantequilla sin sal, y algo extra para engrasar

1 manojo de cebollín cortado con tijeras

2 cdas. de azúcar

2 cdtas. de sal

425 g de harina de fuerza para pan blanco, y algo extra para espolvorear

1 Lleve las papas al fuego en una olla con mucha agua fría. Hierva y cocine a fuego lento hasta que ablanden. Escurra y reserve 250 ml del líquido. Haga un puré con un machacador de papas. Deje enfriar.

2 En un bol pequeño, rocíe 4 cucharadas de agua tibia sobre la levadura y espere 5 min hasta que se disuelva, revolviendo una vez. Derrita la mitad de la mantequilla en una sartén. Ponga en un bol el líquido reservado, el puré, la levadura disuelta y la mantequilla derretida. Añada el cebollín, el azúcar y la sal, y mezcle bien.

3 Agregue la mitad de la harina y mezcle bien. Añada la harina restante, 60 gramos cada vez, mezclando bien luego de cada adición, hasta formar una masa suave que no se pegue a los lados del bol, si bien debe quedar ligeramente pegajosa. Amásela sobre una superficie enharinada por 5 o 7 min, hasta que esté suave y elástica.

4 Engrase un bol grande y limpio, y ponga la masa dentro de él. Dele vueltas para untar la masa con un poco de mantequilla. Cubra con un paño húmedo y déjelo en un lugar cálido durante 1-1½ horas, hasta que la masa doble su tamaño.

5 Engrase el molde de anillo o el de tarta. Si usa el de tarta, engrase por fuera el molde de cerámica y colóquelo boca abajo en el centro. Derrita la mantequilla restante y póngala en un plato. Pase la masa a una superficie ligeramente enharinada y golpéela un poco. Cúbrala y déjela reposar por 5 min. Enharine sus manos y pellizque unos 30 trozos de masa del tamaño de una nuez. Haga una bola con cada uno.

6 Ponga unas cuantas bolas en el plato de mantequilla derretida y deles vueltas con una cuchara hasta untarlas bien. Pase las bolas al molde preparado. Repita con la masa restante. Cubra el molde con un paño seco y deje que el pan crezca en un lugar cálido por 40 min, hasta que llene el molde.

7 Precaliente el horno a 375 °F (190 °C). Hornee el pan por 40 o 45 min hasta que dore y empiece a separarse del molde. Déjelo enfriar un poco sobre una rejilla y desmolde con cuidado. Separe con sus dedos las porciones del pan aún caliente.

CONSEJO DEL PASTELERO

Este es un clásico italiano y la receta originaria es de
Estados Unidos, donde se le conoce como «pan de
mono». Se acostumbra ponerlo en el centro de la
mesa para que los comensales separen las porciones
con sus dedos; ideal para reuniones familiares.

PANECILLOS ENROLLADOS

Puede darles la forma que prefiera, aunque las formas surtidas
se ven muy bien en una canasta.

Para 16 unidades
Preparación 45-55 min
Crecimiento y leudado 1½-2 h
Por anticipado congélelos en la etapa
de darles forma, luego regréselos a
temperatura ambiente, glasee y hornee
Horneado 15-18 min

INGREDIENTES

150 ml de leche

60 g de mantequilla sin sal en cubos,
  y algo extra para engrasar

2 cdas. de azúcar

3 cdtas. de levadura seca

2 huevos, más 1 yema, para glasear

2 cdtas. de sal

550 g de harina de fuerza para pan
  blanco, y algo extra para espolvorear

semillas de amapola, para rociar
  (opcional)

1 Hierva la leche. Ponga 4 cucharadas en un
bol pequeño y espere hasta que estén tibias.

2 Añada la mantequilla y el azúcar a la leche
de la olla para que se disuelvan. Deje tibiar.

3 Rocíe la levadura sobre las 4 cucharadas de
leche para que se disuelva. Revuelva una vez.

4 Bata los huevos en un bol. Añada la leche
endulzada, la sal y la levadura disuelta.

5 Agregue poco a poco la harina, hasta formar
una bola de masa suave y algo pegajosa.

6 Amase sobre una superficie enharinada por
5 min, hasta que la masa esté blanda y elástica.

7 Póngala en un bol aceitado. Cubra con plástico y deje crecer en un lugar cálido por 1-1½ horas.

8 Engrase dos bandejas de hornear. Golpee la masa sobre una superficie enharinada.

9 Divida la masa en dos y haga dos cilindros. Corte cada uno en 8 porciones iguales.

10 Para hacer las bolas, ruede la masa entre sus manos, en movimientos circulares.

11 Para un nudo, haga una cuerda, dele forma de 8 y doble los extremos dentro de los hoyos.

12 Para un caracol, haga una cuerda larga y enrolle en espiral. Pase el extremo hacia abajo.

13 Disponga los panes en las bandejas. Cubra con un paño y deje 30 min en un lugar cálido.

14 Precaliente el horno a 425 °F (220 °C). Bata la yema con 1 cucharada de agua.

15 Pincele los panes con el glaseado y rocíelos con semillas de amapola (si las usa). Hornee de 15 a 18 min hasta dorar. Sirva caliente.

VARIACIONES DE PANECILLOS

PANECILLOS DE ARÁNDANOS Y NUEZ PACANA CON ESPECIAS

Estos rollos dulces y aromáticos son una adaptación de una receta de pan blanco básico. Intente desarrollar su propia masa con diferentes combinaciones de frutas secas, nueces, semillas y especias.

Para 8 unidades
Preparación 20 min
Crecimiento y leudado 2-3 h
Horneado 20-25 min
Almacenar lo ideal es comerlos el mismo día, pero se pueden envolver bien en papel y guardar durante la noche en un recipiente hermético, o congelarlos hasta por 4 semanas

INGREDIENTES
500 g de harina muy fuerte para pan blanco, y algo extra para espolvorear
1 cdta. de sal fina
1 cdta. de mezcla de especias
2 cdas. de azúcar pulverizada
2 cdtas. de levadura seca
150 ml de leche entera
50 g de arándanos secos, picados
50 g de nueces pacanas picadas
1 cda. de aceite de girasol, y algo para engrasar
1 huevo batido, para glasear

1 Mezcle la harina, la sal, las especias y el azúcar en un bol grande. Disuelva la levadura en 150 ml de agua tibia y añádale la leche y el aceite. Vierta el líquido en la mezcla de harina y revuelva para formar una masa. Integre la masa con sus manos.

2 Amase por 10 min sobre una superficie enharinada, hasta que la masa esté lisa, brillante y elástica.

3 Estire la masa hasta que esté muy fina, esparza los arándanos y las nueces sobre ella y amase de 1 a 2 min más, hasta que los ingredientes estén bien incorporados. Póngala en un bol aceitado, cubra con plástico adherente y deje reposar en un lugar cálido por unas 2 horas, hasta que doble su tamaño.

4 En una superficie enharinada, golpee la masa suavemente. Amase un poco, divídala en 8 porciones de igual tamaño y haga una bola con cada una. Procure empujar dentro de la masa los trozos de frutas o nueces que sobresalgan, ya que se pueden quemar al hornear.

5 Disponga los panecillos en una bandeja de hornear grande, cúbralos con plástico adherente y un paño limpio y déjelos crecer durante 1 hora en un lugar cálido, hasta que doblen su tamaño. Precaliente el horno a 400 °F (200 °C). Con un cuchillo afilado, haga un corte suave en forma de cruz sobre cada uno. Esto permitirá que sigan creciendo en el horno. Pincélelos en la superficie con un poco de huevo batido y póngalos en la parrilla central del horno.

6 Hornee de 20 a 25 min hasta que los panecillos doren y suenen hueco al golpear sus bases. Retírelos del horno y déjelos enfriar en una rejilla.

PANECILLOS CON SEMILLAS DE AJONJOLÍ

Estos panecillos blandos son muy fáciles de hacer e ideales para un pícnic o un almuerzo para llevar, lo mismo que para hacer hamburguesas caseras en un asado de verano.

Para 8 unidades
Preparación 30 min
Crecimiento y leudado 1½ h
Horneado 20 min
Almacenar lo ideal es comerlos el mismo día, pero se pueden envolver bien en papel y guardar durante la noche en un recipiente hermético

INGREDIENTES
450 g de harina de fuerza para pan blanco, y algo extra para espolvorear
1 cdta. de sal
1 cdta. de levadura seca
1 cda. de aceite vegetal, aceite de girasol o aceite de oliva ligero, y algo extra para engrasar
1 huevo batido
4 cdas. de semillas de ajonjolí

1 Mezcle la harina y la sal en un bol y haga un hueco en el centro. Disuelva la levadura en 360 ml de agua caliente y luego añada el aceite. Vierta este líquido en el hueco y mezcle rápidamente. Espere 10 min.

2 Sobre una superficie enharinada, amase por 5 min o hasta suavizar la masa. Forme una bola, llevando los bordes hacia el centro, y pásela a un bol engrasado, con el lado liso hacia arriba. Cubra con plástico engrasado y deje en un lugar cálido por 1 hora o hasta que doble su tamaño.

3 Espolvoree harina sobre una bandeja de hornear. Pase la masa a una superficie enharinada, espolvoréela con un poco de harina y amásela un poco. Divídala en 8 trozos del mismo tamaño y haga bolas. Dispóngalas bien separadas en la bandeja y déjelas por 30 min o hasta que crezcan y estén mullidas.

4 Precaliente el horno a 400 °F (200 °C). Pincele los panecillos con huevo y rocíelos con semillas de sésamo. Hornee por 20 min o hasta que crezcan y estén dorados y redondos. Deje enfriar sobre una rejilla.

PANECILLOS INTEGRALES CON SEMILLAS DE HINOJO

Las semillas de hinojo y la pimienta negra molida hacen de estos unos panecillos ideales para sándwiches de jamón ahumado o para hamburguesas de chorizo o cerdo. Use especias enteras, como comino.

Para 6 unidades
Preparación 20 min
Crecimiento y leudado 2 h
Horneado 25-35 min
Almacenar lo ideal es comerlos el mismo día, pero se pueden envolver bien en papel y guardar durante la noche en un recipiente hermético, o congelarlos hasta por 12 semanas

INGREDIENTES

2 cdtas. de levadura seca

1 cdta. de azúcar demerara

450 g de harina integral común, y algo extra para espolvorear

1½ cdtas. de sal fina

2 cdtas. de semillas de hinojo

1 cdta. de granos de pimienta negra triturados

aceite de oliva, para engrasar

1 cdta. de semillas de ajonjolí (opcional)

1 Espolvoree la levadura en un bol pequeño, añada el azúcar y mezcle con 150 ml de agua. Deje por unos 15 min hasta que la mezcla esté cremosa y espumosa.

2 En un bol, combine la harina con una pizca de sal, añada la mezcla de levadura y agregue poco a poco unos 150 ml más de agua tibia. Mezcle hasta homogeneizar (si la masa está muy seca, puede usar un poco más de agua). Pase la masa a una tabla enharinada y amase por unos 10 o 15 min, hasta que esté blanda y elástica; incorpore las semillas de hinojo y la pimienta.

3 Ponga la masa en un bol engrasado con aceite de oliva, cúbrala con un paño de cocina y déjela en un lugar cálido durante 1½ horas, hasta que doble su tamaño.

4 Golpee la masa y amase por unos minutos más; luego divídala en 6 piezas y haga una bola con cada una. Disponga las bolas en una bandeja de hornear engrasada, cubra y deje reposar por unos 30 min. Precaliente el horno a 400 °F (200 °C).

5 Pincele los panecillos con un poco de agua, rocíelos con semillas de ajonjolí (si las utiliza) y hornee de 25 a 35 min, hasta que doren y suenen hueco al golpearlos en la base. Déjelos enfriar en la bandeja por unos minutos y páselos a una rejilla para que enfríen bien.

PÃO DE QUEIJO

Estos inusuales panecillos de queso, crujientes por fuera y gomosos por dentro, son populares en las ventas de comida callejera de Brasil.

Para 16 unidades

Preparación 10 min

Por anticipado se pueden congelar llegando al final del paso 3, pasándolos de la bandeja de hornear a bolsas de congelación; descongele por 30 min y hornee normalmente

Horneado 30 min

UTENSILIOS ESPECIALES

procesador de alimentos con cuchillas

INGREDIENTES

125 ml de leche

3-4 cdas. de aceite de girasol

1 cdta. de sal

250 g de tapioca (harina de yuca o mandioca), y algo extra para espolvorear

2 huevos batidos, y algo extra para glasear

125 g de queso parmesano rallado

1 En una olla pequeña, hierva la leche con el aceite de girasol, 125 ml de agua y la sal. Ponga la tapioca en un bol grande, agregue el líquido caliente y mezcle rápidamente. La masa queda bastante apelmazada y pegajosa. Deje enfriar.

2 Precaliente el horno a 375 °F (190 °C). Cuando la mezcla de tapioca haya enfriado, procésela con los huevos hasta eliminar todos los grumos y lograr una pasta espesa y suave. Añada el queso y procese todo hasta obtener una mezcla pegajosa y elástica.

3 En una superficie enharinada, amase la mezcla entre 2 y 3 min, hasta que esté blanda y flexible. Divídala en 16 partes iguales y haga una bola del tamaño de una pelota de golf con cada trozo. Disponga las bolas, separadas, sobre una bandeja de hornear forrada con papel de horno.

4 Pincele las bolas con un poco de huevo batido y cocine por 30 min en el centro del horno, hasta que hayan crecido y dorado bien. Retírelas del horno y déjelas enfriar por unos minutos antes de comerlas. Estos panecillos son deliciosos recién salidos del horno.

CONSEJO DEL PASTELERO

Estos panecillos de queso, clásicos del Brasil, se hacen con tapioca (también conocida como harina de yuca o de mandioca), y por tanto son libres de trigo. La tapioca forma grumos al mezclarla con el líquido, pero con la ayuda de un procesador de alimentos pronto se convierte en una masa suave.

PAN DE CENTENO CON SEMILLAS

Pan crujiente aromatizado con alcaravea. La harina blanca
se mezcla con centeno bajo en gluten para aligerarla.

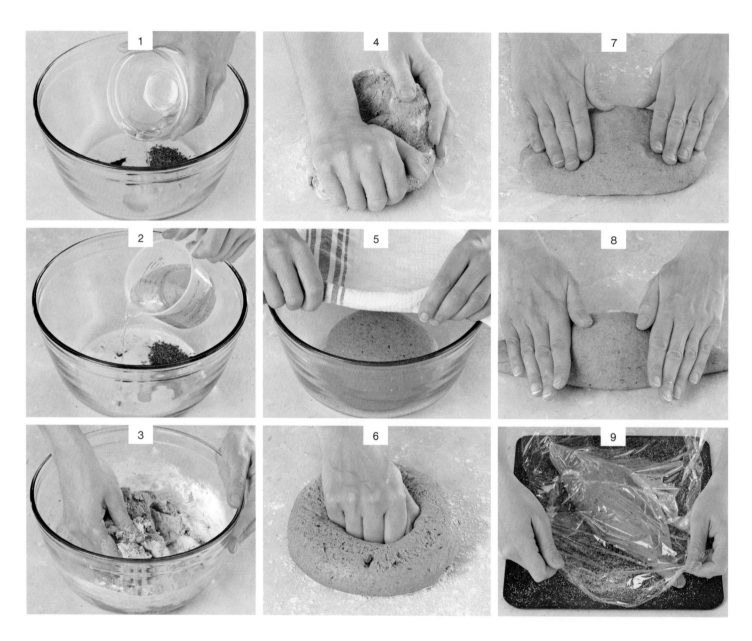

1 Ponga en un bol la levadura disuelta, la
melaza, ²/₃ de las semillas, la sal y el aceite.

2 Vierta la cerveza. Añada la harina de
centeno y mezcle todo bien con sus manos.

3 Agregue poco a poco la harina blanca para
formar una masa blanda y algo pegajosa.

4 Amase entre 8 y 10 min, hasta que la masa
esté suave y elástica. Pásela a un bol aceitado.

5 Cubra con un paño húmedo. Deje en un sitio
tibio por 1½-2 h, hasta que doble su tamaño.

6 Espolvoree polenta en una bandeja. Sobre
una superficie enharinada, golpee la masa.

7 Cubra y deje reposar por 5 min. Modele la
masa en un óvalo de unos 25 cm de largo.

8 Enróllela hacia adelante y hacia atrás,
presionando los extremos para adelgazarlos.

9 Pase a la bandeja. Cubra y deje en un sitio
cálido por 45 min hasta que doble su tamaño.

Para 1 pan
Preparación 35-40 min
Crecimiento y leudado 2¼-2¾ h
Horneado 50-55 min
Almacenar esta barra de pan se conservará por 2 días bien envuelta en papel, o congelada por 8 semanas

INGREDIENTES

2½ cdtas. de levadura seca, disuelta en 4 cdas. de agua tibia

1 cda. de melaza

1 cda. de semillas de alcaravea

2 cdtas. de sal

1 cda. de aceite vegetal, y algo extra para engrasar

250 ml de cerveza

250 g de harina de centeno

175 g de harina muy fuerte para pan blanco, y algo extra para espolvorear

polenta, para espolvorear

1 clara de huevo batida hasta formar espuma, para glasear

10 Precaliente el horno a 375 °F (190 °C). Pincele el pan con huevo batido para glasearlo.

11 Esparza las semillas de alcaravea restantes y presiónelas para hundirlas en la masa.

12 Con un cuchillo, haga sobre el pan 3 cortes diagonales de unos 5 mm de profundidad.

13 Hornee de 50 a 55 min, hasta dorar bien. El pan debe sonar hueco al golpearlo en la base. Páselo a una rejilla y déjelo enfriar completamente.

VARIACIONES DEL PAN DE CENTENO

Pruebe también...
PAN DE CENTENO CON NUECES
En una sartén, tueste en seco 75 g de nueces por 3 o 4 min. Frótelas con un paño limpio para eliminar el exceso de piel y píquelas; luego espárzalas sobre la masa estirada y muy delgada, en reemplazo de los albaricoques y las semillas de calabaza. Una vez la masa haya crecido, haga una bola, doblando los lados bajo el centro de la masa para obtener una forma compacta, dejando la unión en la base; esto se conoce como «boule». Luego de que crezca por segunda vez, hornee por 45 min.

PANECILLOS DE ALBARICOQUE Y SEMILLAS

La harina de centeno es muy densa y se aligera con harina blanca.

Para 8 unidades
Preparación 20 min
Crecimiento y leudado hasta 4 h
Horneado 30 min
Almacenar son deliciosos cuando se comen el mismo día, pero se pueden guardar bien envueltos durante la noche, o congelados por 4 semanas

INGREDIENTES

25 g de semillas de calabaza

2½ cdtas. de levadura seca

1 cda. de melaza

1 cda. de aceite de girasol, y algo extra para engrasar

250 g de harina de centeno

250 g de harina muy fuerte para pan blanco, y algo extra para espolvorear

1 cdta. de sal fina

50 g de albaricoques secos, picados

1 huevo, batido, para glasear

1 En una sartén, tueste en seco las semillas de calabaza de 2 a 3 min, cuidando que no se quemen. Disuelva la levadura seca en 300 ml de agua caliente. Añada la melaza y el aceite y bata hasta disolver la melaza. Ponga las harinas y la sal en un bol grande.

2 Vierta el líquido en la mezcla de harinas, revolviendo hasta formar una masa. Amase sobre una superficie enharinada por unos 10 min, hasta que la masa esté brillante, blanda y elástica.

3 Estire la masa hasta que esté muy delgada, esparza sobre ella las semillas y los albaricoques, y amase por 1 o 2 min más, hasta integrar los ingredientes. Pásela a un bol engrasado, cubra con plástico adherente y deje reposar en un lugar cálido por unas 2 h, hasta que crezca bien. La masa no duplicará su tamaño porque la harina de centeno es muy baja en gluten y crece lentamente.

4 En una superficie enharinada, golpee la masa para sacarle el aire. Amase un poco, divídala en 8 piezas y haga panecillos rechonchos y redondos. Procure hundir en la masa las frutas o semillas que sobresalgan, pues se pueden quemar al hornear.

5 Ponga los panecillos en una bandeja de hornear, cubra con plástico adherente y un paño de cocina, y déjelos en un lugar cálido para que crezcan. Puede tomar 2 horas. Estarán listos para hornear cuando se sientan compactos, hayan crecido y al presionar con un dedo, la huella desaparezca rápidamente.

6 Precaliente el horno a 375 °F (190 °C). Glasee con huevo batido y cocine por 30 min en el centro del horno, hasta que doren y suenen hueco al golpear la base. Retire del horno y deje enfriar.

GUIRNALDA DE PANECILLOS RELLENOS CON PESTO

Este pan con ligero sabor a centeno y rociado con fragante pesto hecho en casa es ideal para servir en un buffet o para un día de campo, pues se puede cortar en porciones individuales. ¡Además luce increíble!

Para 1 unidad
Preparación 35-40 min
Crecimiento y leudado 1³/₄-2¹/₄ h
Horneado 30-35 min

UTENSILIOS ESPECIALES
procesador de alimentos con cuchillas

INGREDIENTES
2¹/₂ cdtas. de levadura seca
125 g de harina de centeno
300 g de harina muy fuerte para pan blanco, y algo extra para espolvorear
2 cdtas. de sal
3 cdas. de aceite de oliva extra virgen, y algo extra para engrasar y glasear
hojas de un manojo grande de albahaca
3 dientes de ajo pelados
30 g de piñones picados
60 g de queso parmesano recién rallado
pimienta negra recién molida

1 En un bol pequeño, rocíe la levadura sobre 4 cucharadas de agua tomadas de 300 ml de agua tibia. Espere 5 min hasta que disuelva. Revuelva una vez. Ponga el centeno y la harina blanca en un bol, junto con la sal, y haga un hueco en el centro. Agregue el agua restante a la levadura disuelta, viértala en el hueco e incorpore la harina poco a poco. Mezcle bien hasta formar una masa suave y pegajosa.

2 Amase por 5 min sobre una superficie enharinada, hasta que la masa esté muy blanda y elástica. Haga una bola y llévela a un bol aceitado. Cubra con un paño húmedo y deje en un lugar cálido por 1-1¹/₂ horas, hasta que la masa doble su volumen.

3 Procese la albahaca con el ajo. Con el procesador en marcha, agregue poco a poco 3 cucharadas de aceite. Pase el pesto a un bol y añada los piñones, el queso parmesano y mucha pimienta negra.

4 Unte aceite en una bandeja de hornear. Sobre una superficie enharinada, golpee la masa para sacarle el aire. Cubra y deje reposar por unos 5 min. Estire la masa y forme un rectángulo de 40 x 30 cm. Esparza el pesto uniformemente sobre la masa, dejando un borde limpio de 1 cm. Empezando por un extremo largo, enrolle el rectángulo. Pellizque la unión a lo largo del rollo para sellarla, pero no selle los extremos.

5 Pase el rollo, con la costura hacia abajo, a la bandeja de hornear. Dele forma de anillo, superponiendo y sellando los extremos. Con un cuchillo afilado, haga una serie de cortes profundos alrededor del anillo, a una distancia de 5 cm uno de otro. Separe un poco las porciones y gírelas para que descansen planas sobre la bandeja. Cubra con un paño de cocina seco y deje leudar en un lugar cálido por unos 45 min, hasta que la masa doble su volumen.

6 Precaliente el horno a 425 °F (220 °C). Unte con aceite y hornee por 10 min. Baje el calor a 375 °F (190 °C) y hornee unos 20 min, hasta dorar. Enfríe un poco sobre una rejilla y sirva.

PAN MULTIGRANOS

Este nutritivo pan combina hojuelas de avena, salvado de trigo, polenta, harina integral y harina blanca de fuerza, con crocantes semillas de girasol.

Para 2 panes
Preparación 45-50 min
Crecimiento y leudado 2½-3 h
Horneado 40-45 min
Almacenar lo ideal es comerlo el día en que se hace, pero se conserva entre 2 y 3 días bien envuelto en papel, o congelado por 8 semanas

INGREDIENTES

75 g de semillas de girasol

425 ml de suero de mantequilla

2½ cdtas. de levadura seca

45 g de hojuelas de avena

45 g de salvado de trigo

75 g de polenta o harina de maíz amarillo, y algo extra para espolvorear

45 g de azúcar morena ligera

1 cda. de sal

250 g de harina integral de fuerza

250 g de harina de fuerza para pan blanco, y algo extra para espolvorear

mantequilla sin sal, para engrasar

1 clara de huevo batida, para glasear

1 Precaliente el horno a 350 °F (180 °C). Esparza las semillas en una bandeja de hornear y tuéstelas en el horno hasta dorarlas un poco. Déjelas enfriar y píquelas.

2 Vierta el suero de mantequilla en una olla y caliente hasta tibiar. Espolvoree la levadura en 4 cucharadas de agua tibia. Deje a un lado por 2 min, revuelva suavemente y espere 2 o 3 min hasta que disuelva.

3 En un bol grande, mezcle las semillas de girasol, las hojuelas de avena, el salvado de trigo, la polenta, el azúcar morena y la sal. Agregue la levadura disuelta y el suero de mantequilla e integre todo. Añada la harina integral con la mitad de la harina blanca de fuerza y mezcle bien.

4 Agregue el resto de la harina blanca, 60 g cada vez, mezclando bien luego de cada adición, hasta lograr una masa que no se pegue a los lados del bol y forme una bola. La masa debe estar suave y ligeramente pegajosa. Amásela de 8 a 10 min sobre una superficie enharinada, hasta que esté muy blanda, elástica y forme una bola.

5 Engrase un bol grande con mantequilla. Ponga la masa en el bol y dele vueltas para que quede ligeramente untada con mantequilla en la superficie. Cubra con un paño húmedo y deje en un lugar cálido por 1½-2 horas, hasta que doble su tamaño.

6 Rocíe polenta sobre dos bandejas de hornear. Pase la masa a una superficie enharinada y golpéela para sacarle el aire. Cubra y deje reposar por 5 min. Con un cuchillo afilado, corte la masa en dos y forme un óvalo delgado con cada mitad. Cubra con un paño de cocina seco y deje en un lugar cálido por 1 hora o hasta que la masa doble su tamaño otra vez.

7 Precaliente el horno a 375 °F (190 °C). Pincele las barras con clara de huevo y hornee de 40 a 45 min, hasta que sus bases suenen hueco al golpearlas. Páselas a una rejilla y déjelas enfriar por completo.

CONSEJO DEL PASTELERO

El suero de mantequilla es un gran ingrediente para
los panaderos. Trate de añadirlo a las recetas que
requieran leche. Su leve acidez da un ligero toque
agrio, mientras sus ingredientes activos suavizan la
textura de muchos productos horneados.

PAN ANADAMA DE MAÍZ

Este pan oscuro hecho de maíz dulce es originario de Nueva Inglaterra.
Dulce y salado al mismo tiempo, se conserva muy bien.

Para 1 pan
Preparación 25 min
Crecimiento y leudado 4 h
Horneado 45-50 min
Almacenar se conservará por 5 días bien envuelto en papel y dentro de un recipiente hermético, o congelado por 8 semanas

INGREDIENTES

125 ml de leche

75 g de polenta o harina fina de maíz amarillo

50 g de mantequilla sin sal, ablandada

100 g de melaza

2 cdtas. de levadura seca

450 g de harina común, y algo extra para espolvorear

1 cdta. de sal

aceite vegetal, para engrasar

1 huevo batido, para glasear

1 En una olla pequeña, caliente la leche y 125 ml de agua. Cuando hierva, añada la harina de maíz y cocine por 1 o 2 min, hasta que espese. Retire del fuego. Añada la mantequilla y revuelva hasta mezclar bien. Incorpore la melaza y deje enfriar.

2 Disuelva la levadura en 100 ml de agua caliente y mezcle bien. Ponga la harina y la sal en un bol y haga un hueco en el centro. Incorpore poco a poco la mezcla de harina de maíz y agregue la mezcla de levadura para formar una masa suave y pegajosa.

3 Amase por unos 10 min sobre una superficie enharinada, hasta que la masa esté suave y elástica. Si bien seguirá siendo bastante pegajosa, no se adherirá a sus manos. Si está demasiado húmeda, amase con algo más de harina. Pásela a un bol ligeramente aceitado, cubra con plástico adherente y deje reposar en un lugar cálido por 2 horas. La masa no duplicará su tamaño, pero al crecer debe estar muy suave y flexible.

4 Ponga la masa sobre una superficie enharinada y golpéela para extraer el aire. Amase un poco y dele la forma de un óvalo aplanado. Doble los lados por debajo del centro de la masa para lograr una forma uniforme y compacta. Ponga la masa sobre una bandeja de hornear grande y cubra con plástico adherente y un paño de cocina limpio. Déjela crecer por unas 2 horas en un lugar cálido. Estará lista para hornear cuando haya compactado y crecido bien, y al presionarla con un dedo, la huella desaparezca rápidamente.

5 Precaliente el horno a 350 °F (180 °C). Ubique una parrilla en el centro del horno y otra debajo, cerca del fondo. Hierva agua en una olla. Pincele el pan con un poco de huevo batido y hágale 2 o 3 cortes en la superficie con un cuchillo afilado. Si desea, espolvoréelo encima con un poco de harina y póngalo dentro del horno, en la parrilla central. Coloque una lata de asar sobre la parrilla del fondo, rápidamente vierta en ella el agua hirviendo y cierre la puerta.

6 Hornee entre 45 y 50 min hasta que la corteza esté bien oscura y el fondo suene hueco al golpearlo. Retire del horno y deje enfriar sobre una rejilla.

CONSEJO DEL PASTELERO

Los cortes permiten que el pan siga creciendo
dentro del horno, lo mismo que el vapor de la
olla de agua hirviendo, el cual también ayuda
a que se forme una buena corteza. El anadama
sabe delicioso con queso emmental o gruyère,
o solo con mantequilla, un buen jamón y algo
de mostaza.

FOCACCIA DE ROMERO

La masa se puede dejar crecer en el refrigerador durante la noche. Regrese a temperatura ambiente para hornear.

Porciones 6-8
Preparación 30-35 min
Crecimiento y leudado $1\frac{1}{2}$-$2\frac{1}{4}$ h
Horneado 15-20 min

UTENSILIOS ESPECIALES

molde de brazo de reina, 38 x 23 cm

INGREDIENTES

1 cda. de levadura seca

425 g de harina de fuerza para pan blanco, y algo para espolvorear

2 cdtas. de sal

hojas de 5-7 ramitas de romero, $\frac{2}{3}$ de ellas finamente picadas

90 ml de aceite de oliva, y algo extra para engrasar

$\frac{1}{4}$ cdta. de pimienta negra recién molida

escamas de sal marina

1 Espolvoree la levadura en 4 cucharadas de agua tibia. Espere 5 min, revolviendo una vez.

2 En un bol grande, mezcle la harina con la sal y haga un hueco en el centro.

3 Agregue el romero, 4 cucharadas de aceite, la levadura, la pimienta y 240 ml de agua tibia.

4 Añada lentamente la harina y mezcle con los demás ingredientes formando una masa suave.

5 La masa debe estar blanda y pegajosa, así que no intente añadir más harina.

6 Espolvoree harina sobre la masa y amase por 5 o 7 min sobre una superficie enharinada.

7 Cuando está lista, la masa es muy blanda y elástica. Pásela a un bol aceitado.

8 Cubra con un paño húmedo. Deje en un lugar cálido por 1-1½ horas hasta que doble el tamaño.

9 Sobre una superficie enharinada, golpee la masa para sacarle el aire.

10 Cubra con un paño seco y deje reposar por 5 min. Pincele el molde con aceite.

11 Pase la masa al molde y aplánela con sus manos para que lo llene todo.

12 Cubra con un paño y deje reposar de 35 a 45 min en un lugar cálido, hasta que crezca.

13 Precaliente el horno a 400 °F (200 °C). Esparza sobre la masa el romero en hojas.

14 Use sus dedos para hacer hoyuelos profundos en toda la masa.

15 Vierta cucharadas de aceite sobre la masa y esparza encima las escamas de sal. Hornee en la parrilla alta por unos 15 min hasta que dore. Pase a una rejilla.

VARIACIONES DE LA FOCACCIA

FOCACCIA DE MORAS

Un toque dulce en un pan clásico, perfecto para un día de campo.

Porciones 6-8
Preparación 30-35 min
Crecimiento y leudado 1½-2¼ h
Por anticipado después de amasar, tras el paso 3, puede tapar la masa con plástico adherente y dejarla toda la noche en el refrigerador para que crezca
Horneado 15-20 min

UTENSILIOS ESPECIALES

molde para brazo de reina, de 38 x 23 cm

INGREDIENTES

1 cda. de levadura seca
425 g de harina de fuerza para pan blanco, y algo extra para espolvorear
1 cdta. de sal
3 cdas. de azúcar pulverizada
90 ml de aceite de oliva extra virgen, y algo más para engrasar
300 g de moras

1 Espolvoree la levadura en 4 cucharadas de agua tibia, en un bol. Espere 5 min hasta que disuelva, revolviendo una vez.

2 Mezcle la harina con la sal y 2 cucharadas de azúcar en un bol grande. Haga un hueco en el centro y añada la levadura disuelta, 4 cucharadas de aceite y 240 ml de agua tibia. Integre la harina para formar una masa suave, blanda y pegajosa; no agregue más harina para que seque.

3 Enharine sus manos y la masa. Amase de 5 a 7 min en una superficie enharinada, hasta que la masa esté suave y elástica. Pásela a un bol aceitado y cubra con un paño de cocina húmedo. Deje reposar en un lugar cálido durante 1-1½ h hasta que doble su volumen.

4 Unte el molde con abundante aceite de oliva. Golpee la masa y elimine el aire. Cubra con un paño de cocina seco y deje reposar por 5 min. Pásela al molde y aplánela con las manos para llenarlo todo. Esparza las moras sobre la masa, cubra y deje leudar en un lugar cálido entre 35 y 45 min, hasta que crezca.

5 Precaliente el horno a 400 °F (200 °C). Pincele la masa con el resto del aceite de oliva y rocíe encima el azúcar restante. Cocine de 15 a 20 min en la parte alta del horno, hasta dorar ligeramente. Enfríe un poco sobre una rejilla y sirva aún caliente.

FOUGASSE

La fougasse es el equivalente francés de la focaccia italiana, muy relacionada con la región de Provenza. El tradicional diseño de hoja se consigue con facilidad y luce precioso.

Para 3 panes
Preparación 30-35 min
Crecimiento y leudado 6 h
Horneado 15 min

INGREDIENTES

5 cdas. de aceite de oliva extra virgen, y algo extra para aceitar

1 cebolla finamente picada

2 lonjas de tocineta (panceta) finamente picadas

400 g de harina de fuerza para pan blanco, y algo extra para espolvorear

1½ cdtas. de levadura seca

1 cdta. de sal

escamas de sal marina, para esparcir

1 Caliente 1 cucharada de aceite en una sartén. Fría la cebolla y la tocineta hasta dorar. Retire de la sartén y reserve.

2 En un bol pequeño, rocíe 150 ml de agua caliente sobre la levadura. Déjela disolver, revolviendo una vez. Ponga 200 g de harina en un bol, haga un hueco en el centro, vierta en él la mezcla de levadura e integre poco a poco la harina para formar una masa. Cubra, deje crecer y luego reducirse de nuevo, por unas 4 horas.

3 Agregue e integre la harina restante, 150 ml de agua, la sal y el resto del aceite. Amase sobre una superficie enharinada hasta lograr una masa suave. Regrésela al bol y deje por 1 hora, hasta que doble el tamaño.

4 Recubra tres bandejas de hornear con papel de horno. Golpee la masa, añádale la cebolla y el tocino, y amase. Divídala en 3 bolas. Con el rodillo, aplane cada bola a un grosor de 2,5 cm, forme un círculo y páselo a una de las bandejas.

5 Para formar las hojas, con un cuchillo, haga dos cortes a cada círculo, del centro hacia arriba y hacia abajo, y tres cortes diagonales a cada lado. Corte bien a través de la masa, sin llegar a los bordes. Pincele aceite, espolvoree escamas de sal, y deje reposar por 1 hora o hasta doblar su tamaño.

6 Precaliente el horno a 450 °F (230 °C). Hornee por 15 min hasta dorar. Retire del horno y deje enfriar antes de servir.

CIABATTA

La ciabatta es un pan muy fácil de hacer; una buena ciabatta
es inflada y crujiente, con grandes bolsas de aire.

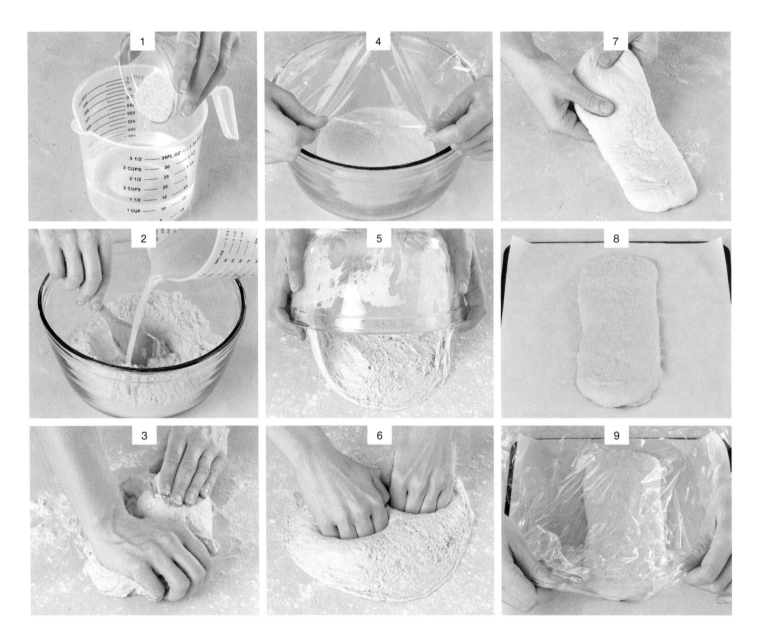

1 Disuelva la levadura en 350 ml de agua caliente; luego agregue el aceite.

2 Ponga la harina y la sal en un bol. Haga un hueco, vierta la levadura y forme una masa.

3 Amase sobre una superficie enharinada hasta que la masa esté blanda y algo resbalosa.

4 Ponga la masa en un bol ligeramente aceitado y cubra con plástico adherente.

5 Deje en un lugar cálido por 2 horas, hasta que crezca. Pase a una superficie enharinada.

6 Golpee suavemente la masa con sus puños, luego divídala en dos partes iguales.

7 Amáselas un poco y deles la tradicional forma de pantuflas, de unos 30 x 10 cm.

8 Coloque cada barra en una bandeja recubierta, con buen espacio para crecer.

9 Cubra con plástico adherente y un paño. Deje por 1 hora o más, hasta que doble su tamaño.

Para 2 panes

Preparación 30 min

Crecimiento y leudado 3 h

Horneado 30 min

Almacenar es mejor comerlos el mismo día, pero se pueden guardar durante la noche, envueltos en papel, o congelarse por 8 semanas

UTENSILIOS ESPECIALES

esprai para rociar agua

INGREDIENTES

2 cdtas. de levadura seca

2 cdas. de aceite de oliva, y algo extra para engrasar

450 g de harina de fuerza para pan blanco, y algo extra para espolvorear

1 cdta. de sal marina

10 Precaliente el horno a 450 °F (230 °C). Rocíe ligeramente los panes con agua.

11 Hornee por 30 min en la parrilla central, rociándoles agua cada 10 min.

12 Los panes estarán listos cuando la superficie esté dorada y la base suene hueco al golpearla.

13 Una vez horneados, pase los panes a una rejilla para que enfríen por al menos 30 min antes de cortarlos.

VARIACIONES DE LA CIABATTA

CIABATTA CROSTINI

No desperdicie la ciabatta del día anterior: hornéela en rebanadas para hacer crostini, que se conserva por días y se puede usar para canapés o crutones.

Para 25-30 unidades
Preparación 15 min
Horneado 10 min
Por anticipado horneados y sin cubrir se pueden guardar por 3 días en un recipiente hermético; cubra con los demás ingredientes a la hora de servir

INGREDIENTES

1 barra de pan ciabatta del día
  anterior (pp. 424-425)

aceite de oliva

Para cubrir

100 g de pesto de rúgula, o

100 g de pimentones rojos
  asados, rebanados y mezclados
  con albahaca picada, o

100 g de tapenade de aceituna
  negra con 100 g de queso
  de cabra

1 Precaliente el horno a 425 °F (220 °C). Corte la ciabatta en rebanadas de 1 cm. Pincele las superficies con aceite de oliva.

2 Hornee por 10 min en la parte alta del horno. Deles vuelta a los 5 min. Retírelas del horno y déjelas enfriar sobre una rejilla.

3 Cúbralas al momento de servir con cualquiera de los ingredientes sugeridos. Si les pone la cubierta de tapenade y queso de cabra, tuéstelas un poco antes de servir.

CIABATTA DE ACEITUNAS VERDES Y ROMERO

Las aceitunas verdes y el romero son una gran alternativa para este pan.

Para 2 panes
Preparación 40 min
Crecimiento y leudado 3 h
Horneado 30 min
Almacenar lo ideal es comerlas el mismo día; guárdelas durante la noche, envueltas, o congélelas por 8 semanas

INGREDIENTES

1 porción de masa de ciabatta (p. 424, pasos 1-3)
100 g de aceitunas verdes sin hueso, escurridas, picadas y secadas con papel de cocina
las hojas de 2 buenas ramitas de romero, picadas

1 Después de amasarla por 10 min, estire la masa sobre la superficie de trabajo hasta formar una capa fina. Esparza sobre ella las aceitunas y el romero, y una los lados para cubrir los ingredientes. Amase hasta integrar bien. Lleve a un bol aceitado, cubra con plástico adherente y deje en un lugar tibio por unas 2 horas, hasta que la masa doble su tamaño.

2 En una superficie enharinada, golpee la masa para sacarle el aire y divídala en dos partes iguales. Amase las partes y deles la tradicional forma de pantufla, cada una de 10 x 30 cm. Ponga cada barra en una bandeja de hornear recubierta, dejando espacio a su alrededor para que crezca. Cubra con plástico adherente y un paño, y deje por 1 hora hasta que doble su tamaño.

3 Precaliente el horno a 450 °F (230 °C). Rocíe ligeramente las barras con agua y cocine por 30 min en el centro del horno, hasta dorarlas; rocíe con agua cada 10 min. Las ciabattas estarán listas cuando su base suena hueco al golpearla. Déjelas enfriar por 30 min sobre una rejilla, antes de cortarlas.

CIABATTA DE ACEITUNAS Y PIMENTONES

Use aceitunas negras y pimentones (pimientos) peppadew para una deliciosa ciabatta salpicada de rojo y negro.

Para 2 panes
Preparación 40 min
Crecimiento y leudado 3 h
Horneado 30 min
Almacenar guárdelas durante la noche, envueltas, o congélelas por 8 semanas

INGREDIENTES

1 porción de masa para ciabatta (p. 424, pasos 1-3)
50 g de aceitunas negras sin hueso, escurridas, picadas y secadas con papel de cocina
50 g de pimentones (pimientos) rojos peppadew, escurridos, picados y secados con papel de cocina

1 Amase por 10 min. Estire la masa hasta formar una capa fina. Esparza encima las aceitunas y el pimentón, y una los lados para cubrir los ingredientes. Amase hasta integrar bien.

2 Ponga la masa en un bol aceitado, cubra con plástico adherente y deje en un lugar tibio por 2 horas, hasta que doble su tamaño.

3 En una superficie enharinada, golpee la masa para sacarle el aire y divídala en dos partes iguales. Amase las partes y deles la tradicional forma de pantufla, cada una de 10 x 30 cm. Ponga cada barra en una bandeja de hornear recubierta, dejando espacio para que crezca. Cubra con plástico adherente y un paño, y deje por 1 hora, hasta que doble su tamaño.

4 Precaliente el horno a 450 °F (230 °C). Rocíe las ciabattas con agua y cocine por 30 min en el centro del horno, hasta dorar; rocíe con agua cada 10 min. Estarán listas cuando su base suene hueco al golpearla. Deje enfriar por 30 min antes de cortar.

CONSEJO DEL PASTELERO

La masa debe estar húmeda y suelta al amasarla para que se formen las bolsas de aire en el pan terminado. Las masas húmedas son más fáciles de trabajar en una batidora con gancho amasador, pues son un poco pegajosas para manejarlas con las manos.

GRISSINI

Según dicta la tradición, los palitos deben ser tan largos
como el brazo del panadero. ¡Estos son más manejables!

1 Rocíe la levadura sobre 4 cucharadas de agua
caliente. Deje por 5 min, revolviendo una vez.

2 Ponga la harina, el azúcar y la sal en un bol.
Añada la levadura y 250 ml de agua tibia.

3 Agregue el aceite en el líquido y mezcle hasta
formar una masa suave y un poco pegajosa.

4 Sobre una superficie enharinada, amase
hasta que la masa esté elástica.

5 Cubra la masa con un paño de cocina
húmedo y déjela reposar por unos 5 min.

6 Enharine sus manos y una superficie de
trabajo. Forme un rectángulo con la masa.

7 Estírela y forme un rectángulo de 40 x 15 cm.
Cúbrala con un paño de cocina húmedo.

8 Déjela en un sitio tibio por 1-1½ horas
Doblará el tamaño. Precaliente el horno a
425 °F (220 °C).

9 Enharine tres bandejas de hornear. Unte
agua en la masa y rocíe semillas de ajonjolí.

Para 32 unidades
Preparación 40-45 min
Crecimiento 1-1½ h
Horneado 15-18 min
Almacenar los grissini se
conservarán por 2 días en
un recipiente hermético

INGREDIENTES

2½ cdtas. de levadura seca

425 g de harina de fuerza para
pan blanco, y algo extra
para espolvorear

1 cda. de azúcar pulverizada

2 cdtas. de sal

2 cdas. de aceite de oliva extra
virgen

45 g de semillas de ajonjolí

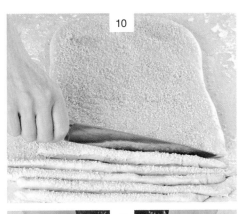

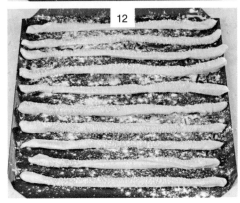

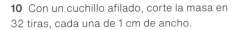

10 Con un cuchillo afilado, corte la masa en 32 tiras, cada una de 1 cm de ancho.

11 Alargue una tira a lo ancho de una de las bandejas de hornear y déjela sobre ella.

12 Repita con las demás tiras, dejando una distancia de 2 cm entre una y otra.

13 Hornee entre 15 y 18 min, hasta que los grissini estén dorados y crujientes. Páselos a una rejilla para que enfríen bien.

VARIACIONES DE LOS GRISSINI

PICOS ESPAÑOLES

Estos palitos españoles en miniatura están hechos con tiras de masa en forma de bucles. Son deliciosos como tapas.

Para 16
Preparación 40-45 min
Crecimiento 1-1½ h
Horneado 18-20 min
Almacenar se conservarán por 2 días en un recipiente hermético

INGREDIENTES

½ porción de masa de grissini (p. 428, pasos 1-6)
1½ cdas. de sal marina

1 Estire la masa y forme un rectángulo de 20 x 15 cm. Cubra con un paño húmedo y deje crecer en un lugar cálido por 1-1½ horas hasta que doble su tamaño.

2 Precaliente el horno a 425 °F (220 °C). Enharine dos bandejas de hornear. Corte la masa en 16 tiras, luego corte cada una en dos. Tome la mitad de una tira, haga un bucle y gire los extremos para hacer un nudo sencillo. Ponga el bucle sobre una de las bandejas y repita con las tiras restantes.

3 Unte ligeramente los bucles con agua y espolvoree sal marina encima. Hornee entre 18 y 20 min, hasta que doren y estén crujientes. Deje enfriar sobre una rejilla.

GRISSINI CON QUESO

La páprika ahumada les añade
un sabor intenso.

Para 32 unidades
Preparación 40-45 min
Crecimiento 1-1½ h
Horneado 10 min
Almacenar es ideal comerlos
recién hechos; se conservarán por
2 días en un recipiente hermético

INGREDIENTES

2½ cdtas. de levadura seca

425 g de harina de fuerza
para pan blanco, y algo
extra para espolvorear

1 cda. de azúcar pulverizada

2 cdtas. de sal

1½ cdta. de páprika ahumada

2 cdas. de aceite de oliva extra
virgen

50 g de queso parmesano rallado

1 Espolvoree la levadura sobre
4 cucharadas de agua tibia.
Espere 5 minutos hasta que
disuelva, revolviendo una vez.
Ponga la harina, el azúcar, la
sal y la páprika en un bol. Vierta
el aceite, la levadura disuelta
y 250 ml de agua tibia.

2 Mezcle la harina en una masa
suave y pegajosa. Enharine una
superficie y amase de 5 a 7 min
hasta que la masa ablande y
forme una bola. Cubra con un
paño húmedo y deje leudar por
5 min. Enharine sus manos y, en
una superficie enharinada, haga
un rectángulo con la masa.
Estírelo con el rodillo a 40 x
15 cm. Cubra con un paño y deje
reposar por 1-1½ horas hasta
que doble su tamaño.

3 Precaliente el horno a 425 °F
(220 °C) y enharine tres
bandejas de hornear. Unte la
masa con un poco de agua y
rocíela con el parmesano. Corte
la masa en 32 tiras de 1 cm de
ancho. Alargue una tira a lo
ancho de una de las bandejas y
déjela sobre ella. Repita con las
demás tiras, dejando una
distancia de 2 cm entre una y
otra. Hornee por 10 min, hasta
que doren y estén crujientes.
Pase a una rejilla para enfriar.

CANAPÉS ENVUELTOS EN JAMÓN DE PARMA

Moje estos canapés caseros en salsa verde
o en mayonesa con hierbas.

Para 32 unidades
Preparación 45 min
Crecimiento 1-1½ h
Horneado 15-18 min
Por anticipado los grissini se
pueden hacer un día antes
y almacenar, sin jamón, en
un recipiente hermético

INGREDIENTES

1 porción de masa para grissini
(p. 428, pasos 1-8)

3 cdas. de sal marina

12 tajadas de jamón de Parma

1 Precaliente el horno a 425 °F
(220 °C) y enharine tres bandejas
de hornear. Unte con agua la
masa estirada y espolvoree
encima cristales de sal marina.

2 Con un cuchillo afilado, corte
la masa en 32 tiras de 1 cm de
ancho. Alargue una tira a lo
ancho de la bandeja y déjela
sobre ella. Repita con las demás
tiras, poniéndolas a 2 cm de
distancia una de otra. Hornee

de 15 a 18 min, hasta que doren
y estén crujientes. Enfríe sobre
una rejilla.

3 Corte a lo largo cada tajada
de jamón, en 3 tiras. Envuelva
el extremo de cada grissini con
una tira de jamón justo antes de
servir como canapé.

CONSEJO DEL PASTELERO

Los grissini hechos en casa son
una buena adición para un menú
de fiesta. Puede agregarles
sabor y textura con aceitunas
picadas, páprika ahumada o su
queso favorito, entre otros
ingredientes; también los puede
servir solos, como un bocado
saludable para niños. Son
mejores recién horneados.

BAGELS

Hacer bagels es muy fácil. Pruebe a espolvorear semillas
de amapola o de ajonjolí después de untar con huevo.

Para 8-10 unidades
Preparación 40 min
Crecimiento y leudado 1½-3 h
Horneado 20-25 min
Almacenar deliciosos frescos; buenos
también tostados al día siguiente

INGREDIENTES

600 g de harina de fuerza para pan
blanco, y algo extra para espolvorear

2 cdtas. de sal fina

2 cdtas. de azúcar pulverizada

2 cdtas. de levadura seca

1 cda. de aceite de girasol, y algo extra
para engrasar

1 huevo batido, para glasear

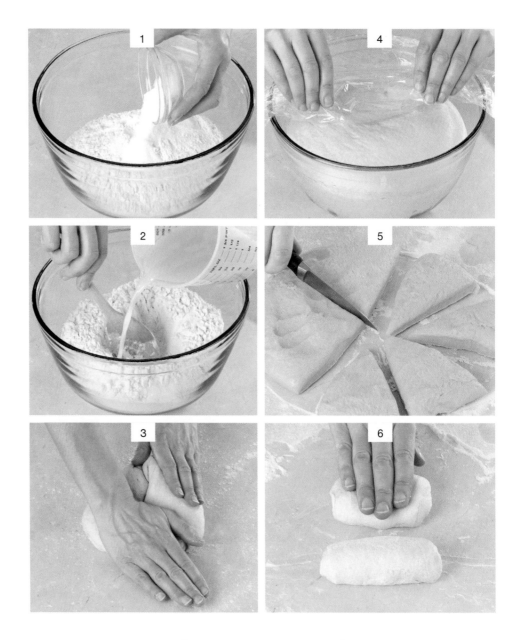

1 Ponga la harina, la sal y el azúcar en un bol.
Disuelva la levadura en 300 ml de agua tibia.

2 Añada el aceite y la levadura disuelta a la
mezcla de harina, y forme una masa suave.

3 Amase sobre una superficie enharinada por
10 min hasta ablandar. Pase a un bol aceitado.

4 Cubra con plástico adherente y deje en un
lugar cálido hasta que la masa doble el tamaño.

5 Sobre una superficie enharinada, presiónela
para devolverla a su tamaño. Corte en 8 o 10.

6 Tome cada trozo de masa, enróllelo con la
palma de la mano y forme un leño grueso.

7 Con ambas palmas, siga enrollando hacia los extremos, hasta obtener un leño de 25 cm.

8 Envuelva la masa alrededor de sus nudillos de modo que la unión quede bajo su palma.

9 Apriete y enrolle un poco para sellar la unión. En esta etapa, el hueco debe ser grande.

10 Dé forma a todos los bagels y póngalos en dos bandejas de hornear recubiertas.

11 Cubra con plástico adherente y un paño. Deje en un lugar cálido hasta que doblen el tamaño.

12 Precaliente el horno a 425 °F (220 °C) y ponga a hervir una olla grande con agua.

13 Escalfe los bagels durante 1 min por cada lado, en agua hirviendo a fuego lento.

14 Retírelos del agua con una espumadera. Séquelos con un paño de cocina limpio.

15 Devuélvalos a las bandejas de hornear y pincélelos con huevo batido. Cocine 20-25 min en el centro del horno, hasta dorar. Deje enfriar sobre una rejilla por 5 min, antes de servir.

VARIACIONES DE LOS BAGELS

BAGELS CON CANELA Y UVAS PASAS

Estos bagels dulces y aromáticos son deliciosos recién horneados. A los sobrantes se les puede retirar la corteza para hacer un budín de pan y mantequilla (ver p. 93).

Para 8-10 unidades
Preparación 40 min
Crecimiento y leudado 1½-3 h
Horneado 20-25 min
Almacenar son deliciosos el mismo día en que se hacen, aunque también son buenos tostados al día siguiente

INGREDIENTES

600 g de harina de fuerza para pan blanco, y algo extra para espolvorear
2 cdtas. de sal fina
2 cdtas. de azúcar pulverizada
2 cdtas. de canela molida
2 cdtas. de levadura seca
1 cda. de aceite de girasol, y algo para engrasar
50 g de uvas pasas
1 huevo batido, para glasear

1 Ponga la harina, la sal, el azúcar y la canela en un bol grande. Disuelva la levadura seca en 300 ml de agua tibia, mezclando un poco. Añada el aceite y vierta gradualmente la levadura en la mezcla de harina, hasta formar una masa. Amase sobre una superficie enharinada, hasta que la masa esté blanda y flexible.

2 Estire la masa, esparza las uvas pasas sobre ella y amase hasta mezclar bien. Pase a un bol aceitado, cubra con plástico adherente y deje en un lugar cálido de 1 a 2 horas, hasta que doble su tamaño.

3 En una superficie enharinada, presione la masa hasta regresarla a su tamaño original. Divídala en 8 o 10 trozos iguales. Enrolle cada trozo con la palma de su mano, para formar un leño grueso. Con ambas palmas, siga enrollando la masa hacia los extremos hasta lograr un leño de 25 cm.

4 Envuelva el leño alrededor de sus nudillos, de modo que los extremos se unan bajo su palma. Apriete y enrolle un poco para sellar la unión. En esta etapa, el hueco debe ser grande. Pase a dos bandejas de hornear recubiertas con papel de horno y cubra con plástico adherente y un paño. Deje en un lugar cálido por 1 hora, hasta que los bagels crezcan y doblen su tamaño.

5 Precaliente el horno a 425 °F (220 °C) y ponga a hervir una olla grande con agua. Escalfe los bagels durante 1 minuto por cada lado, en el agua hirviendo a fuego lento y por tandas de 3 o 4. Retírelos con una espumadera, séquelos con un paño de cocina y páselos a las bandejas de hornear. Pincélelos con el huevo batido. Cocine de 20 a 25 minutos en el centro del horno hasta dorar. Retire los bagels del horno y déjelos enfriar sobre una rejilla por al menos 5 minutos, antes de comer.

MINIBAGELS

Ideales para fiestas; sírvalos en mitades, cubiertos con queso crema, un rizo de salmón ahumado, jugo de limón y pimienta negra molida.

Para 16-20 unidades
Preparación 45 min
Crecimiento y leudado 1½-3 h
Horneado 15-20 min
Almacenar son deliciosos el mismo día en que se hacen, aunque también son buenos tostados al día siguiente

INGREDIENTES

1 masa para bagel (p. 432, pasos 1-4)

1 Cuando la masa haya crecido, póngala en una superficie enharinada y golpéela suavemente. Divídala en 16 a 20 trozos iguales, dependiendo del tamaño que quiera los bagels. Enrolle cada trozo con la palma de su mano y forme un leño grueso. Con ambas palmas, siga enrollando la masa hacia los extremos hasta lograr un leño de 15 cm de largo.

2 Envuelva el leño alrededor de los tres dedos del medio de su mano, de modo que los extremos se unan bajo su palma. Pellizque suavemente, luego enrolle para sellar la unión. En esta etapa, el hueco debe ser grande. Repita con todos los trozos de masa. Ponga los bagels en dos bandejas de hornear recubiertas con papel de horno y cubra con plástico adherente y un paño. Deje en un lugar cálido por 30 min hasta que crezcan bien.

3 Precaliente el horno a 425 °F (220 °C). Ponga a hervir agua en una olla grande y escalfe los bagels por 30 segundos de cada lado y en tandas de 6 a 8. Séquelos con un paño de cocina y pincélelos con el huevo batido. Hornee de 15 a 20 min hasta dorar. Retire del horno y deje enfriar sobre una rejilla por al menos 5 min, antes de comer.

CONSEJO DEL PASTELERO

El secreto para cocinar auténticos bagels está en escalfarlos, ya leudados, en agua hirviendo a fuego lento, antes de hornearlos. Esta inusual medida ayuda a darles su clásica textura gomosa y su corteza suave.

PRETZELS

Estos panes alemanes son divertidos de hacer; el método
de glaseado en dos etapas los hace únicos y auténticos.

Para 16 unidades
Preparación 50 min
Crecimiento y leudado 1½-2½ h
Horneado 20 min
Almacenar pueden congelarse por
8 semanas

INGREDIENTES

350 g de harina de fuerza para pan
  blanco, y algo para espolvorear

150 g de harina común

1 cdta. de sal

2 cdas. de azúcar pulverizada

2 cdtas. de levadura seca

1 cda. de aceite de girasol,
  y algo para engrasar

Para el glaseado

¼ cdta. de bicarbonato de sodio

sal marina gruesa o 2 cdas. de
  semillas de ajonjolí

1 huevo batido, para glasear

1 Ponga los dos tipos de harina, la sal y el
azúcar en un bol grande.

2 Espolvoree la levadura en 300 ml de agua
tibia. Revuelva, espere 5 min y añada el aceite.

3 Vierta el líquido poco a poco en la mezcla
de harina. Revuelva y forme una masa suave.

4 Amase por 10 min, hasta que la masa esté
blanda y flexible. Pásela a un bol aceitado.

5 Cubra con plástico adherente o un paño
húmedo. Deje en un sitio cálido de 1 a 2 horas,
hasta que doble el tamaño.

6 Ponga la masa sobre una superficie
enharinada, y golpéela suavemente.

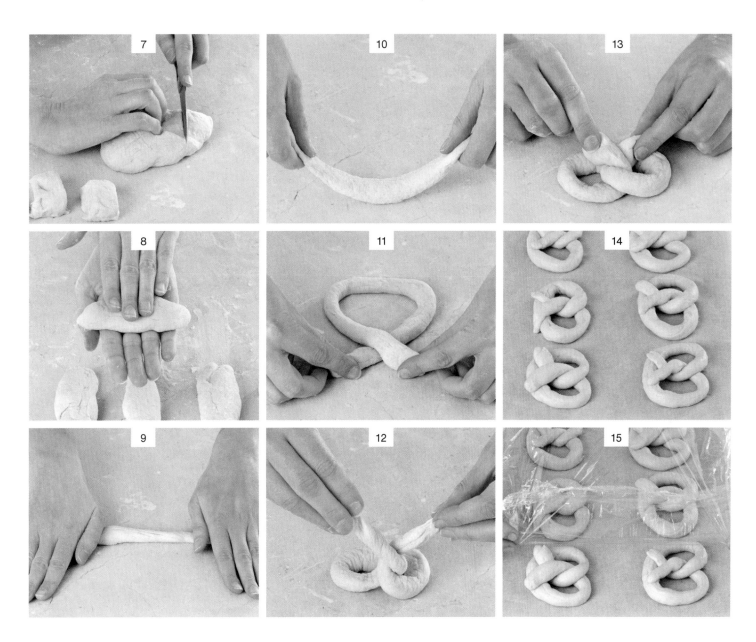

7 Con un cuchillo afilado, corte la masa con cuidado en 16 partes iguales.

8 Tome cada trozo de masa, enróllelo con la palma de su mano y dele forma de leño grueso.

9 Con las dos palmas, siga enrollando hacia los extremos, hasta alcanzar los 45 cm de largo.

10 Si es difícil de estirar, sostenga un extremo y dele vueltas como a una cuerda de saltar.

11 Tome los dos extremos de la masa y crúcelos uno sobre el otro, en forma de corazón.

12 Ahora gire los extremos uno alrededor del otro, como si estuvieran abrazados.

13 Asegure los extremos en los lados del pretzel, que se verá suelto en esta etapa.

14 Haga 16 pretzels y páselos a bandejas de hornear forradas con papel de horno.

15 Cúbralos con plástico adherente y un paño. Deje crecer en un lugar cálido por 30 min.

continúa ▶

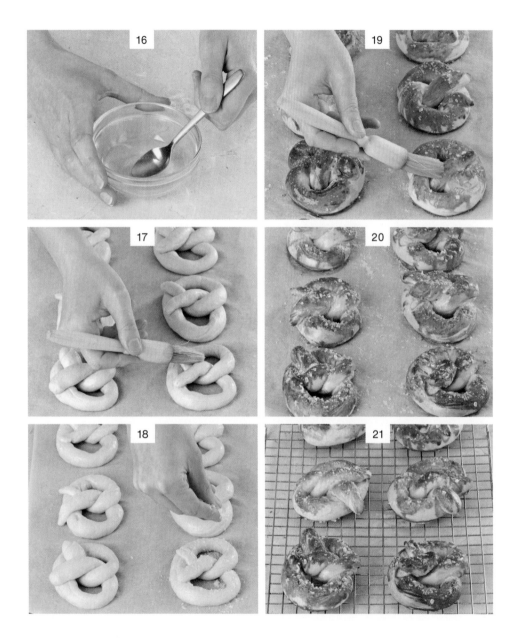

16 Precaliente el horno a 400 °F (200 °C). Mezcle el bicarbonato con 2 cdas. de agua hirviendo.

17 Pincele los pretzels con la mezcla. Esto les da un color oscuro y un exterior acaramelado.

18 Rocíe la sal marina o el ajonjolí encima de los pretzels. Hornee por 15 min.

19 Retire del horno y pincele con un poco de huevo batido. Hornee durante 5 min.

20 Retírelos del horno. Deben tener un color dorado oscuro y un acabado brillante.

21 Páselos a una rejilla para que enfríen por al menos 5 min antes de servir.

Pretzels ▶

VARIACIONES DE LOS PRETZELS

PRETZELS DULCES CON CANELA

Una deliciosa alternativa a los pretzels comunes. Aunque definitivamente son mejores recién salidos del horno, pruebe a tostar o recalentar al horno, a temperatura media, los pretzels sobrantes.

Para 16 unidades
Preparación 50 min
Crecimiento y leudado 1½-2½ h
Horneado 20 min
Almacenar se conservarán en un recipiente hermético durante una noche, o congelados por 8 semanas

INGREDIENTES
1 porción de pretzels sin hornear (pp. 436–437, pasos 1-15)

Para el glaseado
¼ cdta. de bicarbonato de sodio
1 huevo batido
25 g de mantequilla sin sal, derretida
50 g de azúcar pulverizada
2 cdtas. de canela molida

1 Precaliente el horno a 400 °F (200 °C). Disuelva el bicarbonato en 2 cucharadas de agua hirviendo y pincele por todos lados los pretzels leudados. Hornee por 15 min y retire del horno. Pincélelos con huevo y regréselos al horno por 5 min más, hasta que estén dorados y brillantes.

2 Retire los pretzels del horno y pincélelos uno a uno con mantequilla derretida. Mezcle el azúcar y la canela en un plato y hunda los pretzels en la mezcla, del lado untado con mantequilla. Deje enfriar sobre una rejilla por 5 min antes de servir.

PRETZELS CON SALCHICHA

Estos pretzels son fáciles de preparar y calman el hambre en una fiesta infantil. También resultan ideales para una celebración nocturna alrededor de una fogata.

Para 8 unidades
Preparación 30 min
Crecimiento y leudado 1½-2½ h
Horneado 15 min
Almacenar son mejores recién hechos, pero se pueden guardar una noche en el refrigerador, en un recipiente hermético, o congelados por 8 semanas

INGREDIENTES
150 g de harina de fuerza para pan blanco, y algo extra para espolvorear
100 g de harina común
½ cdta. de sal
1 cda. de azúcar pulverizada
1 cdta. de levadura seca
½ cda. de aceite de girasol, y algo para engrasar
8 salchichas
mostaza (opcional)

Para el glaseado
1 cda. de bicarbonato de sodio
sal marina gruesa

1 Ponga los dos tipos de harina, la sal y el azúcar en un bol. Espolvoree la levadura en 150 ml de agua tibia. Revuelva una vez y espere 5 min hasta que disuelva. Añada entonces el aceite.

2 Vierta el líquido en la mezcla de harina, revolviendo para formar una masa suave. Amase por 10 min en una superficie enharinada hasta que la masa esté lisa, suave y flexible. Pásela a un bol aceitado, cubra con plástico adherente y deje en un lugar cálido de 1 a 2 horas hasta que doble el tamaño.

3 Golpee la masa sobre una superficie enharinada. Divídala en 8 trozos. Enrolle cada trozo con la palma de su mano para formar un leño grueso. Use las dos palmas para enrollar hacia los extremos, hasta alcanzar los 45 cm de largo. Si la masa es difícil de estirar, sujétela por los extremos y gírela en un bucle, como una cuerda de saltar.

4 Tome cada salchicha y si le gusta la mostaza, úntele un poco. Empezando por la parte superior, envuelva la masa del pretzel alrededor de la salchicha, en un movimiento de torsión para que la salchicha quede bien envuelta en masa, dejando al descubierto los extremos. Pellizque la masa en los extremos superior e inferior para que no se desenvuelva.

5 Ponga los pretzels en bandejas de hornear recubiertas de papel de horno, cubra con plástico adherente aceitado y un paño de cocina, y deje en un lugar cálido por 30 min hasta que crezcan. Precaliente el horno a 400 °F (200 °C).

6 Disuelva el bicarbonato en una olla con 1 litro de agua hirviendo. Escalfe los pretzels con salchicha en el agua hirviendo, por 1 min y en lotes de 3. Retírelos con una espátula ranurada, séquelos sobre un paño y devuélvalos a la bandeja de hornear.

7 Rocíe sal marina y hornee por 15 min hasta que estén dorados y brillantes. Retírelos del horno y déjelos enfriar sobre una rejilla por 5 min, antes de servir.

CONSEJO DEL PASTELERO

Los pretzels obtienen su tradicional color caoba y su textura acaramelada al sumergirlos en bicarbonato de sodio antes de hornear. La masa puede resultar un poco difícil de manejar en casa, pero si glasea dos veces, primero con bicarbonato y luego con huevo batido, logrará el acabado perfecto.

MUFFINS INGLESES

Este pan tradicional inglés para el té se hizo popular en el siglo XVIII
y cruzó el Atlántico para enriquecer los desayunos estadounidenses.

Para 10 unidades
Preparación 25-30 min
Leudado 1½ h
Horneado 13-16 min

INGREDIENTES

1 cdta. de levadura seca

450 g de harina de fuerza para
 pan blanco,
 y algo extra para espolvorear

1 cdta. de sal

25 g de mantequilla sin sal,
 derretida, y algo extra
 para engrasar

aceite vegetal, para engrasar

25 g de sémola de arroz
 o arroz molido

1 Vierta 300 ml de agua tibia en un bol, rocíe encima la levadura, y deje disolver por 5 min, revolviendo una vez. Mezcle la harina y la sal en un bol grande. Haga un hueco en el centro y vierta la levadura y la mantequilla derretida. Incorpore la harina hasta formar una masa suave y flexible.

2 Amásela en una superficie enharinada por 5 min. Haga una bola y pásela a un bol grande engrasado. Cubra con plástico adherente aceitado y deje en un lugar cálido por 1 hora hasta que doble el tamaño.

3 Ponga un paño sobre una bandeja y esparza casi todo el arroz molido. Coloque la masa sobre una superficie enharinada, amase y divida en 10 bolas.

Ponga las bolas en el paño y presiónelas para formar círculos. Espolvoree el resto del arroz molido y cubra con otro paño. Deje leudar de 20 a 30 min hasta que crezcan.

4 Caliente una sartén con tapa y cocine los muffins por tandas, a fuego lento y tapados, entre 10 y 12 min o hasta que estén inflados y la parte de abajo esté dorada y tostada. Deles vuelta y cocine de 3 a 4 min o hasta que doren por debajo. Deje enfriar sobre una rejilla. Los muffins son buenos en mitades, tostados y untados con mantequilla y mermelada. Se usan también como base para los huevos benedictinos.

CONSEJO DEL PASTELERO

Sin duda, los muffins hechos en casa son mejores que los comprados, así que vale la pena hacer el esfuerzo de prepararlos. Haga la masa en la mañana para disfrutar de una tanda recién horneada con el té de la tarde, o déjela crecer durante la noche para hornear a la hora del desayuno.

HEFEZOPF

Este pan tradicional alemán es similar al brioche. Delicioso recién hecho, como todos los panes dulces leudados.

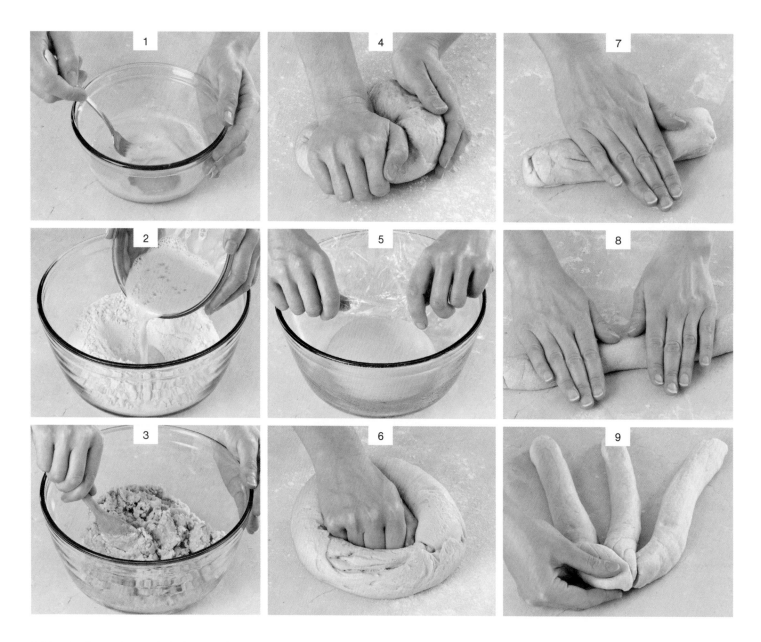

1 Disuelva la levadura en la leche tibia. Deje enfriar, añada el huevo y bata bien.

2 Ponga la harina, el azúcar y la sal en un bol. Haga un hueco y vierta la mezcla de leche.

3 Añada la mantequilla e incorpore la harina, revolviendo para formar una masa suave.

4 Sobre una superficie enharinada, amase por 10 min hasta que la masa esté blanda y flexible.

5 Déjela por 2–2½ horas en un bol aceitado, cubierto con plástico, hasta que doble el tamaño.

6 Golpee la masa sobre una superficie enharinada. Divídala en 3 partes iguales.

7 Tome cada trozo de masa y enróllelo con la palma de su mano para formar un leño grueso.

8 Con las dos palmas, siga enrollando hacia los extremos, hasta llegar a 15 cm de largo.

9 Una las 3 piezas por uno de sus extremos, apriete y doble la unión hacia abajo.

Para 1 pan
Preparación 20 min
Horneado 25-35 min
Crecimiento y leudado 4-4½ h
Almacenar se conservará en un recipiente hermético por 2 días, o congelado por 8 semanas

INGREDIENTES
2 cdtas. de levadura seca
125 ml de leche tibia
1 huevo grande
450 g de harina común, y algo extra para espolvorear

75 g de azúcar pulverizada
¼ cdta. de sal fina
75 g de mantequilla sin sal, derretida
aceite vegetal, para engrasar
1 huevo batido, para glasear

10 Haga una trenza de masa (suelta para que crezca). Una los extremos, apriete y doble.

11 Lleve a una bandeja recubierta con papel de horno. Cubra con plástico aceitado y un paño.

12 Deje en un lugar cálido por 2 horas; ahora no doblará su tamaño, pero crecerá al hornear.

13 Precaliente el horno a 375 °F (190 °C). Pincele con bastante huevo batido.

14 Hornee de 25 a 30 min, hasta dorar. Revise que las uniones de la trenza estén cocidas.

15 Si falta cocción, cubra con papel de aluminio y hornee 5 min más. Deje enfriar por 5 min. Sirva.

VARIACIONES DE LOS HEFEZOPF

CHALLAH

Este pan tradicional judío se hornea para el Sabbath y los días feriados.

Para 1 pan
Preparación 45-55 min
Leudado 1¾-2¼ h
Horneado 35-40 min
Almacenar ideal recién horneado; puede almacenarlo por 2 días envuelto en plástico adherente, o congelado por 8 semanas

INGREDIENTES

2½ cdtas. de levadura seca

4 cdas. de aceite vegetal, y algo para engrasar

4 cdas. de azúcar

2 huevos más 1 yema, para glasear

2 cdtas. de sal

550 g de harina de fuerza para pan blanco, y algo extra para espolvorear

1 cdta. de semillas de amapola (opcional)

1 Hierva 250 ml de agua. Vierta 4 cucharadas en un bol y deje enfriar. Cuando estén tibias, rocíe la levadura y espere 5 min, revolviendo una vez, hasta que disuelva. Añada el aceite y el azúcar al agua restante y caliente hasta que el azúcar disuelva. Deje enfriar un poco.

2 En un bol, bata los huevos justo hasta mezclarlos. Añada el agua azucarada tibia, la sal y la levadura disuelta. Agregue la mitad de la harina y mezcle bien. Continúe incorporando poco a poco la harina restante, hasta formar una bola de masa suave y algo pegajosa.

3 Amase sobre una superficie enharinada de 5 a 7 min, hasta que la masa esté muy blanda y elástica. Ponga la masa en un bol aceitado y dele vueltas. Cubra con un paño húmedo y deje en un lugar cálido entre 1 y 1½ horas hasta que doble el tamaño.

4 Aceite una bandeja de hornear. Ponga la masa en una superficie enharinada, golpéela y córtela en 4 partes. Rocíe harina sobre la superficie de trabajo y enrolle cada trozo de masa con sus manos hasta formar una cuerda de 63 cm.

5 Ponga las cuerdas una al lado de la otra. Empezando por su izquierda, levante la primera y crúcela sobre la segunda. Levante la tercera y crúcela sobre la cuarta. Ahora levante la cuarta y déjela entre la primera y segunda. Finalice el trenzado uniendo los extremos, pellizcándolos juntos y doblándolos por debajo del pan.

6 Pase el pan a la bandeja de hornear. Cubra con un paño seco y deje en lugar cálido por 45 min, hasta que doble su volumen. Precaliente el horno a 375 °F (190 °C). Para el glaseado, bata la yema de huevo con 1 cucharada de agua hasta que esté espumosa. Unte el pan con el glaseado y espolvoree encima semillas de amapola, si lo desea.

7 Hornee 35-40 min, hasta que el pan esté dorado y suene hueco al golpearlo en la base.

Pruebe también... HEFEZOPF DE SULTANA Y ALMENDRA

Al hacer la masa en el paso 5, añada 75 g de sultanas y rocíe 2 cucharadas de almendras trituradas.

HEFEZOPF DE PACANA, ESPECIAS Y PASAS

Las nueces y especias hacen aún más sabroso
este pan tostado.

Para 1 pan
Preparación 30 min
Crecimiento y leudado 4-4½ h
Horneado 25-35 min
Almacenar ideal comerlo el día
en que se hace, pero puede
almacenarlo por 2 días envuelto
en plástico adherente, o
congelado por 8 semanas

INGREDIENTES

3 leños de masa para hefezopf,
  de unos 30 cm de largo (p. 444,
  pasos 1-8)

50 g de uvas pasas

50 g de nueces pacanas, picadas

3 cdas. de azúcar morena clara

2 cdtas. de mezcla de especias

1 Estire, enrollando, los leños
de masa, a lo ancho, hasta que
tengan 30 x 8 cm cada uno.
Las medidas no tienen que ser
exactas, pero la forma de los
trozos de masa debe ser igual.

2 Mezcle las uvas pasas, las
pacanas, el azúcar y las
especias. Rocíe una tercera
parte de la mezcla sobre cada
trozo de masa y presione con
firmeza con las palmas de sus
manos. Enrolle cada trozo, a lo
largo, empujando los bordes
de la masa, sobre la marcha.
Debe obtener tres «cuerdas»
de masa de 30 cm, rellenas
con pasas y nueces.

3 Una las 3 cuerdas, pellizque
la unión y dóblela hacia abajo.
Haga una trenza de masa; debe
quedar suelta para que pueda
crecer. Una los extremos,
pellizque y doble hacia abajo.
Pase el pan a una bandeja de
hornear cubierta con papel
de horno, cubra con plástico
adherente aceitado y un paño,
y deje en un lugar cálido por
2 horas. La masa crecerá, pero
no doblará su tamaño. Precaliente
el horno a 375 °F (190 °C).

4 Pincele el pan con huevo,
asegurándose de que penetre
en las uniones de la trenza.
Hornee de 25 a 30 min, hasta
que dore y crezca bien. Si la
unión de la trenza no está cocida,
pero ha dorado bien, cubra con
papel de aluminio y hornee por
5 min más. Retire del horno,
deje enfriar sobre una rejilla por
al menos 15 min y sirva.

CONSEJO DEL PASTELERO

El hefezopf es un pan dulce con levadura,
tradicionalmente trenzado, que se hornea
para la Semana Santa en toda Alemania.
Su receta es parecida a la del brioche. Se
hornea solo o relleno con diversas frutas
secas y nueces. Experimente con esta
receta e inclúyala en su lista de favoritos.

PANE AL LATTE

Este suave y dulce pan italiano de leche es perfecto para los niños, aunque los adultos también lo disfrutarán el desayuno o con el té de la tarde.

Para 1 pan
Preparación 30 min
Crecimiento y leudado 2½-3 h
Horneado 20 min
Almacenar ideal recién horneado, aunque puede guardarlo envuelto durante la noche y tostar al día siguiente

INGREDIENTES

500 g de harina común, y algo para espolvorear

1 cdta. de sal

2 cdas. de azúcar pulverizada

2 cdtas. de levadura seca

200 ml de leche tibia

2 huevos y 1 huevo batido más, para glasear

50 g de mantequilla sin sal, derretida

aceite vegetal, para engrasar

1 Ponga la harina, la sal y el azúcar en un bol y mezcle bien. Disuelva la levadura en la leche, revolviendo. Deje enfriar el líquido, añada los huevos y bata bien.

2 Vierta poco a poco la mezcla de leche y la mantequilla en la mezcla de harina, y revuelva hasta formar una masa suave. Amase sobre una superficie enharinada durante 10 min, hasta que la masa esté blanda, brillante y elástica.

3 Ponga la masa en un bol aceitado, cubra con plástico adherente y deje crecer en un lugar cálido por 2 horas como máximo, para que duplique su tamaño. Pase la masa a una superficie enharinada y golpéela suavemente. Divídala en 5 trozos más o menos iguales. Lo ideal es que dos de los trozos sean un poco más grandes que los demás.

4 Amase un poco cada trozo y estire los tres más cortos a unos 20 cm de largo, en forma de leño alargado, y los dos más largos a

unos 25 cm de largo. Disponga los 3 leños cortos uno al lado del otro, en una bandeja de hornear recubierta con papel de horno. Ponga los dos más largos a los lados y deles vuelta alrededor de los tres del centro para formar un círculo. Pellizque la parte de arriba del círculo para unirla con los leños del centro, de manera que la masa no se separe.

5 Cubra con plástico adherente aceitado y un paño de cocina limpio, y deje en un lugar cálido entre 30 min y 1 hora, hasta que la masa casi doble el tamaño. Precaliente el horno a 375 °F (190 °C).

6 Pincele con huevo batido y hornee por 20 min hasta dorar. Retire el pan del horno y déjelo enfriar por al menos 10 min. Sirva.

CONSEJO DEL PASTELERO

Este pan italiano tiene un sabor dulce y una textura muy suave gracias a los huevos, la leche y el azúcar. Tuesta bien, aunque es delicioso aún caliente, con mucha mantequilla fría sin sal y mermelada de fresas. Muy popular entre los niños.

PAN DE MASA AGRIA

La verdadera masa agria usa levadura procesada naturalmente.
La levadura seca, aunque engañosa, es efectiva.

Para 2 panes
Preparación 45-50 min
Fermentación 4-6 días
Crecimiento y leudado 2-2½ h
Horneado 40-45 min
Almacenar estos panes se conservarán
por 2-3 días, envueltos en papel, o
congelados por 8 semanas

INGREDIENTES

Para el fermento o iniciador
1 cda. de levadura seca
250 g de harina para pan blanco

Para la esponja o masa madre
250 g de harina de fuerza para pan
  blanco, y algo para espolvorear

Para el pan
1½ cdtas. de levadura seca
375 g de harina de fuerza para pan
  blanco, y algo para espolvorear
1 cda. de sal
aceite vegetal, para engrasar
polenta, para espolvorear

1 Haga el fermento de 3 a 5 días antes.
Disuelva la levadura en 500 ml de agua tibia.

2 Agregue la harina y cubra. Deje fermentar
en un lugar cálido durante 24 horas.

3 Revise el fermento; debe estar espumoso
y tener un olor agrio inconfundible.

4 Revuelva, tape y fermente de 2 a 4 días
más, revolviendo cada día. Úselo o refrigérelo.

5 Para la esponja, mezcle en un bol 250 ml
del fermento con 250 ml de agua tibia.

6 Agregue la harina y mezcle vigorosamente.
Espolvoree encima 3 cucharadas de harina.

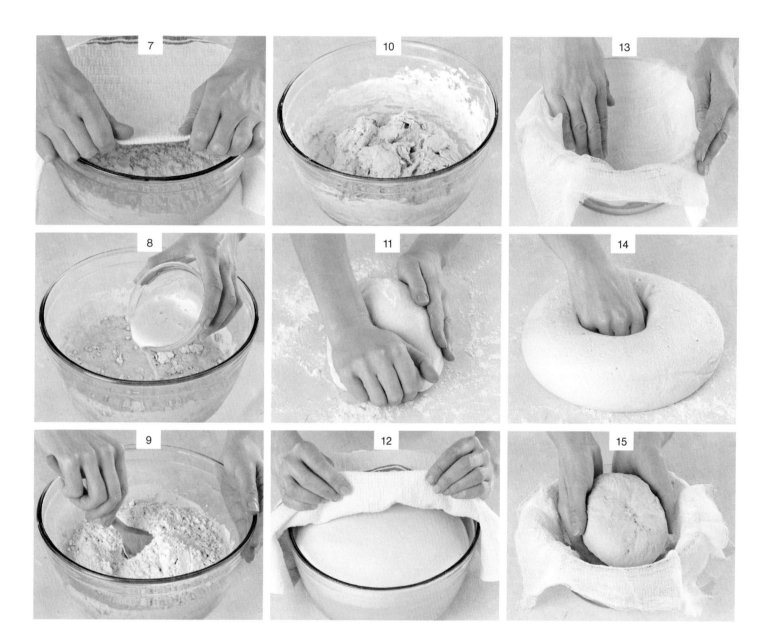

7 Cubra con un paño húmedo y deje fermentar durante toda la noche en un lugar cálido.

8 Para el pan, disuelva la levadura en 4 cdas. de agua tibia. Mézclela con la esponja.

9 Incorpore la mitad de la harina y la sal, y mezcle bien hasta combinar los ingredientes.

10 Añada gradualmente la harina restante. Mezcle hasta formar una bola suave y pegajosa.

11 Amase de 8 a 10 min hasta que la masa esté blanda y elástica. Lleve a un bol aceitado.

12 Cubra con un paño húmedo y deje en un sitio cálido 1-1½ horas hasta que doble el tamaño.

13 Recubra dos boles de 20 cm con trozos de tela y rocíe bastante harina encima.

14 Golpee la masa sobre una superficie enharinada, córtela en dos y forme 2 bolas.

15 Póngalas en los boles y cubra con paños. Déjelas leudar 1 hora, hasta que llenen los boles.

continúa ▶

16 Ponga una lata en el horno a 400 °F (200 °C). Rocíe polenta en dos bandejas de hornear.

17 Ponga los panes en las bandejas, con la unión de la tela hacia abajo. Retire la tela.

18 Con un cuchillo afilado, haga un corte en forma de cruz en la superficie de cada pan.

19 Lleve los panes al horno. Ponga cubos de hielo en la lata y hornee por 20 min.

20 Reduzca la temperatura a 375 °F (190 °C) y hornee de 20 a 25 min, hasta dorar bien.

21 Pase a una rejilla.

Pan de masa agria ▶

VARIACIONES DEL PAN DE MASA AGRIA

PANECILLOS DE MASA AGRIA

Son perfectos para un pícnic.

Para 12 panecillos
Preparación 45-50 min
Fermentación 4-6 días
Crecimiento y leudado 2-2½ h
Por anticipado se pueden congelar en la etapa de darle forma a la masa; luego se llevan a temperatura ambiente de nuevo, se espolvorean con harina y se hornean
Horneado 25-30 min
Almacenar se conservarán por 2-3 días, bien envueltos en papel, o congelados por 8 semanas

INGREDIENTES

1 porción de masa agria para pan, (pp. 450-451, pasos 1-12)

1 Espolvoree con polenta dos bandejas de hornear. Golpee la masa para sacarle el aire y córtela en dos. Estire una mitad, forme un cilindro de unos 5 cm de diámetro y córtelo en 6 porciones. Repita con la otra mitad de la masa.

2 Enharine una superficie de trabajo. Tome cada porción de masa en la palma de su mano y forme una bola blanda. Reparta las bolas de masa entre las bandejas, cubra y deje crecer en un lugar cálido por 30 min, hasta que doblen su tamaño.

3 Precaliente el horno a 400 °F (200 °C). Espolvoree harina sobre cada bola, y luego, con un cuchillo afilado, haga una cruz en el centro de cada una. Ponga a calentar una lata de asar en la base del horno y esparza sobre ella cubos de hielo. Lleve los panecillos en las bandejas al centro del horno y hornee de 25 a 30 min, hasta que doren y suenen hueco al golpearlos.

PAN DE MASA AGRIA CON FRUTAS Y NUECES

Las frutas y las nueces son una excelente adición para un pan ácido de masa agria. Cuando aprenda a mezclar frutas y nueces en la masa, intente sus combinaciones favoritas.

Para 2 panes
Preparación 45-50 min
Fermentación 4-6 días
Crecimiento y leudado 2-2½ h
Horneado 40-45 min
Almacenar se conservará por 2-3 días, envuelto en papel, o congelado por 8 semanas

INGREDIENTES

1 porción de esponja o masa madre con fermento, (p. 450-451, pasos 1-7)

Para la masa

2 cdtas. de levadura seca
275 g de harina de fuerza para pan blanco, y algo para espolvorear
100 g de harina de centeno
1 cda. de sal
50 g de uvas pasas
50 g de nueces picadas
aceite vegetal, para engrasar
polenta, para espolvorear

1 Disuelva la levadura en 4 cucharadas de agua tibia. Espere 5 min hasta que haga espuma y mezcle con la esponja. Combine las dos harinas y revuelva la mitad de la mezcla y la sal con la masa esponja. Añada la harina restante y mezcle hasta que la masa forme una bola suave y pegajosa.

2 Amase de 8 a 10 min en una superficie enharinada, hasta que la masa esté blanda y elástica. Estírela en un rectángulo, esparza las pasas y las nueces, y mezcle para incorporarlas.

3 Ponga la masa en un bol aceitado, cubra con un paño húmedo y deje leudar 1-1½ horas en un lugar cálido, hasta que doble su tamaño. Recubra dos boles de 20 cm con tela y rocíelos con harina. Golpee la masa sobre una superficie enharinada, córtela en dos y forme una bola con cada mitad. Ponga las mitades en los boles, cubra con paños secos y deje por 1 hora en un lugar cálido, hasta que la masa llene los boles.

4 Precaliente el horno a 400 °F (200 °C) y caliente una lata de asar en la parte baja. Espolvoree polenta sobre dos bandejas de hornear y ponga los panes sobre ellas, con el revés hacia abajo. Con un cuchillo afilado, marque una cruz sobre los panes.

5 Esparza cubos de hielo sobre la lata caliente y lleve los panes al horno por 20 min. Reduzca el calor a 375 °F (190 °C) y hornee de 20 a 25 min, hasta dorar. Deje enfriar sobre una rejilla.

PUGLIESE

Este pan clásico de las campiñas italianas toma el sabor del aceite de oliva. No se preocupe si la masa parece húmeda al principio, pues cuanto más suelta esté, más grandes serán las bolsas de aire en el pan terminado.

Para 1 pan
Preparación 30 min
Fermentación 12 h o toda la noche
Crecimiento y leudado hasta 4 h
Horneado 30-35 min
Almacenar se conservarán por 2-3 días, envueltos en papel, o congelados por 4 semanas

INGREDIENTES

Para la biga o masa madre

¼ cdta. de levadura seca
100 g de harina de fuerza para pan blanco
aceite de oliva, para engrasar

Para la masa

½ cdta. de levadura seca
1 cda. de aceite de oliva, y algo extra para engrasar
300 g de harina de fuerza para pan blanco, y algo extra para espolvorear
1 cdta. de sal

1 Para la biga, disuelva la levadura en 100 ml de agua tibia. Añádala a la harina y mezcle hasta formar una masa. Ponga la masa en un bol aceitado, cubra con plástico adherente y deje en un lugar fresco para que crezca por al menos 12 horas o durante la noche.

2 Para la masa, disuelva la levadura en 140 ml de agua tibia y añada el aceite. Ponga la biga, la harina y la sal en un bol. Añada el líquido. Revuelva hasta formar una masa. Amase sobre una superficie enharinada por 10 min, hasta que la masa esté blanda y elástica.

3 Ponga la masa en un bol aceitado, cubra con plástico adherente y deje crecer en un lugar cálido por 2 horas, hasta que doble su tamaño. Sobre una superficie enharinada, golpee la masa, amásela y dele la forma deseada; prefiero rectángulos redondeados.

4 Disponga la masa sobre una bandeja de hornear cubierta con plástico adherente aceitado y un paño, y deje en un lugar cálido por 2 horas, hasta que doble el tamaño. El pan estará listo para hornear cuando crezca, esté compacto y al hundir suavemente un dedo en la masa, esta vuelva rápidamente a su forma inicial. Precaliente el horno a 425 °F (220 °C).

5 Haga un corte central a lo largo del pan. Espolvoree con harina, rocíe con agua y hornee de 30 a 35 min, en la parrilla central. Para una corteza crujiente, rocíe con agua cada 10 min. Retire del horno y deje enfriar.

BAGUETTE

Al dominar esta receta básica, podrá preparar baguettes, ficelles o bâtards cuando lo desee.

Para 2 baguettes
Preparación 30 min
Fermentación 12 h o durante la noche
Crecimiento y leudado 3½ h
Horneado 15-30 min
Almacenar las baguettes pueden congelarse por 4 semanas

INGREDIENTES

Para la esponja o masa madre

⅛ cdta. de levadura seca

75 g de harina de fuerza para pan blanco

1 cda. de harina de centeno aceite vegetal, para engrasar

Para la masa

1 cdta. de levadura seca

300 g de harina de fuerza para pan blanco, y algo para espolvorear

½ cdta. de sal

1 Para la esponja, disuelva la levadura en 75 ml de agua tibia y agréguela a las harinas.

2 Forme una masa suelta y pegajosa. Póngala en un bol aceitado, con espacio para crecer.

3 Cubra con plástico adherente y deje crecer en un lugar fresco por unas 12 horas.

4 Para hacer la masa, disuelva la levadura en 150 ml de agua tibia, batiendo.

5 Ponga la esponja crecida, la harina y la sal en un bol grande, y vierta la levadura.

6 Mezcle todo con una cuchara de madera hasta formar una masa suave.

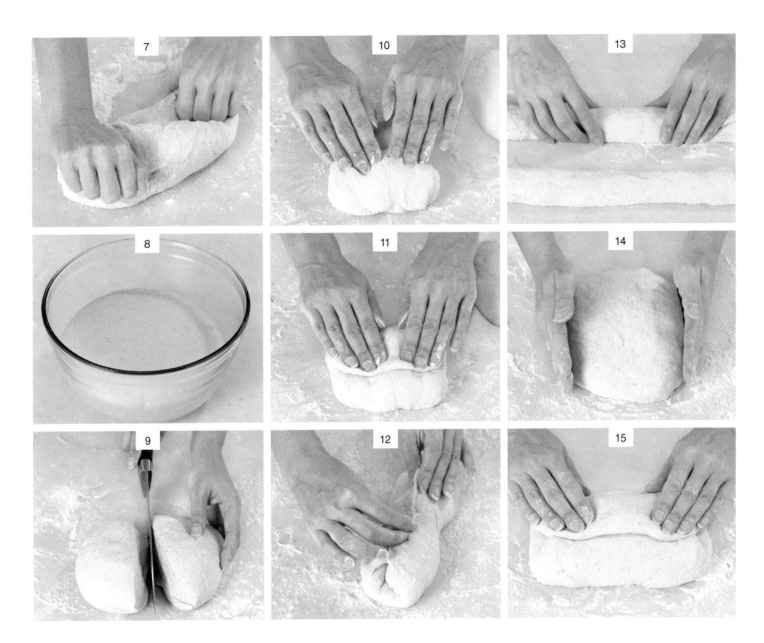

7 En una superficie enharinada, amase hasta lograr una masa blanda, brillante y elástica.

8 Ponga la masa en un bol aceitado, cubra con plástico y deje crecer 2 horas en un sitio cálido.

9 Sobre una superficie enharinada, golpéela y córtela en 2, para baguettes, o en 3 para ficelles.

10 Amase y forme un rectángulo con cada trozo. Doble un borde corto hacia el centro.

11 Presione con firmeza, doble el otro borde corto y presione firmemente una vez más.

12 Forme un rectángulo redondeado. Pellizque para sellar y póngalo con la unión hacia abajo.

13 Forme un leño largo y fino. Una baguette tiene 4 cm de ancho y una ficelle 3 cm.

14 Para un pan bâtard, amase brevemente toda la masa y haga un rectángulo.

15 Doble un borde largo hacia el centro, presione y haga lo mismo con el otro borde.

continúa ▶

16 Voltee para que la unión quede hacia abajo y moldee para estrechar los extremos.

17 Ponga los panes en bandejas de hornear y cubra con plástico aceitado y un paño limpio.

18 Déjelos al calor hasta que doblen el tamaño (1½ h). Precaliente el horno a 425 °F (220 °C).

19 Haga cortes diagonales profundos en toda la superficie, o en cruz para un pan bâtard.

20 Espolvoree un poco de harina, rocíe agua y lleve la bandeja al centro del horno.

21 Hornee por 15 min para ficelle, 20 min para baguette, 25-30 min para bâtard. Deje enfriar.

Baguette ▶

VARIACIONES DE LA BAGUETTE

PAIN D'ÉPI

Esta atractiva variación de la baguette se llama así por su parecido con las espigas de trigo, «épi» en francés. La forma de espiga no es tan difícil de lograr y resulta muy decorativa.

Para 3 panes
Preparación 40-45 min
Crecimiento y leudado 4-5 h
Horneado 25-30 min

INGREDIENTES

2½ cdtas. de levadura seca
500 g de harina de fuerza para pan blanco, y algo extra para espolvorear
2 cdtas. de sal
mantequilla sin sal, derretida, para engrasar

1 Espolvoree la levadura en 4 cucharadas de agua tibia. Espere 5 min a que disuelva, revolviendo una vez.

2 Ponga la harina con la sal en una superficie de trabajo. Haga un hueco en el centro y añada la levadura disuelta y 365 ml de agua tibia. Integre la harina hasta formar una masa suave y ligeramente pegajosa.

3 En una superficie enharinada, amase entre 5 y 7 min, hasta que la masa esté muy blanda y elástica. Pásela a un bol grande untado con mantequilla. Cubra con un paño húmedo y deje en un lugar cálido por 2-2½ horas, hasta que triplique su tamaño.

4 Golpee la masa sobre una superficie enharinada y regrésela al bol. Cubra y deje crecer en un lugar cálido por 1-1½ horas, hasta que doble su tamaño.

5 Enharine una tela de algodón. Golpee la masa sobre una superficie enharinada y córtela en 3 trozos iguales. Mientras da forma a uno de los trozos de masa, cubra los otros dos. Con las manos enharinadas, forme un rectángulo de 18 x 10 cm.

6 Iniciando por uno de los lados largos, enrolle el rectángulo y selle el rollo con los dedos. Estire el rollo hasta formar un leño de 35 cm de largo y póngalo enharinado sobre la tela. Repita todo el proceso con la masa restante, plegando la tela para separar los leños.

7 Cubra los leños con un paño seco y déjelos en un lugar cálido por 1 hora, hasta que doblen su tamaño. Precaliente el horno a 425 °F (220 °C). Caliente una lata de asar en la parte baja del horno. Enharine dos bandejas de hornear y ponga dos panes en una de ellas, separados por 15 cm, y el tercero en la otra.

8 Haga un corte en forma de V casi hasta el centro de uno de los panes, a 5 o 7 cm de uno de los extremos. Tire la punta de la V hacia la izquierda. Haga un segundo corte a 5 o 7 cm del primero, tirando la punta hacia la derecha. Continúe así, para darle a cada pan la forma de espiga. Esparza cubos de hielo sobre la lata caliente y hornee 25-30 min, hasta que el pan dore y suene hueco al golpear la base. Deje enfriar. Consuma en el día.

BAGUETTE INTEGRAL

Saludable y rica en fibra, esta variación es una
excelente alternativa a la baguette blanca.

Para 2 baguettes
Preparación 20 min
Fermentación 12 h o una noche
Crecimiento y leudado 3½ h
Horneado 20-25 min
Almacenar las baguettes se
pueden guardar durante la
noche, envueltas en papel, o
congelarlas por 4 semanas

INGREDIENTES

1 porción de esponja (p. 456,
    pasos 1-3, sustituya la harina
    blanca por harina integral)

Para la masa

½ cdta. de levadura seca

100 g de harina de fuerza para
    pan integral

200 g de harina de fuerza
    para pan blanco, y algo
    extra para espolvorear

½ cdta. de sal

1 Para la masa, disuelva la
levadura en 150 ml de agua
tibia. Ponga la esponja, las dos
harinas y la sal en un bol grande.
Poco a poco, vierta la levadura
disuelta, revolviendo para formar
una masa.

2 Amase por 10 min sobre una
superficie enharinada hasta que
la masa esté blanda, brillante
y elástica. Póngala en un bol
aceitado, cubra con plástico
adherente y deje en un lugar
tibio por 1½ horas hasta que
duplique su tamaño.

3 Golpee la masa sobre una
superficie enharinada y divídala
en dos partes iguales. Amase
cada trozo y forme un rectángulo.
Con sus manos, doble el borde
más largo de cada rectángulo
hacia el centro de la masa y
presione con los dedos. Haga lo

mismo con el otro borde. Doble
la masa por la mitad para formar
un rectángulo largo y fino, y
presione para sellar los bordes.

4 Dé vuelta a la masa para que
la unión quede hacia abajo. Con
sus manos, estírela y enróllela
en forma de un leño largo y fino,
de 4 cm de ancho y no más largo
que las bandejas de hornear;
recuerde que crecerá.

5 Disponga los panes en dos
bandejas de hornear grandes y
cúbralos con plástico adherente
aceitado y un paño. Deje en un
lugar cálido hasta que crezcan
y dupliquen su tamaño. Esto
puede tomar hasta 2 horas.
El pan estará listo para hornear
cuando haya crecido, esté
macizo y al presionar la masa
con un dedo, la huella
desaparezca rápidamente.
Precaliente el horno a 450 °F
(230 °C).

6 Con un cuchillo afilado, haga
cortes profundos y diagonales a
lo largo de los panes para que
sigan creciendo en el horno.
Espolvoréelos con un poco de
harina, si lo desea, y rocíelos
con agua. Hornee en la parrilla
central del horno de 20 a 25 min.
Para una corteza crujiente, rocíe
con agua los panes cada 10 min
durante la cocción. Retírelos del
horno y déjelos enfriar sobre
una rejilla.

PAN DE CENTENO ARTESANAL

Los panes con harina de centeno son muy populares en Europa central y oriental. Esta versión usa un fermento.

1 En un bol, mezcle todos los ingredientes para el fermento con 250 ml de agua tibia.

2 Cubra y deje durante la noche que fermente. Al día siguiente debe estar burbujeante.

3 Para la masa, mezcle las harinas con la sal y luego revuélvalas con el fermento.

4 Mezcle hasta formar una masa; si es necesario, añada un poco de agua.

5 Amase sobre una superficie enharinada hasta que la masa esté blanda y elástica.

6 Haga una bola, póngala en un bol aceitado y cubra con plástico adherente o paño húmedo.

7 Deje en un lugar tibio durante 1 hora, hasta que la masa doble su tamaño.

8 Enharine una bandeja de hornear. Amase y dele forma de pelota de rugby a la masa.

9 Pásela a la bandeja, cubra y deje reposar de nuevo durante otros 30 minutos.

Para 1 pan
Preparación 25 min
Fermentación durante la noche
Crecimiento y leudado 1½ h
Horneado 40-50 min
Almacenar el pan se conservará
envuelto por 2 o 3 días

INGREDIENTES

Para el fermento o iniciador
150 g de harina de centeno
un tarro de 150 g de yogur natural
1 cdta. de levadura seca
1 cda. de melaza
1 cdta. de semillas de alcaravea,
ligeramente trituradas

Para la masa
150 g de harina de centeno
200 g de harina de fuerza para pan
blanco, y algo para espolvorear
2 cdtas. de sal
1 huevo batido, para glasear
1 cdta. de semillas de alcaravea,
para decorar

10 Precaliente el horno a 425 °F (220 °C).
Pincele la masa con el huevo.

11 Esparza encima las semillas de alcaravea;
se deben pegar al huevo.

12 Haga cortes al pan, a lo largo. Hornee por
20 min y baje la temperatura a 400 °F (200 °C).

13 Hornee de 20 a 30 min más, hasta dorar.
Deje enfriar sobre una rejilla.

VARIACIONES DEL PAN ARTESANAL DE CENTENO

CONSEJO DEL PASTELERO

El pan de centeno es una alternativa saludable como pan para sándwich. Es más denso que los otros, por lo cual produce refrigerios más sustanciosos. La adición de diferentes semillas, nueces y frutas secas, le da una textura crujiente y lo hace más nutritivo. Delicioso con carne salada y encurtidos o con queso.

PAN DE CENTENO CON AVELLANAS Y UVAS PASAS

En esta versión las avellanas y las uvas pasas le dan al pan un poco de suavidad y una textura crujiente. Trate de experimentar con diferentes combinaciones de nueces y frutas secas, según su gusto.

Para 1 pan
Preparación 25 min
Fermentación, crecimiento y leudado toda la noche, más 1½ h
Horneado 40-50 min
Almacenar este pan de centeno se puede guardar entre 2 y 3 días, envuelto en papel, o congelado por 8 semanas

INGREDIENTES

Para el fermento o iniciador
150 g de harina de centeno
tarro de 150 g de yogur natural
1 cdta. de levadura seca
1 cda. de melaza

Para la masa
150 g de harina de centeno
200 g harina de fuerza para pan blanco, y algo extra para espolvorear
2 cdtas. de sal
50 g de avellanas tostadas y picadas
50 g de uvas pasas
aceite vegetal, para engrasar
1 huevo batido, para glasear

1 Mezcle los ingredientes para el fermento en un bol con 250 ml de agua tibia. Cubra y deje durante la noche. Al día siguiente debe estar burbujeante.

2 Para la masa, mezcle las harinas con la sal y añádalas al fermento. Integre hasta formar una masa y añada un poco de agua, si es necesario. Sobre una superficie enharinada, amase de 5 a 10 min o hasta que la masa esté blanda y elástica.

3 Estire la masa y forme un rectángulo. Esparza encima las avellanas y las uvas pasas, y amase para incorporarlas. Forme una bola, póngala en un bol aceitado y cubra con plástico adherente. Deje en un lugar tibio por 1 hora, hasta que doble su tamaño.

4 Enharine una bandeja de hornear. Amase la bola y dele la forma de una pelota de rugby. Pásela a la bandeja, cubra con plástico adherente y deje por 30 min.

5 Precaliente el horno a 425 °F (220 °C). Unte el pan con huevo y hágale un corte a lo largo. Hornee por 20 min. Baje el calor a 400 °F (200 °C) y hornee de 20 a 30 min, hasta dorar. Deje enfriar sobre una rejilla.

PUMPERNICKEL

La cocoa y el café en polvo le agregan profundidad al sabor de este pan alemán de centeno.

Para 1 pan
Preparación 20 min
Fermentación 12 h o durante la noche
Crecimiento y leudado 4½ h
Horneado 30-40 min
Almacenar este pan de centeno se puede guardar por 3 días, envuelto en papel, o congelado por 8 semanas

UTENSILIOS ESPECIALES
molde para barra de pan, de 1 litro

INGREDIENTES
Para el fermento o iniciador
½ cdta. de levadura seca
75 g de harina de centeno
30 g de yogur natural

Para la masa
½ cdta. de levadura seca
1 cdta. de café en polvo
1 cda. de aceite de girasol, y algo para engrasar
130 g de harina de fuerza para pan integral, y algo más para espolvorear
30 g de harina de centeno
½ cda. de cocoa en polvo
1 cdta. de sal
½ cdta. de semillas de alcaravea, algo machacadas

1 Para preparar el fermento, disuelva la levadura en 100 ml de agua tibia. Ponga la harina de centeno, el yogur y la levadura en un bol y mezcle. Cubra con plástico adherente y deje crecer en un lugar fresco por unas 12 horas o durante la noche.

2 Para hacer la masa, disuelva la levadura en 3 a 4 cucharadas de agua tibia. Añada el café en polvo y revuelva hasta disolverlo; agregue el aceite. Mezcle en un bol el fermento, las harinas, la cocoa, la sal y la alcaravea. Añada la mezcla de levadura.

3 Revuelva los ingredientes y cuando la masa se vea un poco rígida, compáctela con sus manos. Amásela por 10 min sobre una superficie enharinada hasta que esté blanda, brillante y elástica.

4 Ponga la masa en un bol ligeramente aceitado, cubra con plástico adherente y deje en un lugar tibio por 2 horas, hasta que doble el tamaño. Pásela a una superficie ligeramente enharinada y golpéela suavemente. Forme de nuevo una bola, regrésela al bol y cúbrala. Deje por 1 hora mientras crece de nuevo.

5 Ponga la masa sobre una superficie ligeramente enharinada y golpéela de nuevo. Amase un poco y dele una forma rectangular. Póngala en el molde aceitado, cúbrala con plástico adherente engrasado y un paño de cocina, y deje leudar en un lugar tibio por 1½ horas más, hasta que casi doble su tamaño. El pan estará listo para hornear cuando haya crecido y esté firme, y cuando al presionar la masa con un dedo, la huella desaparezca rápidamente. Precaliente el horno a 400 °F (200 °C).

6 Cocine de 30 a 40 min en el centro del horno, hasta que el pan crezca y la corteza tome un tono dorado oscuro. Deje enfriar sobre una rejilla.

PAN SICILIANO

Este pan siciliano hecho con sémola tuesta muy bien y es delicioso como bruschetta.

Para 1 pan
Preparación 20 min
Fermentación 12 h o una noche
Crecimiento y leudado 2½ h
Horneado 25-30 min
Almacenar se puede guardar por 2 días, envuelto en papel, o congelarse por 4 semanas

INGREDIENTES

Para el fermento o iniciador
¼ cdta. de levadura seca
100 g de sémola fina
aceite vegetal, para engrasar

Para la masa
1 cdta. de levadura seca
400 g de sémola fina, y algo para espolvorear
1 cdta. de sal fina
1 cda. de semillas de ajonjolí
1 huevo batido, para glasear

1 Para preparar el fermento, disuelva la levadura en 100 ml de agua tibia. Añada el líquido a la sémola y mezcle hasta formar una masa áspera y suelta. Ponga la masa en un bol ligeramente aceitado y bien amplio para que pueda expandirse. Cubra con plástico adherente y deje crecer en un lugar fresco por al menos 12 horas o durante la noche.

2 Para hacer la masa, disuelva la levadura en 200 ml de agua tibia. Ponga en un bol el fermento crecido, la harina y la sal, y añada la levadura disuelta.

3 Revuelva los ingredientes con una cuchara de madera, y cuando la masa luzca rígida, mézclela con sus manos. Amásela por 10 min sobre una superficie enharinada, hasta que esté blanda, brillante y elástica.

4 Pase la masa a un bol aceitado, cubra con plástico adherente y déjela reposar en un lugar tibio por 1½ horas, hasta que doble su tamaño.

5 Golpee la masa sobre una superficie enharinada. Amase un poco y dele la forma deseada; tradicionalmente se hace en forma de «boule» apretada (ver Pan de centeno con nueces, p. 414, para saber cómo hacer una «boule»). Pase a una bandeja de hornear y cubra con plástico adherente y con un paño limpio. Deje leudar por 1 hora en un lugar tibio, hasta que la masa doble su tamaño. El pan estará listo para hornear cuando haya crecido y esté compacto, y cuando la huella dejada por un dedo en la masa desaparezca rápidamente.

6 Precaliente el horno a 400 °F (200 °C). Pincele con huevo batido la superficie del pan y esparza encima las semillas de ajonjolí. Cocine el pan de 25 a 30 min en el centro del horno, hasta que dore y crezca. Retire del horno y pase a una rejilla para que enfríe por al menos 30 min. Sirva.

CONSEJO DEL PASTELERO

Este pan se puede hacer con sémola fina o con harina de sémola. Como la sémola está hecha de trigo duro, este pan no es libre de trigo; sin embargo, la sémola le da una textura deliciosamente rústica, parecida a la de la polenta o la fécula de maíz. Ideal con ensalada de tomate rica en aceite.

SCHIACCIATA DI UVA

Este delicioso pan «aplastado» italiano es muy similar a una focaccia dulce y se puede servir frío o caliente.

Para 1 pan
Preparación 25 min
Crecimiento y leudado 3 h
Horneado 20-25 min
Almacenar lo ideal es comerlo el mismo día, pero lo puede guardar durante una noche, envuelto en papel

UTENSILIOS ESPECIALES
molde para brazo de reina, de 20 x 30 cm

INGREDIENTES
Para la masa
700 g harina de fuerza para pan blanco, y algo extra para espolvorear
1 cdta. de sal fina
2 cdas. de azúcar pulverizada
1½ cdtas. de levadura seca
1 cda. de aceite de oliva, y algo extra para engrasar

Para el relleno
500 g de uvas rojas sin semillas, lavadas
3 cdas. de azúcar pulverizada
1 cda. de romero finamente picado (opcional)

1 Ponga la harina, la sal y el azúcar en un bol. Disuelva la levadura en 450 ml de agua tibia y añada el aceite.

2 Vierta lentamente el líquido en la mezcla de harina y combine para formar una masa suave. Amase sobre una superficie enharinada por 10 min, hasta que la masa esté blanda, brillante y elástica. Debe permanecer suave.

3 Ponga la masa en un bol ligeramente aceitado y cubra con plástico adherente. Deje crecer en un lugar tibio por 2 horas, hasta que doble su tamaño. Pásela a una superficie enharinada y golpéela. Amase un poco y divídala en 2 porciones: cerca de la tercera parte de la masa en una y dos terceras partes en la otra. Aceite el molde.

4 Tome la porción más grande y estírela al tamaño del molde. Colóquela en el molde y extiéndala hasta llenarlo, usando sus dedos para moldear los lados. Esparza dos tercios de las uvas encima y espolvoree 2 cucharadas del azúcar pulverizada.

5 Estire la porción de masa pequeña y cubra las uvas con ella, extendiéndola con sus manos si es necesario. Esparza encima el resto de las uvas y el romero (si lo usa). Ponga el molde en una bandeja de hornear grande, cubra con plástico adherente aceitado y un paño limpio. Deje en un lugar cálido durante 1 hora hasta que la masa crezca bien y casi que doble su tamaño. Precaliente el horno a 400 °F (200 °C).

6 Esparza la cucharada de azúcar pulverizada restante encima de la masa crecida. Hornee de 20 a 25 min, hasta que la schiacciata crezca y dore bien. Retire del horno, deje enfriar por unos 10 min y sirva.

CONSEJO DEL PASTELERO

Tradicionalmente, este inusual pan plano italiano se prepara para celebrar la cosecha de uva en la región de Toscana. Es mejor comerlo el día en que se hace, con más o menos azúcar al gusto. Es delicioso con quesos y, por supuesto, con vino tinto italiano.

PANES PLANOS

PIZZA CUATRO ESTACIONES

Si prepara la salsa un día antes y deja crecer el pan durante la noche, las pizzas serán muy rápidas de armar.

Para 4 pizzas
Preparación 40 min
Crecimiento 1-1½ h
Horneado 40 min

INGREDIENTES

500 g de harina de fuerza para pan blanco, y algo para espolvorear

½ cdta. de sal

3 cdtas. de levadura seca

2 cdas. de aceite de oliva, y algo extra

Para la salsa de tomate

25 g de mantequilla sin sal

2 chalotes (escalonia), picados finos

1 cda. de aceite de oliva

1 hoja de laurel

3 dientes de ajo machacados

1 kg de tomates maduros, sin semillas y picados

2 cdas. de puré de tomate

1 cda. de azúcar pulverizada

sal marina y pimienta recién molida

Para cubrir

175 g de mozzarella en tajadas

115 g de champiñones en rodajas

2 cdas. de aceite de oliva extra virgen

2 pimentones rojos asados, en rodajas

8 filetes de anchoas, en mitades

115 g de pepperoni en rodajas

2 cdas. de alcaparras

8 corazones de alcachofa, en mitades

12 aceitunas negras

1 Mezcle la harina y la sal. En un bol aparte, disuelva la levadura en 360 ml de agua tibia.

2 Añada el aceite a la levadura, mezcle y forme una masa con los ingredientes secos.

3 Amase sobre una superficie enharinada hasta que la masa esté suave y elástica.

4 Haga una bola con la masa, pásela a un bol aceitado y cubra con plástico adherente.

5 Deje por 1-1½ horas en un sitio tibio, hasta que doble el tamaño, o refrigere toda la noche.

6 Para la salsa, ponga la mantequilla, los chalotes, el aceite, el laurel y el ajo a fuego lento.

7 Mezcle, tape y cocine los ingredientes de 5 a 6 min, revolviendo ocasionalmente.

8 Añada los tomates, el puré de tomate y el azúcar. Cocine por 5 min, revolviendo.

9 Agregue 250 ml de agua, espere a que hierva y reduzca el calor a fuego lento.

10 Cocine por 30 min, revolviendo, hasta reducir a una salsa espesa. Sazone al gusto.

11 Con una cuchara de madera, prense la salsa sobre un colador. Cubra y refrigere hasta usar.

12 Precaliente el horno a 400 °F (200 °C). Pase la masa a una superficie enharinada.

13 Amásela un poco y divídala en 4. Estírela con el rodillo o con las manos, en círculos de 23 cm.

14 Engrase cuatro bandejas de hornear y ponga una base de pizza sobre cada una.

15 Esparza la salsa sobre las bases, dejando un margen de 2 cm alrededor de los bordes.

continúa ▶

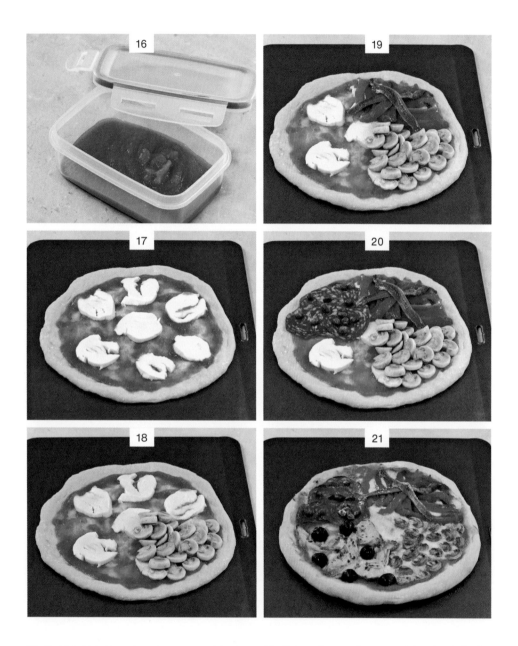

16 Guarde la salsa sobrante en un recipiente pequeño y congélela para usarla después.

17 Distribuya el queso mozzarella entre las bases de las pizzas, en partes iguales.

18 Cubra con champiñones una cuarta parte de cada pizza y pincélelos con aceite de oliva.

19 Cubra otro cuarto con rodajas de pimiento asado y filetes de anchoa.

20 Use pepperoni y alcaparras para el tercer cuarto, y alcachofa y aceitunas para el cuarto.

21 Cocine en la parte alta del horno, dos a la vez, por 20 min o hasta dorar. Sirva caliente.

Pizza cuatro estaciones ▶

VARIACIONES DE LA PIZZA

CONSEJO DEL PASTELERO

Las pizzas son deliciosas con o sin salsa de tomate. Cualquiera sea su preferencia, recuerde distribuir los ingredientes de manera uniforme sobre la base y añada suficiente humedad, sea con salsa de tomate, queso o aceite de oliva extra virgen, para asegurar su textura y sabor.

PIZZA BLANCA

Esta versión plena de frescos sabores mediterráneos se hace sin salsa de tomate, pero se mantiene húmeda con aceite de oliva.

Para 4 pizzas
Preparación 25 min
Crecimiento 1-1½ h
Horneado 20 min

INGREDIENTES

4 bases para pizza (pp. 472-473, pasos 1-5 y 12-14)

4 cdas. de aceite de oliva extra virgen, y algo extra

140 g de queso Gorgonzola desmenuzado

12 tajadas de jamón de Parma, en tiras

4 higos frescos, pelados y cortados cada uno en 8

2 tomates sin semillas y en cubos

115 g de hojas de rúgula silvestre

pimienta negra recién molida

1 Precaliente el horno a 400 °F (200 °C). Ponga las bases de pizza en bandejas de hornear engrasadas. Úntelas con la mitad del aceite de oliva y rocíelas con queso.

2 Hornee las bases por 20 min, hasta que estén crujientes y doradas.

3 Retírelas del horno y cúbralas con jamón, higos y tomates. Hornee por 8 min más o hasta que los ingredientes estén calientes y las bases estén bien doradas.

4 Esparza la rúgula, sazone con bastante pimienta negra y sirva de inmediato, rociando el resto del aceite de oliva.

PIZZA CHICAGO

Inventada en Chicago en los años cuarenta, esta pizza se prepara del revés, con el queso debajo y la salsa encima.

Porciones 4
Preparación 35-40 min
Crecimiento y leudado
1 h 20 min-1 h 50 min
Horneado 20-25 min

UTENSILIOS ESPECIALES
2 moldes para torta, de 23 cm

INGREDIENTES
Para la masa

2½ cdtas. de levadura seca

500 g de harina de fuerza
  para pan blanco, y algo
  extra para espolvorear

2 cdtas. de sal

3 cdas. de aceite de oliva extra
  virgen, y algo extra para engrasar

2-3 cdas. de polenta o fécula de
  maíz

Para la salsa

375 g de salchicha italiana ligera

1 cda. de aceite de oliva

3 dientes de ajo finamente picados

2 latas de 400 g de tomate picado

pimienta negra recién molida

7 a 10 hojas de perejil de hoja
  plana, picadas

175 g de queso mozzarella
  cortado en trozos

1 Espolvoree la levadura sobre 4 cucharadas de agua tibia. Deje por 5 min, revolviendo hasta disolver. En un bol grande, mezcle la harina con la sal y haga un hueco en el centro. Vierta dentro la levadura disuelta, 300 ml de agua tibia y el aceite. Integre la harina y amase con los demás ingredientes hasta formar una masa suave y algo pegajosa.

2 Amase 5-7 min sobre una superficie enharinada, hasta que la masa esté suave y elástica. Aceite un bol grande. Ponga la masa dentro y dele vueltas para aceitarla ligeramente. Cubra con un paño húmedo y deje leudar en un lugar cálido por 1-1½ horas hasta que doble su tamaño.

3 Corte cada salchicha por un lado y sáqueles la carne, vaciando la envoltura. Caliente el aceite en una sartén. Añada la carne de salchicha y fría a fuego medio-alto entre 5 y 7 min, hasta que esté cocida, extendiéndola con una cuchara de madera. Reduzca el fuego a medio, retire la carne de la sartén y deseche toda la grasa, salvo 1 cucharada.

4 Agregue el ajo a la sartén y sofría por unos 30 segundos. Regrese la salchicha y añada los tomates, la sal, la pimienta y todo el perejil, salvo 1 cucharada. Cocine por 10 a 15 min hasta que la salsa espese, revolviendo ocasionalmente. Retire del fuego, sazone al gusto y deje enfriar.

5 Unte los moldes con aceite. Rocíe la polenta en los moldes y agítelos para cubrir el fondo y los lados, luego voltéelos y golpéelos para eliminar el exceso. Pase la masa con cuidado a una superficie enharinada, golpéela y haga 2 bolas sueltas. Con el rodillo, estire las bolas para formar círculos que encajen en los moldes. Enrolle la masa cuidadosamente alrededor del rodillo y cubra con ella cada molde. Con sus manos, presione la masa dentro de los moldes y deje un sobrante de 2,5 cm a los lados. Cubra con un paño seco y deje crecer por unos 20 min. Precaliente el horno a 450 °F (230 °C) y caliente en él una bandeja de hornear.

6 Espolvoree el queso y el perejil restante. Extienda la salsa sobre el queso. Hornee durante 20 o 25 min, hasta que el borde esté crujiente y dorado.

CALZONE CON PIMENTONES

«Calzone» significa «manga de pantalón» en italiano, tal vez por su parecido o porque esta empanada se puede llevar en un bolsillo del pantalón.

Para 4 calzone
Preparación 25 min
Crecimiento y leudado 1½-2 h
Horneado 15-20 min

INGREDIENTES

1 porción de masa para pizza
  (pp. 472-473, pasos 1-5)

4 cdas. de aceite de oliva extra
  virgen, y algo más

2 cebollas finamente rebanadas

2 pimentones (pimientos) rojos
  asados y en rodajas

1 pimentón (pimiento) verde
  asado y en rodajas

1 pimentón (pimiento) amarillo
  asado y en rodajas

3 dientes de ajo finamente picados

1 ramito de hierbas, como romero,
  tomillo, albahaca o perejil, o una
  mezcla de hojas finamente
  picadas

sal marina

pimienta cayena, al gusto

175 g de queso mozzarella seco
  y en tajadas

harina común, para espolvorear

1 huevo batido, para glasear

1 Caliente 1 cucharada de aceite en una olla y añada la cebolla. Cocine por 5 min, hasta ablandar pero sin dorar. Reserve en un bol.

2 Añada a la olla el resto del aceite y luego los pimientos, el ajo y la mitad de las hierbas. Sazone con sal y pimienta. Saltee entre 7 y 10 min, revolviendo, hasta que ablande, pero sin dorar. Añada al bol de las cebollas y deje enfriar.

3 Golpee la masa y divídala en 4 piezas iguales. Estírelas y forme 4 cuadrados de 1 cm de grosor. Vierta la mezcla de pimientos en la mitad diagonal de cada cuadrado, dejando un borde de 2,5 cm.

4 Esparza encima mozzarella. Humedezca con agua el borde de cada cuadro y doble una esquina de modo que se encuentre con la opuesta, para formar un triángulo. Apriete los bordes. Deje crecer por 30 min sobre una bandeja de hornear enharinada. Precaliente el horno a 450 °F (230 °C).

5 Bata el huevo con ½ cdta. de sal y pincele los calzone. Hornee entre 15 y 20 min, hasta dorar. Antes de servirlos, únteles un poco de aceite de oliva.

PISSALADIÈRE

Esta versión francesa de la pizza italiana deriva su nombre
de la pissala, una pasta de anchoas.

Porciones 4
Preparación 20 min
Crecimiento 1 h
Horneado 1 h 25 min
Almacenar se conservará
congelada por 12 semanas

UTENSILIOS ESPECIALES
molde para brazo de reina,
de 32,5 x 23 cm

INGREDIENTES

Para la base
225 g de harina de fuerza
para pan blanco, y algo
extra para espolvorear
sal marina y pimienta negra
recién molida
1 cdta. de azúcar morena suave
1 cdta. de levadura seca
1 cda. de aceite de oliva,
y algo extra para engrasar

Para la cubierta
4 cdas. de aceite de oliva
900 g de cebollas finamente
rebanadas
3 dientes de ajo
1 ramita de tomillo
1 cdta. de hierbas de Provenza
(mezcla de tomillo, albahaca,
romero y orégano secos)
1 hoja de laurel
1 frasco de 100 g de anchoas en
aceite
12 aceitunas niçoise negras sin
hueso, o aceitunas italianas

1 Para la base, mezcle en un bol grande la harina, 1 cucharadita de sal y pimienta al gusto. Vierta 150 ml de agua tibia en otro bol, agregue el azúcar y bata con un tenedor; añada la levadura, sin dejar de batir. Deje en reposo hasta que haga espuma y vierta en la harina con el aceite.

2 Mezcle hasta formar una masa; añada 1 a 2 cucharadas de agua tibia si se ve muy seca. Ponga la masa sobre una superficie enharinada y amase por 10 min o hasta que esté suave y elástica. Haga una bola, pásela a un bol aceitado y cubra con un paño. Deje en un lugar cálido por 1 hora o hasta que doble su tamaño.

3 Para la salsa de cubrir, ponga el aceite en una sartén a fuego muy lento. Añada las cebollas, el ajo, las hierbas y el laurel. Cubra y deje cocinar por 1 hora o hasta que las cebollas parezcan puré, revolviendo de vez en cuando. Para que las cebollas no se peguen a la sartén, añada un poco de agua. Escurra bien y reserve, eliminando el laurel.

4 Precaliente el horno a 350 °F (180 °C). Ponga la masa sobre una superficie enharinada, amásela un poco y estírela de modo que quede lo bastante grande y delgada como para cubrir el molde. Pásela al molde y pinche con un tenedor.

5 Esparza las cebollas sobre la base de masa. Escurra las anchoas, reserve 3 cucharadas de aceite y corte los filetes en mitades, a lo largo. Ponga las aceitunas en filas sobre la masa, presionándolas, y acomode los filetes en cruz sobre las cebollas. Rocíe con el aceite de anchoa reservado y espolvoree pimienta.

6 Hornee por 25 min o hasta que la masa esté dorada. Las cebollas no se deben dorar ni secar. Retire la pizza del horno y sírvala caliente, cortada en rectángulos, cuadrados o triángulos, o déjela enfriar antes de servir.

CONSEJO DEL PASTELERO

Todos los elementos de la pissaladière son muy
sencillos; por eso, para lograr el resultado ideal, es
importante utilizar siempre los mejores ingredientes.
Seleccione anchoas envasadas en aceite de buena
calidad. Si no las consigue, las anchoas ahumadas
son un sustituto que lo dejará sorprendido.

PAN PITA

El pan pita es delicioso relleno con ensalada u otras preparaciones.
También puede cortarlo y comerlo con salsas.

Para 6 panes
Preparación 20-30 min
Crecimiento y leudado 1 h-1 h 50 min
Horneado 5 min
Almacenar son ideales recién salidos
del horno; consérvelos durante la
noche en un recipiente hermético,
o congelados por 8 semanas

INGREDIENTES

1 cdta. de levadura seca

60 g de harina de fuerza para pan
  integral

250 g de harina de fuerza para pan
  blanco, y algo extra para espolvorear

1 cdta. de sal

2 cdtas. de semillas de comino

2 cdtas. de aceite de oliva, y algo extra
  para engrasar

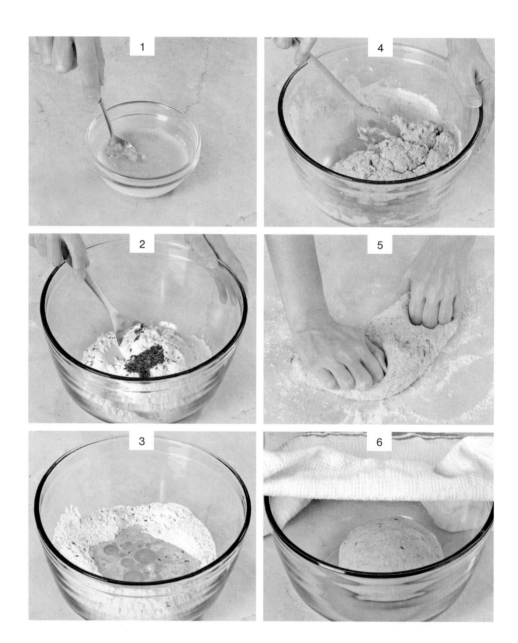

1 Mezcle la levadura con 4 cucharadas de
agua tibia en un bol. Espere 5 min y revuelva.

2 En un bol grande, mezcle los dos tipos de
harina, la sal y las semillas de comino.

3 Haga un hueco en el centro y vierta dentro
la levadura, 190 ml de agua tibia y el aceite.

4 Forme una masa suave y pegajosa con la
mezcla de harina y los ingredientes húmedos.

5 Amase sobre una superficie enharinada
hasta que la masa esté suave y elástica.

6 Ponga la masa en un bol ligeramente
engrasado y cúbrala con un paño húmedo.

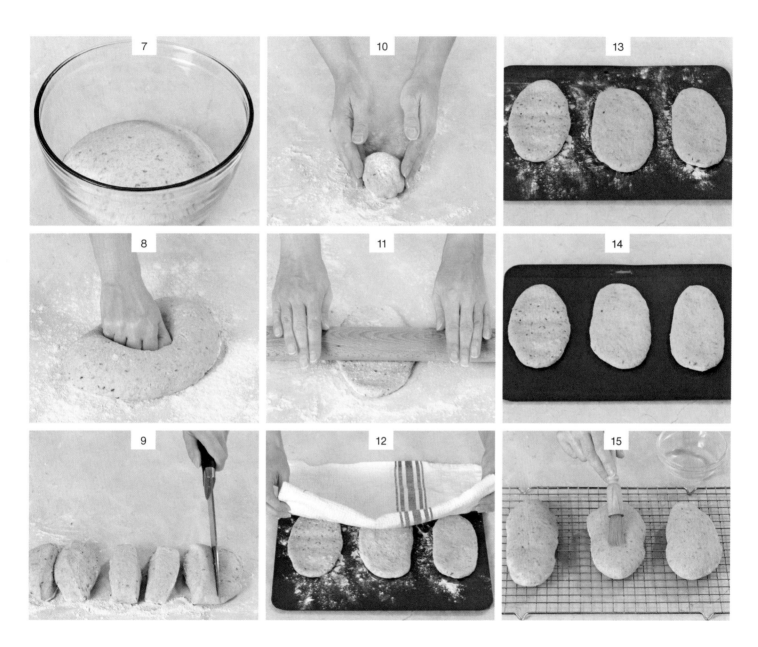

7 Deje en un sitio tibio hasta que doble el tamaño (1-1½ horas). Enharine dos bandejas de hornear.

8 En una superficie ligeramente enharinada, golpee la masa.

9 Forme un cilindro de masa de 5 cm de ancho y córtelo en 6 trozos.

10 Tome un trozo de masa y, mientras trabaja, deje los demás cubiertos con un paño.

11 Haga una bola con la masa y luego estírela para formar un óvalo de 18 cm.

12 Pásela a una de las bandejas de hornear. Repita con los otros trozos y cubra con un paño.

13 Déjelos en un lugar cálido por 20 min. Precaliente el horno a 475 °F (240 °C).

14 Ponga a calentar la otra bandeja de hornear y disponga en ella la mitad de los panes.

15 Hornee durante 5 min. Pase a una rejilla y pincele las superficies con agua. Repita con el resto de los panes.

VARIACIONES DEL PAN PITA

PASTELES DE CORDERO CON ESPECIAS

Populares en todo Oriente Medio.

Para 12
Preparación 40-45 min
Crecimiento-leudado 1 h-1 h 50 min
Por anticipado el relleno puede prepararse 1 día antes y refrigerar
Horneado 10-15 min
Almacenar se conservarán una noche en un recipiente hermético

INGREDIENTES

1 porción de masa para pita (p. 480, pasos 1-8, sin semillas de comino)

2 cdas. de aceite de oliva extra virgen

375 g de carne de cordero molida

sal marina y pimienta negra molida

3 dientes de ajo finamente picados

trozo de 1 cm de raíz de jengibre fresco, pelado y finamente picado

1 cebolla finamente picada

½ cdta. de cilantro molido

¼ cdta. de cúrcuma molida

¼ cdta. de comino molido

1 pizca de pimienta cayena

2 tomates pelados, sin semillas y picados

las hojas de 5 o 7 ramitas de cilantro, picadas

yogur natural, para servir (opcional)

1 Caliente el aceite en una sartén a fuego medio-alto, añada la carne, sazone y revuelva hasta que dore. Pásela a un bol con una cuchara de ranuras. Reduzca el fuego a medio y escurra la grasa, dejando 2 cucharadas. Añada el ajo y el jengibre, y fría por 30 segundos. Agregue la cebolla y revuelva hasta que ablande; añada la cúrcuma, el cilantro, el comino, la pimienta cayena, el cordero y los tomates. Tape y cocine por 10 min, hasta que espese.

2 Retire la sartén del fuego. Agregue el cilantro picado y pruebe la sazón. Deje enfriar el relleno y pruebe de nuevo; como debe estar bien sazonado, mejórelo si es necesario.

3 Corte la masa en dos. Forme un cilindro de 5 cm de diámetro con cada trozo. Córtelos en 6 y cubra. Haga una bola con un cilindro de masa. Estírela en un círculo de 10 cm. Vierta un poco de cordero en el centro, dejando un borde de 2,5 cm. Doble la masa sobre relleno y forme un paquete triangular. Presione los bordes para sellar. Ponga el pastel en una bandeja de hornear. Repita y rellene el resto de la masa.

4 Cubra los pasteles con un paño y déjelos crecer en un lugar cálido por 20 min. Precaliente el horno a 450 °F (230 °C). Hornee de 10 a 15 min, hasta dorar. Sírvalos calientes, con yogur, si lo desea.

PITAS DE GARBANZOS CON ESPECIAS

Son buenos a la brasa y más si se comen al momento.

Para 8
Preparación 25 min
Crecimiento 1 h
Horneado 15 min
Almacenar guárdelos durante la noche en un recipiente hermético

INGREDIENTES

1 cdta. de levadura seca

1½ cdtas. de semillas de comino, y algo extra

1½ cdtas. de cilantro molido

450 g de harina de fuerza para pan blanco, y algo extra para espolvorear

1 cdta. de sal

un puñado pequeño de cilantro picado

1 lata de 200 g de garbanzos, escurridos y picados

150 g de yogur natural

1 cda. de aceite de oliva extra virgen, y algo extra

1 Espolvoree la levadura sobre 300 ml de agua tibia y revuelva una vez para disolver. En una sartén, tueste en seco el comino y el cilantro molido por 1 min. Mezcle la harina y la sal en un bol. Agregue las especias, el cilantro y los garbanzos, y haga un hueco en el centro. Vierta el yogur, el aceite y la levadura líquida, y mezcle hasta formar una masa pegajosa. Deje aparte por 10 min.

2 Amase por 5 min sobre una superficie enharinada y haga una bola de masa. Pásela a un bol aceitado, cubra con plástico adherente aceitado y deje crecer en un lugar cálido por 1 hora o hasta que doble su tamaño.

3 Enharine dos bandejas de hornear. Precaliente el horno a 425 °F (220 °C). Pase la masa a una superficie enharinada y córtela en 8 trozos.

4 Aplane los trozos con el rodillo y forme óvalos de 5 mm de grosor. Páselos a las bandejas rociadas con aceite y espolvoréeles encima semillas de comino. Hornee por 15 min, hasta que doren y crezcan.

PITAS CRUJIENTES

Acompañe las entradas con estos crujientes de pita hechos en casa, como una alternativa saludable a las papas fritas.

Porciones 8
Preparación 10 min
Horneado 7-8 min
Almacenar estos crujientes se conservarán por 2 días en un recipiente hermético

INGREDIENTES

6 panes pita, comprados en tienda, o ver pp. 480-481

aceite de oliva extra virgen, para pincelar

sal marina, para espolvorear

pimienta cayena, para espolvorear

1 Precaliente el horno a 450 °F (230 °C). Divida los panes en dos, separando las mitades. Pincele el pan por ambos lados con aceite de oliva, y espolvoree con sal y pimienta cayena.

2 Apile los trozos de pan, uno encima del otro en montones de 6 y córtelos en triángulos grandes. Disponga los crujientes sobre una bandeja de hornear, en una sola capa; no deben quedar superpuestos.

3 Hornéelos en la parte alta del horno por 5 min o hasta que las bases empiecen a dorar. Deles vuelta y hornéelos de 2 a 3 min más, hasta que doren y estén crujientes. Déjelos enfriar sobre papel absorbente antes de servir.

CONSEJO DEL PASTELERO

Estos sencillos bocados van bien con dips y salsas caseras; incluso con chili con carne. Son una opción barata y más sana a las papas fritas. Los crujientes de pita integral son aún más saludables.

PAN NAAN

Este pan plano indio se cocina tradicionalmente en un horno tandoor, pero aquí usamos un horno convencional.

1 Derrita la manteca ghee o mantequilla en una sartén. Ponga a un lado.

2 En un bol, mezcle la harina, la levadura, el azúcar, la sal y el comino negro.

3 Haga un hueco. Añada 200 ml de agua tibia, el yogur y la manteca o la mantequilla derretida.

4 Integre la harina y mezcle suavemente con una cuchara de madera hasta combinar.

5 Siga mezclando durante 5 minutos, hasta formar una masa áspera. Cubra el bol.

6 Deje en un lugar cálido hasta que doble el tamaño; alrededor de 1 hora.

7 Lleve al horno dos bandejas de hornear. Golpee la masa para sacarle el aire.

8 Amase sobre una superficie enharinada hasta suavizar. Divida en 4 trozos iguales.

9 Estire cada trozo para formar un óvalo de unos 24 cm de largo.

Para 6 naans
Preparación 20 min
Crecimiento 1 h
Horneado 8 min
Almacenar los naans pueden
congelarse por 12 semanas

INGREDIENTES

500 g de harina de fuerza para
   pan blanco, y algo extra para
   espolvorear

2 cdtas. de levadura seca

1 cdta. de azúcar pulverizada

1 cdta. de sal

2 cdtas. de comino negro (nigella)

100 ml de yogur entero natural

50 g de manteca ghee o
   mantequilla

10 Pase el pan a las bandejas precalentadas y
hornee de 6 a 7 min, hasta que crezca bien.

11 Precaliente la parrilla o plancha al máximo
y disponga los panes sobre ella.

12 Cocine los naans de 30 a 40 s por cada
lado o hasta que doren y les salgan «ampollas».

13 Si los hace a la parrilla, no ponga los panes
muy cerca del calor, para que no se quemen.
Páselos a una rejilla y sírvalos calientes.

VARIACIONES DEL PAN NAAN

NAAN RELLENO CON FETA, AJÍ Y HIERBAS

Al rellenar una masa simple de pan naan con esta mezcla de feta y hierbas obtendrá un inusual plato para pícnic, que reúne los sabores del Mediterráneo con aquellos del subcontinente.

Para 6 naans
Preparación 15 min
Crecimiento 1 h
Horneado 6-7 min
Almacenar guárdelos durante la noche envueltos en plástico adherente; para recalentarlos, arrugue un trozo de papel de horno y sumérjalo en agua. Exprima el exceso de agua y úselo para envolver los naan; llévelos al horno por 10 min, hasta que estén tibios y suaves

INGREDIENTES

500 g de harina de fuerza para pan blanco, y algo extra para espolvorear
2 cdtas. de levadura seca
1 cdta. de azúcar pulverizada
1 cdta. de sal
2 cdtas. de comino negro
100 ml de yogur natural entero
50 g de manteca ghee, o mantequilla derretida
150 g de queso feta desmenuzado
1 cda. de ají rojo finamente picado
3 cdas. de menta picada
3 cdas. de cilantro picado

1 En un bol, mezcle la harina, la levadura, el azúcar, la sal y el comino negro, y haga un hueco en el centro. Añada 200 ml de agua tibia, el yogur y la manteca o la mantequilla. Mezcle con una cuchara de madera por 5 min, hasta formar una masa suave. Cubra y deje en un lugar cálido por 1 hora, hasta que la masa doble su tamaño.

2 Mezcle el queso, el ají y las hierbas. Precaliente el horno a 475 °F (240 °C), con dos bandejas de hornear dentro.

3 Divida la masa en 6 trozos y estírelos para formar círculos de unos 10 cm de diámetro. Ponga un poco de mezcla de queso en el centro de cada círculo y levante los bordes a su alrededor para obtener una forma fruncida. Pellizque los bordes para sellar.

4 Dé vuelta a los panes y estírelos con el rodillo para formar un óvalo, con cuidado de no romper la masa. Póngalos en las bandejas precalentadas y hornéelos de 6 a 7 min o hasta que se inflen. Páselos a una rejilla y sírvalos calientes.

Pruebe también... NAAN DE AJO Y CILANTRO Añada 2 dientes de ajo machacados y 4 cdas. de cilantro finamente picado en el paso 2.

PESHWARI NAAN

Recién hechos, sea como postre o para acompañar un curri salado, a los niños les encantan estos naans dulces rellenos de nueces. Ensaye a sustituir la manzana picada por uvas pasas y un poco de canela.

Para 6 naans
Preparación 15 min
Crecimiento 1 h
Horneado 6-7 min
Almacenar guárdelos durante la noche envueltos en plástico adherente o congélelos por 8 semanas; para recalentarlos (frescos o congelados), arrugue un trozo de papel de horno y sumérjalo en agua. Exprima el exceso de agua y úselo para envolver los naan; llévelos al horno por 10 min, hasta que estén tibios y suaves

UTENSILIOS ESPECIALES

procesador de alimentos con cuchillas

INGREDIENTES

500 g de harina de fuerza para pan blanco, y algo extra para espolvorear
2 cdtas. de levadura seca
1 cdta. de azúcar pulverizada
1 cdta. de sal
2 cdtas. de comino negro
100 ml de yogur natural entero
50 g de manteca ghee, o mantequilla derretida

Para el relleno
2 cdas. de uvas pasas
2 cdas. de pistachos sin sal
2 cdas. de almendras
2 cdas. de coco deshidratado
1 cda. de azúcar pulverizada

1 En un bol, mezcle la harina, la levadura, el azúcar, la sal y el comino negro, y haga un hueco en el centro. Añada 200 ml de agua tibia, el yogur y la manteca o la mantequilla. Mezcle con una cuchara de madera por 5 min, hasta formar una masa suave. Cubra y deje en un lugar cálido por 1 hora, hasta que la masa doble el tamaño.

2 Para el relleno, procese todos los ingredientes hasta que estén bien picados. Precaliente el horno a 475 °F (240 °C) con dos bandejas de hornear dentro.

3 Divida la masa en 6 trozos y estírelos para formar círculos de unos 10 cm de diámetro. Ponga un poco de relleno en el centro de cada círculo y levante los bordes a su alrededor para obtener una forma fruncida. Pellizque los bordes para sellar.

4 Dé vuelta a los panes y estírelos con el rodillo para formar un óvalo, con cuidado de no romper la masa. Póngalos en las bandejas precalentadas y hornéelos de 6 a 7 min o hasta que se inflen. Páselos a una rejilla y sírvalos calientes.

CONSEJO DEL PASTELERO

Una vez domine el arte de rellenar y estirar
la masa naan, la cantidad de rellenos que
puede usar no tendrá límite. Aquí el naan
se rellena con nueces, frutos secos y coco.
Pruebe con cordero y especias y sirva con
un dip de yogur.

PARATHA RELLENA

Estos panes rellenos son fáciles de hacer. Puede doblar las cantidades y congelar la mitad de los panes, apilados entre capas de papel encerado.

Para 4 unidades
Preparación 20 min
Reposo 1 h
Horneado 15-20 min
Almacenar guarde las parathas durante la noche envueltas en plástico adherente, o congeladas por 8 semanas; para recalentarlas (frescas o congeladas), arrugue un trozo de papel de horno y sumérjalo en agua. Exprima el exceso de agua y úselo para envolver las parathas. Llévelas al horno por 10 min, hasta que estén tibias y suaves

INGREDIENTES

Para la masa

300 g de harina para chapati o harina integral

½ cdta. de sal fina

50 g de mantequilla sin sal, derretida y fría

Para el relleno

250 g de batata, pelada y en cubos

1 cda. de aceite de girasol, y algo extra para pincelar

½ cebolla roja finamente picada

2 dientes de ajo machacados

1 cda. de ají rojo finamente picado, o al gusto

1 cda. de jengibre fresco finamente picado

2 cdas. colmadas de cilantro picado

½ cdta. de garam masala

sal marina

1 Para la masa, tamice la harina y la sal. Añada la mantequilla y 150 ml de agua e integre la mezcla hasta formar una masa suave. Amase por 5 min, cubra y deje en reposo por 1 hora.

2 Para el relleno, hierva o cocine al vapor la batata por unos 7 min, hasta que esté blanda. Escúrrala bien. En una sartén, caliente el aceite a fuego medio y fría la cebolla roja entre 3 y 5 min, hasta que ablande, pero sin dorar. Añada el ajo, el ají y el jengibre, y fría por 1 o 2 min más.

3 Añada la mezcla de cebolla cocida a la batata y machaque bien. No debería necesitar más líquido, pues la batata es muy húmeda y el aceite de la mezcla de cebolla ayudará también. Añada el cilantro, el garam masala y sal, y bata hasta que la masa esté suave. Deje enfriar.

4 Divida la masa en 4 partes. Amase y estire para formar 4 círculos de 10 cm de diámetro. Ponga un poco de relleno en el centro de cada uno y levante los bordes a su alrededor para obtener una forma fruncida.

5 Pellizque los bordes para sellar, dé vuelta a la masa y estírela para formar un círculo de unos 18 cm de diámetro. No estire demasiado. Si el relleno se sale, retire el sobrante y pellizque la masa para resellar.

6 Caliente una sartén de hierro fundido o una plancha (bastante grande para que quepan las parathas) a fuego medio. Fría las parathas por 2 min de cada lado, dándoles vuelta ocasionalmente para que cocinen bien y doren por partes. Una vez cocidas por un lado, unte la superficie con un poco de aceite antes de voltearlas. Sirva enseguida con un curri o como un plato ligero con ensalada verde.

CONSEJO DEL PASTELERO

Estos panes planos indios se hacen con harina para chapati tradicional; si no la consigue, use harina integral. Pruébelos con variedad de rellenos, incluidos los restos de vegetales al curri. Los ingredientes cortados en cubos permiten rellenarlos más fácilmente.

TORTILLAS

Estos panes planos clásicos mexicanos son fáciles de hacer
y más sabrosos que cualquier tortilla comprada.

1 Ponga la harina, la sal y el polvo de hornear en un bol grande. Añada la manteca.

2 Frote la manteca con las manos hasta formar migas finas.

3 Añada 150 ml de agua tibia. Mezcle para formar una masa suave.

4 Sobre una superficie enharinada, amase por unos minutos hasta ablandar la masa.

5 Pase la masa a un bol engrasado, cubra con plástico y deje por 1 hora en un lugar cálido.

6 Ponga la masa sobre una superficie enharinada y divídala en 8 partes iguales.

7 Tome un trozo de masa y cubra los demás con plástico adherente para que no se sequen.

8 Estire cada trozo de masa y forme círculos muy delgados, de 20 a 25 cm de diámetro.

9 Apile las tortillas, separadas entre sí con plástico adherente o papel de horno.

Para 8 tortillas
Preparación 10 min
Reposo 1 h
Horneado 15-20 min
Por anticipado almacene las tortillas en el refrigerador durante la noche, envueltas en plástico adherente, o congélelas por 8 semanas

INGREDIENTES

300 g de harina común, y algo extra para espolvorear

1 cdta. de sal

½ cdta. de polvo de hornear

50 g de manteca o grasa vegetal blanca, fría y en cubos, y algo extra para engrasar

10 Caliente una sartén a fuego medio. Tome una tortilla y fríala en seco durante 1 min.

11 Dele vuelta y siga friendo hasta que esté cocida por ambos lados y dorada por partes.

12 Pásela a una rejilla y haga lo mismo con todas las tortillas. Sírvalas calientes o frías.

13 Para recalentarlas frescas o congeladas, arrugue un papel encerado y sumérjalo en agua; escúrralo, envuelva las tortillas con él y hornéelas por 10 min.

VARIACIONES DE LA TORTILLA

PILAS DE TORTILLAS CON LANGOSTINOS Y GUACAMOLE

Estos sofisticados canapés al estilo mexicano son fáciles de hacer.

Para 50 unidades
Preparación 15 min
Por anticipado los discos de tortilla fritos se pueden almacenar por 2 días en un recipiente hermético
Horneado 10-15 min

UTENSILIOS ESPECIALES

cortador de masa redondo, de 3 cm

manga pastelera con boquilla pequeña

INGREDIENTES

5 tortillas compradas, o ver pp. 490-491

1 litro de aceite de girasol, para freír

2 aguacates maduros

jugo de 1 limón

salsa Tabasco

4 cdas. de cilantro finamente picado

4 cebollas puerro (cebollas largas), bien picadas

sal marina y pimienta negra recién molida

25 langostinos grandes cocidos, pelados y cortados en mitades, o 50 camarones enteros.

1 Use el cortador para obtener por lo menos 100 discos de tortilla. Caliente el aceite en una sartén y fría las tortillas, unas pocas cada vez, hasta que doren. No llene la sartén pues no quedarán bien crujientes. Retire con una cuchara ranurada y escurra sobre papel de cocina. Deje enfriar.

2 En un bol, machaque el aguacate con la mitad del jugo de limón, un chorrito de Tabasco, 3 cucharadas de cilantro, la cebolla, sal y pimienta al gusto.

3 Unos 30 min antes de servir, ponga a marinar los langostinos con el jugo de limón y el cilantro restantes.

4 Esparza guacamole sobre una tortilla, cubra con otra tortilla y ponga encima más guacamole. Termine con un bucle de langostino. Si el langostino es muy grande, póngalo en diagonal.

SÁNDWICHES DE TORTILLA PARA NIÑOS

Una alternativa de sándwich para el almuerzo, que los niños adoran.

Porciones 2
Preparación 10 min
Horneado 8 min

INGREDIENTES

4 tortillas compradas, o ver pp. 490-491

4 tajadas finas de jamón

salsa de tomate, mostaza o salsa picante (opcional)

50 g de queso rallado, como el cheddar

zanahorias peladas y picadas, para servir (opcional)

pepino picado, para servir (opcional)

1 Coloque 2 de las tortillas sobre la superficie de trabajo. Ponga 2 tajadas de jamón sobre cada una, procurando que toda la tortilla quede cubierta. Estírelo si es necesario.

2 Dependiendo de los gustos de sus hijos, puede untar algo de salsa de tomate, mostaza o salsa picante sobre el jamón. Espolvoree queso rallado uniformemente sobre ambas tortillas y cubra cada una con una segunda tortilla, para hacer el sándwich.

3 Caliente una sartén de hierro fundido o una plancha (bastante grande para poner las tortillas) a fuego medio. Fría las tortillas por 1 min de cada lado hasta que cocinen bien y doren por partes.

4 Corte cada tortilla en 8 porciones, como si fuera una pizza, y sirva de inmediato, con algo de zanahoria picada y pepino, para un almuerzo rápido.

QUESADILLAS

Las quesadillas son deliciosas con casi todos los rellenos: puede usar pollo, jamón, queso gruyère o champiñones.

Para 1 de cada relleno
Preparación 5-10 min
Horneado 30-35 min

INGREDIENTES

Para el relleno de carne, especias y tomate

1 cda. de aceite de oliva extra virgen

150 g de carne molida

pizca de pimienta cayena

sal marina y pimienta negra recién molida

1 puñado de perejil fresco finamente picado

2 tomates en cubos

50 g de queso cheddar rallado

Para el relleno de aguacate y cebolla

4 cebollas puerro (cebollas largas) bien picadas

1-2 ajíes rojos frescos, sin semillas y picados

jugo de ½ limón

½ aguacate sin piel ni hueso, en tajadas

50 g de queso cheddar rallado

Para las tortillas

2 cdas. de aceite vegetal

4 tortillas (ver pp. 490-491)

1 Para el relleno de carne, caliente el aceite en una sartén. Fría la carne con la pimienta cayena a fuego medio por 5 min o hasta que pierda su color rosado. Reduzca el fuego y aclare con algo de agua caliente. Sazone y cocine por 10 min hasta que la carne esté bien cocida. Añada el perejil.

2 Para el relleno de aguacate, mezcle y sazone las cebollas, los ajíes y el jugo de limón en un bol. Deje a un lado por 2 min.

3 Caliente la mitad del aceite para las tortillas en una sartén antiadherente y fría cada tortilla por 1 min o hasta que dore. Vierta la mezcla de carne encima. Esparza el tomate y el queso y cubra con otra tortilla. Presione con el dorso de una pala de cocina para emparedar. Dé vuelta a la quesadilla con cuidado y cocine por el otro lado, por 1 min o hasta dorar. Córtela en mitades o en cuartos y sirva.

4 Caliente en la sartén el aceite restante y fría cada tortilla por 1 min o hasta que dore. Esparza encima el aguacate, dejando un espacio alrededor del borde, ponga encima la mezcla de cebolla y espolvoree el queso. Continúe como en el paso 3.

PANES RÁPIDOS Y MASAS LÍQUIDAS

PAN DE SODA

Tiene una textura suave como la de una torta. Además, es un pan
que no exige mayor esfuerzo pues no se amasa.

1 Engrase con mantequilla una bandeja de
hornear. Precaliente el horno a 400 °F (200 °C).

2 Tamice la harina, el bicarbonato y la sal en un
bol. Añada el salvado que queda en el colador.

3 Mezcle bien para combinar y haga un hueco
en el centro.

4 Vierta poco a poco el suero de mantequilla
en el hueco.

5 Mezcle rápidamente la harina con sus manos,
hasta lograr una masa suave y pegajosa.

6 No amase demasiado. Si siente la masa
seca, añada un poco más de suero.

7 Sobre una superficie enharinada, haga
rápidamente un pan redondo con la masa.

8 Ponga el pan en la bandeja de hornear y
dele la forma de una rueda de 5 cm de alto.

9 Con un cuchillo afilado o bisturí, haga una
cruz de 1 cm de profundidad encima del pan.

Para 1 pan
Preparación 10-15 min
Horneado 35-40 min
Almacenar se conservará
por 2 o 3 días, bien envuelto
en papel, en un recipiente
hermético

INGREDIENTES

500 g de harina de fuerza
 integral, molida en mortero, y
 algo extra para espolvorear

1½ cdtas. de bicarbonato de
 sodio

1½ cdtas. de sal

500 ml de suero de mantequilla,
 y algo extra si es necesario

10 Lleve el pan al horno entre 35 y 40 min, hasta que dore.

11 Dele vuelta y golpéelo en la base. Debe sonar hueco.

12 Páselo a una rejilla y déjelo enfriar ligeramente.

13 Corte el pan en rebanadas o en trozos y sírvalo caliente. El pan de soda también es delicioso tostado.

VARIACIONES DEL PAN DE SODA

PAN DE SARTÉN

En esta versión la masa se corta en trozos y se cocina en una sartén; la adición de harina blanca hace este pan un poco más ligero.

Para 8 porciones
Preparación 5-10 min
Horneado 30-40 min

UTENSILIOS ESPECIALES
plancha o sartén de hierro fundido

INGREDIENTES
375 g de harina fuerte integral,
  molida en mortero
125 g de harina de fuerza para
  pan blanco,
  y algo extra para espolvorear
1½ cdtas. de bicarbonato de sodio
1 cdta. de sal
375 ml de suero de mantequilla
mantequilla sin sal, derretida,
  para engrasar

1 Ponga en un bol grande los dos tipos de harina, el bicarbonato y la sal. Haga un hueco en el centro de la mezcla y vierta el suero de mantequilla en él. Con los dedos, integre rápidamente la harina al líquido para formar una masa suave y ligeramente pegajosa.

2 Pase la masa a una superficie ligeramente enharinada y, rápidamente, forme un pan redondo. Aplánelo con las palmas de las manos para darle una forma redonda, de 5 cm de alto. Córtelo en 8 porciones con un cuchillo afilado.

3 Caliente una sartén de hierro fundido a fuego medio-bajo y engrásela con mantequilla derretida. En dos tandas, ponga las porciones de masa en la sartén, tape y cocine de 15 a 20 min, dándoles vuelta con frecuencia, hasta que doren y se inflen. Sírvalas calientes.

GRIDDLE CAKES

Estas tortas dulces son crujientes
por fuera y húmedas por dentro.

Para 20 tortas
Preparación 5-10 min
Horneado 10 min

UTENSILIOS ESPECIALES
plancha o sartén de hierro fundido

INGREDIENTES
250 g de harina fuerte integral
   molida en mortero
1½ cdtas. de bicarbonato de
   sodio
1½ cdtas. de sal
90 g de avena en hojuelas
3 cdas. de azúcar morena suave
600 ml de suero de mantequilla
mantequilla sin sal, derretida,
   para engrasar

1 Ponga en un bol grande la
harina, el bicarbonato y la sal.
Añada la avena y el azúcar y
haga un hueco en el centro.
Vierta el suero de mantequilla
en él e integre poco a poco con
los ingredientes secos, hasta
hacer una masa líquida suave.

2 Caliente a fuego medio-bajo la
plancha o la sartén y engrásela
con mantequilla derretida. Con
una cuchara pequeña, vierta 2
cucharadas de la mezcla sobre
la superficie caliente. Repita el
proceso para hacer entre 5 y 6
tortas. Fría durante 5 min, hasta
que las tortas estén doradas y
crujientes por debajo. Deles
vuelta y dore por el otro lado
durante unos 5 min más.

3 Páselas a un plato, cúbralas
y consérvelas calientes. Haga lo
mismo con el resto de la masa,
untando más mantequilla en la
parrilla según sea necesario.
Sirva las tortas calientes.

PAN DE SODA AMERICANO

Este pan dulce clásico estará listo
a cualquier hora para una merienda.

Para 1 pan
Preparación 10-15 min
Horneado 50-55 min
Almacenar es ideal comerlo el
mismo día en que se hace, pero
se conserva por 2 días, envuelto
en papel, o congelado por 8
semanas; excelente en tostadas

INGREDIENTES
400 g de harina, y algo extra
1 cdta. de sal fina
2 cdtas. de polvo de hornear
50 g de azúcar pulverizada
1 cdta. de semillas de alcaravea
   (opcional)
50 g de mantequilla sin sal
   refrigerada, en cubos
100 g de uvas pasas
150 ml de suero de mantequilla
1 huevo

1 Precaliente el horno a 350 °F
(180 °C). En un bol, mezcle la
harina, la sal, el polvo de hornear,
el azúcar y las semillas de
alcaravea (si las usa). Frote con
la mantequilla hasta formar
migas. Añada las uvas pasas y
mezcle bien.

2 Bata el suero de mantequilla
y el huevo. Haga un hueco en el
centro de la mezcla de harina y
vierta en él la mezcla de suero
de mantequilla, revolviendo
hasta incorporar. Use las manos
al final para formar una masa
suelta y suave.

3 Amase sobre una superficie
enharinada hasta ablandar la
masa. Forme un círculo de 15 cm
de diámetro y hágale encima un
corte en forma de cruz, para
que el pan crezca fácilmente al
hornearlo.

4 Disponga la masa sobre una
bandeja de hornear recubierta
con papel de horno y cocine en
el centro del horno entre 50 y
55 min, hasta que el pan crezca
y dore. Pase a una rejilla y deje
enfriar por al menos 10 min
antes de servir.

PAN RÁPIDO DE CALABAZA

El uso de calabaza rallada asegura la humedad del pan por varios días. Es un acompañamiento ideal para sopas.

Para 1 pan
Preparación 20 min
Horneado 50 min
Almacenar se conservará por 3 días, bien envuelto en papel, o congelado por 8 semanas

INGREDIENTES

300 g de harina común, y algo extra para espolvorear

100 g de harina leudante integral

1 cdta. de bicarbonato de sodio

½ cdta. de sal fina

120 g de ahuyama o calabaza, sin piel ni semillas y rallada gruesa

30 g de semillas de calabaza

300 ml de suero de mantequilla

1 Precaliente el horno a 425 °F (220 °C). En un bol, mezcle la harina, el bicarbonato y la sal.

2 Añada la calabaza rallada y las semillas, y mezcle bien para que no queden grumos.

3 Haga un hueco en el centro y vierta dentro el suero. Mezcle para formar una masa.

4 Trabaje la masa con las manos y haga una bola; pásela a una superficie enharinada.

5 Amase por 2 min, hasta formar una masa blanda. Añada harina si es necesario.

6 Forme un círculo de 15 cm de diámetro y póngalo en una bandeja de hornear recubierta.

7 Con un cuchillo, haga un corte en cruz sobre el pan, para que crezca al hornear.

8 Cocínelo en el centro del horno hasta que crezca (30 min). Baje el calor a 400 °F (200 °C).

9 Hornee por 20 minutos más. La base debe sonar hueco al golpearla.

10 Pase el pan a una rejilla y déjelo enfriar por al menos 20 min antes de servir. Corte el pan en trozos o porciones y sírvalo para acompañar sopas y estofados.

VARIACIONES DE PAN RÁPIDO CON VEGETALES

PANECILLOS DE BATATA Y ROMERO

La suave fragancia del romero hace estos panes especialmente atractivos.

Para 8 panecillos
Preparación 20 min
Horneado 20-25 min
Almacenar los panecillos se conservarán por 3 días, bien envueltos en papel, o congelados por 8 semanas

INGREDIENTES

300 g de harina común, y algo extra para espolvorear
100 g de harina leudante integral ·
1 cdta. de bicarbonato de sodio
½ cdta. de sal fina
pimienta negra recién molida
140 g de batata, pelada y rallada
1 cdta. de romero finamente picado
280 ml de suero de mantequilla

1 Precaliente el horno a 425 °F (220 °C). Cubra una bandeja de hornear con papel de horno. En un bol, mezcle las dos harinas, el bicarbonato, la sal y la pimienta. Pique la batata rallada para reducir el tamaño de los fragmentos. Añádala al bol con el romero, mezclando bien.

2 Haga un hueco en el centro de los ingredientes secos e incorpore suavemente el suero de mantequilla, mezclando hasta lograr una masa suelta. Con sus manos, compacte la masa en una bola; pásela a una superficie enharinada y amase durante 2 min, hasta obtener una masa blanda. Añada más harina si es necesario.

3 Divida la masa en 8 partes y haga 8 bolas apretadas. Aplánelas por encima y con un cuchillo afilado, haga un corte en cruz en el centro de cada una, para que crezcan al hornear.

4 Disponga los panecillos en la bandeja y cocine por 20 o 25 min en el centro del horno, hasta que crezcan y doren bien. Páselos a una rejilla y déjelos enfriar por al menos 10 min antes de servir. Estos panecillos son deliciosos aún calientes.

PAN DE CALABACÍN Y AVELLANA

Las avellanas dan sabor y textura a este pan fácil y rápido de hacer.

Para 1 pan
Preparación 20 min
Horneado 50 min
Almacenar el pan se conservará por 3 días, bien envuelto en papel, o congelado por 8 semanas

INGREDIENTES

300 g de harina común, y algo extra para espolvorear
100 g de harina leudante integral
1 cdta. de bicarbonato de sodio
½ cdta. de sal fina
50 g de avellanas picadas
150 g de calabacín rallado
280 ml de suero de mantequilla

1 Precaliente el horno a 425 °F (220 °C). Recubra una bandeja de hornear con papel de horno. En un bol, mezcle las dos harinas, el bicarbonato, la sal y las avellanas. Agregue el calabacín rallado, mezclando bien.

2 Haga un hueco en el centro de los ingredientes secos, vierta suavemente el suero de mantequilla y mezcle hasta formar una masa suelta. Con sus manos, compacte la masa en una bola; pásela a una superficie enharinada y amase durante 2 min, hasta obtener una masa blanda. Añada más harina si es necesario.

3 Haga un círculo de masa grueso, de unos 15 cm de diámetro. Con un cuchillo afilado, haga un corte en cruz en la superficie de la masa, para que el pan crezca con facilidad al hornear.

4 Pase la masa a la bandeja de hornear y cocine en el centro del horno por 30 min para que se forme una buena corteza. Reduzca la temperatura a 400 °F (200 °C) y hornee por 20 min hasta que el pan esté bien crecido y dorado, y al insertar un pincho en el centro, este salga limpio. Páselo a una rejilla y déjelo enfriar por al menos 20 min antes de servir.

PAN DE ZANAHORIA BLANCA Y PARMESANO

Perfecta combinación de sabores para servir con una taza de sopa caliente en un día frío.

Para 1 pan
Preparación 20 min
Horneado 50 min
Almacenar el pan se conservará por 3 días, bien envuelto en papel, o congelado por 8 semanas

INGREDIENTES

300 g de harina común, y algo extra para espolvorear
100 g de harina leudante integral
1 cdta. de bicarbonato de sodio
½ cdta. de sal fina
pimienta negra recién molida
50 g de queso parmesano finamente rallado
150 g de zanahoria blanca rallada
300 ml de suero de mantequilla

1 Precaliente el horno a 425 °F (220 °C). Cubra una bandeja de hornear con papel de horno. En un bol, mezcle las harinas, el bicarbonato, la sal, la pimienta y el queso parmesano. Pique la zanahoria rallada para reducir el tamaño de los fragmentos y añádala al bol, mezclando bien.

2 Haga un hueco en el centro de los ingredientes secos, vierta suavemente el suero de mantequilla y mezcle hasta formar una masa suelta. Con sus manos, compacte la masa en una bola; pásela a una superficie enharinada y amase durante 2 min, hasta obtener una masa blanda. Añada más harina si es necesario.

3 Haga un círculo de masa grueso, de unos 15 cm de diámetro. Con un cuchillo afilado, haga un corte en cruz en la superficie de la masa, para que el pan crezca con facilidad al hornear.

4 Pase la masa a la bandeja de hornear y cocine en el centro del horno por 30 min para que se forme una buena corteza. Reduzca la temperatura a 400 °F (200 °C) y hornee por 20 min, hasta que el pan esté bien crecido y dorado, y al insertar un pincho en el centro, este salga limpio. Páselo a una rejilla y déjelo enfriar por al menos 20 min antes de servir.

PAN DE MAÍZ

Este pan tradicional estadounidense es un acompañante
rápido y fácil para sopas y guisados.

Porciones 8
Preparación 15-20 min
Horneado 20-25 min

UTENSILIOS ESPECIALES

sartén de hierro fundido para hornear,
de 23 cm, o molde para torta, redondo
y desmontable, de tamaño similar

INGREDIENTES

60 g de mantequilla sin sal o manteca
de cerdo derretida y enfriada, y algo
extra para engrasar

2 mazorcas frescas, cuyos granos
pesen unos 200 g

150 g de harina fina de maíz amarillo o
polenta

125 g de harina de fuerza para pan
blanco

50 g de azúcar pulverizada

1 cda. de polvo de hornear

1 cdta. de sal

2 huevos

250 ml de leche

1 Precaliente el horno a 425 °F (220 °C).
Engrase la sartén y llévela al horno.

2 Desgrane las mazorcas y raspe la pulpa
con el dorso de un cuchillo.

3 Tamice la polenta, la harina, el azúcar,
el polvo de hornear y la sal. Añada el maíz.

4 En un bol, bata los huevos, la mantequilla
o la manteca de cerdo, y la leche.

5 Vierta tres cuartas partes de la mezcla
de leche en la mezcla de harina y revuelva.

6 Añada los ingredientes secos y el resto de
mezcla de leche. Revuelva hasta suavizar.

7 Retire con cuidado la sartén del horno y vierta en ella la masa. Debe crepitar.

8 Pincele la superficie rápidamente con mantequilla o manteca. Hornee de 20 a 25 min.

9 El pan debe separarse de los lados de la sartén y un pincho debe salir limpio.

10 Deje enfriar el pan un poco sobre una rejilla. Sírvalo caliente, con sopa, chili con carne o pollo frito. Aunque el pan de maíz no se conserva bien, los restos se pueden utilizar como relleno para pollo asado.

VARIACIONES DEL PAN DE MAÍZ

MUFFINS DE MAÍZ CON PIMENTÓN ROJO ASADO

En el oeste de Estados Unidos, el pimentón rojo se asa, se corta en cubos y se añade a una masa de maíz. Horneado en moldes para muffins, el pan de maíz sirve para un buffet o un pícnic o como comida para llevar.

Para 12 unidades
Preparación 20 min
Horneado 15-20 min
Almacenar aunque son deliciosos recién horneados, se pueden hacer el día anterior y guardarlos bien envueltos en papel; si es posible, caliéntelos ligeramente en el horno antes de servir

UTENSILIOS ESPECIALES
molde para 12 muffins

INGREDIENTES
1 pimentón rojo (pimiento morrón) grande
150 g de harina fina de maíz amarillo o polenta
125 g de harina de fuerza para pan blanco
1 cda. de azúcar pulverizada
1 cda. de polvo de hornear
1 cdta. de sal
2 huevos
60 g de mantequilla sin sal o manteca de cerdo, derretida y enfriada, y algo extra para engrasar
250 ml de leche

1 Caliente la parrilla, la plancha a su temperatura máxima. Ase el pimentón, dándole vuelta cuando sea necesario, hasta que su piel se chamusque y ampolle. Póngalo dentro de una bolsa de plástico, ciérrela y espere a que enfríe. Sáquelo de la bolsa, retire la piel y corte el centro. Parta el pimentón por la mitad, retire las semillas y las nervaduras y corte la pulpa en cubos finos.

2 Precaliente el horno a 425 °F (220 °C). Engrase el molde y póngalo a calentar en el horno. En un bol, tamice la polenta, la harina, el azúcar, el polvo de hornear y la sal, y haga un hueco en el centro.

3 En otro bol, bata los huevos, la mantequilla derretida o la manteca y la leche. Vierta tres cuartas partes de la mezcla de leche en el hueco de la harina, y revuelva. Integre con los ingredientes secos y agregue la mezcla de leche restante, revolviendo hasta suavizar. Añada el pimentón cortado en cubos.

4 Retire el molde del horno y reparta la masa líquida entre las cavidades para muffins. Hornee entre 15 y 20 min, hasta que los muffins empiecen a separarse de los bordes, y al insertar un pincho de metal en el centro, este salga limpio. Desmolde y deje enfriar.

PAN DE MAÍZ AL ESTILO DEL SUR DE ESTADOS UNIDOS

Este pan de maíz se suele servir como acompañamiento para un asado, una sopa o un estofado. Algunas recetas auténticas sureñas omiten la miel.

Porciones 8
Preparación 10-15 min
Horneado 25-35 min
Almacenar delicioso recién salido del horno, aunque se puede hacer 1 día antes y guardar bien envuelto; caliéntelo en el horno antes de servir

UTENSILIOS ESPECIALES
molde desmontable, redondo, de 18 cm o sartén de hierro fundido para hornear, de similar tamaño

INGREDIENTES
250 g de harina fina de maíz o polenta, preferiblemente harina de maíz blanco, si la puede conseguir
2 cdtas. de polvo de hornear
½ cdta. de sal fina
2 huevos grandes
250 ml de suero de mantequilla
50 g de mantequilla sin sal o manteca de cerdo, derretida y enfriada, y algo extra para engrasar
1 cda. de miel de abejas (opcional)

1 Precaliente el horno a 425 °F (220 °C). Engrase el molde o la sartén y póngalo a calentar en el horno. En un bol, mezcle la harina de maíz, el polvo de hornear y la sal. Bata los huevos con el suero de mantequilla.

2 Haga un hueco en el centro de la mezcla de harina y vierta en él, revolviendo, la mezcla de suero de mantequilla. Añada la mantequilla o la manteca derretida y la miel (si la usa) y mezcle.

3 Retire el molde o la sartén del horno y vierta la mezcla dentro. Esta debe crepitar al entrar en contacto con el soporte; esto es lo que le da al pan de maíz su peculiar corteza.

4 Cocine de 20 a 25 min en el centro del horno hasta que el pan crezca y dore en los bordes. Deje enfriar por 5 min. Desmóldelo o sáquelo de la sartén y córtelo en porciones.

Pruebe también...
PAN DE MAÍZ CON AJÍ Y CILANTRO Añada junto con la miel un ají rojo sin semillas y 4 cucharadas de cilantro finamente picado al mismo tiempo que la miel.

CONSEJO DEL PASTELERO

El pan de maíz del sur de Estados Unidos,
deriva gran parte de su sabor del uso de
manteca de cerdo derretida en la masa.
En las cocinas de todos los estados del sur
es usual ver un frasco con manteca de
cerdo. ¡Haga lo mismo!

PANCAKES AMERICANOS DE ARÁNDANOS

Al dejar caer los arándanos sobre los panqueques a medio cocer se evita que el jugo gotee en la sartén y se queme.

Para 30 unidades
Preparación 10 min
Horneado 15-20 min

INGREDIENTES

30 g de mantequilla sin sal,
   y algo extra para freír y servir
2 huevos grandes
200 g de harina leudante
1 cdta. de polvo de hornear
40 g de azúcar pulverizada
250 ml de leche
1 cdta. de extracto de vainilla
150 g de arándanos
miel de arce, para servir

1 Derrita la mantequilla en una cacerola y déjela a un lado para que enfríe.

2 En un bol pequeño, bata los huevos ligeramente con un tenedor.

3 En otro bol, tamice la harina con el polvo de hornear. Levante bien el colador para airearlos.

4 Añada el azúcar y mezcle bien con la harina para que el dulzor de la masa sea uniforme.

5 En un jarro, bata ligeramente la leche, los huevos y el extracto de vainilla, y mezcle bien.

6 Con una cuchara, haga un hueco en el centro de los ingredientes secos.

7 Vierta un poco de la mezcla de huevo en el hueco y bata. Siga añadiendo de a pocos.

8 Espere a que cada adición de mezcla de huevo se incorpore para añadir la siguiente.

9 Por último, agregue la mantequilla derretida y bata hasta que la mezcla esté bien suave.

10 Derrita un poco de mantequilla en una sartén antiadherente grande.

11 Vierta una cucharada de la masa líquida en la sartén, para formar un pancake redondo.

12 Siga agregando cucharadas de masa, dejando espacio entre ellas para que crezcan.

13 Cuando comiencen a cocerse por debajo, esparza unos arándanos por encima.

14 Se les puede dar vuelta cuando aparecen burbujitas que revientan y dejan agujeritos.

15 Con cuidado, dé vuelta a los pancakes con una espátula.

continúa ▶

16 Siga cocinando por 1 o 2 min hasta que estén cocidos y dorados por ambos lados.

17 Retire los pancakes de la sartén y escúrralos sobre papel de cocina.

18 Dispóngalos en un plato y llévelos a un horno a temperatura media.

19 Limpie la sartén con papel de cocina y añada otro poco de mantequilla.

20 Repita con toda la masa y limpie entre las tandas. La sartén no debe calentarse mucho.

21 Retire los pancakes del horno. Sírvalos, en pilas, calientes, con mantequilla y miel de arce.

Pancakes americanos de arándanos ▶

VARIACIONES DE PANCAKES AMERICANOS

DROP SCONES

Como su propio nombre indica, la receta se prepara dejando caer cucharadas de masa sobre una sartén.

Para 12 unidades
Preparación 10 min
Horneado 15 min
Almacenar se pueden congelar por 4 semanas

INGREDIENTES

225 g de harina común
4 cdtas. de polvo de hornear
1 huevo grande
2 cdtas. de almíbar dorado
200 ml de leche, y algo extra si se necesita
aceite vegetal

1 Ponga una plancha o una sartén grande a fuego medio. Doble un paño de cocina en dos y póngalo sobre una bandeja de hornear.

2 Tamice la harina y el polvo de hornear en un bol. Haga un hueco en el centro y ponga dentro el huevo, el almíbar y la leche. Bata bien hasta lograr una mezcla con la consistencia de una crema espesa. Si está muy espesa, añada más leche.

3 Para verificar el calor de la plancha, rocíe algo de harina sobre la superficie: debe dorar lentamente; si se quema, la plancha está muy caliente y

debe enfriar un poco. Cuando la temperatura sea la correcta, sacuda la harina y frote la superficie con un trozo de papel de cocina mojado en aceite de cocina. Use guantes de horno para proteger sus manos.

4 Deje caer una cucharada de masa sobre la plancha o sartén, en una forma redonda. Repita, dejando suficiente espacio entre una y otra para que crezcan y se extiendan.

5 Cuando aparezcan burbujas en la superficie de los pancakes, deles vuelta con una espátula y presione para que doren. Ponga los pancakes cocidos dentro del paño doblado para que no endurezcan mientras fríe los demás.

6 Después de cada tanda, aceite la sartén o plancha caliente y verifique el calor. Si los pancakes están muy pálidos, aumente el fuego y si doran demasiado rápido, redúzcalo. Deliciosos frescos y calientes.

PANCAKES DE CANELA

Transforme cualquier pancake sobrante con esta cubierta rápida.

Para 8 unidades
Preparación 10 min
Horneado 5 min

INGREDIENTES

1 cdta. de canela molida
4 cdas. de azúcar pulverizada
8 pancakes americanos sobrantes (pp. 508-509)
25 g de mantequilla sin sal, derretida
yogur griego o yogur espeso, para servir (opcional)

1 Precaliente la parrilla o el horno a su temperatura máxima. Mezcle la canela y el azúcar y pase la mezcla a un plato. Pincele con mantequilla derretida cada pancake frío, por ambos lados; enseguida, póngalos por cada lado sobre la mezcla de azúcar y canela, presione y sacuda el exceso de azúcar.

2 Disponga los pancakes sobre una bandeja de hornear y áselos bajo la parrilla caliente o en la parte alta del horno, hasta que el azúcar se vea burbujeante y fundida. Deje asentar el azúcar por 1 min y deles vuelta para asarlos por el otro lado. Sírvalos enseguida con yogur o solos, como merienda.

CONSEJO DEL PASTELERO

Los pancakes americanos son siempre una excelente opción y la receta es fácil de recordar después de hacerlos unas cuantas veces. Sírvalos al desayuno o como postre, con fresas, chocolate o banano y yogur. Use ingredientes tan sanos o poco sanos como desee.

PILA DE PANCAKES CON BANANO, YOGUR Y MIEL

Esta pila de pancakes al estilo americano es un manjar de lujo para el desayuno.

Porciones 6
Preparación 10 min
Horneado 15-20 min

INGREDIENTES

200 g de harina leudante
1 cdta. de polvo de hornear
40 g de azúcar pulverizada
250 ml de leche entera
2 huevos grandes batidos
½ cdta. de extracto de vainilla
30 g de mantequilla sin sal, derretida y enfriada, y algo extra para freír
2-3 bananos
200 g de yogur griego o yogur natural espeso
miel de abejas líquida, para servir

1 Tamice la harina y el polvo de hornear en un bol y agregue el azúcar. En un jarro, mezcle la leche, los huevos y el extracto de vainilla. Haga un hueco en el centro de la mezcla de harina y vierta poco a poco la mezcla de leche, mientras bate. Añada la mantequilla y bata hasta que la mezcla esté bien suave.

2 Derrita un poco de mantequilla en una sartén antiadherente grande. Vierta cucharadas de la masa líquida, dejando espacio entre una y otra, para que los pancakes se extiendan a un diámetro de 8 a 10 cm. Cocine a fuego medio. Deles vuelta cuando aparezcan pequeñas burbujas y revienten. Cocine por 1 o 2 min más, hasta que estén dorados y bien cocidos.

3 Corte los bananos en diagonal para producir tiras de 5 cm de largo. Ponga un pancake caliente en un plato y cúbralo con una cucharada de yogur y unas tajadas de banano. Ponga encima otro pancake, más yogur y un poco de miel. Finalice la pila con un tercer pancake, coronado con una cucharada de yogur y bañado con bastante miel.

BUTTERMILK BISCUITS

Uno de los platos favoritos del sur de Estados Unidos, donde se sirven al desayuno tanto untados con algo dulce como para acompañar la salsa de las salchichas. Su secreto es una manipulación ligera y un horno caliente.

Para 8-10
Preparación 10 min
Horneado 15 min
Almacenar los biscuits se pueden guardar por 1 día en un recipiente hermético o congelar por 4 semanas, y calentar en el horno antes de servir

UTENSILIOS ESPECIALES

cortador de masa redondo, de 6 cm

rallador

INGREDIENTES

250 g de harina común

3 cdtas. de polvo de hornear

1 cda. de azúcar glas

½ cdta. de sal fina

60 g de mantequilla sin sal fría

6 g de margarina fría

150 ml de suero de leche, y algo extra para untar

mantequilla derretida, para pincelar (opcional)

1 Precaliente el horno a 230 °C (450 °F). Combine todos los ingredientes secos en un bol grande y mézclelos con un batidor de globo para airearlos.

2 Reboce la mantequilla fría en la mezcla seca y, a continuación, empiece a rallar la mantequilla en el bol. Vaya sumergiendo en la mezcla seca el extremo rallado a medida que avanza; esto evita que la mantequilla se pegue a los agujeros del rallador. Una vez rallada toda la mantequilla, repita con la margarina fría.

3 Mezcle la mantequilla rallada y la margarina con la mezcla seca para asegurarse de que los ingredientes se distribuyen de manera uniforme. A continuación, utilice las yemas de los dedos para frotar rápidamente la mezcla hasta que se formen migas gruesas.

4 Haga un agujero en el centro y vierta el suero de leche. Una la mezcla hasta formar una masa, añadiendo más suero de leche si está demasiado seca. Solo debe mantenerse unida.

5 En una superficie ligeramente enharinada, estire la masa con las yemas de los dedos o con un rodillo hasta obtener un círculo de 3 cm de grosor. Con el cortador, corte tantas galletas como pueda de la masa. Recoja y vuelva a alisar con cuidado el resto de la masa (ver Consejo del pastelero). Corte las galletas restantes hasta agotar la masa.

6 Ponga los biscuits en una bandeja de horno antiadherente y pincele la parte superior con un poco de mantequilla derretida, si desea. Hornee en el tercio superior del horno 12-13 min hasta que hayan subido bien y estén ligeramente dorados por encima. Retire del horno y deje que se enfríen durante 5 min en una rejilla antes de servirlos, todavía calientes.

CONSEJO DEL PASTELERO

Estos biscuits tienden a endurecerse y tomar mal sabor cuando se manipulan en exceso. Para evitar esto, integre la mezcla suavemente justo hasta cuando se forme una masa. Al estirar la masa por primera vez, procure cortar el mayor número de biscuits, pues cada vez será más difícil hacerlos.

CRUMPETS

Los crumpets tostados son deliciosos al desayuno o a la hora del té, con ingredientes dulces o salados.

Para 8 unidades
Preparación 10 min
Horneado 20-26 min
Almacenar los crumpets pueden congelarse por 4 semanas

UTENSILIOS ESPECIALES
4 aros para crumpets o cortadores de masa de metal, de 10 cm

INGREDIENTES
125 g de harina común
125 g de harina de fuerza para pan blanco
½ cdta. de levadura seca
175 ml de leche tibia
½ cdta. de sal
½ cdta. de bicarbonato de sodio
aceite vegetal, para engrasar

1 Mezcle las harinas con la levadura. Añada la leche y 175 ml de agua tibia, y espere 2 horas o hasta que las burbujas suban a la superficie y empiecen a bajar de nuevo. Espolvoree la sal y el bicarbonato sobre 2 cucharadas de agua tibia e incorpórelos a la mezcla de harinas. Deje a un lado por unos 5 min.

2 Aceite los aros para crumpets o los cortadores y póngalos en una sartén grande ligeramente engrasada.

3 Pase la masa líquida a un jarro. Caliente la sartén a fuego medio y vierta un poco de masa en cada anillo, a una profundidad de 1 a 2 cm. Cocine los crumpets por 8 o 10 min, hasta que la masa tome consistencia o hasta que aparezcan burbujas y luego agujeros en la superficie. Si no aparecen burbujas es porque la masa está muy seca y debe añadirle un poco de agua al resto de la masa.

4 Retire los aros de los crumpets, deles vuelta y cocínelos por 2 o 3 min más o hasta que doren. Repita con el resto de la masa. Sirva los crumpets calientes o, si los va a servir más tarde, tuéstelos para recalentarlos antes de servir.

CONSEJO DEL PASTELERO

Los agujeros de los crumpets son su mejor argumento de venta, pues los convierten en receptores perfectos de la mantequilla o mermelada. Durante la cocción, la levadura crea burbujas, que al estallar, dejan agujeros. Los crumpets caseros suelen tener menos agujeros, pero son tan ricos como los otros.

CRÊPES SUZETTE

En el este, uno de los más clásicos postres franceses, las crêpes se flambean justo antes de servir.

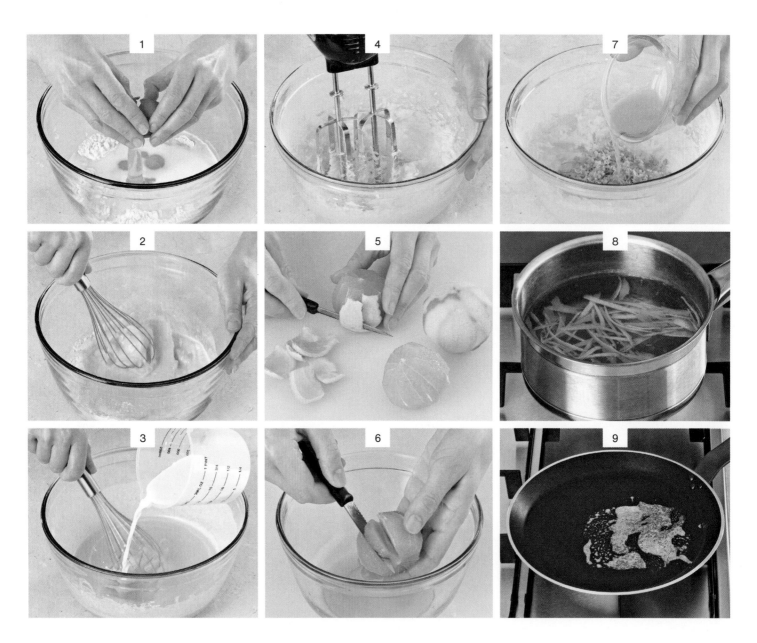

1 Mezcle la harina, el azúcar y la sal. Haga un hueco y añada los huevos y la mitad de la leche.

2 Bata hasta formar una masa. Añada la mitad de la mantequilla y bata hasta suavizar.

3 Agregue la leche para darle consistencia de crema líquida a la masa. Cubra y espere 30 min.

4 Para la mantequilla de naranja, mezcle la mantequilla y el azúcar glas con una batidora.

5 Con un cuchillo afilado, retire la corteza blanca y la piel de las 3 naranjas.

6 Deslice el cuchillo a lado y lado de cada gajo para separarlo. Reserve.

7 Añada la ralladura, 2 cucharadas de jugo y el Grand Marnier a la mantequilla. Bata bien.

8 Ponga las tiras de naranja en una olla de agua hirviendo y cocine a fuego lento por 2 min.

9 Ponga un poco de mantequilla derretida en una sartén y caliente a fuego medio-alto.

Porciones 6
Preparación 40-50 min
Reposo 30 min
Por anticipado haga las crêpes solas 3 días antes, sepárelas con papel de horno, envuélvalas y guárdelas en el refrigerador
Horneado 45-60 min

INGREDIENTES
Para las crêpes
175 g de harina común tamizada
1 cda. de azúcar pulverizada
½ cdta. de sal
4 huevos
375 ml de leche, y algo extra si se necesita

90 g de mantequilla sin sal, derretida y enfriada, y algo extra si se necesita

Para la mantequilla de naranja
175 g de mantequilla sin sal, a temperatura ambiente
30 g de azúcar glas

3 naranjas grandes, 2 finamente ralladas y 1 pelada con un pelador de vegetales y luego cortada en julianas
1 cda. de Grand Marnier

Para el flameado
75 ml de brandy
75 ml de Grand Marnier

10 Vierta 2 o 3 cucharadas de masa en la sartén, inclinándola para cubrir la base.

11 Fría por 1 min. Despegue con cuidado con una espátula. Dele vuelta y fría de 30 a 60 s.

12 Repita hasta hacer 12 crêpes, agregando mantequilla solo cuando empiecen a pegarse.

13 Unte con mantequilla de naranja un lado de cada crêpe. Caliente la sartén a fuego medio.

14 Fría una a una las crêpes por 1 min, con la mantequilla hacia abajo, y dóblelas en cuartos.

15 Disponga las crêpes en la sartén caliente. Caliente los licores y viértalos sobre ellas.

16 Aléjese un poco. Sujete un fósforo encendido junto a la sartén; inclínela para apagar las llamas.

17 Disponga las crêpes en platos calientes y báñelas con la salsa de la sartén.

18 Decore añadiendo gajos y tiras de naranja, y sirva.

VARIACIONES DE LA CRÊPE

PANCAKE AL HORNO DE ESPINACAS, TOCINO Y RICOTTA

Pruebe a hacer los pancackes con antelación y guárdelos en la nevera para preparar una cena rápida.

Porciones 4
Preparación 30 min
Por anticipado puede llegar al final del paso 6, cubrir y refrigerar por 2 días y luego continuar
Horneado 35 min

UTENSILIOS ESPECIALES
plato hondo refractario, de 25 x 32 cm

INGREDIENTES

Para la masa líquida
175 g de harina común
½ cdta. de sal fina
250 ml de leche entera, y algo extra si se necesita
4 huevos
50 g de mantequilla sin sal, derretida y enfriada, y algo extra para freír y engrasar

Para el relleno
50 g de piñones
2 cdtas. de aceite de oliva extra virgen
1 cebolla roja finamente picada
100 g de tocino en cubos
2 dientes de ajo triturados
300 g de espinacas baby lavadas y secas
250 g de queso ricotta
3-4 cdas. de crema de leche espesa
sal marina y pimienta negra recién molida

Para la salsa de queso
350 ml de queso doble crema
60 g de queso parmesano, finamente rallado

1 Para los pancakes, mezcle la harina y la sal en un bol grande. En otro bol, mezcle la leche y los huevos. Haga un hueco en el centro de la mezcla de la harina y añada poco a poco la mezcla de leche, incorporando bien. Agregue la mantequilla y bata hasta suavizar. La mezcla debe tener consistencia de crema líquida. Si es necesario, añada un poco más de leche. Pase la masa líquida a un jarro, cubra con plástico adherente y déjela reposar por 30 min.

2 Para el relleno, fría los piñones en seco a fuego medio por un par de minutos, en una sartén grande, dándoles vuelta con frecuencia hasta que doren por partes. Retírelos de la sartén y resérvelos.

3 Agregue el aceite de oliva a la sartén y sofría la cebolla por 3 min, hasta que ablande, pero sin dorar. Añada el tocino y fría a fuego medio por otros 5 min, hasta que esté dorado y crujiente. Agregue el ajo y cocine por 1 min. Luego añada las espinacas a puñados. Como se marchitan con rapidez, cocínelas justo hasta que empiecen a marchitarse y retire la sartén del fuego.

4 Ponga la mezcla de espinacas en un colador y prénsela con el dorso de una cuchara para eliminar el exceso de agua. Pásela a un bol, añada los piñones y mezcle todo con el ricotta y la crema de leche. Sazone bien y reserve.

5 Derrita un poco de mantequilla en una sartén antiadherente grande y cuando empiece a chisporrotear, seque cualquier exceso con papel de cocina. Vierta 1 cucharada de la mezcla de pancakes en la sartén y ladéela para cubrirla toda con una capa delgada. Cocine por 2 min por cada lado, dándole vuelta cuando el primer lado esté dorado. Ponga los pancakes listos a un lado y repita el proceso hasta usar toda la masa, agregando mantequilla cuando se necesite. Aquí debería hacer 10 pancakes.

6 Precaliente el horno a 400 °F (200 °C). Ponga un pancake sobre una superficie plana. Con el dorso de una cuchara, esparza 2 cucharadas de relleno en el centro del pancake, formando una línea ancha. Enrolle el pancake alrededor de la línea de relleno. Engrase el plato y disponga en

él los pancakes, uno al lado del otro.

7 Para la salsa, caliente la crema de leche hasta que esté a punto de hervir. Añada casi todo el parmesano. Bata hasta que el queso se derrita, deje hervir y cocine a fuego lento por 2 min, hasta que la mezcla espese un poco. Sazone al gusto y vierta sobre los pancakes. Cubra con el queso reservado.

8 Cocine por 20 min en la parte alta del horno, hasta que los pancakes doren y la salsa burbujee. Retire del horno y sirva enseguida.

GALETTES DE TRIGO SARRACENO

Estos pancakes salados son populares en la región de Bretaña en Francia, donde la cocina local se caracteriza por sabores ricos y rústicos.

Porciones 4
Preparación 25 min
Reposo 2 h
Por anticipado prepare la masa líquida unas pocas horas antes y déjela lista para cocinar. Si espesa demasiado, añádale un poco de agua antes de usarla
Horneado 25-30 min

INGREDIENTES

Para las galettes
75 g de harina de trigo sarraceno (alforfón)
75 g de harina común
2 huevos batidos
250 ml de leche
aceite de girasol, para engrasar

Para el relleno
2 cdas. de aceite de girasol
2 cebollas rojas en rodajas finas
200 g de jamón ahumado, picado
1 cdta. de hojas de tomillo
115 g de queso brie en trozos pequeños
100 ml de crema agria

1 Tamice la harina en un bol grande, haga un hueco en el centro y añada los huevos. Con una cuchara de madera, integre poco a poco los huevos y la harina, luego agregue la leche y 100 ml de agua para hacer una masa líquida y suave. Tape y deje reposar durante 2 horas.

2 En una sartén pequeña, caliente el aceite para el relleno, añada la cebolla y sofríala hasta que ablande. Agregue el jamón y el tomillo, retire del fuego y reserve.

3 Precaliente el horno a 300 °F (150 °C). Caliente una sartén grande y engrásela un poco. Vierta 2 cucharadas de la mezcla y ladee la sartén para cubrir toda su base. Fría por 1 min o hasta dorar por debajo, dele vuelta y cocine por 1 min más o hasta dorar por el otro lado. Haga 7 galettes más, engrasando la sartén si es necesario.

4 Mezcle el queso brie y la crema agria con el relleno y reparta la mezcla entre las galettes. Enróllelas o dóblelas y dispóngalas en una bandeja de hornear. Caliéntelas en el horno durante 10 min, antes de servir.

TORTA SUECA DE PANCAKES

Para este postre, ideal como torta de cumpleaños y favorito de los niños, utilice solo las crêpes más delgadas.

Porciones 6-8
Preparación 15 min

INGREDIENTES
6 pancakes, hechos con ¹/₂ porción de masa para crêpe (p. 518-519, pasos 1-3 y 10-12)
200 ml de crema de leche espesa
250 ml de crema agria
3 cdas. de azúcar pulverizada
¹/₄ cdta. de extracto de vainilla
250 g de frambuesas
azúcar glas, para servir

1 Bata la crema de leche hasta que forme picos. Mézclela con la crema agria, el azúcar pulverizada y el extracto de vainilla. Reserve 4 cucharadas para decorar la torta.

2 Separe un puñado de frambuesas. Triture ligeramente el resto de la fruta con un tenedor y agréguela a la mezcla de crema, integrándola tan solo un poco para crear un efecto ondulado.

3 Disponga un pancake sobre un plato, esparza sobre él una quinta parte de la crema y cubra con otro pancake. Siga agregando capas hasta usar todos los pancakes y toda la crema.

4 Decore la torta con la mezcla de crema reservada, esparza las frambuesas reservadas, espolvoree azúcar glas y sirva.

CONSEJO DEL PASTELERO
Esta torta apilada es muy versátil. Ensaye a usar fresas o arándanos picados y obtendrá una torta deliciosa. En Suecia se suele usar la mermelada de arándano rojo dulce (similar a la salsa dulce de arándano) para sustituir la fruta fresca. Busque la mermelada en tiendas de delicatessen escandinavas.

TORTAS DE AVENA DE STAFFORDSHIRE

Estos pancakes de avena se hacen con rellenos salados o dulces y se pueden doblar en dos, enrollar o cocinar unos sobre otros y cortar en cuatro.

Para 10 unidades
Preparación 10 min
Reposo 1-2 h
Horneado 15 min

INGREDIENTES

200 g de harina de avena fina
100 g de harina integral
100 g de harina común
½ cdta. de sal fina
2 cdtas. de levadura seca
300 ml de leche
mantequilla sin sal, para freír

Para el relleno

250 g de queso cheddar o
 Red Leicester, rallado
20 lonjas de tocineta (panceta)

1 Tamice las tres harinas con la sal. Añada la levadura en 400 ml de agua caliente y mezcle hasta que disuelva por completo. Agregue la leche. Haga un hueco en el centro de los ingredientes secos, vierta la mezcla de leche y el agua, y mezcle.

2 Bata bien la mezcla hasta que quede muy suave. Cubra y deje reposar entre 1 y 2 horas hasta que empiece a ver pequeñas burbujas en la superficie.

3 Derrita un poco de mantequilla en una sartén antiadherente grande y cuando empiece a chisporrotear, limpie rápidamente cualquier exceso con papel de cocina.

4 Vierta una cucharada de la mezcla para la torta de avena en el centro de la sartén. Ladee la sartén para que la masa se extienda bien. La idea es cubrir toda la superficie de la sartén tan rápido como sea posible con una capa delgada de la mezcla.

5 Cocine los pancakes de avena durante 2 min por cada lado, dándoles vuelta cuando los bordes estén bien cocidos y el primer lado esté dorado. Deje en un lugar cálido los pancakes ya listos y repita el proceso hasta utilizar toda la masa.

6 Entre tanto, caliente la parrilla o el horno a su temperatura más alta y dore la tocineta. Espolvoree queso rallado por toda la superficie de un pancake.

7 Ponga el pancake bajo la parrilla o en la parte alta del horno por 1 o 2 min, hasta que el queso se derrita por completo. Coloque 2 lonjas de tocineta encima del queso derretido, en un lado del pancake, enrolle el pancake y sirva.

CONSEJO DEL PASTELERO

Estas tradicionales tortas de avena son en
realidad sabrosos pancakes, aunque un poco más
saludables e ideales para hacer un desayuno en
un momento. Para un desayuno aun más rápido,
la masa se puede preparar la noche anterior y
guardar cubierta en el refrigerador.

BLINIS

Pancakes de origen ruso a base de trigo sarraceno. Sírvalos como canapés o para el almuerzo, más grandes y con pescado ahumado y crema agria.

Para 48 blinis
Preparación 20 min
Reposo 2 h
Horneado 15 min
Por anticipado se pueden hacer hasta 3 días antes y guardar en el refrigerador, en un recipiente hermético, o congelarse por 8 semanas; recaliéntelos frescos o congelados como en el paso 6

INGREDIENTES

½ cdta. de levadura seca

200 ml de leche caliente

100 g de crema agria

100 g de harina de trigo sarraceno (alforfón)

100 g de harina de fuerza para pan blanco

½ cdta. de sal fina

2 huevos separados

50 g de mantequilla sin sal, derretida y enfriada, y algo extra para freír

crema agria, salmón ahumado, cebollín y pimienta negra recién molida, para servir (opcional)

1 Mezcle la levadura con la leche caliente y bata hasta disolverla. Agregue la crema agria y reserve.

2 En un bol grande, mezcle las harinas y la sal y haga un hueco en el centro. Poco a poco vierta allí la leche y la crema agria, mientras bate para integrarlas con la mezcla de harina. Agregue las yemas y siga batiendo. Por último, añada la mantequilla y bata hasta suavizar.

3 Cubra el bol con plástico adherente y déjelo en un lugar cálido por al menos 2 horas, hasta que aparezcan pequeñas burbujas en la superficie.

4 En un bol limpio, bata las claras a punto de nieve. Agréguelas a la masa líquida y bata suavemente con una cuchara de metal o con una espátula, hasta mezclar bien. No deben quedar grumos de clara de huevo. Pase la masa a un jarro.

5 Caliente un poco de mantequilla en una sartén antiadherente grande. Vierta en ella cucharadas de masa para formar tortitas de unos 6 cm de diámetro. Cocine los blinis por 1 o 2 min a fuego medio, hasta que empiecen a aparecer burbujas en la superficie. Cuando las burbujas comiencen a reventar, deles vuelta a los blinis y cocine del otro lado por 1 min. Páselos a un plato caliente, cúbralos con un paño limpio y siga con el proceso hasta agotar la masa. Si la sartén se seca, póngale un poco de mantequilla.

6 Para hacer deliciosos canapés, sirva los blinis recién hechos o todavía calientes, con crema agria y salmón ahumado con bastante pimienta negra, y adornados con cebollín cortado con tijeras. También puede envolverlos en papel de aluminio y calentarlos en un horno a fuego medio durante 10 min, antes de servir.

CONSEJO DEL PASTELERO

Los blinis son fáciles de hacer, aunque puede ser difícil darles una forma redonda y pequeña para servirlos como canapés. No olvide verter la masa directamente en el centro del blini y recoger con una cuchara las gotas de la jarra después de verter.

CLAFOUTIS DE CEREZA

Este postre francés combina crema dulce de huevo y fruta madura. Se hornea hasta que cuaje y la fruta reviente. Sirva caliente o a temperatura ambiente, con bastante crema de leche o crema agria por encima, o con helado de vainilla.

Porciones 6
Preparación 12 min
Reposo 30 min
Horneado 35-45 min

UTENSILIOS ESPECIALES
molde de 25 cm o plato refractario

INGREDIENTES
750 g de cerezas
3 cdas. de kirsch
75 g de azúcar pulverizada
mantequilla sin sal, para engrasar
4 huevos grandes
1 vaina o 1 cdta. de extracto de vainilla
100 g de harina común
300 ml de leche
pizca de sal
azúcar glas, para espolvorear
crema de leche espesa, crema agria o
   helado de vainilla, para servir (opcional)

1 Mezcle las cerezas con el kirsch y con 2 cucharadas de azúcar. Deje por 30 min.

2 Precaliente el horno a 400 °F (200 °C). Engrase el molde y póngalo aparte.

3 Cuele el kirsch de las cerezas en un bol grande. Reserve las cerezas.

4 Añada al kirsch los huevos y el extracto de vainilla (si lo usa) y bata hasta combinar bien.

5 Con un cuchillo afilado, corte verticalmente en dos la vaina de vainilla (si la usa).

6 Raspe las semillas de cada mitad de la vaina con la punta del cuchillo.

7 Añada las semillas a la mezcla de huevo y kirsch, y revuelva para distribuirlas bien.

8 Agregue el azúcar restante y bata bien para combinar.

9 Tamice la harina en un bol, levantando el colador para que se airee mientras cae.

10 Añada poco a poco la harina al huevo para formar una pasta. Bata luego de cada adición.

11 Vierta la leche, añada la sal y bata hasta formar una masa líquida suave.

12 Disponga las cerezas sobre el molde, formando una capa que lo cubra todo.

13 Vierta poco a poco la masa líquida sobre las cerezas, procurando no moverlas.

14 Hornee de 35 a 45 min o hasta que la superficie dore y el centro esté firme al tacto.

15 Deje enfriar sobre una rejilla, desmolde y espolvoree azúcar glas.

VARIACIONES DEL CLAFOUTIS

SAPO EN EL AGUJERO

Esta sabrosa versión británica del clafoutis es muy práctica.

Porciones 4
Preparación 20 min
Reposo 30 min
Por anticipado la masa se puede hacer 24 horas antes; refrigérela y bátala brevemente antes de usarla
Horneado 35-40 min

UTENSILIOS ESPECIALES

lata para asar o plato hondo refractario

INGREDIENTES

125 g de harina común
pizca de sal
2 huevos
300 ml de leche
2 cdas. de aceite vegetal
8 salchichas de buena calidad

1 Para la masa, ponga la harina con la sal en un bol, haga un hueco en el centro y vierta en él los huevos con un poco de leche. Bata y vaya incorporando la harina gradualmente. Añada la leche restante y revuelva para hacer una masa líquida suave. Deje reposar por al menos 30 min.

2 Precaliente el horno a 425 °F (220 °C). Caliente el aceite en la lata para asar o el plato refractario. Añada las salchichas y muévalas en el aceite caliente. Hornee de 5 a 10 min o hasta que las salchichas tomen color y la grasa esté muy caliente.

3 Reduzca la temperatura del horno a 400 °F (200 °C). Vierta con cuidado la masa sobre las salchichas y hornee de nuevo por 30 min o hasta que la masa crezca, dore y esté crujiente. Sirva de inmediato.

CLAFOUTIS DE ALBARICOQUE

Este favorito de Francia se disfruta caliente o a temperatura ambiente. Si no encuentra albaricoques frescos, use de conserva.

Porciones 4
Preparación 10 min
Horneado 35 min
Por anticipado el clafoutis es mejor recién horneado, pero se puede cocinar hasta con 6 horas de anticipación y servir a temperatura ambiente

UTENSILIOS ESPECIALES

plato hondo refractario

INGREDIENTES

mantequilla sin sal, para engrasar
250 g de albaricoques maduros, en mitades y sin hueso, o 1 lata de albaricoques escurridos
1 huevo, más 1 yema
25 g de harina común
50 g de azúcar pulverizada
150 ml de crema de leche espesa
¼ cdta. de extracto de vainilla
crema de leche espesa o crema agria, para servir

1 Precaliente el horno a 400 °F (200 °C). Engrase ligeramente el plato; debe ser lo bastante grande para que quepan los albaricoques en una sola capa. Ponga los albaricoques en el plato con el lado cortado hacia abajo, sin espacio entre ellos.

2 En un bol, bata el huevo, la yema y la harina. Añada el azúcar. Por último, agregue la crema de leche y la vainilla, y bata bien para formar una crema suave.

3 Vierta la crema sobre los albaricoques, de modo que solo se les pueda ver por encima. Cocine en la parte alta del horno por 35 min, hasta que el clafoutis crezca bien y dore por partes. Retire del horno y deje enfriar por al menos 15 min. Es ideal cuando se sirve caliente, con crema de leche espesa o crema agria.

VARIACIONES DEL CLAFOUTIS

CLAFOUTIS DE CIRUELA Y MAZAPÁN

Esta increíble versión es igual de buena con ciruelas o con cerezas, pero en lugar de poner el mazapán en los orificios de las frutas, ponga pequeños trozos entre ellas.

Porciones 6
Preparación 30 min
Horneado 50 min
Por anticipado el clafoutis es mejor recién horneado, pero se puede hornear hasta 6 horas antes y servir a temperatura ambiente

UTENSILIOS ESPECIALES
plato hondo refractario

INGREDIENTES
Para el mazapán
115 g de almendras molidas
60 g de azúcar pulverizada
60 g de azúcar glas, y algo extra para espolvorear
una gotas de extracto de almendras
½ cdta. de jugo de limón
1 clara de huevo ligeramente batida

Para el clafoutis
675 g de ciruelas en mitades y sin hueso
75 g de mantequilla
4 huevos y 1 yema
115 g de azúcar pulverizada
85 g de harina común tamizada
450 ml de leche
150 ml de crema de leche líquida

1 Precaliente el horno a 375 °F (190 °C). Mezcle los ingredientes del mazapán con suficiente clara de huevo y haga una pasta dura. Meta un poco de pasta dentro del orificio de cada mitad de ciruela.

2 Con 15 g de la mantequilla, engrase un plato refractario lo bastante grande para poner las ciruelas en una sola capa. Ponga las ciruelas en el plato con el lado cortado y el mazapán hacia abajo. Derrita la mantequilla restante y déjela enfriar.

3 Añada a los huevos y a la yema cualquier sobrante de clara de huevo del mazapán. Agregue el azúcar y bata hasta lograr una mezcla espesa y pálida. Añada la mantequilla derretida, la harina, la leche y la crema de leche para hacer una masa líquida. Vierta sobre las ciruelas y hornee por unos 50 min, hasta que el clafoutis dore y tome consistencia. Sirva caliente, espolvoreado con azúcar glas.

CONSEJO DEL PASTELERO
El clafoutis es una crema dulce, horneada con cualquier fruta de temporada. Cuando no tenga frutas frescas, pruebe esta versión con albaricoques en conserva, pero en temporada use cerezas, moras, ciruelas y grosellas rojas, blancas o negras.

CLAFOUTIS DE CIRUELAS

Este postre de otoño se prepara en plena temporada de ciruelas. Puede sustituir el kirsch por brandy de ciruelas o por brandy clásico, si lo prefiere.

Porciones 6-8
Preparación 20-25 min
Horneado 30-35 min
Por anticipado el clafoutis es mejor recién horneado, pero se puede hornear hasta 6 horas antes y servir a temperatura ambiente

UTENSILIOS ESPECIALES
plato hondo refractario

INGREDIENTES
mantequilla sin sal, para engrasar
100 g de azúcar pulverizada, y algo extra para engrasar el plato
625 g de ciruelas pequeñas, sin hueso y en mitades
45 g de harina común
pizca de sal
150 ml de leche
75 ml de crema de leche espesa
4 huevos, más 2 yemas
3 cdas. de kirsch
2 cdas. de azúcar glas
crema de leche batida, para servir (opcional)

1 Precaliente el horno a 350 °F (180 °C). Engrase el plato. Espolvoréelo con un poco de azúcar e inclínelo para cubrir el fondo y los lados. Sacuda lo que sobra. Disponga las ciruelas en una capa, con el lado cortado hacia arriba.

2 Tamice la harina y la sal en un bol. Haga un hueco en el centro y vierta dentro la leche y la crema. Bata, integrando la harina para formar una pasta suave. Añada los huevos, las yemas y el azúcar pulverizada, y bata para hacer una masa líquida suave.

3 Vierta la masa sobre las ciruelas y rocíe el kirsch por encima. Hornee de 30 a 35 min, hasta que el clafoutis crezca y empiece a dorar. Al momento de servir, tamice encima el azúcar glas. Sirva caliente o a temperatura ambiente, con crema batida.

WAFFLES

Versátiles y fáciles de preparar, son perfectos para el desayuno, como refrigerio o como postre.

Para 6-8 unidades
Preparación 10 min
Horneado 20-25 min
Almacenar deliciosos frescos, pero puede hacer waffles 24 horas antes y recalentarlos en una tostadora; o puede congelarlos por 4 semanas

UTENSILIOS ESPECIALES
wafflera o plancha para waffles

INGREDIENTES
175 g de harina común
1 cdta. de polvo de hornear
2 cdas. de azúcar pulverizada
300 ml de leche
75 g de mantequilla sin sal, derretida
1 cdta. de extracto de vainilla
2 huevos grandes, separados
miel de arce, mermelada, fruta fresca, crema dulce, o helado, para servir (opcional)

1 En un bol, ponga la harina, el polvo de hornear y el azúcar pulverizada, y haga un hueco en el centro. Vierta dentro la leche, la mantequilla, la vainilla y las yemas, bata e integre la harina gradualmente.

2 Precaliente la wafflera o la plancha. Bata las claras a punto de nieve en un bol e incorpore la masa líquida con una cuchara de metal.

3 Precaliente el horno a 250 °F (250 °C). Vierta una cucharada pequeña de la masa sobre la plancha caliente (o la cantidad recomendada por el fabricante) y extiéndala hasta cerca del borde. Hornee hasta dorar.

4 Sirva de inmediato, con miel de arce, mermelada, fruta fresca, crema endulzada o helado, o consérvelos calientes en el horno, en una sola capa, hasta que todos estén listos.

CONSEJO DEL PASTELERO

Si una receta requiere mantequilla derretida, verifique que esté completamente fría antes de añadirla a la masa. La mantequilla caliente o tibia puede cuajar la mezcla, comenzar a cocerla o formar grumos. Recuerde siempre enfriar antes la mantequilla derretida.

ÍNDICE

Los números de página en **negrita** remiten a la ilustración paso a paso de recetas o técnicas. Los números de página en *cursiva* remiten a los Consejos del pastelero.

DK REINO UNIDO
Edición Amy Slack
Edición de arte sénior Sara Robin
Asistencia editorial Millie Andrew
Diseño de cubierta sénior Nicola Powling
Coordinación de cubiertas Lucy Philpott
Preproducción David Almond
Producción Rebecca Parton
Edición ejecutiva Stephanie Farrow
Edición ejecutiva de arte Christine Keilty
Dirección de arte Maxine Pedliham
Dirección editorial Mary-Clare Jerram

DK INDIA
Edición sénior Arani Sinha
Asistencia editorial Udit Verma
Edición ejecutiva Soma B. Chowdhury
Diseño de maquetación sénior Pushpak Tyagi
Diseño de maquetación Syed Md Farhan, Satish Gaur,
Rajdeep Singh, Anurag Trivedi
Dirección de preproducción Sunil Sharma

DE LA EDICIÓN EN ESPAÑOL
Coordinación editorial Cristina Sánchez Bustamante
Asistencia editorial y producción Malwina Zagawa

Servicios editoriales Tinta Simpàtica
Traducción Agencia-Central Comunicación y
Estrategia Ltda.

Publicado originalmente en Gran Bretaña en 2020
por Dorling Kindersley Limited
DK, One Embassy Gardens, 8 Viaduct Gardens,
Londres, SW11 7BW
Parte de Penguin Random House

Copyright © 2011, 2020 Dorling Kindersley Limited
© Traducción española: 2011, 2022 Dorling Kindersley
Limited

Título original: *Complete Baking*
Segunda edición: 2022

Reservados todos los derechos.
Queda prohibida, salvo excepción prevista en la
ley, cualquier forma de reproducción, distribución,
comunicación pública y transformación de esta
obra sin la autorización escrita de los titulares
de la propiedad intelectual.

ISBN: 978-0-7440-6430-8

Impreso y encuadernado en China

Para mentes curiosas

www.dkespañol.com

MIXTO
Papel | Apoyando la
selvicultura responsable
FSC
www.fsc.org   FSC™ C018179

Este libro se ha impreso con papel
certificado por el Forest Stewardship
Council™ como parte del compromiso
de DK por un futuro sostenible.
Para más información, visita
www.dk.com/our-green-pledge

SOBRE LA AUTORA

Nacida en Gran Bretaña, Caroline Bretherton ha pasado los últimos veinte años siguiendo su pasión por la comida en distintas posiciones en el negocio de la alimentación. Tras dirigir una empresa de catering de gran éxito en Londres durante varios años, amplió sus actividades para incorporar una cafetería en el corazón de Notting Hill, un restaurante que sirve comida fresca y de temporada.

Pronto comenzó a colaborar en la televisión del Reino Unido, con apariciones como chef invitada de Food Network y otras cadenas de televisión, como Taste Network, en la que fue copresentadora de *Real Food*, el programa insignia de la cadena.

Tras una pausa para concentrarse en su joven familia, Caroline regresó al negocio de la alimentación con una breve temporada como «escritora de comida familiar» en la revista *The Times Weekend*. La escritura ha sido siempre su pasión y pronto publicó su primer libro, *The Allotment Cookbook*, que salió a la luz en 2011.

Desde entonces ha publicado libros de gran éxito, como *Step-by-step Baking* (2011), *The Pie Book* (2013) y *Family Kitchen Cookbook* (2013), así como *The American Cookbook* (2014), *Step-by-step Desserts* (2015), *Superalimentos para una vida sana* (2017), *Sprouted!* (2017) y *Pasta Reinvented* (2018), todos ellos publicados por DK. También ha publicado recetas en publicaciones como *The Daily Telegraph* y ha colaborado con la prestigiosa nutricionista Jane Clarke para la que ha preparado las recetas de su libro *Complete Family Nutrition* (2014), también publicado por DK.

En 2012 se trasladó con su familia de Londres a Durham, en Carolina del Norte, donde vive con su esposo y sus dos hijos adolescentes.

AGRADECIMIENTOS

La autora desea expresar sus agradecimientos a:
Mary-Clare, Dawn y Alastair de Dorling Kindersley, por su ayuda y aliento constante para llevar a término esta enorme tarea, así como a Borra Garson y a todos en la oficina de Deborah McKenna, por el trabajo que hicieron en mi nombre. Por último, quiero agradecer a todos mis familiares y amigos por su incondicional apoyo y ¡gran apetito!

Agradecimientos de los editores:
DK quiere dar las gracias por su trabajo en la primera edición a Alastair Laing, Kathryn Wilding, Dawn Henderson, Christine Keilty, Nicola Powling, Maria Elia, Alice Sykes, Sonia Charbonnier, Charis Bhagianathan, Neha Ahuja, Divya PR, Mansi Nagdev, Glenda Fernandes, Navidita Thapa, Sunil Sharma, Pankaj Sharma, Neeraj Bhatia, Sourabh Challariya, Arjinder Singh, Caroline de Souza, Dorothy Kikon, Anamica Roy, Jane Ellis y Susan Bosanko. Agradece también a Howard Shooter y Michael Hart por sus fotografías para la primera edición, y a Nicky Collings, Miranda Harvey, Luis Peral, Lisa Pettibone, Wei Tang, Kate Blinman, Lauren Owen, Denise Smart y Emily Jonzen por su trabajo en las sesiones fotográficas.

DK quiere dar las gracias por su trabajo en la segunda edición a Barbara Zuniga por su trabajo de diseño, Karyn Gerhard por la comprobación de las recetas, Nigel Wright por sus fotografías, Jane Lawrie por el estilismo de comida, Janice Browne por el estilismo de atrezzo, Emma Cargill, Chloe Jane Nestor, Natasha Yexley y Arna Watts por el modelo de manos, y Purvi Gadia por su asistencia editorial.

INFORMACIÓN DE UTILIDAD

Equivalencias de las temperaturas del horno

Si su horno tiene ventilador, reduzca la temperatura en al menos 10 °C / 25 °F.

CELSIUS	FAHRENHEIT	GAS	DESCRIPCIÓN
110 °C	225 °F	¼	Superbajo
130 °C	250 °F	½	Superbajo
140 °C	275 °F	1	Muy bajo
150 °C	300 °F	2	Muy bajo
160 °C	325 °F	3	Bajo
180 °C	350 °F	4	Medio
190 °C	375 °F	5	Medio alto
200 °C	400 °F	6	Caliente
220 °C	425 °F	7	Caliente
230 °C	450 °F	8	Muy caliente
240 °C	475 °F	9	Muy caliente

Equivalencias de volumen

Tenga en cuenta que 1 cucharadita (cdta.) equivale a 5 ml y 1 cucharada (cda.) equivale a 15 ml.

MÉTRICO	IMPERIAL	MÉTRICO	IMPERIAL
30 ml	1 fl oz	450 ml	15 fl oz
60 ml	2 fl oz	500 ml	16 fl oz
75 ml	2½ fl oz	600 ml	1 pinta
100 ml	3½ fl oz	750 ml	1¼ pintas
120 ml	4 fl oz	900 ml	1½ pintas
150 ml	5 fl oz (¼ pinta)	1 litro	1¾ pintas
175 ml	6 fl oz	1,2 litros	2 pintas
200 ml	7 fl oz (⅓ pinta)	1,4 litros	2½ pintas
240 ml	8 fl oz	1,5 litros	2¾ pintas
300 ml	10 fl oz (½ pinta)	1,7 litros	3 pintas
350 ml	12 fl oz	2 litros	3½ pintas
400 ml	14 fl oz	3 litros	5¼ pintas